普通高等院校经济管理类"十三五"应用型规划教材
市场营销系列

U0737905

ADVERTISING THEORY
AND PRACTICE

广告理论与实务

主编 乔辉
副主编 幸佳 沈立平 何凡 徐意祥
参编 杨松柏 黄恩 魏文娟

机械工业出版社
China Machine Press

图书在版编目（CIP）数据

广告理论与实务 / 乔辉主编 . —北京：机械工业出版社，2016.1（2022.6 重印）
（普通高等院校经济管理类"十三五"应用型规划教材·市场营销系列）

ISBN 978-7-111-52483-0

I. 广… II. 乔… III. 广告学 – 高等学校 – 教材 IV. F713.80

中国版本图书馆 CIP 数据核字（2015）第 301625 号

本书在介绍广告学经典理论和基本方法的基础上，以现代广告活动为主线，立足工商企业与现代市场经济，注重反映广告在新时代的发展趋势，把理论中最新的观点、实务中最新的发展现状介绍给读者。全书共分四篇：第一篇介绍了广告业的基本概况；第二篇阐述了广告的发展及理论基础；第三篇详细展现了广告实务的开展；第四篇为了反映新的技术理念对广告业的冲击和影响，体现时代发展脉络，介绍了广告发展的新趋势。

本书适用于经济管理及其他相关专业的本专科学生，同时，也可作为工商界人士广告理论与实务入门和系统学习的参考资料。

出版发行：机械工业出版社（北京市西城区百万庄大街 22 号 邮政编码：100037）

责任编辑：董凤凤　　　　　　　　　　　责任校对：董纪丽

印　　　刷：北京建宏印刷有限公司　　　版　　次：2022 年 6 月第 1 版第 7 次印刷

开　　　本：185mm×260mm 1/16　　　印　　张：18

书　　　号：ISBN 978-7-111-52483-0　　 定　　价：35.00 元

Preface 前 言

本书在介绍广告学经典理论和基本方法的基础上，以现代广告活动为主线，立足工商企业与现代市场经济，注重反映广告在新时代的发展趋势，把理论中最新的观点、实务中最新的发展现状介绍给读者，旨在为企业领导、市场营销工作者、广告人员和即将可能涉足企业广告活动的在校学生提供广告理论和实务指南。本书在编写过程中注重吸收广告学研究的新成果，力求在国内外广告领域最新研究成果的基础上，坚持实用性和前瞻性的原则。

本书主要突出以下特色：

（1）在介绍经典基础理论的基础上，紧随前沿理论，突出理论的系统性和前沿性。本书在编写中吸取了整合营销传播、新媒体营销、创意传播管理等现代广告学前沿理论的精髓，力求让读者全面了解广告理论的溯源、现状及发展趋势。

（2）广告实务针对性强，在完整的理论框架下，加入了复习思考题和实训环节，灵活多变，以帮助学生对所学知识进行理解、消化，从而培养学生的应用能力。

（3）突出教材的新颖性和应用性，既勾勒出广告业未来的发展趋势，又强调理论与实践相结合，所附阅读材料具有充实、丰富的信息资源，以激发读者的学习兴趣。

（4）就近年来直接或间接影响广告活动的碎片化、窄告、创意管理和大数据应用等方面，做了详细的介绍，能够给面临转型的传统广告生态带来一定的启迪。

本书适用于经济管理及其他相关专业的本专科学生，同时，也可作为工商界人士广告理论与实务入门和系统学习的参考资料。

本书由乔辉担任主编，幸佳、沈立平、何凡、徐意祥任副主编，杨松柏、黄恩、魏文娟参与编写，全书共分为4篇16章，具体编写分工如下：第1、2、15、16章由乔辉编撰，第4、5章由何凡编撰，第3、6章由幸佳编撰，第7、9章由沈立平编撰，第8、10章由徐意祥编撰，第13、14章由杨松柏编撰，第11章由黄恩编撰，第12章由魏文娟编撰，乔辉负责审核了全稿。

在本书的编写过程中，郭伟琪、黄淑娟、廖川川、樊睿协助收集了很多有价值的资料并核对了部分章节；希菲洛形象设计机构的王阳老师和上海互加文化传播有限公司的王庆华经理提出了很多宝贵的建议，在此一并致谢！本书也参考了国内外有关广告、营销方面的论文、论著，吸收了部分专家、学者的研究成果，在此表示感谢。由于作者水平有限，加之时间仓促，疏漏之处在所难免，敬请各位读者、同行指正，以便修订完善。

教学目的

　　广告理论与实务在介绍广告基础理论的基础上，注重广告活动、策划与实务方面的讲授，使学生掌握广告运作从调查到策划、创意、设计、实施和评估的有关知识，使学生对广告运作各环节的决策行为具备初步的分析、计划、执行和控制的能力。

前期需要掌握的知识

　　市场营销、传播学、企业管理等相关课程的知识。

课时分布建议

教学内容	学习要点	课时安排 本科	专科
第1章　广告、广告学与4A	（1）理解广告的内涵 （2）掌握广告学的研究对象及研究方法 （3）了解4A广告公司	2	2
第2章　广告公司的运作	（1）了解广告公司基本的组织结构 （2）熟悉广告公司的运作流程 （3）辨别企业广告观念误区 （4）了解国内广告公司的发展现状及未来的发展趋势	2	2
第3章　广告活动的本质及规律	（1）理解作为传播过程的广告活动 （2）理解作为营销要素的广告活动 （3）了解广告活动的一般规律 （4）了解支配广告活动的主要方面	2	2
第4章　广告的起源与发展	（1）理解广告的起源 （2）了解中国现代广告的发展 （3）了解世界现代广告的发展 （4）掌握新技术带来的广告发展趋势	2	2
第5章　广告环境	（1）了解广告环境的基本含义 （2）了解广告业发展所面临的社会环境 （3）掌握消费者行为分析的方法 （4）理解广告对消费者行为影响的程度	2	2
第6章　广告的理论基础	（1）理解并应用USP理论 （2）理解并应用BI理论	6	2

（续）

教学内容	学习要点	课时安排	
		本科	专科
第6章 广告的理论基础	（3）理解并应用广告定位理论 （4）了解整合营销传播理论 （5）了解认知理论、ROI理论、CI理论和共鸣理论	6	2
第7章 广告调查	（1）掌握市场调查的一般方法 （2）熟悉广告调查的内容 （3）熟悉广告调查的原则、程序及方法 （4）掌握广告调查的步骤	2	4
第8章 广告策划	（1）了解广告战略的内容 （2）了解广告策略的内容 （3）学习广告策划的方法	6	8
第9章 广告创意	（1）理解广告创意的内涵 （2）掌握广告创意的特点、原则与基本理论 （3）掌握广告创意的过程与方法	4	6
第10章 广告文案	（1）理解广告文案的概念和特点 （2）了解广告文案的内容 （3）学习广告文案的主题创意及方法 （4）了解广告文案的语言创意 （5）掌握电子杂志广告文案的撰写技巧 （6）掌握微信广告的撰写	4	8
第11章 广告媒体	（1）了解媒体和广告媒体的特征 （2）掌握广告媒体的分类 （3）明确媒体计划的主要理论，并尝试运用这些方法	4	4
第12章 广告效果评估	（1）理解什么是广告效果以及广告效果的内容 （2）掌握广告效果的评估流程 （3）了解广告效果测试的基本方法	2	2
第13章 广告管理	（1）了解广告管理的定义及特点 （2）了解政府职能部门对广告的行政管理 （3）了解广告行业自律 （4）了解社会监督管理	2	2
第14章 碎片化与窄告	（1）了解传播的碎片化现象及影响 （2）理解窄告的含义 （3）了解窄告出现的基础 （4）了解窄告的具体表现形式 （5）理解窄告产生的理论基础	2	2
第15章 创意传播管理	（1）理解创意传播管理产生的背景和内涵 （2）了解传播管理出现的必要性 （3）理解创意传播的内涵和表现特点 （4）了解沟通元的含义、特性	2	2
第16章 大数据理论的应用	（1）了解大数据概念产生的背景 （2）了解大数据概念的主要观点 （3）了解大数据对广告传播理论的创新 （4）了解大数据背景下广告创意的变化趋势 （5）了解大数据环境下传统媒体广告经营的创新 （6）了解大数据时代互联网广告的演变 （7）了解大数据环境下的广告模式的变化	4	4
课时总计		48	54

目　录　Contents

第一篇

认识广告业

PART 1

Chapter 1
第1章

广告、广告学与4A

学习目标

1. 理解广告的内涵
2. 掌握广告学的研究对象及研究方法
3. 了解 4A 广告公司

1.1 广告的内涵

在现代社会中，广告充斥着人们日常生活的方方面面，已经成为社会生活不可缺少的一个组成部分。它带给社会各阶层人们异常丰富、形式多样的各类信息，有力地冲击着我们的眼睛、耳朵、大脑，甚至直达心灵的深处。"你可以爱我，你可以恨我，却不能不理我"——这是广告的自白。我们无法估量它的影响力，它让人欢喜让人忧。现在，让我们看一则经典的广告案例吧。

案例 1-1　　　　　　　　　　可口可乐成功的广告故事

1886 年 5 月 8 日，药剂师潘伯顿博士在自己家后院用铜鼎调制出一种新口味的糖浆。他和朋友们考虑两个大写字母 C 会使广告更醒目，便为它起名 Coca-Cola。不久，他们又在《亚特兰大纪事报》上刊登了有史以来的第一则可口可乐广告，向全体市民推荐"一种全新的大众化的苏打水饮料"。强调可口可乐独特的风味是因为其中含有一种"7×"的特殊物质，而其秘密配方，据说被收藏在世界某地一家信用极佳的银行里，全世界只有 7 个人知道具体是哪家银行。他们中有 5 位持有保存配方的保险柜的钥匙，另外两位知道密码，所以，必须将 5 把钥匙同时转动，并校准密码才能开启保险柜。

这个配方引起了许多人的关注，无数次对可口可乐成分的分析表明，难以找到"7×"。可口可乐官方又说，"7× 不可破译""7× 是永远的秘密"。于是，神秘性和公众性使得"7×"成为新闻媒体百年不渝的谈论焦点，可口可乐的神秘也博得了难以计数的忠实消费者。

如今，可口可乐已经和自由女神像一起成为了美国的象征。作为软饮料市场的巨无霸、享誉全球的世界超级名牌，可口可乐是世界上销量最大的饮料，每天被50多个国家的5.43亿人饮用。

它之所以成为典型的美式商品，是因为它具备了美国社会的三大特征：自由经营，大量消费，铺天盖地、无所不在的广告。广告使可口可乐成为头号全球产品。"成功在于广告"是可口可乐的秘诀。

可口可乐卓越而成功的广告形象战略——其独特的红、白两色标志，已成为它的金护照。人们只要看到它的标志，就会很快辨认出这是可口可乐。它在全世界展示相同的品牌形象，开创了品牌形象模式化的先河。

正如可口可乐公司无所不在的广告，它的触角可以延伸到天涯海角让人无可逃避，又好像是一架增倍器，可以成百上千倍地放大一个个体或组织。那么，该如何定义"广告"这一概念呢？是否就是"广而告之"之意呢？

1.1.1 广告概念的定义

一般来说，广告有广义与狭义之分（见表1-1）。现代广告的广义概念是与信息社会紧密相连的一个历史范畴，它是维持与促进现代社会生存与发展的一种大众性的信息传播工具和手段。广义的广告，包括经济广告与非经济广告。经济广告又称为商业广告，它所登载的是有关促进商品或劳务销售的经济信息。尽管内容多样，表现手法不一，但都是为经济利益服务的。非经济广告即非商业广告，是指除了经济广告以外的各种广告，如各社会团体的公告、启事、声明、寻人广告、征婚启事等。狭义的广告特指经济广告（商业广告）。

表 1-1 广告概念的类别

广告概念的类别		举例
广义的广告	经济广告（商业广告）	企业的有关广告，如可口可乐广告
	非经济广告（非商业广告）	公益广告、政治宣传广告、政府公告、征婚广告等
狭义的广告	特指经济广告（商业广告）	

不同于普通消费大众的判断标准，广告研究者提出了他们的广告概念。这一概念来源于生活中广告形态的发展变化，是学习广告、研究广告、从事广告职业的基本出发点。

首先，所有的广告都是通过一定的媒介渠道，向受众传播的一种特定信息，这种信息是经过某种艺术处理过的信息。所以，"传播信息"应是所有广告共有的一个本质特征。

其次，广告不仅是传播商品信息、促进企业实现利润的营销手段之一，而且是不知不觉、潜移默化地影响着社会生活的一个重要的信息源。它具有告知、诱导、教育、协调、娱乐等功能，渗透到社会生活的各个方面，从而取得经济效益和社会效果。与其他类型的传播活动相比，广告是一种集说服性、高监控性、科学性与艺术性等特征于一体的公开、有偿的信息传播活动。

因此，通过对广告性质特征的分析，借鉴传播学和营销学等学科对广告定义的研究成果，我们可以这样定义现代广告：**现代广告是指一种由广告主付出某种代价的，通过传播**

媒介将经过科学提炼和艺术加工的特定信息传达给目标受众，以达到改变或强化人们观念和行为为目的的、公开的、非面对面的信息传播活动。

这个定义是以大众传播理论为基础，从广义广告的角度进行概括的。它包括了几个方面的内涵，反映出现代广告的如下主要特征：

1）这一定义强调了广告的本质特征是一种以公开的、非面对面的方式传达特定信息给目标受众的信息传播活动，而且这种特定信息是付出了某种代价的。

2）这一定义指出了行为的法律负责人。这是广告与新闻等其他信息传播活动的不同之处。

3）这一定义明确了广告是一种通过科学策划和艺术创造将信息符号高度形象化的、带有科学性和艺术性特征的信息传播活动。

4）这一定义指出了传播媒介的重要作用。现代广告是非个人的传播行为，一定要借助某种传播媒介才能向非特定的目标受众广泛传达信息。这决定了它是一种公开而非秘密的信息传播活动，也决定了传播者必须置身于公众和社会的公开监督之下。

5）这一定义说明了广告是为了实现传播者的目标而带有较强自我展现特征的说服性信息传播活动，通过改变或强化人们的观念和行为来达到其特定的传播效果。观念指的是思想、政治、文化等意识形态方面的信息，行为则包括了商品、服务、生活等消费形态方面的信息，从而概括了广义的广告内容。

1.1.2　广告的构成要素

以大众传播理论为出发点，广告信息传播过程中的广告构成要素主要包括广告信源、广告信息、广告媒介、广告信宿等要素。

以广告活动的参与者为出发点，广告的构成要素主要包括：广告主、广告经营者（广告代理商）、广告发布者（广告媒介）、广告的目标受众、广告文本等要素。其中广告主、广告经营者、广告发布者是广告运作的主体。

信源，又称编码者、讯息发送者或讯息传播者，是信息传播活动的起点，处于信息传播过程的第一环。信源（传者）、信宿（受众）、编码、译码、讯息、传播渠道（媒介）、反馈、噪音是信息传播过程的八个基本要素。图1-1是信息传播流程的一个简化的模式。

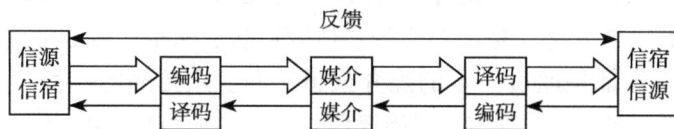

图1-1　信息传播流程的简化模式

1. 广告信源

在广告传播活动中，广告信源是广告信息的传播者，主要指广告的制作者和经营者，如广告客户（广告主）、广告代理公司、广告制作公司、广告设计公司等。

广告的信源识别是一个特殊的范畴。一方面，广告主是广告活动的发动者，在广告活动中起主导作用。广告主根据自身的需要或根据其市场营销环境及自身实力来确定对广告的投资，是广告信息传播费用的实际支付者。另一方面，广告代理公司、制作公司、设计公司等是广告文本信息的编码者，要有较高的专业水平，其广告创意和广告文本的设计制作要能够准确体现广告主的意图，这是广告信息传播取得成功的前提。广告经营者（广告代理商）特指专业从事经营的广告公司，是连接广告主和广告发布者的中间桥梁，是广告活动的重要主体之一。一般来说，广告制作者和广告代理公司不会被当作真正的信源，而他们所编码的广告信息内容如品牌、商品才被认为是信源。

2. 广告信息

广告信息也称为广告文本，是信源对某一观念或思想进行编码的结果，是对观念或思想的符号创造，是广告传播的核心。每条广告信息都包含着符号的能指和所指，即内容（说什么）和表现形式（怎么说）构成了内涵丰富的广告信息。

因广告信息的载体是符号，所以对符号的编码和译码的能力直接影响着广告信息传播的效果，影响着广告信宿对广告符号的理解和接受。在现实的广告信息传播过程中，因受众在社会、文化、心理等各方面的差异，造成广告符号无法被有效解码而影响了广告的传播沟通效果。例如，金正VCD的电视广告片中有句口号："苹果熟了！"它表明的是金正VCD系列产品开发计划——"苹果计划"的成功实施，但对于普通受众来说却不知其所云。

3. 广告媒介

广告媒介是广告信息的传输渠道或通道，是将经过编码的信息传达给受众的载体，是广告的发布者。广告传播中的媒体选择必须考虑费用、产品自身特点、媒介性质等多方面的因素，而其中媒介到达目标受众或目标市场的能力是媒介选择的前提。不同的广告主会根据各自特定的市场营销状况来选择适合自己的媒介组合。

在广告媒体已日益多元化的现代社会，应加强对新兴媒体的开发和研究，开拓媒体视野，特别是新的通信科技和网络技术的发展，使得媒体整合的有效性和科学性成为广告媒体研究的一项重要内容。

4. 广告信宿

广告信宿即为广告的目标受众，也就是广告信息所要到达的对象和目的地。正如美国消费行为学家威廉·威尔姆说的："受众是实际决定传播活动能否成功的人。"受众是广告信息传播活动取得成功的决定因素。只有当受众将广告信息解码成对他们有意义的讯息时，传播才真正开始。

但同时，受众对广告信息的译码又具有不确定性。因为整个解码过程会受到诸如受众所处的信息背景、社会、文化、经济、心理等多种因素的影响和支配，并且与他们先前的全部生活经验相关。

由于受众是传播过程的主动参与者而非被动接受者，虽然可以通过调查等方式确定广告传播的目标对象，但受众在接收到广告信息后是否采取相关行动也是难以预测和控制的。

受众与消费者是两个既有联系又有区别的概念。受众是相对于广告传播而言，而消费者则是相对于市场活动、广告活动而言。当受众在接收到广告信息后采取了消费行为时，才成为消费者。

1.2　广告的分类

根据不同的需要和标准，可以将广告划分为不同的类别。如在前面的广告概念一节中，按照广告的最终目的将广告分为商业广告和非商业广告；又如根据广告产品的生命周期划分，可以将广告分为产品导入期广告、产品成长期广告、产品成熟期广告、产品衰退期广告；再如按照广告内容所涉及的领域将广告划分为经济广告、文化广告、社会广告等类别。不同的标准和角度有不同的分类方法，对广告类别的划分并没有绝对的界限，主要是为了提供一个切入的角度，以便更好地发挥广告的功效，更有效地制定广告策略，从而正确地选择和使用广告媒介。以下介绍一些较常运用的广告类别。

1.2.1　按照广告诉求方式分类

广告的诉求方式就是广告的表现策略，即解决广告的表达方式——"怎么说"的问题。它是广告所要传达的重点，包含着"对谁说"和"说什么"两个方面的内容。通过借用适当的广告表达方式来激发消费者的潜在需要，促使其产生相应的行为，以取得广告者所预期的效果。按照广告诉求方式分类，广告可以分为理性诉求广告和感性诉求广告两大类。

1）理性诉求广告：广告通常采用摆事实、讲道理的方式，通过向广告受众提供信息，展示或介绍有关的广告物，有理有据地进行论证接受该广告信息能带给他们的好处，使受众理性思考、权衡利弊后能被说服而最终采取行动。例如，家庭耐用品广告、房地产广告等较多采用理性诉求方式。

2）感性诉求广告：广告采用感性的表现形式，以人们的喜怒哀乐等情绪，亲情、友情、爱情以及道德感、群体感等情感为基础，对受众诉之以情、动之以情，激发人们对真善美的向往并使之移情于广告物，从而在受众的心智中占有一席之地，使受众对广告物产生好感，最终发生相应的行为变化。例如，日用品广告、食品广告、公益广告等常采用这种感性诉求的方法。

1.2.2　按照广告媒介的物理性质分类

按照广告媒介的物理性质进行分类是较常使用的一种广告分类方法。使用不同的媒介，广告就具有不同的特点。在实践中，选用何种媒介作为广告载体是制定广告媒介策略所要考虑的一个核心内容。传统的媒介划分是将传播性质、传播方式较接近的广告媒介归为一类。因此，一般有以下七类广告：

1）印刷媒介广告，也称为平面媒体广告，即刊登于报纸、杂志、招贴、海报、宣传单、包装等媒介上的广告。

2）电子媒介广告，是以电子媒介如广播、电视、电影等为传播载体的广告。

3）户外媒介广告，是利用路牌、交通工具、霓虹灯等户外媒介所做的广告，还有利用热气球、飞艇甚至云层等作为媒介的空中广告。

4）直邮广告，通过邮寄途径将传单、商品目录、订购单、产品信息等形式的广告直接传递给特定的组织或个人。

5）销售现场广告，又称为售点广告或 POP（Point of Purchase）广告，就是在商场或展销会等场所，通过实物展示、演示等方式进行广告信息的传播，有橱窗展示、商品陈列、模特表演、彩旗、条幅、展板等形式。

6）数字互联媒介广告，是利用互联网作为传播载体的广告形式之一，具有针对性、互动性强，传播范围广，反馈迅捷等特点，发展前景广阔。

7）其他媒介广告，指利用新闻发布会、体育活动、年历、各种文娱活动等形式而开展的广告。

以上这七类根据媒介来划分广告的方法较为传统。以当今整合营销传播的观点，针对目标受众的活动区域和范围，可以将广告分为：家中媒介广告，比如报纸、电视、杂志、直邮等媒介形式的广告；途中媒介广告，比如路牌、交通、霓虹灯等媒介形式的广告；购买地点媒介广告等。

随着科学技术水平的不断提高与发展，媒介的开发和使用也在日新月异地变化着，新兴媒介不断进入人们的视野，成为广告形式日益丰富的催化剂。

1.2.3 按照广告目的分类

制订广告计划的前提是必须首先明确广告目的，才能做到有的放矢。根据广告目的确定广告的内容和广告投放时机、广告所要采用的形式和媒介，可以将广告分为产品广告、企业广告、品牌广告、观念广告等类别。

产品广告，又称商品广告，是以促进产品的销售为目的，通过向目标受众介绍有关商品信息，突出商品的特性，以引起目标受众和潜在消费者的关注，力求产生直接和即时的广告效果，在他们的心目中留下美好的产品形象，从而为提高产品的市场占有率，最终实现企业的目标埋下伏笔。

企业广告，又称企业形象广告，是以树立企业形象，宣传企业理念，提高企业知名度为直接目的的广告。虽然企业广告的最终目的是为了实现利润，但它一般着眼于长远的营销目标和效果，侧重于传播企业的信念、宗旨或者企业的历史、发展状况、经营情况等信息，以改善和促进企业与公众的关系，增进企业的知名度和美誉度。它对产品的销售可能不会有立竿见影的效果，但由于企业声望的提高，使企业在公众心目中留下了较美好的印象，对加速企业的发展具有其他类别的广告所不可具备的优势，是一种战略意义上的广告。企业广告具体还可以分为企业声誉广告、售后服务广告等类别。

品牌广告，是以树立产品的品牌形象，提高品牌的市场占有率为直接目的，突出传播品牌的个性以塑造品牌的良好形象。品牌广告不直接介绍产品，而是以品牌作为传播的重心，从而为铺设经销渠道，促进该品牌下产品的销售起到很好的配合作用。

观念广告，即企业对影响到自身生存与发展的，并且也与公众的根本利益息息相关的问题发表看法，以引起公众和舆论的关注，最终达到影响政府立法或制定有利于本行业发展的政策与法规，或者是指以建立、改变某种消费观念和消费习惯的广告。观念广告有助于企业获得长远利益。

1.2.4   按照广告传播区域分类

根据营销目标和市场区域的不同，广告传播的范围也就有很大的不同。按照广告媒介的信息传播区域，可以将广告分为国际性广告、全国性广告和地区性广告三类。

国际性广告，又称为全球性广告，是广告主为实现国际营销目标，通过国际跨国传播媒介或者国外目标市场的传播媒介策划实施的广告活动。它在媒介选择和广告的制作技巧上都较能针对目标市场的受众心理特点和需求，是争取国外消费者，使产品迅速进入国际市场和开拓国际市场必不可少的手段。

全国性广告，即面向全国受众而选择全国性的大众传播媒介的广告。这种广告的覆盖区域大，受众人数多，影响范围广，广告媒介费用高，较适用于地区差异小、通用性强、销量大的产品。因全国性广告的受众地域跨度大，此类广告应注意不同地区受众的接受特点。

地区性广告，多是为配合企业的市场营销策略而限定在某一地区传播的广告，可分为地方性广告和区域性广告。地方性广告又称零售广告，为了配合密集型市场营销策略的实施，多采用地方报纸、电台、电视台、路牌等地方性的传播媒介，来促使受众购买或使用其产品，常见于生活消费品的广告，以联合广告的形式，由企业和零售商店共同分担广告费用。其广告主一般为零售业、地产物业、服装业、地方工业等地方性企业。区域性广告是限定在国内一定区域，比如华南区、华北区或者在某个省份开展的广告活动。开展区域性广告的产品往往是地区选择性或者区域性需求较强的产品，比如加湿器、防滑用具、游泳器材等。它是差异性市场营销策略的一个组成部分。

1.2.5   按照广告的传播对象划分

各个不同的主体对象在商品的流通消费过程中所处的地位和发挥的作用是不同的。为配合企业的市场营销策略，广告信息的传播也就要针对不同的受众采用不同的策略。依据广告所指向的传播对象，可以将广告划分为工业企业广告、经销商广告、消费者广告、专业广告等类别。

工业企业广告，又可称为生产资料广告，主要是向工业企业传播有关原材料、机械器材、零配件等生产资料的信息，常在专业杂志或专用媒体上发布广告。

经销商广告，就是以经销商为传播对象的广告。它以获取大宗交易的订单为目的，向相关的进出口商、批发商、零售商、经销商提供样本、商品目录等商品信息，比较注重在专业贸易杂志上刊登广告。

消费者广告，其传播对象直接指向商品的最终消费者，是由商品生产者或者经销商向消费者传播其商品的广告。

专业广告，主要针对职业团体或专业人士。他们由于专业身份、社会地位的特殊性和权威性，具有对社会消费行为的一定影响力，是购买决策的倡议者、影响者和鼓动者，比如医生、美容师、建筑设计人员等。此类广告多介绍专业产品，选择专业媒介发布。

总之，不同的广告分类方法具有不同的目的和出发点，但它们都最终取决于广告主的需要或者企业营销策略的需要。特别是对于企业而言，广告是其市场营销的有力配合手段和工具，而且广告实践的发展也会使广告的分类不断地发展变化。广告分类是我们认识广告、充分发挥广告作用的一种方法。

1.3 广告学的研究对象及研究方法

1.3.1 广告学的研究对象

广告学是广告学科体系的核心和基础。它研究和探讨一切社会制度下所共有的、各种不同社会制度下所特有的广告活动及其发展规律。广告学作为一门独立的综合性科学，是经过人们长期实践，在经济学、市场学、心理学、社会学、美学等学科发展的基础上逐渐形成和发展起来的。随着广告学研究的日渐深入，在广告学研究的基础上形成了诸如广告心理学、广告设计学、新闻广告学、广告管理学、广告发展史等新的分支和新的学科。

广告学是什么性质的学科？它的研究对象和内容是什么？由于广告学的交叉性和综合性，人们对于广告学的研究对象有不同的看法。

一种意见强调广告的科学性，认为广告是一门科学，不是艺术，它是经济运行中传递信息不可缺少的要素。广告虽然也运用了艺术，但只是广告活动的一种表现形式，是广告活动的手段。广大的广告科研人员与广告工作者共同努力，总结了大量的广告活动的成功与失败的经验，运用先进的研究方法，借助现代科学的运算分析，通过对广告知识的系统整理、总结、提高，探索出广告活动的规律，形成广告原理，揭示了广告活动怎样促进商品销售的规律。因此，广告学属于经济科学。

与此相对的另一种意见认为，广告学虽然是一种经济活动，但它深受各种社会因素的影响，是一门艺术，不是科学。广告的经济效益是很难测定的，同时在同等条件下刊登不同的广告，其经济效果也是不一样的。广告经济效益的因果关系不明显，有很大程度上的偶然性。例如，一则报纸广告，究竟有多少人看，看了的人能记住多少内容，又有多少人是看了广告才去购买商品的，这些问题都难以测定。所以，广告活动缺乏规律性和科学性，只是通过各种艺术表现形式，引起人们的注意和欣赏，从而传递经济信息，刺激人们的心理欲求。广告活动的效益是心理性和艺术性的。

还有一种看法综合了以上两种意见，认为广告学是一门边缘学科。它的核心部分是经济科学，但它又与其他学科有密切的关系，如经济学、心理学、新闻学、市场学、企业管理学、社会学等社会科学，也涉及绘画、摄影、书法、音乐、戏剧、文学等艺术，在广告制作中也要具体运用到物理学等自然科学的原理。广告学虽然是一门综合性的边缘学科，但它基本上是一门属于社会科学领域里的经济学科。它揭示了广告促进商品销售的规律，只要依据这些规律进行广告活动，就会收到最大的经济效益和心理效果。

以上三种对于广告学研究对象的陈述，都具有一定的合理性，但也存在着明显的缺陷。前两种说法强调了广告学的独立性，但忽略了广告学的交叉性和综合性，后一种说法过于强调广告学与其他相关学科的联系，把广告学的研究对象与其他学科的研究对象搅在一起，实际上否定了广告学的相对独立性，因此，对于广告学研究对象的表述，既要从其多学科交叉的特点出发，又要注意保持广告学的相对独立性。广告学即使是边缘科学也应有自己独立的研究对象和特定的范围体系。

广告学是在许多边缘学科的基础上发展起来的一门综合性的独立的社会科学。它研究的是人类社会中大量存在的一种现象——信息传播现象，广告的本质不是经济性的，而是一种广泛的信息传达。广告实际上在做三件事——传播一种信息，提供一种服务，倡导一种理念。从传播学理论的角度来说，传播学的具体研究对象是包括广告在内的所有大众传播手段，传播学的许多理论都完全适用于广告学的研究。无论是市场学中的广告，还是各种广告的艺术表现形式，都在传达一种信息，都具备了信息传播过程的五要素：谁、通过什么媒介、对谁、说了什么、取得了什么效果。广告的信息传播就包括广告发布者（包括广告主、广告制作者和传播者，即信息源）、广告信息内容、广告媒介、广告受众、广告效果等要素。

也就是说，广告学要解决的实际问题不是从经济优先的观点出发，而是从传播信息的立场出发，研究各种信息传播的过程、效果及其发展运动规律，其侧重点在于经济、市场信息的传播规律。因此，广告活动和广告事业的产生与发展规律是广告学的研究对象。

现代广告学的研究视野已经从一个较为狭窄的领域，走向一个更为开阔的空间，就是在"营销"和"传播"两个层面上开始对广告的功能和作用进行重新审视。20世纪90年代，舒尔兹等人提出了"整合营销传播"的新概念。在广告整体运作中，整合营销传播被广泛运用于广告实践，并被视为广告学理论体系的有机组成部分。在广告实践中，整合营销传播被描述为：企业或品牌通过发展与协调战略传播活动，使自己借助各种媒介或其他接触方式与员工、顾客、利益相关者以及普通公众建立建设性的关系，从而建立和加强与他们之间的互利关系过程。传播在这里成为营销组合中的一种驱动性力量。广告的营销特性和传播特性在广告的运作过程中实现了高度的统一。广告是一种营销传播活动。对广告的营销与传播的交互式双重理论关照建立了广告是营销传播的认识。

1.3.2　广告学的研究方法

广告学的研究也有方法论上的问题，只有以马克思主义的唯物论和辩证法为指导，进行科学的思维，才能在学科的创立和发展中，取得应有的成果。

首先，广告学的研究必须做到理论与实践相结合。广告学是一门实践性很强的学科。广告学理论产生于广告实践，又服务于广告实践，因此，广大的广告科研人员和广告工作者必须从我国广告业的实际出发，重视调查研究，详细占有材料。

其次，广告学的研究必须采用案例分析的方法。案例研究是第二次世界大战（以下简称二战）后在美国兴起的一种社会科学的研究方法，相当于我们通常所说的典型调查材料。在当代的社会科学著作中，常常附以大量的案例研究材料。而广告学的实用性强，重在寻求于实践中解决问题的方法和策略及其推广。通过对典型广告案例的分析研究，总结出一般的规律，广告工作者得以启发和借鉴，从而推动广告管理和广告水平的不断提高。

在建立一个完善的广告学科体系的过程中，我们还必须学会运用比较的方法。任何学科理论的建立，都有借鉴、继承和扬弃的过程，我们必须认真学习和借用一切有用的经验，包括西方发达国家在广告方面的先进技术和有益经验，通过对比分析研究，做到博采众长，融会贯通，推陈出新，在比较中丰富和发展广告学。

1.4　关于4A

1.4.1　国际4A广告公司简介

4A，是美国广告协会（American Association of Advertising Agencies）的缩写。这一全国性商业协会在1917年由111家广告公司共同组建，协会总部设在纽约，并在全国4个区域设置了28个分支委员会和750个不同层次的管理机构。美国广告协会对成员公司有很严格的标准，几乎所有的4A广告公司均为规模较大的综合性跨国广告代理公司，包括奥美（Ogilvy&Mather）、智威汤逊（J.Walter Thompson，JWT）、麦肯（McCann）、李奥·贝纳（Leo Burnett）、天联（BBDO）等在内的约630个广告公司组成了其庞大的成员网络，它们是全国11 000余家广告公司中的佼佼者。在美国，该协会占领着广告公司经营的主渠道，大约80%的广告是由协会成员公司创作的。它是一个管理型的协会，能为其成员提供尽可能多的服务、技术以及与广告代理业相关的信息。美国广告协会的重要协议之一就是约定了成员公司之间收取客户媒体费用的标准，以避免恶意竞争。协会成员公司将精力集中在创意和客户服务中，众多作品得到了市场和业界的认可，美国广告协会也成为广告公司争相加入的组织。

改革开放初期，随着跨国公司纷纷进驻中国大陆，国际广告公司也纷至沓来。美国广告协会的成员公司凭借着国际客户的声誉以及精妙的广告作品成为中国广告业的重要组成部分，除了美国的广告公司之外，其他国家的广告公司也在中国有着不俗的表现，比如日本的电通（Dentsu）、博报堂以及欧洲的国际广告公司等。由于4A协会的影响力以及国际广告公司之间存在的一些共性，国内广告业通常将包括非美国广告公司协会成员在内的大型跨国广告公司统称为国际4A广告公司。

1.4.2　国际4A广告公司在中国大陆的发展历程

国际4A广告公司在中国大陆发展的背景是世界经济全球化，广告公司客户在中国大陆的扩张战略是国际4A广告公司最初进军中国大陆市场的直接原因。同时，在经济全球化的历史浪潮下，中国的改革开放为国际4A广告公司进入中国大陆提供了机会。国际4A广告公司在中国大陆的发展也与中国的相关政策法规密切相连。依据中国大陆的相关政策以及国际4A广告公司的活动，国际4A广告公司在中国大陆的发展历程大致可以分为以下四个阶段。

第一阶段：1979～1985年

1978年12月，党的十一届三中全会决定，全党工作的重点转移到经济建设上来，实行对外开放，对内搞活经济的方针。这一方针引导了我国政治经济生活上的伟大转折，也使我国广告业开始复苏。

1979 年 1 月 14 日，上海《文汇报》第 2 版发表了为广告正名的署名文章，广告业的恢复在上海起步。同年 3 月 15 日，中央电视台首次播出外商广告"西铁城——星辰表"，誉满全城。18 日，上海电视台在黄金时段首次播出外商来华广告——瑞士"雷达"表广告。跨国企业中国战略的预热和广告环境的回暖使得跨国广告公司开始尝试在中国大陆开展业务。1979 年，李奥·贝纳（中国）广告公司成立，博报堂也开设了中国部门。1980 年，电通广告公司进入中国，在北京、上海开设办事处，开始为日本家电产品在中国市场做广告。随着越来越多的国外品牌和客户来到中国市场，WPP 等全球性广告集团开始进军中国大陆，它们在中国市场通常以下属 4A 广告代理公司、媒体策划与购买公司及公关公司的名义独立开展业务。

第二阶段：1986 ～ 1991 年

这一阶段，是国际 4A 广告公司寻找合作伙伴、探索经营方式的阶段。

1985 年 10 月，我国首家中日合资天津联谊广告公司成立，但很快便宣告停业。1986年 5 月 16 日，中国国际广告公司与日本电通株式会社、美国扬·罗必凯公司联合成立的中国电扬广告公司在北京注册成立。这一阶段，由于政策限制，国际广告公司只能以合资的形式在中国大陆开展业务。同年，奥美（中国）北京办事处也宣告成立。至 1991 年，共有13 户外商投资广告公司在中国大陆成立，广告营业额达 2 306 万元。

第三阶段：1992 ～ 2001 年

这一阶段，国际 4A 广告公司在中国高速发展。

1992 年，邓小平同志发表南方谈话，各级广告管理组织采取了新的宽松政策和举措，允许各种经济成分、不同经济组织在条件具备的情况下便可参与广告经营，允许个体、私营企业经营广告，允许外商投资企业进一步进入广告市场，中国广告业逐步开放。1991 ～ 1992 年，外商投资的广告公司由原先的 13 户增长至 52 户，广告营业额达 4 亿元，分别增长了 3 倍和 16 倍。至 1994 年年底，在中国大陆的外商（合资、合作）广告公司达到了 300 家。1996 年之后，国际 4A 广告公司在服务原有的国际客户外，开始争取国内企业大品牌客户，开发国内市场，给本土广告公司带来了更大的冲击。1998 年，全球排名前 10的广告公司全部在中国设立了合资公司，包括盛世长城国际广告有限公司、麦肯·光明广告有限公司、智威汤逊 – 中乔广告有限公司、上海奥美广告有限公司、上海灵狮广告公司、北京电通广告有限公司、美格广告有限公司等。

第四阶段：2002 年至今

这一阶段，国际 4A 广告公司在中国大陆稳定发展，并在此基础上开始并购本土广告公司，或者以资产渗透的方式入主本土广告公司。

2002 年，国际广告集团在全球范围内进行了大规模的合并联合。同时，国际广告公司开始以并购等方式收编本土广告公司。这一趋势的标志事件是上海广告有限公司的合资，2002 年 11 月 3 日，全球最大传播企业之一的英国 WPP 集团宣布，向上海广告有限公司投资入股 25% 的股权，另外一个合资方日本株式会社博报堂也将入股 25%。2004 年 3 月 2日，按照中国政府对世界贸易组织（WTO）的承诺，国家工商行政管理总局、商务部联合发布了外商投资广告企业管理规定。2005 年 12 月 10 日以后，外商独资广告公司开始逐渐出现，中国的广告市场全面开放之后，外资广告集团通过并购、重组等多种方式，加快了在中国广告市场的扩张和本土化进程，对本土广告公司构成了强大的威胁。从20世纪80年代中期跟随国际客户，以与本土广告公司合资的形式开始立足于中国大陆市场，到全力争夺本土客户，再到2005年后开始并购重组本土优秀广告公司，国际4A广告公司在中国的发展已经经历了20多个年头。这20多年的努力，使国际4A广告公司在中国大陆广告业占据了重要的地位。据不完全统计，跨国广告公司已经占到整个中国广告市场40%的份额。

本章重点

现代广告是指一种由广告主付出某种代价的，通过传播媒介将经过科学提炼和艺术加工的特定信息传达给目标受众，以达到改变或强化人们观念和行为为目的的、公开的、非面对面的信息传播活动。信息传播和市场营销是研究广告的两个最基本的出发点。广告是信息的采集加工、复制传递、收受扩散的过程，同时，它又是一种营销管理行为和促销手段。广告以其独特的传播特性，在整合传播中具有不可替代的作用。

根据不同的需要和标准，可以将广告按诉求方式、诉求对象、传播媒介、传播区域、广告目的等标准划分为不同的类别。

广告学是在许多边缘学科的基础上发展起来的一门综合性的独立的社会科学，它研究的是人类社会中大量存在的一种现象——信息传播现象。广告的本质不是经济性的，而是一种广泛的信息传达。广告活动和广告事业的产生与发展规律是广告学的研究对象。根据具体研究对象的不同，可分为理论广告学、历史广告学、应用广告学三个广告学研究的分支。不同的分支有不同的研究内容。

4A，是美国广告协会（American Association of Advertising Agencies）的缩写。这一美国广告公司的全国性商业协会在1917年由111家广告公司共同组建，协会总部设在纽约，并在全国4个区域设置了28个分支委员会和750个不同层次的管理机构。

美国广告协会的成员公司凭借着国际客户的声誉以及精妙的广告作品成为中国广告业的重要组成部分，除了美国的广告公司之外，其他国家的广告公司也在中国有着不俗表现，比如日本的电通（Dentsu）、博报堂以及欧洲的国际广告公司等。由于4A协会的影响力以及国际广告公司之间存在的一些共性，国内广告业通常将包括非美国广告公司协会成员在内的大型跨国广告公司统称为国际4A广告公司。

复习思考题

1. 如何理解现代广告的概念？
2. 通过一个广告案例来分析现代广告的基本性质特征。
3. 根据不同的需要，广告有哪些主要的分类方法，请举例说明。
4. 简要介绍广告学的研究对象，了解广告学的研究方法。
5. 简述4A公司在我国的发展历程。

实训练习

实训名称： 感受广告创意

实训目的： 通过对市场上同类商品广告创意的调查分析，使同学们初步直观感受广告创意的内在魅力，了解广告创意对促进商品销售、树立品牌形象、细分市场等方面的作用。

实训内容： 调查收集 10 种同类商品广告并分析其创意内涵。

实训要求：

1. 分组调查并收集同类商品广告。

2. 分析同类商品广告创意，并用书面文字形式进行归纳。

3. 按每小组 4～5 人分组进行实训，每小组收集不少于 10 种的处于竞争的同类商品广告，小组集体分析研究结束后，上交 1 份《关于类广告创意的调查分析报告》。

4. 考核办法：每小组保质保量完成练习，小组集体成绩亦为小组成员个人成绩。

作业步骤：

分组→确定各小组拟调查的商品类别→收集同类商品广告 10 种，形式不限→小组讨论→书面归纳总结讨论意见→完成广告创意的《调查分析报告》。

实训向导：

1. 实训按食品、饮料、电器、电子、化妆品等大类分组，可以考虑将兴趣一致的同学分在一个组，每组选定一类商品，通过到商场、专卖店等处收集产品样本、招贴、POP 广告、报纸广告或杂志广告。

2. 讨论分析时将侧重点放在广告的创意上，不要脱离主题。

3. 因为本次实训主要是感受广告创意，因此不必过于追求理论性、完整性和深刻性。

课外阅读

中国经典广告案例解析

1. 白加黑——治疗感冒，黑白分明

1995 年，"白加黑"上市仅 180 天销售额就突破 1.6 亿元，在拥挤的感冒药市场上分割了 15% 的份额，登上了行业第二品牌的地位，在中国营销传播史上，堪称奇迹，这一现象被称为"白加黑"震撼，在营销界产生了强烈的冲击。

一般而言，在同质化市场中，很难发掘出"独特的销售主张"（USP）。感冒药市场同类药品甚多，层出不穷，市场已呈高度同质化状态，而且无论中成药还是西药，都难于做出实质性的突破。康泰克、丽珠、三九等"大腕"凭借着强大的广告攻势，才各自占领一块地盘，而盖天力这家实力并不十分雄厚的药厂，竟在短短半年里就后来居上，关键在于其崭新的产品概念。

"白加黑"是个了不起的创意。它看似简单，只是把感冒药分成白片和黑片，并把感冒药中的镇静剂"扑尔敏"放在黑片中，其他什么也没做；实则不简单，它不仅在品牌的外观上与竞争品牌形成很大的差别，更重要的是它与消费者的生活形态相符合，达到了引发联想的强烈传播效果。

在广告公司的协助下，"白加黑"确定了干脆简练的广告口号"治疗感冒，黑白分明"。所

有的广告传播的核心信息是"白天服白片，不瞌睡；晚上服黑片，睡得香"。产品名称和广告信息都在清晰地传达产品概念。

2. 舒肤佳——后来居上称雄香皂市场

1992年3月，"舒肤佳"进入中国市场，而早在1986年就进入中国市场的"力士"已经牢牢占住香皂市场，后生"舒肤佳"却在短短几年时间里，硬生生地把"力士"从香皂霸主的宝座上拉了下来，根据2001年的数据，舒肤佳市场占有率达41.95%，比位居第二的力士高出14个百分点。

舒肤佳的成功自然有很多因素，但关键的一点在于它找到了一个新颖而准确的"除菌"概念。

在中国人刚开始用香皂洗手的时候，舒肤佳就开始了它长达十几年的"教育工作"，要中国人把手真正洗干净——看得见的污渍洗掉了，看不见的细菌你洗掉了吗？

在舒肤佳的营销传播中，以"除菌"为轴心概念，诉求"有效除菌护全家"，并在广告中通过踢球、挤车、扛煤气等场景告诉大家，生活中会感染很多细菌，然后用放大镜下的细菌"吓你一跳"。之后，舒肤佳再通过"内含抗菌成分'迪保肤'"之理性诉求和实验来证明舒肤佳可以让你把手洗"干净"，另外，还通过"中华医学会验证"增强了品牌信任度。

3. 脑白金——吆喝起中国礼品市场

在中国，如果谁提到"今年过节不收礼"，随便一个人都能跟你过不去地说"收礼只收脑白金"。脑白金已经成为中国礼品市场的第一代表。

睡眠问题一直是困扰中老年人的难题，因失眠而睡眠不足的人比比皆是。有资料统计，国内至少有70%的妇女存在睡眠不足现象，90%的老年人经常睡不好觉，"睡眠"市场如此之大。脑白金功能定位准确。然而，在红桃K携"补血"、三株口服液携"调理肠胃"概念创造中国保健品市场高峰之后，在保健品行业信誉跌入谷底之时，脑白金单单一个"睡眠"概念不可能迅速崛起。

然而，作为单一品种的保健品，脑白金以极短的时间迅速启动市场，并登上中国保健品行业"盟主"的宝座，引领我国保健品行业长达五年之久。其成功的最主要因素在于找到了"送礼"的轴心概念。

中国，礼仪之邦。有年节送礼，看望亲友、病人送礼，公关送礼，结婚送礼，下级对上级送礼，年轻人对长辈送礼等几十种送礼行为，礼品市场何其庞大。脑白金的成功，关键在于定位于庞大的礼品市场，而且先入为主地得益于"定位第一"法则，第一个把自己明确地定位为"礼品"——以礼品定位引领消费潮流。

4. 乐百氏，27层净化

经过一轮又一轮的"水战"，饮用水市场形成了三足鼎立的格局：娃哈哈、乐百氏、农夫山泉，就连实力强大的康师傅也曾一度被挤出了饮用水市场。纵观各水成败，乐百氏纯净水的成功相当程度上得益于其"27层净化"的营销传播概念。

乐百氏纯净水上市之初，就认识到以理性诉求打头阵来建立深厚的品牌认同的重要性，于是就有了"27层净化"这一理性诉求经典广告的诞生。

当年纯净水刚开始盛行时，所有纯净水品牌的广告都说自己的纯净水纯净，消费者不知道哪个品牌的水是真的纯净或者更纯净的时候，乐百氏纯净水在各种媒介推出卖点统一的广告，突出乐百氏纯净水经过 27 层净化，对其纯净水的纯净提出了一个有力的支持点。这个系列广告在众多同类产品的广告中迅速脱颖而出，乐百氏纯净水的纯净给受众留下了深刻印象，"乐百氏纯净水经过 27 层净化"很快家喻户晓。"27 层净化"给消费者一种"很纯净，可以信赖"的印象。

"27 层净化"是什么？是其他纯净水厂家达不到的工艺吗？非也。独特的销售主张（后文指的 USP 理论），一说而已，营销传播概念而已。

5. 农夫山泉，甜并快乐着

1998 年，娃哈哈、乐百氏以及其他众多的饮用水品牌大战已是硝烟四起，而且在娃哈哈和乐百氏面前，刚刚问世的农夫山泉显得势单力薄，另外，农夫山泉只从千岛湖取水，运输成本高昂。

农夫山泉在这个时候切入市场，并在短短几年内抵抗住了众多国外品牌的冲击，稳居行业三甲，成功要素之一在于其差异化营销之路，而差异化的直接表现来自于"有点甜"的概念创意——"农夫山泉有点甜"。

"农夫山泉"真的有点甜吗？非也。独特的销售主张（后文所指的 USP 理论），一说而已，营销传播概念而已。

农夫山泉的水来自千岛湖，是从很多大山中汇总的泉水，经过千岛湖的自净、净化，完全可以说是甜美的泉水。但怎样才能让消费者直观形象地认识到农夫山泉的"出身"，怎样形成美好的"甘泉"印象？这就需要一个简单而形象的营销传播概念。"农夫山泉有点甜"并不要求水一定得有点甜，甜水是好水的代名词，正如咖啡味道本来很苦，但雀巢咖啡却说味道好极了说明是好咖啡一样。中文有"甘泉"一词，解释就是甜美的水。"甜"不仅传递了良好的产品品质信息，还直接让人联想到了甘甜爽口的泉水，喝起来自然感觉"有点甜"。

Chapter 2

第2章

广告公司的运作

学习目标

1. 了解广告公司基本的组织结构
2. 熟悉广告公司的运作流程
3. 辨别企业广告观念误区
4. 了解国内广告公司的发展现状及未来的发展趋势

2.1 广告公司基本的组织结构

广告公司及其经营管理活动是整个广告运作框架的核心和轴心。广告公司是广告业的核心组织。广告公司一般可分为广告代理公司、广告制作公司、广告主或媒介自办广告公司。从国际广告公司发展过程以及广告自身运作的发展前景来看，广告代理公司将是大势所趋。随着广告市场的竞争和发展，广告代理公司也将区分为全面服务型广告公司和专门型广告公司。整合传播的要求以及广告主需要对整个广告活动的策划和监控，全面服务型广告公司将占主体。广告公司的典型组织结构如图 2-1 所示。

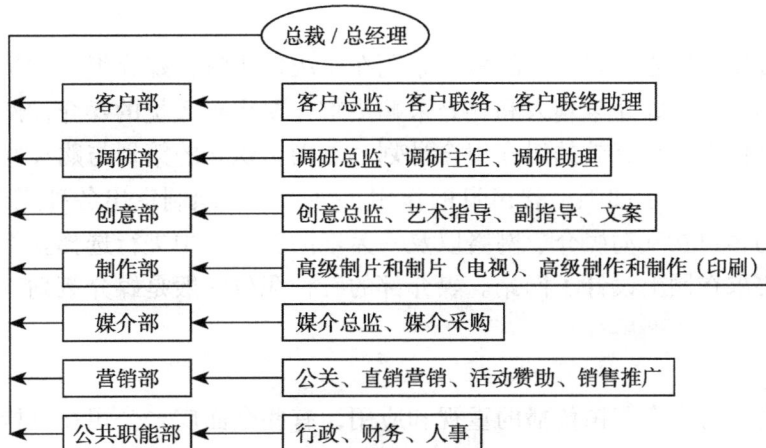

图 2-1　广告公司的典型组织结构

1. 客户部

客户部最主要的任务就是与客户共同决定如何使客户的产品或服务最有效地利用广告。首先必须明确客户的产品或服务能够提供哪些利益，这种产品或服务的潜在目标受众是谁，以及这种产品或服务的最佳竞争定位在哪里，然后设计出一套完整的广告计划。有时，广告公司的客户部还可以提供基本的营销和消费行为调查。有些广告公司还拥有分析人员，可以进行基本的消费行为和消费者价值观调查，测试产品概念，评估广告战役。该部门由客户联络、客户总监或客户经理带领，统筹整个广告活动。客户部经理还与客户一起，通过广告公司的创意部将文化价值观和消费者价值观转化成广告讯息。最后，他们还要与媒介部一道制定出有效的媒介战略，以便以最佳的方式发布广告，到达目标受众。客户部的一项重要任务就是使公司内的不同部门（创意部、制作部、媒介部）在预算内按计划完成广告任务。

2. 调研部

调研部主要负责对广告实施前的有关产品、消费者、市场等进行调查分析，对广告计划、营销计划和广告作品的事中测验，以及对广告实施后的效果进行调研和总结，因而它的工作贯穿于整个广告活动的始终。调查总监领导调研小组制订调查的方案和执行计划，在规定的时间和预算内决定收集的资料来源以及需要调查的内容，然后由调研小组执行实施细则，包括调查的时间、地点、方式以及人员安排等。最后将调研所得的数据编入电脑进行统计分析，形成调查报告以书面的形式交于其他部门，作为他们进行当前或今后广告决策的依据。

3. 创意部和制作部

创意部人员的职责就是用有趣而难忘的方式表达产品或企业品牌的价值。广告公司的创意小组一般由创意指导、艺术指导和文案人员组成。制作部包括制作人（有时为导演），由其将创意转换成具体的广播、电视和印刷广告。制作人员负责物色场地、招聘导演、寻找合适的演员以及与制作公司和后期制作公司签订合同。另外，制作人通常要对广告的制作进行管理和监督。创意部和制作部人员为客户提供的市场价值带来活力，并通过对广告讯息进行加工和润色表现那种价值。有些广告公司还拥有专门的辅助性媒介制作人。这些辅助性媒介包括路牌、招贴、交通广告和礼品广告（例如带有企业标志的赠品）等。

4. 媒介部

媒介部负责发布广告，其面临的核心难题在于决定用哪种媒介组合方法使广告作品最有效地到达目标受众。媒介策划人和媒介采购员首先要审查大量的媒介，然后在客户预算允许的范围内制订出一个有效的媒介组合计划。然而，媒介的策划与购买并不单纯地指向媒介购买广告空间，为了加强广告讯息的作用，媒介部必须制定出各种媒介战略。目前，广告公司正协助客户在互动媒介、网络以及一大堆的新媒介中进行选择。不少广告公司都已经应客户的要求在网上设计了网站。媒介部的三种职位一般是媒介策划、媒介采购人员和媒介调查员。

5. 营销部

随着广告公司对整合营销传播的重视和应用，有些全面广告公司在机构设置上专门设置了营销部，通常包括销售推广、活动赞助、直销营销和公共关系。广告公司提供的销售推广和活动赞助营销服务包括为客户设计竞赛、抽奖、奖金或特别赠送活动以及为商业开发预备资料等。这些营销专家协助客户确定是否应该赞助活动，如何赞助活动。有些广告公司设置了专属营销部进行直效营销活动的策划，并将这些活动与企业的主要广告活动整合起来。在当今这个整合营销传播盛行的时代，广告公司发现越来越多的客户要求将所有的传播形式与广告努力整合为一体。有些全面服务型广告公司正在自己的营销业务范围中增加公共项目，希望能够更多地控制客户的营销传播，确保整合营销传播的真正实现。

6. 公共职能部

和其他行业一样，广告公司也必须管理自己的商务活动。因此，广告公司也设有行政部、人事部、财务部以及向客户推销本公司服务的销售人员。行政部主要为公司的运作提供协调功能；财务部除了对自身公司的财务进行管理和监控外，还要对每次广告策划活动的经费预算进行核查和控制；人事部主要负责对公司内部员工的激励和奖惩，还要随时为公司注入新鲜"血液"，保证公司人员的正常流动，制定积极的人力资源考核方法激励公司员工发挥出自身的最大价值。

小贴士 　　　　　　　　　　4A 广告公司部门架构与岗位职称

综合性代理广告公司部门架构与岗位职称如图 2-2、图 2-3 所示。

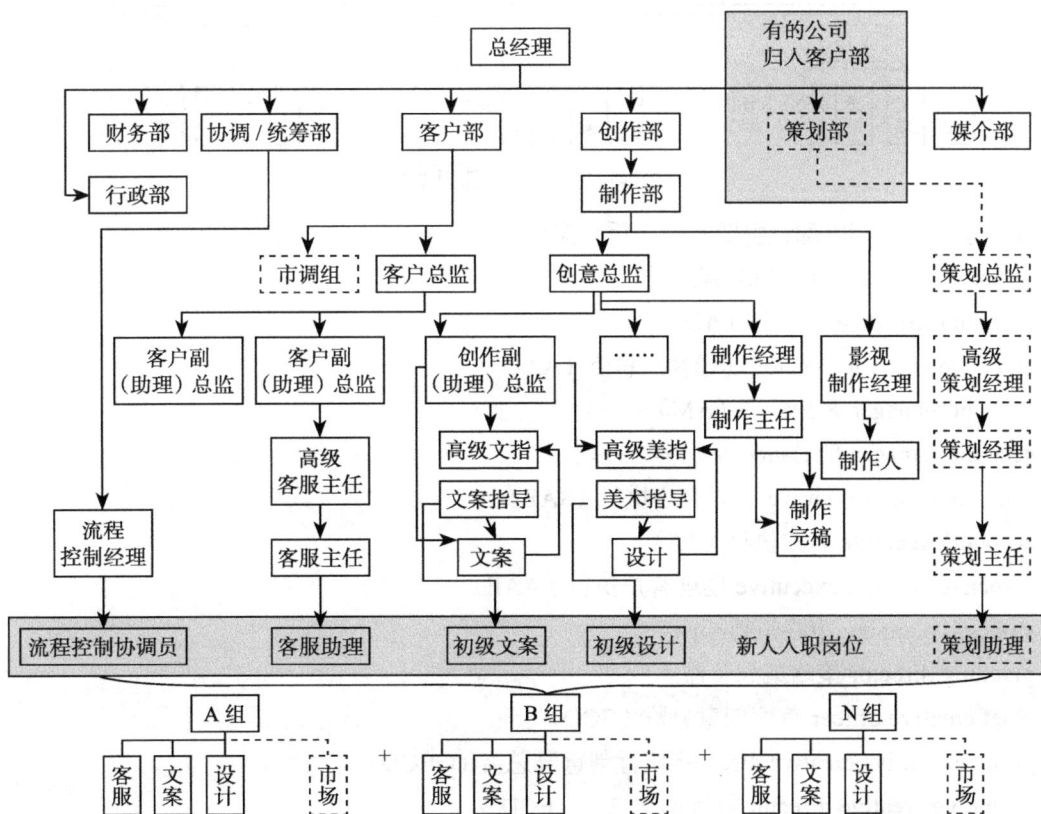

图 2-2 大型本土公司部门架构

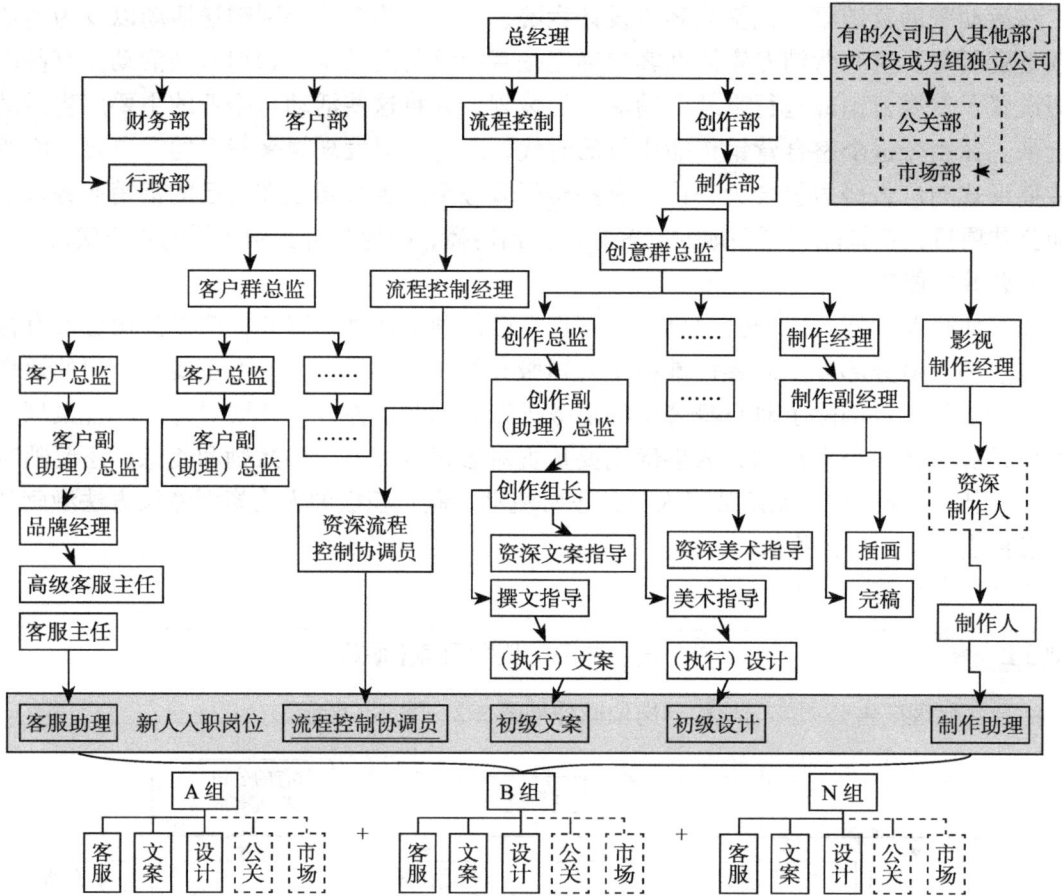

图 2-3 国际公司部门架构

在一家广告公司内部，主要有以下重点岗位：

senior account director 高级客户总监（SAD）

account director 客户总监（AD）

associate account director 助理客户总监（AAD）

account manager 客户经理（AM）

account manager-freelance 兼职客户经理

senior account executive 高级客户执行（SAE）

account executive 客户执行（AE）

associate account executive 助理客户执行（AAE）

strategic planning 策略策划部门

planning director 策略策划总监

chief creative officer 首席创意总监（CCO）

group executive creative director 执行创意群总监（GECD）

executive creative director 执行创意总监（ECD）

group creative director 创意群总监（GCD）

senior creative director 资深创意总监（SCD）

creative director 创意总监（CD）

associate creative director 助理创意总监（ACD）

senior art director 资深美术指导（SART 或 SAD）

art director 美术指导（ART 或 ADA）

senior copywriter 资深文案（SCW）

copywriter 文案（CW）

senior designer-integrated 资深设计师

designer-integrated 设计师

studio manager 制作经理

production coordinator 制作协调

designer 设计师

computer artist 美工

visualizer 画师

2.2 广告公司的运作流程

广告代理公司的业务从接受广告主的委托开始，然后进行广告策划，最后将广告作品展示给目标受众，将广告效果调查数据反馈给广告主，这样广告公司的一次完整的广告运作活动才算完成。整个广告代理公司的运作流程需要经过以下基本流程。

1. 客户委托

客户委托是广告公司业务开始运作的起点，以得到客户的代理委托书为工作目标。广告主需要广告公司对其产品或服务进行代理，达到广告主预期的效果。广告公司首先通过客户服务人员与客户进行接触与沟通，了解客户委托代理的意图和愿望，委托代理的业务内容及其欲达到的目标，并向客户全面推介本公司；然后，广告公司调研部开始初步收集相关的市场资料，为具体代理业务活动的开展做好初步准备；最后，召开由双方高层管理人员和相关业务人员共同出席的客户说明会，由客户代表正式说明委托代理的业务内容，并详细通报有关客户的基本情况，包括产品、通路、市场状况以及客户的营销状况与营销目的等，完成客户与广告公司高层深层的沟通与交流。

2. 前期准备

广告公司得到客户的正式代理委托书后，就要确定具体的工作计划，为紧接着的广告策划做好充分的准备。这个阶段的工作主要是召开业务工作会议，对客户委托代理的业务项目进行具体的讨论和分析，确认这项业务推广的重心和难点，检查相关资料的收集是否齐全。如果资料不够详备，还需进行对该种资料的市场调研以及结论分析。资料收集详备后确定开展此次业务的具体工作计划，包括确定该项目的客户联系人与业务负责人，以及具体工作内容与工作进度的安排。

3. 广告策划

这个阶段的工作为广告公司业务运作的重点，是广告公司代理水平与服务能力的集中体现。其主要工作内容为建立具体的广告目标以及为达成这一目标的策略手段。也就是具体规划如何以最适当的广告讯息，在最适当的市场时机，通过最适当的传播途径，送达最适当的广告受众，最有效地实现预定的广告目的。其重要的工作方式就是广告策划会议、广告创意与表现会议。完整的广告策划方案或广告计划书，是这阶段需达成的工作目标，如果广告公司还为广告主代理整合营销传播的其他内容，则需要同样制订详细的执行计划。

4. 广告提案

提案是指广告策划阶段所形成的广告策划方案或广告计划书。进行广告提案包括两个内容，首先是广告公司对提案的自我审核与确认，然后再让客户对该提案进行审核与确认，因而这一阶段的工作方式为公司的提案审核会议，以及对客户的提案报告会。公司的业务审核，由公司的业务审核机构执行，或由公司资深的业务人员组成临时会议，具体负责在正式向客户提交前，对该提案的科学性与可执行性进行审核。提案报告会，由公司向客户具体报告已形成的广告方案，并接受客户对该方案的审核和质询，最终获得客户对该方案的认可。

5. 广告执行

这个阶段的工作内容为具体执行获得客户认可的广告策划方案或广告计划书。一方面，依据方案所确认的广告创意表现策略，进行广告制作，可由本公司制作部门执行，也可委托专门的外援执行，并对已制作完成的广告作品进行发布前的效果测试和刊播试验；另一方面，依据方案所确定的市场时机、媒体策略和媒体计划，进行媒介购买、媒介投放与发布监测。此外，还需执行属于广告公司代理范围内的其他整合营销传播的内容。例如，人员促销，就要事先物色促销地点和促销人员，进行活动洽谈和人员培训，安排时间进度和经费预算，同时考虑是否要配合媒介广告等。

6. 效果评价与总结

依据广告公司与客户双方的评估方案，对此次整个广告活动进行事后评估。广告公司还应以报告会的形式，对客户进行评估报告和业务总结。至此，广告公司的一次完整运作才算完成。当然，随着广告公司在市场中的竞争和发展，广告公司的业务运作都是反复循环进行，并且根据特定情况做出相应的修改和经验总结。

2.3 企业广告观念误区分析

广告曾经为企业带来过很多的辉煌成就，但是，广告管理中的一些不确定因素也可能给企业带来不小的损失。尤其当企业的广告观念出现方向性错误时，往往使企业在激烈的市场竞争中陷入不利的局面。因此，每家企业首先应该走出广告观念的误区，树立正确的广告观念。

1. 追求大场面的轰动效应

中国的企业经历了市场经济、发展时代之后，出于对美好未来的憧憬，都希望能成功地营造一种宏大辉煌的场面。因此，企业在介入广告时，广告内容动不动就是黄河、长城或满天的彩云，气势如虹，但消费者看完之后往往搞不明白广告所要表达的含义究竟是什么。

广告当然需要有一定的艺术性，但消费者天天看到这样的广告就会觉得厌烦。实际上，大制作的广告成本是非常高的，而中国的企业是以中小型企业为主，资金并不十分充足，因此更应该量力而行，努力做到务实地切入。

2. 追逐大媒体

企业广告观念的另一个误区就是盲目地追逐大的媒体（指传播范围广的媒体）。一般说来，企业总希望自己的规模越做越大，因此在选择广告媒体时经常盲目追求最大的媒体来进行发布，如希望选择中央电视台等。实际上，最大的媒体并不一定是最适合的，很多企业的市场尚未成熟，铺货的范围根本无法达到全国市场，广告媒体再大也没有实际意义。因此，对于大多数还处于成长与发展过程中的企业来说，在选择广告媒体时应该注意做到与企业的市场目标相匹配，尽量做到成本合理、针对性强，例如地级市的市场内选用地级市的媒体，这样就能有效地避免由于媒体领先而给企业带来的消极影响。

3. 迷信名人广告

20多年来，由于国内演艺事业及体育运动的迅猛发展，诞生了一大批公众号召力强大的明星人物。为了能够最大限度地吸引广大消费者的注意力，很多企业常常热衷于邀请一些大牌明星来演绎广告，有些企业确实也通过这种方式提升了本企业产品的知名度，改善了企业形象。但是，迷信名人广告能够获得更好的广告宣传效果，实际上也是一种误解。

根据调查显示，很多消费者观看完名人广告之后，首先想起的是明星曾经是如何出名的，而对广告中所提及的产品、品牌和企业名称则往往不加留意。因此，明星广告并不是包治百病的灵丹妙药，对于刚刚进入市场的企业来说，产品第一次面世时尤其要慎重考虑是否有必要花费重金聘请名人来做广告。

4. 钟情名牌广告公司

产品销售的实现，需要企业去寻找合适的代理商。同样道理，一家企业的产品刚刚进入市场时，也需要寻找合适的广告公司进行合作，以帮助企业进行产品的宣传。一般说来，一些规模较大的著名广告公司的信息覆盖范围比较广泛，通常以整个中国市场、亚洲市场或欧美市场为该广告公司的运作区域。为此，很多企业常常会有一种不正确的心理：总以为选择的广告公司越有名，广告的宣传效果自然就越好。

那些著名的广告公司规模大的原因就在于代理的产品很多，它关心的并不是单个企业的产品，而是将主要精力集中在能够为其盈利的主要产品上面。在这种情况下，广告公司并不能保证为所有产品的宣传与策划提供足够的精力和责任。因此，企业在选择广告公司作为合作伙伴时，一定要保证广告公司确实能够尽心尽力，在市场区域内具有天时、地利、人和的有利条件。

5. 期待高人的创意

很多企业在广告观念上还有另一种误区，即开始做广告时一定要找高人来帮助创意和策划。所谓的高人，指的是经过媒体有意识或无意识地包装之后在社会上具有较高知名度的人员。但是，企业应该意识到，专家之所以被称为专家，也仅仅是因为在某一两个领域内高于一般人，而不可能在所有的领域内都是超前的。因此，企业在选择高人时，应从多方面进行综合考察。

从某种程度上来讲，专家或高人就是放大了的螺丝钉，只能负责一个方面的问题，而不能解决所有问题。企业在发展过程中需要借助高人的智慧，但应注意实现形成专家的合力。因此，企业家应该注意不要把自己定位为某一领域的专家，而要努力使自己成为使用专家的专家，能够将自己所需要的东西做到最佳组合，为企业的目标和计划的实现而服务。

6. 贪图便宜

企业对广告的投入过程实际上就是花钱买创意、买制作、买媒介的过程。中国人的传统习惯是"货比三家不吃亏，哪家便宜买哪家"，企业在向广告公司购买广告产品时一般都会希望广告费用越低越好，这样经常会陷入"感觉便宜就买"的观念误区，而忽略了广告的实际行销效果。

便宜的广告产品容易让企业家造成划算的错觉，勾起企业家购买的冲动。但是，评价一个广告产品是否便宜，主要是看它与企业的目标和计划是否相匹配：如果确实互相匹配，那么价格再贵也是需要的；如果不匹配，花一分钱也是不划算的。很多企业为了降低广告成本，迫使制作单位不得不降低质量，最后制作出来的广告就相当粗糙，严重的甚至根本无法体现出应有的广告宣传效果。

案例 2-1   仅有广告是不行的

某企业为了扩大产品的市场占有率，提高企业品牌的知名度，拼命做广告，只要遇到便宜的广告产品就出手购买。例如，该企业买下了××展览会的冠名权，赞助了歌星大赛、体育大奖赛等。结果企业连自己的发展区域和核心专长都搞不明白了，非但没有获得预期的广告宣传效果，反而花费了大量的资金。与此相类似的是，商家中普遍流传着这样的观念：女人和小孩子的钱好赚。很多女士在逛商场的过程中，碰到自己认为很好的商品就购买，买回家后却从来不用；小孩子遇到自己喜欢的玩具一般也会缠着父母要求购买。这些购物行为实际上都是不成熟的购买心理造成的，属于情感式购买。而企业如果不注意避免这种观念误区，将会造成很多不必要的损失。

---

7. 期待广告神话

所谓神话，就是一种想象的东西，一种不符合现实情况的期待。在如今的市场条件下，很多企业甚至还迷信这样的广告神话：只要广告发布出去，就会有大量的消费者主动找上门来购买本企业的产品。这种很原始的思维过分夸大了广告的宣传作用，是不切实际的。

广告虽然可以为企业带来一些营销上的成果，但是，广告的效果毕竟还是有限的，不可能为产品的销售起到神话般的推动作用。此外，产品的畅销还需要一整套系统的全力支持，如果仅仅依靠广告的有限宣传只会加速企业的衰退。

案例 2-2 ◆◆◆ 广告没有神话

某企业的代表找到一家广告公司，要求投入 1 000 万元来为其产品举行一系列的广告宣传活动。为了成功地完成这一业务，广告公司询问了这家企业一些问题：打算在哪些媒体上播出广告，对广告创意的大致要求是什么，主要销售哪些产品，销售区域定位在哪里，销售组织是如何建立的，销售人员是否按照工作量来进行匹配，物流系统和销售通路是否准备完毕等。

对于这家广告公司所提的上述问题，企业代表听了之后感到很不耐烦，以企业商业秘密为由拒绝透露，并称找广告公司只是为了做广告。事后发现，这家企业根本就没有对这些问题进行充分的准备，企业还沉迷在美丽的幻想中：广告做出来后，商业批发单位就会开着汽车、拿着现金、争先恐后来厂里提货。实际上，在国家经济深入发展的形势下，仅仅靠广告来拉动商业发展和消费的时代早已经成为过去，各企业必须面对更为严酷的市场竞争。

企业在考虑广告目的和广告效果时，应该按照广告的思维主线进行多方面的考虑。首先要考虑所要推广的产品是什么，突出产品的特质和功效；其次还要调查清楚产品的主要销售对象是谁；整个行销系统的设计是否完善，具体包括销售人员的配备、物流配送状况、超市中的理货管理等；广告播出的环境如何，也是必须要考虑的问题。

如果没有上述思维主线各个方面的充分支持，广告的投入只能是孤军奋战，结果往往会被竞争对手所牵制，最后全军覆灭。因此，企业在做广告的过程中要注意走出观念的误区，从广告的思维主线出发，让广告发挥最大的宣传效果。

2.4 国内广告公司的发展现状

1. 专业化广告公司的不断出现

事实上，从产业发展角度来说，广告业是一个知识、技术、人才密集型的服务性行业，其目标客户不仅种类繁多，而且性质各异，任何一家广告公司都不可能通过既定的知识、技术、人才资源为所有的广告主提供代理服务。尤其在当前各种新媒体形式层出不穷的情况下，针对某一类媒体提供有效的信息调查、广告创意与策划活动更是尤为重要。因此，专业化成为广告公司生存与发展的根本。典型的代表如盛世长城全面代理总部设于广州，而同时也在北京、上海以及广州等地区设有专门化的地产、医药、服装类的广告公司，也有专门做危机公关处理和公关活动的广告公司，甚至出现了专门卖策略的广告公司。

另外，广告公司的专业化发展也是由我国企业发展的现状决定的。目前，对于我国大部分中小企业来说，它们无力聘请大型的广告公司进行系统的营销策划与广告运作，而只能将广告业务分配给几家专业化的广告公司代理，这种方式不仅简单灵活，而且极大地降低了运营费用。

2. 民营媒体广告公司的不断涌现

在我国改革开放早期，传统媒体一般由政府经营。大部分广告公司只是充当广告主和媒体之间的沟通桥梁，即广告公司一方面为广告主进行媒体调查、媒体选择与媒体投放；另一方面又要协调好与媒体组织之间的关系，从而以较低的折扣批量购买媒体版面或时段，从中赚取差价。在广告业发展的早期阶段，这种形式利润比较丰厚，但是，随着媒体环境的日益复杂，广告宣传很难满足广告主预期的宣传效果，因此，不少广告主越来越密切关注广告费用的细分及使用情况。广告公司的收入大大减少，这极大地束缚了其规模的扩展与硬件设施的更新，不利于广告公司发展壮大。

当前社会，随着新媒体的不断出现，它不仅为广告公司提供更多的宣传渠道，提高广告的效果，赢得广告主的青睐，而且很多新媒体公司都是以民营的方式，在较短的时间内迅速发展壮大。比如，目前在纳斯达克上市的中国新媒体公司有将近20多家，专业搜索引擎有百度；网络门户网站类有新浪、搜狐、网易、中华网、TOM 在线、金融界；网络游戏公司有盛大、第九城市；广告公司有分众传媒等。与传统媒体相比，这些新媒体价格低、目标受众明确、信息量大、效果明显，而且很多媒体组织本身都经营着广告业务，这对于我国广告业的快速发展以及规模的壮大起到极大的促进作用，从而能够更好地面对国外传媒集团与大型国际 4A 广告公司的竞争。

3. 中外合资公司层出不穷

在我国广告业的起步阶段，国家出于对本土广告公司的保护，对于国际广告公司和传媒集团进入中国后的组织形式与业务活动具有严格的限制，比如外资公司必须与本土公司合作才能进行广告活动；外资公司的控股权不得超过 49% 等。这些政策在某种程度上推动了中外广告公司合资经营的局面，而且随着我国经济的快速发展，新媒体形式日益多样化，中国的广告市场潜力无限，这更加速了不少跨国广告公司和传媒集团进入中国的步伐。比如，20 世纪 80 年代，跨国广告公司为了能够服务国际客户，从而挖掘中国的广告市场，纷纷与中国国有广告公司进行合作，以换取市场准入权。首先是 1986 年，美国电扬广告公司与中国国际广告公司合资成立的电扬广告公司，正式拉开了国际广告公司进入中国广告市场的序幕。截至目前，全球五大广告集团全部在中国设立了分公司。总的来看，从中国广告蓬勃发展以来，合资公司在中国的营业额一直攀升，占据了我国广告公司营业额前 10 位中的大部分席位。

这些合资广告公司主要是国际广告公司或者传媒集团与中国本土广告公司合作成立，中方主体身份主要分为三类：第一类是国内的媒体组织；第二类是一些企业或公司；第三类是国内比较有实力的本土广告公司。另外，按照业务范畴划分，合资公司主要有两种类型，即综合全案类广告公司与专门型广告公司。

4. 广告公司内部新媒体部门以及数字化平台的建设

随着广告主对新媒体的不断重视，新媒体的广告份额也是逐年攀升。目前，除了以新媒体广告策划与运作为主的新兴广告公司快速成长起来之外，一些传统的广告公司为了适应新媒体环境，它们一方面加强公司内部新媒体广告部门的建设，积极探索新媒体广告的策划与运作经验；另一方面，为了提高工作效率与广告质量，他们也在大力发展公司内部的数字化平台，从而提升自身的国际竞争力。比如，中国本土广告公司的领军者广东省广告公司，其主营业务是整合营销传播，包括品牌管理、媒介代理和自有媒体经营等，是唯一能够进入中国前10名排行、与国际4A广告公司分庭抗礼的本土广告公司。但是，在全球化竞争的今天，与国际大型的媒体公司以及广告公司相比，这是远远不够的。在2010年上市后，广东省广告公司获得8亿元的资金，比他们内部期待值2.5亿元翻了3倍，公司领导表示："这批募集资金将用于广告数字化运营系统建设等三大项目。通过数字化平台建立起可以跟国际传媒广告集团相抗衡的品牌运营策略数据库。"

2.5 广告公司未来的发展趋势

数字技术的出现、移动互联的普及、以数字技术为导向的传播公司从幕后走向台前……这些都改变了原有的广告公司的格局。互联网时代，基于数字平台的搜索引擎、视频网站、电子商务开始兴起，互联网广告体量虽未赶超电视等传统媒体，但增长速度已经让其他媒体无法望其项背。越来越多的网络服务提供商进军广告行业，从20世纪90年代开始，百度、腾讯、新浪、搜狐、网易等互联网服务的供应商从事互联网行业已经10多年，在互联网广告经营、网络广告运营经验、广告客户资源积累等方面都拥有了别的企业无法企及的优势。

随着移动互联网的兴起，广告重心也开始发生了转移，在既有的优势基础上，互联网广告服务提供商可以迅速地将原有的广告业务拓展至移动互联网领域，赢在起跑线上。与其他在移动互联网领域初来乍到的广告服务提供商相比，它们在自己原有的搜索引擎、社交媒体等方面已经拥有大量的点击率、用户群及流量。例如，腾讯利用社交媒体（QQ、飞信）、音乐（QQ音乐），网易利用游戏等先在移动互联网时代未到来之际为自己积攒了足够多的用户和忠实粉丝。

与传统媒体不同，传统的报纸、杂志甚至是广播和电视，首先是生产出优秀的内容，吸引优质受众，然后通过发行量、收听率、收视率等转化为自身的广告收入；移动互联网时代的广告则是通过自身所提供的服务、整合业务、手机软件等吸引用户的主动参与、浏览、分享，将网站的点击率、浏览量转化为自己的广告收入。

以新型技术为核心的公司转型加入广告行业，新的竞争者的出现扰乱了既有的广告行业的格局。例如，百分通联传媒技术有限公司在2010年4月9日成立旗下移动互联网广告平台——L-Sense，为企业提供技术服务，包括为莫泰168连锁酒店开发的应用程序，基于用户所在的地理位置，让消费者能够找到酒店周边的娱乐设施；另外，在时下流行的应用中植入用户的广告，针对核心目标人群进行精准传播。

以移动互联网相关技术为主体的传播公司作为市场的新入者，它们利用移动互联的平台，凭借自身的技术优势，不断丰富广告形式与互动的方式，增加与用户之间的黏性，让广告的趣味性、点击率、回应度、互动性、转发分享性都得到了极大的提高，广告已经和数字技术紧紧相连。

广告主的相关需求促使以技术为主体的传播公司进入营销市场，同样这些技术公司的出现也改变着广告主的需求，越来越多的广告主希望能更好地通过先进的技术手段与受众对话，这也倒逼着广告公司格局的变化，督促着广告公司数字化的转型之路。未来的广告公司既不是单纯做创意的公司，也不会是单纯强调技术的公司，肯定是创意与技术的完美融合，达到技术、创意、数字媒体平台一体化的时代。

本章重点

广告公司一般可分为广告代理公司、广告制作公司、广告主或媒介自办广告公司。从国际广告公司发展过程以及广告自身运作的发展前景来看，广告代理公司将是大势所趋。随着广告市场的竞争和发展，广告代理公司也将区分为全面服务型广告公司和专门型广告公司。整合传播的要求以及广告主需要对整个广告活动的策划和监控，全面服务型广告公司将占主体。

客户部最主要的任务就是与客户共同决定如何使客户的产品或服务最有效地利用广告。调研部主要负责对广告实施前的有关产品、消费者、市场等进行调查分析，对广告计划、营销计划和广告作品的事中测验，以及对广告实施后的效果进行调研和总结。创意部人员的职责就是用有趣而难忘的方式表达产品或企业品牌的价值。媒介部负责发布广告，其面临的核心难题在于决定用哪种媒介组合方法使广告作品最有效地到达目标受众。营销部，通常包括销售推广、活动赞助、直销营销和公共关系。广告公司也设有行政部、人事部、财务部以及向客户推销本公司服务的销售人员。广告代理公司的业务从接受广告主的委托开始，然后进行广告策划，最后将广告作品传达给目标受众，将广告效果调查数据反馈给广告主，这样广告公司的一次完整的广告运作活动才算完成。

企业广告观念的误区主要有：①追求大场面的轰动效应；②追逐大媒体；③迷信名人广告；④钟情名牌广告公司；⑤期待高人的创意；⑥贪图便宜；⑦期待广告神话。

国内广告公司的发展现状主要是：①专业化广告公司的不断出现；②民营媒体广告公司的不断涌现；③中外合资公司的层出不穷；④广告公司内部新媒体部门以及数字化平台的建设。

未来的广告公司既不是单纯做创意的公司，也不会是单纯强调技术的公司，肯定是创意与技术的完美融合，达到技术、创意、数字媒体平台一体化的时代。

复习思考题

1. 请简述广告公司基本的组织结构。
2. 请简述广告公司的运作流程。
3. 辨别企业广告观念误区。
4. 预测国内广告公司的发展现状及未来的发展趋势。

实训练习

根据班级实际情况，成立若干个广告小组，进行分工协作，了解自己所在的岗位及主要工作内容。

课外阅读

某广告公司员工手册（节选）

三、入职规定

3.1 培训

3.1.1 新员工入职时由行政人事部安排新员工入职培训，行政人事部负责公司架构、制度、守则及一般工作程序的讲解培训；运作质保部负责公司运作流程的讲解培训。

3.1.2 部门经理（或主管总监）负责部门的工作程序、作业操作规范及其职位描述的培训。

3.1.3 公司负责为员工提供适当的在职专业技能培训。

3.2 试用转正

3.2.1 所有新员工，试用期为三个月，具体由公司视其工作表现或其实际需要而定。

3.2.2 试用期满考核

3.2.2.1 试用期结束时，试用期新员工按照公司规定的试用期考核办法办理考核手续，如果公司认为试用人员合格，则通知试用人员转为正式员工，双方签订聘用合同，合同期由入职本公司之日起计。

3.2.2.2 试用期满考核办理程序：试用新员工提出试用期满考核申请，经总监同意签批后→去行政人事部领取试用期考核表并认真填写→交行政人事部安排考核面试→总监签署考核意见→总经理审批→行政人事部行文书面通知结果。

3.2.3 如果试用人员在试用期内被证明不符合录用条件，公司须在三个月内通知试用人员不被聘用及其理由。

四、工资报酬

4.1 工资

4.1.1 公司将按双方签订的聘用合同规定支付给员工月薪。

4.1.2 员工工资按月支付，发薪日为下月10日。

4.2 加班

4.2.1 公司有权要求员工加班工作，实际加班工时作为当月的工作业绩和季度团队奖励分配的依据之一。

4.2.2 员工加班超过晚上10：00时，可另报销回家单程出租车费，但不能与其他因公市内交通费填在同一张报销单上。办理程序：填写报销单→部门总监签字→行政人事部经理审核→财务部会计签字→总经理签字→出纳处报销。

4.2.3 专业部门员工加班，由品牌部统一填写"加班单"，并报行政人事部备案。员工加班时间超过晚上10：00以后，每超过一个小时，第二天上班时间可延后一个小时，凌晨2：00以后，可于第二天下午1：40上班。但须于晚上加班完毕前安排好自己的所有工作，写出说明贴于公司告示牌上，以便查找资料和安排后序工作。

4.3 双薪

4.3.1 作为奖励，在本公司工作一年以上的员工年终可享受双薪。

4.3.2 工龄六个月以上的员工，即当年6月30日以前（包括6月30日）入职且当年12月31

日在岗上班的员工，不足 12 个月者，则年终双薪按实际工作期限折算。

4.3.3 在本公司工龄六个月以下的员工，即当年 6 月 30 日以后入职的员工，不享受当年双薪。

4.3.4 双薪按员工年终当月的基本薪金计算，并以公历年度为准，只计当年。

4.4 所得税

4.4.1 员工领取工资和奖金、各种补贴等其他报酬，有义务向国家缴纳个人所得税。公司按照国家税法规定，代税务部门每月从个人薪金中，扣除该员工的个人所得税款，由公司每月统一向税务局缴纳。

4.5 升职、加薪或降职

4.5.1 在公司业务发展需要的情况下，将从内部提升任何适合的人员至更重要的岗位。在考虑提升候选人时，主要考虑员工的敬业精神、专业能力、工作成绩、团队精神、行为操守、文化修养等。

4.5.2 凡在本公司连续工龄满一年的员工，根据敬业精神、工作责任心、工作能力、团队精神、工作成绩，公司考评和考核面试后，视其情况可以升职者升职，不能升职者可以增加基本工资 5% ～ 10%，或者降薪、降职。

4.5.3 公司将定期对各职位员工进行职位考核，凡因敬业精神、专业能力不胜任或工作态度欠佳而不适应工作需要者，公司将进行适当调整以至降职使用。

4.6 团队奖励

4.6.1 公司内组建几个二级团队，公司对二级团队按季度实行与毛收入挂钩的奖励办法。具体办法按公司当时的有关文件规定执行。

4.6.2 二级团队内部员工的季度奖金分配，按照员工的敬业精神、团队精神、工作能力、工作业绩进行分配。

4.6.3 员工的试用期无奖金，不参加团队奖励的分配，试用期满转正以后期间，可以参加团队奖励的分配。

4.6.4 季度末以前离职的员工，不再参加当季度团队奖励的分配。

八、工作纪律

8.1 考勤管理规范

8.1.1 员工每日到公司上班必须先亲自打卡报到，下班时打好卡方可离开。

8.1.2 员工须自觉遵守打卡考勤规定，严禁委托他人打卡，如发现违反规定者，将对当事者（委托人）和有关责任人（代打卡者）分别处以 100 元 / 次人以上罚款。

8.1.3 考勤打卡情况由行政人事部负责管理。每日上午 10：00 由行政人事部将全部考勤卡收回，检查打卡情况。

8.1.3.1 凡属昨天下班未打卡的员工，行政人事部将用专册登记并通知该员工处理下班未打卡的原因，由该员工送其总监签字证明。如该员工在一个工作日内未处理昨日下班未打卡的问题，将对该员工的下班未打卡作为漏打卡处罚处理。

8.1.3.2 凡属当日上午 9：15 未到公司的员工，行政人事部要负责跟进该员工实际到公司的时间并让其领卡打卡，并分清楚未按时到公司是什么原因，并记录在该员工的卡上。①如属加班要按规定分清楚是否迟到；②如属直接去客户处办理，要由该员工送到其总监签字证明，时限一个工作日内处理完毕；③或属迟到。

8.1.3.3 行政人事部要做到每天无未打卡情况不清楚的现象发生。

8.1.4 加班：员工因工作需要加班，必须填写"加班单"，由部门总监签字。员工加班时间超过晚上 11：00 以后，每超过一个小时，第二天上班时间可延后一个小时，凌晨 2：00 以后，可于第二天下午 1：40 上班。但须于晚上加班完毕前安排好自己的所有工作，写出说明贴于公司告示牌上，以便查找资料和安排后序工作。

8.1.5 外出：员工因公外出，须直接向主管领导报告，并在公告栏上填写去向表。员工上班后中途因私有急事外出，须向部门主管总监报告去向，经批准，交代手头工作，并向行政部递交签批后的请假手续，方可外出，否则做旷工处理。主管总监以上职务因私事外出，须向总经理报告去向，经批准后办理请假手续。

8.1.6 迟到早退：迟到或早退 20 分钟以内的，每次扣 10 元；迟到或早退 20 分钟以上、40 分钟以内的，每次扣 20 元；迟到或早退 40 分钟以上、60 分钟以内，每次扣 30 元；迟到或早退 60 分钟以上，按旷工半天处理。

8.1.7 病假：员工请病假，须在当日一上班即向部门总监请假，同时通知公司行政部，事后向行政部补交区级以上医院证明和病历，登记考勤。员工可享受每月 2 天的带薪病假（以月为准）。请病假不能提交区以上医院证明和病历的，按事假处理。若员工连续病假超过 30 天，公司将不再保留其任职岗位之工作，该员工将被视为自动辞职。

8.1.8 员工请事假，须提前一天填写请假申请单，经部门主管总监签字同意，交代清楚手头工作，可请事假 2 天。2 天以上 15 天以内需经总经理书面批准。15 天以上事假，公司不予批准，将被视为该该员工自动辞职。员工应将经批准签字后的请假申请单交行政经理登记考勤，方可离开。未取得上述批准而缺勤者，将被视为旷工。事假无薪。假期已满，未按时上班的超假期按旷工处理。

8.1.9 旷工每天扣罚工资 300 元。连续旷工三天或一年内累计旷工七天者，解除劳动合同。

8.1.10 上、下班漏打卡每次扣罚 100 元。

8.2 礼仪管理规范

8.2.1 员工应着公司统一制作的工作服上班。员工上班时间佩戴公司胸牌。胸牌要佩戴在左胸上方位置。员工上班不得穿拖鞋、短裤。员工要爱护和妥善保管胸牌，丢失要赔偿工本费 50 元 / 枝。佩戴胸牌由行政人事部负责检查管理。行政人事部发现员工未佩戴胸牌第一次给予提醒警告并记录在案，督促其立即佩戴。若不及时佩戴或第二次发现未佩戴胸牌，记录在册并由该员工签字，罚款 50 元 / 次。

8.2.2 员工工作服由公司统一制作，按成本价在员工工资中分二月扣出。凡在公司连续工龄满半年以上的退给工作服一半的价款，连续工龄满一年的再退给其工作服另一半的价款。连续工龄不满半年解除合同者不退工作服价款。

8.2.3 个人仪表端庄。男性需仪容整洁及注意个人卫生；女性要求化淡妆，服装仪容大方得体。

8.2.4 个人电话礼仪

8.2.4.1 电话铃响应立即接听，以不超过三声为原则。

8.2.4.2 拿起话筒应先讲"你好，××"再报自己姓名。

8.2.4.3 讲电话时，声音应温和清晰，切勿嬉戏及高声谈笑。

8.2.4.4 打电话前，应先整理谈话内容，接听电话时，应记录来电重点及复述，力求事半功倍，减少电话占用时间（注意长话短说，节约开支）。

8.2.4.5 当拨错电话时，勿马上将电话挂掉，应向对方说声"对不起"后，再挂掉电话重拨。

8.2.4.6 通话结束时，应等对方挂完电话后，再轻轻放下听筒。

8.2.5 代接电话礼仪

8.2.5.1 部门同事不在而其电话铃响时，应立即代为接听，并留下对方的姓名电话号码及留言，待其本人回来时，如实转达。

8.2.5.2 凡接到非自己承办事务的电话时，必须在辨别其性质后，婉转告诉对方，并立即将电话转接至承办部门或人员，同时向承办人说明事由后，方可放下听筒。

8.2.5.3 当有事外出或离开工位时，须先告知同事，如有来电或访客时，代为留言或处理。

8.3 环境管理规范

8.3.1 员工应自觉将各自位置卫生搞好。

8.3.2 员工须自备茶杯，不准使用公司一次性茶杯，节约开支。

8.3.3 员工不得在办公范围内抽烟，需抽烟请到消防楼梯间。

8.3.4 不得在墙壁及屏风围板上张贴纸张。

8.3.5 不得在公司公众环境乱丢杂物。

8.3.6 员工餐后一次性饭盒请自觉放在楼梯间垃圾回收桶内。

8.4 秩序管理规范

8.4.1 接待外单位人员应在公司接待室或会议室，洽谈室内接待。非工作需要不得随意让外来人员进入工作场地。

8.4.2 员工工作时间接听私人电话应尽量简短，小声，以免影响业务电话的正常流通和工作环境的安静。

8.4.3 员工使用公司公用设施或服务（如长途电话、传真、会客室、会议室、图书资料、打字、手提电脑、投影仪、数码相机、摄像机等），应遵守行政部门规定，使用前办理申请手续，使用后及时清理或归还。

8.4.4 员工因公接待使用会议室、会客室、洽谈室后，使用人员应立即清理室内卫生，保持室内整洁，以便接待其他客户使用。

8.4.5 养成勤俭节约的良好习惯，员工下班时应关闭自己已不使用的电脑、电源；最后离开公司的员工，应检查电脑、电灯、空调排风扇等是否关闭，锁好大门方可离开。

8.4.6 员工需用办公用品，统一到行政部按规定登记领用，注意爱惜节约，不得损毁和浪费。

8.5 行为规范

8.5.1 员工要自觉遵守中华人民共和国法律、法规和本公司的规章制度，做奉公守法的公民。

8.5.2 工作时间内员工不得在办公范围内喧闹、聊天，不得无故串岗。

8.5.3 工作时间员工不得睡觉、吃东西，不得打牌、不得用公司的电脑打游戏、观看业务资料以外的其他影碟。

8.5.4 员工讲话要使用礼貌用语，对内、外均不得讲粗话，使用污蔑性字眼。

8.5.5 员工不得在公司处理私人事务，不得利用公司文具、通信设备、电脑等设施和用品谋取个人便利。

8.5.6 员工不得利用工作之便贪污或收受回佣。

8.5.7 员工受聘期间，不得在外兼职或炒单。

8.5.8 员工不得对外口头泄露公司内部情况、经营机密或未经许可向外单位人员提供本公司业务资料及电脑软件。

8.5.9 员工薪酬保密，员工个人不得向他人通报收入情况，公司只接受个人本身薪酬之查询。

Chapter 3
第3章

广告活动的本质及规律

1. 理解作为传播过程的广告活动
2. 理解作为营销要素的广告活动
3. 了解广告活动的一般规律
4. 了解支配广告活动的主要方面

3.1 传播过程与广告活动

3.1.1 广告活动的含义

广告活动是按照广告目标的要求，在市场上进行一系列协调一致的广告信息传播的活动过程，是共同传播某一有内在联系而又有统一主题的广告信息的策略活动。我们既可以将同一条广告发布在多个媒体上，以此来取得广告活动的成功，也可以将几条具有相似的风格、感觉和信息的不同广告组合起来，共同构成广告活动。广告活动周期短的只有几个星期，长的可达数年。但是，广告活动本身又不仅仅是商业手段，它是集信息传播活动、经济活动、社会活动、文化活动于一身的综合性活动，但信息传播活动是它的基本性质，其他性质是由信息传播活动衍生出来的。一次简单的广告活动至少具备以下五个环节：

1）调查。调查是广告活动的起点。调查的任务就是详尽、准确地了解市场、产品、消费者和环境的动态，从而为如何开展广告活动打下基础。通过搜集、分析资料，广告活动策划者才能发现问题，找出解决企业难题的钥匙，使广告活动有的放矢。

2）策划。策划是广告活动的核心。策划的任务是在调查的基础上对如何开展广告活动提出具体的建议和设想，从而拟定广告计划书。策划的过程是确立广告战略与战术的阶段，这里解决的是广告的宏观设想与具体手段结合的问题。

3）表现。根据广告战略的需要和广告战术的安排进行广告作品的构思、设计、制作，是广告表现的任务。

4）发布。发布是指把广告作品通过一定的媒体刊播出去。发布的主要任务，就是选择、组合媒体并落实具体刊播事宜。发布也是策划思想的体现，需要考虑各种因素。

5）效果测定。这里主要指发布后的广告效果测定。从时间及阶段上看，广告效果测定包括事前测定、事中测定及事后测定。广告效果的事后测定，目的是检查广告的效益，为新的广告活动提供必要的依据。

广告活动不是静态的，它是一个动态的过程，广告活动的各个环节根据各个方面情况的变化，始终处在调整、变化之中，一成不变的广告活动是不存在的。

用动态的观念来理解广告，广告活动可以分成两个层次：宏观上的广告活动，也就是广告自身的活动和与广告相关的活动；微观上的广告活动，主要是强调广告自身的活动过程。用静止的观念来衡量广告，广告就变得十分简单。

广告活动的实质是信息处理、变换和传播的过程。广告是形式，是信息的载体；信息是内容，是广告的本质。

3.1.2　作为传播过程的广告活动

3.1.2.1　传播的概念

传播（communication）一词起源于拉丁语 communis，有共同分享的意思，由此可见，传播是一种信息共享的过程。广告是一种传播活动，广告活动的展开与运用，必须以传播理论为基础。广告的本质是欲说服消费者，以达到对产品或劳务产生正面反应的目的。"说服"的书面语，就是"传播"。现今关于"传播"的定义有很多种，这是因为每个传播学研究者对"传播"都有各自的解释，每一种解释与界定都代表了学者们不同的认识视角和学科领域。

我们给传播下的定义是：传播是个人或团体主要通过符号向其他人或团体传递信息、观念、态度、情感的过程。总结先前学者的研究，人类的传播行为至少应具有以下特征：

第一，认为传播是一种行为、一种活动，即认为传播是动态的。

第二，认为信息是交流互动的，即比较强调信息流动的双向性。

第三，认为传播是以符号的形式，使传者和受众达成沟通。

总之，传播是人类的一种社会实践行为，就是传播者根据自己的传播目的对传播内容进行编码，使之以信息的形式散发出去。当受众得到信息刺激后，会对信息进行解码，并且产生不同程度的相互反应。这种在思想、感情、态度和行为等各个方面所发生的某种变化就是传播效果。由于受众接受多种信息，而且受众的记忆分为长期记忆空间和短期记忆空间，为了占领受众的长期记忆空间，信息必须个性鲜明，强化重复。

3.1.2.2　一般传播模型

广告是一种特殊的传播活动，在了解广告的传播过程之前，先介绍一下人类传播的一般过程，即一般传播模型，如图3-1所示。该模型概括了其重要的参与者和步骤。在模型的左端是信源即传者，即发出信息的一方，当信源形成观点后，会将其编码（encode）为讯息，然后通过某种渠道传递给受者即信宿。受者必须将收到的讯息进行解码，才能理解讯息。接受并理解了讯息之后，接受者会做出反应，并将形成的观点进行新一轮的编码，再经由渠道传回。接受者对讯息做出的理解和反应构成了反馈。在整个传播过程中，会有来自内部和外部的干扰，传播学上称为"噪音"。从上述模型中我们看到，传播活动是一个双向的过程，它由八个要素构成，其中传者和受者是传播过程的参与者，讯息和渠道是参与者借助的传播载体，编码、解码、反馈是传播过程的功能，噪音是妨碍传播效果的因素。下面我们来讨论这八个要素。

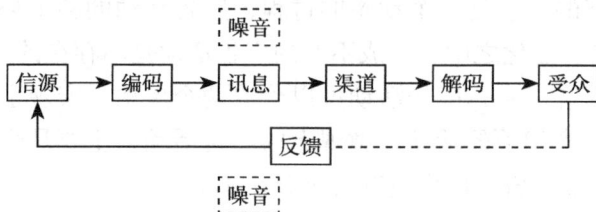

图 3-1 一般传播过程模型

1. 信源和编码

信源又叫传播者、发送者或编码者。为了进行传播，信源必须将观念或思想变成讯息，这个变换过程就叫编码，这时要进行符号创造。

每个传播信源都有各自不同的传播环境。在广告业中，传播者是广告客户、广告代理公司、广告制作公司、广告设计公司等。信源越可靠，广告就越有说服力。

2. 讯息

广告传播的核心是讯息，是信源对某一观念或思想编码的具体结果。实例表明，广告讯息的质量比负载广告的媒体或广告背后的资金更为重要。每条广告都要由两方面组成：说什么（内容）和怎么说（方式）。前者称为"创意战略"，后者称为"创意策略"。两者都与广告讯息的最终表现形式密切相关，而研究表明，无论是广告的内容还是表现方式的差异，都可能导致广告最终效果的大相径庭。

3. 渠道

经过编码的信息通过渠道（即媒介）传达给受众，而到达预定目标市场的能力则是选择渠道的前提，因为渠道的背景及特点既可以促进传播成功，也可以阻碍传播的成功。广告主根据各自市场营销情况选择适合自己的不同渠道。

4. 受众与解码

受众可分为个人或群体，是讯息的目标。他们是实际决定交流活动能否成功的人，只有当受众将讯息译成对自己有意义的形式时，交流才算开始。

受众是交流活动的主动参与者而非被动参与者，受众的解码过程是一个复杂的、个性化的过程。在整个解码过程中，社会、经济、文化和心理等因素都会影响受众解码。只有当信息发送者与信息接受者之间的经历越多，分享的思想越多，沟通的效果才越好。

5. 反馈

反馈能告诉信源交流实际上完成了多少。反馈就是将传播流程反转过来，使受众变成编码者，信源变成解码者。互联网时代，数字技术的发展大大提高了传者收集受者反馈，据此改善传播效果的机会。

6. 噪音

噪音指干扰信源和受众之间讯息编码、解码过程的任何因素。噪音分为环境噪音、机械噪音、心理噪音。环境噪音指讯息传播过程中的外部干扰因素。机械噪音是指交流过程中由机械问题引起的干扰。心理噪音指由信源和受众的编码、解码错误或疑问而引起的干扰。

3.1.2.3 作为大众传播过程的广告活动

广告活动是一种有组织、有计划、多方参与的传播活动，信源、讯息、受众均有多个层面。美国罗特格斯大学的芭芭拉·斯特恩（Barbara Stern）提出了一个更适合这种复杂传播活动的模型，如图 3-2 所示。

1. 信源

"出资人"，即广告主，确定将什么样的讯息传播给受众，对整个广告传播过程负有一定的法律责任。出资人委托广告公司或其他专家来制作广告讯息。广告公司工作人员或其他创作专家接受出资人的代理费，为其创作广告讯息。广告文案中出现的一些真实的或虚构的代言人，即"人物"，他们赋予广告某种声音或基调，作为信源而存在。

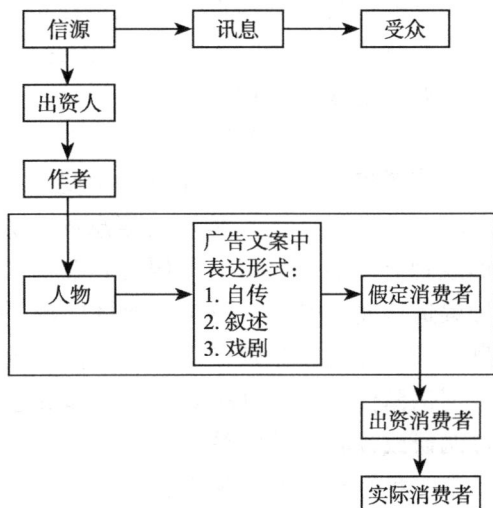

图 3-2 作为传播过程的广告活动

2. 讯息

广告创作者决定采用什么样的人物或表现形式来承载和传递广告主想要表达的信息。常见的广告讯息包括自传式、叙述式、戏剧式三种形式。自传式，即人物对受众讲述"我"个人亲身经历的故事；叙述式，即人物用第三人称向受众讲述他人的故事；戏剧式，即人物在戏剧化的场景内直接在受众面前进行表演。

3. 受众

广告受众者具有多面性，主要分为以下几类：假定消费者，即广告文案中"人物"讲话的对象，是创作人员假想的目标消费者；出资消费者，即出资方的管理者，他们掌握着认可广告活动并为此提供资金的权力，是广告可否发布的守门人；实际消费者，即现实生活中广告的目标受众，是出资人的讯息最终针对的对象。

4. 反馈与互动

反馈是传播过程中的重要环节，表明讯息被对方收到并产生了某种效果。广告反馈的形式多种多样，包括登录网站、电话咨询、销售增长等。

3.1.2.4 其他传播模式在广告活动中的应用

广告不是静止的展示，而是动态的过程。从动态的角度来看，任何一种刺激都会引起反应，这就是心理学中的所说的 S-R 模式（S 即 Stimulus，R 即 Response），如图 3-3 所示。

在广告传播与人类的交流活动中，这种模式也时常会发生。若把广告作为一种刺激形式，那必然会有相应的反应。该模式在信息传播运用中比较简单，它忽视了受传者的心理过程。后来，德福勒在 S-R 模式中考虑了受众的心理对传播效果的影响，这就是德福勒的

"心理动力模式",如图 3-4 所示。

刺激 → 反应		劝服性信息 → 内隐心理的变化或活动 → 外显行为变化

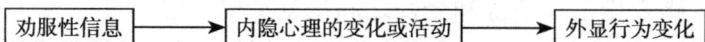

图 3-3 S-R 模式   图 3-4 心理动力模式

"心理动力模式"是对早期的"S-R"模式的修正,它反映了个体心理的差异。德福勒认为媒介信息的刺激性与受众个性特征有特定的联系,引发了个体内在心理结构的变化。劝服性信息通过改变个体心理结构这个中介变量,从而取得期望的行为反应。

如果把 S-R 模式运用于传播系统中,便会产生如图 3-5 所示的模式。

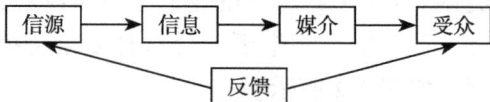

信源 → 信息 → 媒介 → 受众
反馈

图 3-5 S-R 模式在传播系统中的运用

传者将信息通过媒介传递给受众。在模型的左端是信源即传者,是发出信息的一方,当信源形成观点以后,会以其编码为信息,然后通过某种渠道传递给受众。受众必须将接触到的讯息进行解码,才能理解讯息。接受并理解了讯息之后,接受者会做出反应,并将形成的观点进行新一轮的编码,再经由渠道传回。受众根据信源传出的讯息所做的理解和反应构成反馈。反馈是受众对讯息所做出的反应,可通过调研或顾客主动联系公司而获取,这些是营销传播讯息效果测试的重要途径。从上述模型中,我们看到传播活动是一个双向的过程,它由信源、讯息、渠道和信宿四个要素构成,传者和受者各居一端,中间是一系列编码和解码的互动过程。

图 3-6 模式是由哈罗德·拉斯韦尔所提出的 5W 模式。拉斯韦尔在 1948 年提出了大众传播五要素模式,拉斯韦尔模式在广告传播的分析中十分有用。

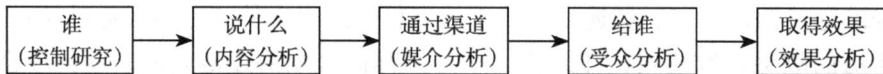

谁（控制研究）	→	说什么（内容分析）	→	通过渠道（媒介分析）	→	给谁（受众分析）	→	取得效果（效果分析）

图 3-6 拉斯韦尔 5W 传播模式

对于广告而言,拉斯韦尔定的五项分析具有重要意义。五项要素构成了广告活动的全部内容,对每一要素的把握程度是广告活动能否成功的基础。"控制研究"指广告主或广告策划者如何把握和控制一个广告活动;"内容分析"指广告策略和表现;"媒介分析"为制定合理的媒介策略和媒介计划提供根据;"受众分析"指出广告接收者即消费者的心理和行为特征;"效果分析"则检验了广告活动的成败。

在传播过程中,还有其他一些因素会以"噪音"的形式来干扰信息传播。图 3-7 的模式,就表明了噪音可能出现的地方。

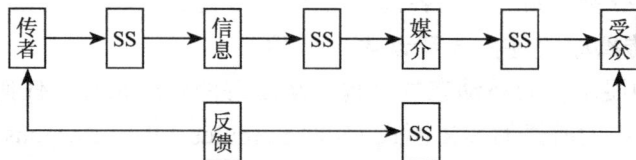

传者 → SS → 信息 → SS → 媒介 → SS → 受众
反馈 → SS

图 3-7 噪音（SS）干扰信息传播的途径

在这个模式中,噪音可以在图式的某个环节发生,或者在几个环节同时发生。例如,如果传者编制了不适当的信息，用词错误或者语言不当，那么噪音就可能在传者和信息之间产生；噪音还可能在信息和媒介之间产生，这可能是由于信息处理不当所致，也可能是词义不清，或图像颠倒；噪音还可能在媒介和受众之间产生，这可能由于信息之间相互矛盾所致；噪音还可能在受众和传者之间的反馈过程中产生。

3.2 作为营销要素的广告活动

3.2.1 营销的定义

随着企业经营观念的变迁，对营销的界定也在不断发生变化。2004 年，美国市场营销协会指出：营销是一种组织职能以及一系列创造、沟通、传递顾客价值，并以使组织和利害关系者共同受益的方式管理顾客关系的过程。从这个定义出发，理解"作为营销过程的广告活动"主要有以下两个要点：

首先，作为一种组织职能，传统上营销由四类活动构成，分别是生产、定价、分销和促销，也就是我们常说的营销组合。广告是营销组合中促销活动可能采用的多种手段之一。

其次，广告在"创造、沟通和传递顾客价值"中扮演重要角色。顾客价值不仅仅是由产品或者服务本身创造的，广告对于品牌的塑造是形成消费者价值感知的重要来源。

3.2.2 广告在营销组合中的作用

20 世纪 50 年代，美国学者内尔 H. 伯登正式以清单的方式列出企业的营销组合要素，其中广告被视为是企业营销活动的重要组成部分。这些组合要素由两份清单组成：构成企业营销计划的要素清单以及影响企业营销运作的各种市场因素的清单。

20 世纪 60 年代，密歇根大学教授杰罗姆·麦卡锡发展了内尔 H. 伯登的营销组合理论，将其概括为 4P，即产品、价格、分销、促销。在营销组合中，广告是促销的主要工具之一。此外，促销还包括销售促进、公共关系、人员推销和直接营销。

广告是企业营销组合的一部分，广告活动是与其他营销战略相配合的。广告活动的目标受众是营销战略确定的细分市场上的消费者；广告诉求的内容应与营销战略确定的定位原则相一致；广告媒体的选择应该以有效到达目标消费者为准则；广告发布的时间应该与促销环节的其他活动安排相配合。

一般来说，广告在营销组合中的作用主要是集中所有的广告努力，共同向目标受众传达产品或服务所能提供的价值。然而，价值却不仅仅由产品或服务本身组成。

消费者在产品或服务中寻求价值，但他们也需要方便的地点、信用条件、保证条款和送货方式等诸如此类的东西。

从广告实践的教训得知，广告创意人员过于注重广告本身的娱乐性、趣味性、艺术性价值，而忽略了广告讯息的真正作用应该是告知和劝服目标受众，而不仅仅是吸引人们的注意力，否则吸引来的受众可能根本就不是产品的目标消费者。

3.2.3　整合营销传播视角下的广告活动

3.2.3.1　整合营销传播的概念

整合营销传播（integrated marketing communication，IMC），源于20世纪80年代的美国。1991年，美国西北大学梅迪尔（Medill）新闻学院第一家开设了整合营销传播的硕士课程，并作为教材出版了唐 E. 舒尔茨（Don E. Schultz）等人合著的《整合营销传播》，从此整合营销传播理论在全球范围内传播开来。

整合营销传播是指企业由外向内把握战略要点和利益诉求点，并以此为基础与利益相关者进行有效沟通，围绕营销传播目标展开的一系列成套运营管理活动。其核心思想是：以统一的传播目标来运用和协调各种不同的传播手段，使不同的传播工具在每一阶段发挥出更加统一的、集中的作用，最大限度地强化品牌在整体上的一致性传播效果，建立与消费者及其他利益相关者长期、双向和维系不散的合作伙伴关系。

整合营销传播一方面把广告、促销、公关、直销、CI、包装、新闻媒体等一切传播活动都涵盖到营销活动的范围之内；另一方面则使企业能够将统一的传播资讯传达给消费者。所以，整合营销传播也被称为用一个声音说话，即营销传播的一元化策略，以便于与消费者建立起对话、沟通、和谐、共鸣的互利关系。

整合营销传播强调利益相关者在广告传播活动中形成的一种整体协同作用，企业或品牌通过发展与协调战略传播活动，使自己借助各种媒介及其他方式与员工、投资者、顾客等利益相关者建立合作伙伴关系。

3.2.3.2　广告在营销整合传播中的角色

汤姆·邓肯教授用整合营销三角模型解释了各种营销手段在整合营销传播过程中的地位和作用（见图3-8）。该模型指出品牌营销的传播活动可以分为"言说""行动""确证"三个组成部分，这三者之间要具备内在一致性，才能提升品牌信誉。品牌信誉是指营销者必须兑现自己在品牌定位和差异化过程中提出的价值主张，品牌信誉代表企业对消费者的承诺是否能兑现，目的是获得消费者的认同。

"言说"是指企业向外界做出的承诺，而消费者根据企业的"言说"，形成对品牌的期望。企业"言说"的途径有广告、销售推广、人员推销、新闻发布、活动赞助等。

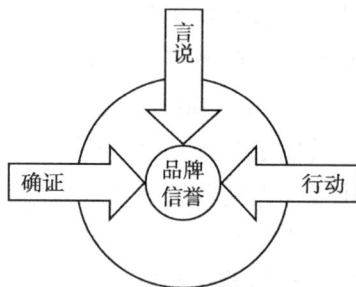

图 3-8　邓肯的整合营销三角模型

"行动"是指通过企业的产品或服务传达讯息，"行动"的内容包括产品的实际功用、价格、购买产品和相关服务的便利性、员工与顾客之间的接触等。企业的"行动"可由消费者对品牌的体验而获得。

"确证"是消费者通过对企业"言说"或"行动"的肯定或否定评价，具体包括消费者的口碑、公共媒体的评论、对手的评论以及重大灾害引起的各种难以预料的信息。

按照整合营销传播的观点，广告的角色发生了以下三个方面的变化：第一，广告是消费者与品牌发生关系的众多接触点之一，广告讯息应该与其他各接触点的讯息保持内在一致性。第二，广告是企业"言说"的重要途径，是品牌对市场做出的承诺，这种承诺只是品牌与消费者关系的开始，只有当广告中"言说"的承诺能够在"行动"和"确证"环节得到履行和认可时，广告才会对品牌起积极作用。因此，广告承诺要适度，反映品牌真实情况。第三，受众已不再只是单向的广告讯息接受者，他们在各个接触点与品牌形成互动。所以，广告应以创造与消费者互动的机会、提升品牌与消费者之间的关系为指导目标。

3.3 广告活动的一般规律

广告活动是通过广告主、广告代理公司、广告媒介、广告受众四者之间的互动而展开的。随着广告活动的精确性和科学性的提高，专业化也日益提高。一个再全面的广告代理公司也需要邀请外援的帮助，因而，外援成为广告活动的第五个参与者。广告主是广告信息的发布者，广告受众是信息的接受者，广告媒介是广告信息的传播载体，而广告公司和外援则是这三者的连接体。

广告主发起广告活动，付出一定代价，与广告公司之间产生交换；广告公司承揽业务，制作广告作品，通过代理行为，与广告媒介交易；外援接受广告公司的要求，提供专门性的服务；广告媒介出卖时间和版面，发布广告信息，传达给消费者，从而完成广告交易过程。这就是广告活动的一般规律。

以下我们来分别介绍广告活动中的参与者。

1. 广告主

广告主主要是指商品生产者、服务机构、转卖商（包括零售商、批发商和经销商）以及政府机构和社会团体。它是整个广告活动的起点。广告主发起广告活动，寻找代理商，通过与广告代理商的交换与合作，达成自身的广告目标，满足经济利益，获得更多效益。

2. 广告公司

广告公司是广告市场的经营主体之一。目前，广告公司包括综合型的全面代理公司和专门化的代理公司。专门化的代理公司包括创意公司、媒介购买公司以及企业和媒介专属的广告公司。在广告市场的整体活动中，广告公司居于核心的地位。通过承揽广告业务，广告公司与广告主形成了合作关系，通过自身的专业化广告运作，广告公司完成整个广告的策划活动；通过代理，广告向广告媒体购买广告版面和时段，将广告信息向最广大人群投放，争取目标受众，以达成广告目标。通过自身的服务代理行为，广告公司获取经济效益。目前，我国广告市场的现状是，尚未建立起以广告代理为核心的合理的运作机制，以及以广告代理为主干的合理的市场结构和体系，广告市场仍处于发育阶段。

3. 外援

随着整合营销传播的盛行以及广告业中专业化程度的提高，即使全面代理广告公司也无法完整、出色地完成每一项活动，因而，外援日益在广告活动中担负起重要的角色。虽然广告公司可以给广告主提供许多服务，并且正在增设更多的服务项目，但广告主往往要依靠专门的外援进行广告的策划、准备和发布。外援就是指向广告主和广告公司提供专门服务的组织或者个人。这些外援通常包括营销和广告调查公司（为广告主调查产品潜在市场或消费者对产品和服务的看法，以及提供效果测定）、制作公司（在广告的制作过程中和过程后提供一些必不可少的服务)、咨询顾问公司(就广告活动的相关领域提供咨询服务)以及其他传播公司(主要包括公共关系公司、直销营销公司和销售推广专业公司)。

4. 广告媒介

在规范化的广告市场运行中,广告媒介担当的角色主要是广告信息的发布者。媒介是广告媒体资源的供应者,通过出卖版面和时段来获取经济效益。媒介组织主要包括电子媒介、印刷媒介、互动媒介以及一些辅助性媒介和媒介集团。在广告信息的传播过程中,广告媒介起到了重要的渠道作用。对于广告市场而言,它往往形成渠道提供和制约。借助媒介渠道,广告公司向广告目标受众传播广告信息;不同媒介发送广告信息,会到达不同受众。

5. 受众

广告活动的目的是通过改变或强化广告受众的观念来达成广告目标。受众是整个广告活动的终点,也是广告全过程的重要评价者。在广告活动中,受众是无须付出任何物质代价的直接受益者。同时,广大受众通过广告了解商品或服务信息,依据自身需求产生广告媒介购买行为,使广告目标得以实现。这是推动广告市场发展的重要条件。

3.4 支配广告活动的主要方面

自从有商品交换以来,就有了广告。随着市场经济的发展,广告也随之发展起来了,并逐渐形成了一个规模庞大的广告产业,由此形成了广告学这门科学。广告学是一门边缘学科,涉及经济学、传播学、信息学、社会学、心理学和文学艺术等多个方面,因此,广告的活动规律是受到其他规律的影响的,或者说是建立在其他相关活动规律这一基础之上的。广告活动是经济活动中的一部分,且广告经营本身就是一种经济活动,首先必须遵循经济活动的规律;广告活动的主要功能(或目的)是传播信息,所以,又必须按信息传播的规律运行;广告在表现上是采用文学艺术的形式,这样广告活动还必须遵循文学艺术创作的规律。这是支配广告活动的三个主要方面,是构成广告活动规律的基础。

3.4.1 广告活动与经济规律的关系

从宏观上看,广告活动是整个经济活动的一部分,是配合产品销售的宣传活动,目的在于促进商品的销售。从具体的广告活动来看,其本身就是一种经济活动,是一个市场交易过程,受价值规律的调节和支配。

既然广告活动是一个市场交易过程,就有一个广告市场的存在。广告市场一般由广告主、广告代理、广告信息、传播媒介、消费者和广告费用六个要素构成,同商品市场一样,广告市场活动也包含:①广告消费者的需求;②广告生产计划;③流通渠道;④广告作品的价格;⑤促销。

广告作品的消费者(即广告主)与广告生产部门存在着供求关系,但这种供求关系与一般商品的供求关系有一定差别,一般商品的消费者是一个群体,而广告作品的消费者是个体——一个广告主。广告代理机构不可能同时为两个以上的广告主生产同一个广告作品,换言之，就是广告作品不能批量生产，只能根据不同的广告主的要求生产适合某个广告主需要的广告作品。广告市场的供求关系是一种宏观上的供求关系，是广告主与广告产业之间的供求关系。广告主数量多以及他们对广告的需求量多，广告产业就会迅速发展，反之，广告产业就会萎缩。这种供求关系分为两个方面：一是广告代理机构与广告主对某个广告作品的供求关系；二是广告产业与广告主在宏观上的供求关系，广告作品的特殊性决定了广告主与广告产业之间这种特殊的关系，这种特殊的关系又决定了广告产业的兴衰。

广告主可能为自己生产的某一种拳头产品打广告，每一种产品的广告都有其独特之处，广告公司只能针对某种产品的特点逐个制作广告，显然，在广告业中不存在成批生产同一广告作品以满足众多广告主的情况。

每一个广告作品只能生产一次，只能满足一个广告主的消费需求。

广告主也可能为自己的同一产品打多个广告，广告主这样做主要是为了：①同一产品有不同类型的消费者，于是做多个针对不同类型消费者的广告；②在产品的生命周期中，不同时期采用不同的广告；③为了说明产品多方面的性能而做的系列广告；④为了增强广告的冲击力，制作出多种不同类型的广告，这种情况使广告市场更加活跃；⑤为了适应不同地区消费者独特的需求特点而做出各种不同的广告。

广告作品也是商品，是一种特殊的商品，这种商品是为特定的消费者——广告主生产。既然广告是商品，就存在着商品与货币的交换过程，受价值规律的调节与支配，也就是存在"价值需求—价值生产—价值交换—价值实现"这一过程。

广告主需要宣传自己的产品，推销自己的产品，而要达到这一目的的途径就是做广告。他们找到广告公司（广告代理）来完成这一工作。广告公司在制作并将广告作品交给广告主的过程中，是受到价值规律支配的。广告作品同样具备一般商品的使用价值和价值二重性。对于广告主来说，使用价值是直接体现出来的，他们要打广告以宣传和推销产品，要把广告打到各种传播媒介上。对于广告消费者来说，广告的使用价值是被动的、隐形的，主动的情况很少。他们在各种场合中无意地或有意地接受了广告的宣传。消费者在购买商品时也付出了广告费，而不管消费者是否接收到了该商品的广告宣传。

广告作品的价值也同样取决于生产广告作品使用价值的社会必要劳动时间。制作一则广告，一般包括市场调查、研究讨论、计划、策划、设计、制作等过程，受众一般只看到广告的表面形式，而大量的工作隐藏在表面形式之下。制作一件广告作品是如此，而开展一次广告活动更是如此，广告活动是一个系统工程，包括市场调查与预测、广告决策、广告预算、媒介选择、广告创造与制作、广告发布、广告效果测定等。有时一项广告活动伴随着产品的引入期、成长期、饱和期和衰退期，与产品共存亡。企业往往根据产品的不同生命时期，进行不同的广告活动。在广告活动中，以最优的组织方式、最优的广告策划进行广告活动，降低广告活动的成本而达到最佳的广告效果，是广告代理所追求的，显然，广告活动受到价值规律的支配。

广告作品或广告活动的效果好坏（或质量的好坏）凝结着生产这种"产品"所花的时间的多少。市场调查全面深入，广告策划优异，广告制作精良等会使广告活动产生最佳的效果，而这会消耗较多的生产时间。

广告公司是广告这种特殊商品的生产企业，所生产的"商品"虽然不同于一般商品，但同样受价值规律的支配与影响。所以，广告活动是受价值规律影响的。

综上所述，可以清楚地看到，广告活动就是一个市场过程：①广告活动是在市场中进行的，广告活动的目的是促进商品的市场营销；②广告活动本身也是一个市场交易过程，它是根据广告主的需求而设计制作相应的"产品"——广告作品的，并在这一产品实现价值——广告经传播实现了广告主宣传产品或企业形象等目的的同时，广告制作者与广告发布者获得了经济利益；③广告作品本身是一种特殊商品，它是应其特定的消费者——广告主的需求而制作的，并在广告市场中进行商品与货币的交换；④在广告活动的全过程中，同样重复着与商品一样的价值过程，并且其交换价值受到价值规律调节和支配。

3.4.2   广告活动与信息传播规律的关系

广告最基本的功能是传播信息，所以，广告活动必须遵循信息传播的规律。

广告信息也就是广告的内容，一般包括商品信息、劳务信息和观念信息。广告信息的传播沟通了产销渠道，促进了商品的销售，沟通了生产企业与消费者的思路，引导了社会消费。

广告主是整个广告信息传播的信息源，广告主先将自己要传播给公众的信息——商品信息、劳务信息及观念信息等定向提供给广告代理机构。一般说来，广告主并不直接向公众传播信息，而通过广告代理机构来达到这一目的，在某种特殊情况下，也有广告主向公众直接传播信息的。广告代理机构其实是广告信息的编码机构，它将广告主提供的信息进行编码——以某种形式表现出来，这种表现形式应该是公众所最易于接受的，最能在消费者中产生震撼作用的。广告的表现形式是艺术的表现形式，用艺术的"语言"进行编码。显然，编码时既要忠于广告主提供的信息内容，又要使编码的形式被广大公众所接受。所以，广告信息的编码是一个复杂的思维过程，也是一个难度较大的创造过程。

广告传播媒介起到的是信道的作用，广告信息通过信道传播出去。一般来讲，广告信息的传播主要是通过大众传播媒介来进行的。广告信息的传播同样遵循传播学中所描述的四种形式：大众传播、人际传播、组织传播和人体的自身传播。大众传播是广告传播的最主要、最基本的传播方式。其次是人际传播，人际传播广告信息大都基于大众传播，消费者从大众传播媒介上得到感兴趣的广告信息后，就会向亲友、同事等熟人推荐广告商品或讨论广告的商品，这也是广告信息传播重要的一个方面。组织传播主要体现在订货会、广告晚会等形式上，在广告传播中起的作用并不太大。人体的自身传播是对广告信息的思考、判断的过程，这是广告信息传播的最终过程，广告是否会起到作用，是否能对消费者产生影响，也就取决于人体信息传播的结果，因为人们可能接受广告信息，也可能拒绝广告信息。

广告信息要到达广告受众那里，信道必须保持畅通，这里包括信道传播信息的容量以及传播的搜盖面。

任何一种大众传播媒介都有其局限性的一面，要充分考虑到这些因素。所以，在发布广告时，一般要制定媒介策略，选几种最有利于某个广告传播的媒介，组合起来，以达到最佳的传播搜盖面与传播效果。

广告受众是广告信息传播的终点，广告信息为广告受众所接受并使受众产生一定的行为（购买商品），这是广告信息传播的最终目的。广告信息只会对某一部分受众起作用，有些受众尽管也看到了某则广告，但广告对他们并不会产生任何影响。广告只对特定的受众起作用，在策划和设计广告时就是针对这些特定的受众进行的，所以广告的表现形式、诉求重点等都是根据这些特定的受众的特点来设计的。也就是说，广告的内容并不是对所有人都适应，而只是适合某一部分人，而这些又是以商品、劳务及观念等为基础的。显然，对任何人都很合适并能激起他们的购买欲的商品是不存在的，广告只能针对那些有可能需要广告商品的受众来设计与策划，并以适当的形式传播给他们。

广告活动是一个系统工程，从广告主到广告受众只是一次广告信息的单向传播，要使广告活动进行得更好、更有效，就必须了解受众对广告的反应，也就是广告信息传播到受众那里后，还要将受众的信息反馈回来，以便检测上一次广告信息传播的效果，根据检测结果来调整广告活动，以期达到更好的效果。显然，只要广告活动在进行，这种信息传播与反馈的过程就会不断重复。

广告信息在传播过程中会受到各种各样的干扰，从而使广告信息的真实性与准确性都产生偏差，这种干扰是无时无处不在的，对广告信息传播的效果影响很大。这些干扰在广告信息的反复传播中可以逐渐排除，但是，当原有的干扰排除之后，又可能出现新的干扰。

由此可见，广告信息传播的途径是广告主通过广告代理与大众传播媒介把产品及其他有关信息传播给消费者，这是广告的直接目的，而广告主的最终目的是要通过广告宣传激起消费者购买产品的欲望，以推销更多的产品。

3.4.3 广告活动与文学艺术的关系

曾有人认为"广告是艺术而不是科学"，这是基于广告在表现形式上是采用艺术形式的一种认识。广告学是一门科学，但广告在表现形式上却是一门艺术。所以，广告活动必须遵循艺术创作、艺术的表现手法等艺术活动的规律。一般说来，广告作品由三部分或其中的一两部分构成：文字、造型和音响，通过这些来刺激人的视觉和听觉。有一句名言："广告能引起人们的注意就成功了一半。"那么，怎样能引起人们的注意呢？这就要运用文学艺术的表现手法，创作出高水平的广告作品，要有美妙的色彩设计，要有简明扼要又能说明问题的文字，这些都是能引起人的视觉注意的方法。在广播广告或电视广告中，还要有优美的音乐、恰到好处的音响及优秀的解说，以引起人的听觉注意。

广告只是引起人们的注意是不够的，还要有说服力，使受众产生共鸣，使受众接受广告的宣传，接受广告宣传的观点，相信广告的内容并购买广告商品。要达到这一目的，广告就必须有诉求的重点与好的诉求形式。

第一，要针对受众的需要来确定广告内容，确定诉求方式。广告的内容是广告的核心，然而要使这些内容为受众所接受，就必须有一个好的表现形式，广告从内容到形式要和谐统一，才易为受众接受。试想儿童广告如果不是生动活泼、朝气蓬勃、色彩绚丽，而是刻板、持重，能被儿童所接受吗？

第二，广告从内容到形式都要坚持通俗易懂的原则。广告是一种大众化的文化，不坚持通俗易懂的原则，受众就会对广告失去兴趣。一是广告语言要通俗易懂，使受众听得懂，看得懂，能准确理解广告的内容；二是广告的表现形式也要通俗易懂，广告是用艺术手法表现出来的，这是一种大众化的艺术，要适合受众的欣赏水平与审美情趣，要使受众能够理解并且不会误解。用纯艺术手段来表现广告一般是不太适合的，不能迎合绝大多数的受众，进而受众会对广告失去兴趣。广告艺术如果脱离了大众化这一点，是不会引起受众注意的。

第三，要突出主题。广告的各种各样的艺术表现形式，其目的就是要突出广告主题。鲜明的广告主题会给受众留下深刻印象，这也正是广告应达到的目的。有人把广告的主题说成是"广告决策、信息个性、消费者心理"这三者的结合，这是不太恰当的，广告的主题就是广告所要表述的核心内容，"广告决策、信息个性、消费者心理"只是广告在表现形式上所要考虑的因素。儿童广告采用活泼的表现形式以迎合消费者心理，只是表现的艺术形式不同而已，但绝不是广告的主题。

第四，要有新的创意。广告的创意是广告的生命力所在，用一个新颖、奇巧的创意所创作出来的广告总是受欢迎的。广告创意的关键在于新，广告创意必须摆脱旧的经验与意识，不能落入俗套。一个模式创作出来的广告是不会引起受众注意的，甚至会把同一模式创作出来的多则不同的广告混淆为同一则广告，步人后尘是会吃亏的。有人用谐音字修改成语使之成为广告语，于是很多人争相模仿，结果不但没取得好的效果，反而成了公害。

第五，诉求的艺术。几乎所有的文学艺术形式都可作为广告的诉求手段，如诗歌、小说、电影、电视、戏剧、歌曲、相声等。一般来讲，广告诉求的手段要与诉求方法结合起来，同时也要考虑到消费者的因素。诉求方法一般有知觉诉求、理性诉求、情感诉求、观念诉求等。广告策划者要针对不同的消费者对象选用不同的诉求方法与诉求手段。

广告与文学艺术的关系是内容与形式的关系，一切广告都是借助于文学艺术的形式传播出去的。广告内容在传播之前须经文学艺术语言"编码"，形成广告作品，显然，没有文学艺术，也就没有广告作品。广告内容被文学艺术语言"编码"时很容易产生噪音。产生噪音的原因很多，但主要来源于广告制作人员对广告主提供的广告内容理解不透，甚至产生误解；再就是来源于迁就艺术的表现形式，结果是形式破坏了内容，把形式推到了主要地位。广告内容能否被文学艺术的形式准确表达，还与传播媒介有关。以四大传播媒介为例，报纸、杂志主要刊登文字与图形为主的平面广告，这种广告是视觉广告，广播主要传播音响广告，刺激人的听觉，而电视广告兼备刺激人的视觉与听觉的功能。不同形式的传播媒介都有发挥文学艺术手段的长处，同时，也存在着局限性，要扬长避短，充分发挥各种传播媒介的功用。

综上所述，可以将广告活动的规律概括为：以经济活动规律与信息传播规律为基础，将广告内容用文学艺术语言进行"编码"，通过媒介准确地传播给消费者，以促进商品的流通。

本章重点

广告活动是按照广告目标的要求，在市场上进行一系列协调一致的广告信息传播的活动过程，是共同传播某一有内在联系而又有统一主题的广告信息的策略活动。

一次简单的广告活动至少具备以下五个环节：

（1）调查。调查是广告活动的起点。调查的任务就是详尽、准确地了解市场、产品、消费者和环境的动态，从而为如何开展广告活动打下基础。通过搜集、分析资料，广告活动策划者才能发现问题，找出解决企业难题的钥匙，使广告活动有的放矢。

（2）策划。策划是广告活动的核心。策划的任务是在调查的基础上对如何开展广告活动提出具体的建议和设想，从而拟定广告计划书。策划的过程是确立广告战略与战术的阶段，这里解决的是广告的宏观设想与具体手段结合的问题。

（3）表现。根据广告战略的需要和广告战术的安排进行广告作品的构思、设计、制作，是广告表现的任务。

（4）发布。发布是指把广告作品通过一定的媒体刊播出去。发布的主要任务，就是选择、组合媒体并落实具体刊播事宜。发布也是策划思想的体现，需要考虑各种因素。

（5）效果测定。这里主要指发布后的广告效果测定。从时间及阶段上看，广告效果测定包括事前测定、事中测定及事后测定。广告效果的事后测定，目的是检查广告的效益，为新的广告活动提供必要的依据。

广告是一种传播活动，广告活动的展开与运用，必须以传播理论为基础。广告的本质是欲说服消费者，以达到对产品或劳务产生正面反应的目的。

广告是企业营销组合的一部分，广告活动是与其他营销战略相配合的。广告活动的目标受众是营销战略确定的细分市场上的消费者；广告诉求的内容应与营销战略确定的定位原则相一致；广告媒体的选择应该以有效到达目标消费者为准则；广告发布的时间应该与促销环节的其他活动安排相配合。

广告活动的核心思想是：以统一的传播目标来运用和协调各种不同的传播手段，使不同的传播工具在每一阶段发挥出更加统一的、集中的作用，最大限度地强化品牌在整体上的一致性传播效果，建立与消费者及其他利益相关者长期、双向和维系不散的合作伙伴关系。

按照整合营销传播的观点，广告的角色发生了以下方面的变化：首先，广告是消费者与品牌发生关系的众多接触点之一，广告讯息应该与其他各接触点的讯息保持内在一致性。

其次，广告是企业"言说"的重要途径，是品牌对市场做出的承诺，这种承诺只是品牌与消费者关系的开始，只有当广告中"言说"的承诺能够在"行动"和"确证"环节得到履行和认可时，广告才会对品牌起积极作用。

广告活动是通过广告主、广告代理公司、广告媒介、广告受众四者之间的互动而展开的。随着广告活动的精确性和科学性的提高，专业化也日益提高。一个再全面的广告代理公司也需要邀请外援的帮助，因而，外援成为广告活动的第五个参与者。广告主是广告信息的发布者，广告受众是信息的接受者，广告媒介是广告信息的传播载体，而广告公司和外援则是这三者的连接体。

　　广告学是一门边缘学科，涉及经济学、传播学、信息学、社会学、心理学和文学艺术等多个方面，因此，广告的运动规律是受到其他规律的影响的，或者说是建立在其他相关运动规律这一基础之上的。广告活动是经济活动中的一部分，且广告经营本身就是一种经济活动，首先必须遵循经济运动的规律；广告活动的主要功能（或目的）是传播信息，所以，又必须按信息传播的规律运行；广告在表现上是采用文学艺术的形式，这样广告活动还必须遵循文学艺术创作的规律。这是支配广告运动的三个主要方面，是构成广告运动规律的基础。

复习思考题

　　1.广告与传播过程的关联是什么？
　　2.阐述广告与促销的联系。
　　3.简述广告活动的一般规律。
　　4.支配广告活动的相关因素有哪些？

实训练习

　　按照所选定的行业／产品，学习撰写广告计划书编制方案。
　　下面是某企业广告计划书编制方案，供读者参考。

方案名称	广告计划书编制方案		受控状态	
			编号	
执行部门		监督部门	考证部门	

一、市场现状分析
（一）产品分析
①有关广告对象——××产品的基本信息，包括品牌名称、广告主名称、产品线、销售网络等。
②××产品的竞争环境分析，包括直接竞争品牌、代用品与补充品牌名称等。
③与竞争产品的比较，从以下两大角度展开。
*原材料、附属品、功效、性能。
*包装的特征，包括外表、容器、捆包、品牌名称及标准字体等。
④与竞争产品的价格特性比较，包括从质量、产品包装、价格等各个角度展开。
⑤法律限制、同业习惯。
（二）消费者购买分析
①依对××产品的使用形态分类，可将消费者分为主要使用者、使用者、非使用者等。
②分析上述各阶层的特征，包括消费者的性别、年龄、收入、职业等。
③购买习惯分析。
④使用习惯分析。
⑤传播特性分析，主要分析品牌知名度、消费者理想中的产品、对同一产品的再购意愿等。
（三）广告现状分析及优劣势比较
①现行广告计划执行情况分析。
②将现状分析与优劣势比较，并依其先后顺序提示，有利于显示出两者之间的关系。
③若将现有资料与实际情况相互印证，则有助于新创意的产生。
（四）市场规模及需求动向分析
①市场占有率，包括品牌占有率、地区占有率、细分市场占有率等。
②品牌忠诚度，主要从品牌连续购买情况这一角度进行分析。
二、确定广告战略
广告战略包括广告诉求的阶层对象、传播重点、诉求重点等。

（续）

方案名称	广告计划书编制方案		受控状态	
			编号	
执行部门		监督部门	考证部门	

三、年度广告目标描述

① 广告对营销策略的作用。

② 如果广告效果可以计量，可将广告目标予以数字化，如将 ×× 品牌知名度从____% 提高到____%，将未使用者的试用率提高到____%。

③ 如果广告效果无法计量，则在预测广告效果时，可运用以往的经验数据进行预测，也可将广告目标予以数字化。例如，目标与市场的认知率提高到____%。

④ 在无法以计量方法预测广告效果时，则可利用文字将广告目的加以叙述。例如，彻底让消费者知晓公司的市场活动，建立 ×× 品牌形象。

四、拟订广告创意计划

创意计划一般是在设计广告基本战略和确定广告目标的过程中逐渐形成的，在拟订广告创意计划时，需要注意的事项有以下九个方面。

① 如果广告计划与促销计划、公关计划同时提出，则应先列出各计划的共同要点。

② 对于广告或促销等方面的单一性计划，可先提出结果，再说明其理由。

③ 应利用各种方法使相关合作单位彻底理解本公司的广告提案。

④ 强调本广告中含有其他竞争对手所没有的优点。

⑤ 强调所提供的创意是从众多创意中所精选的最佳创意。

⑥ 除了广告提案及问题验证的有关资料外，其他资料概不列入广告计划书。

⑦ 广告计划的有关统计资料，以附录的方式编入广告计划书内。

⑧ 对于广告定位要使用的有关图表，也以附录方式编入广告计划书内。

⑨ 供拟订广告计划参考的市场调查报告，应和广告计划书分别编制。

五、广告作品试制作

① 试制广告作品时，要明确地提出广告创意的重点。

* 提出产品概念及其概念的依据。

* 强调由产品概念所引导出的广告标题或标语。

* 强调广告演员及产品概念的关系。

* 强调对诉求对象的说服点。

* 强调广告创意表现的方法。

* 强调与竞争厂牌广告的差异点。

② 根据销售重点说明选用广告重点的理由。

六、编制媒介计划

（一）媒介计划及其编制

媒介计划，是指在特定的营销环境中，根据广告基本战略中的诉求对象、诉求产品特性、重点传播过程等因素，从媒介投资的角度拟订媒介选用及传播计划。

编制媒介计划时，一般按照确定媒介目标、制定媒介策略和编制媒介执行方案三个步骤进行。

1. 确定媒介目标

即设定媒介的角色及所要达成的目标。

2. 制定媒介策略

其内容主要包括对以下问题的回答：对谁传播，在哪些地区投放，什么时候投放，投放量是多少，应该使用的广告媒介种类，预算运用的优先顺序。

3. 编制媒介执行方案

即根据媒介策略选定媒介载体，并对各种媒介执行方案加以评比，提出建议。

（二）编制媒介计划及其注意事项

编制媒介计划时，其主要工作是选出要利用的媒介种类及媒介载体。在选择媒介种类时，要特别考虑下列条件：

① 诉求对象阶层的接受习惯。例如，重点放在小孩时，电视广告的分量要重。

② 商品特性与媒介特性。例如，当需要详细说明产品特性时，则报纸、杂志较适合。

③ 传达色彩能力。例如，彩色电视的广告则需利用彩色媒介。

（续）

方案名称	广告计划书编制方案		受控状态	
			编号	
执行部门		监督部门	考证部门	

④影像及音响的传达能力。例如，汽车需要动作及音响配合，电视媒介最能表达。

⑤习惯、法规限制。部分商品有法律约束而禁用某些媒介，如香烟广告。

七、编制广告预算

①广告预算主要包括两个部分：一个为媒介费用预算；另一个为制作费用预算。

②编列媒介费用预算前，先要编列出明确的媒介执行计划，媒介执行计划需按月度编出，具体如下表所示。

年度媒介执行计划表

时间		第一季度			第二季度			第三季度			第四季度		
媒介类型		1月	2月	3月	4月	5月	6月	7月	8月	9月	10月	11月	12月
电视	××												
	××												
广播	××												
	××												
报纸	××												
	××												
杂志	××												
	××												
其他													

③接下来，即可根据上述媒介执行计划和各个媒介的单位价格，计算出媒介费用。在广告预算中，媒介费用占全部广告预算的绝大部分，年度广告预算计划可按下表所示编列。

年度广告预算计划表

编号：　　　　　　　　　　　　　　　　　　　　　　　　　　　　　　　单位：元

媒介类型	第一季度			第二季度			第三季度			第四季度			占预算比重（%）
	1月	2月	3月	4月	5月	6月	7月	8月	9月	10月	11月	12月	
媒介费用													
电视													
广播													
报纸													
杂志													
互联网													
移动互联网													
其他													
制作费用													
电视													
广播													
报纸													
杂志													
互联网													
移动互联网													
直邮													
合计													100

(续)

方案名称	广告计划书编制方案		受控状态	
			编号	
执行部门		监督部门	考证部门	

八、预测广告效果

① 若以数字设定广告效果目标，则应于广告计划书中附上可证实的依据。

② 若不以数字设定广告效果目标，则应在广告计划书中列明广告到达率的预计值。

③ 在预测广告效果时，不要罗列不同媒介载体之间的收视（阅读）差异。

编制日期		审核日期		批准日期	
修改标记		修改处数		修改日期	

课外阅读

淘宝新势力周的广告活动过程

所有的大众流行，都是从小众流行开始，都是从小圈子发端的。而在移动互联网时代，随着信息交换越来越便捷，人群的相互连接越来越容易，时尚和流行也越来越趋于个性化、垂直化、独立化。

现在对于泛90后人群而言，他们对服装和时尚的看法跟70后、80后大不相同，"个性"和"独立"成为他们身上越来越突出的标签。而对于"淘宝"而言，要想让"淘宝"一如既往的"万能"，则必须用一些"改变"来抓住泛90后人群。

从2014年开始，淘宝开始注重与泛90后人群的沟通，试图树立新奇、有趣、富有年轻活力的品牌形象，以创造力和想象力为品牌驱动力，强化"万能的淘宝"品牌认知。为了让年轻人看到一个更年轻、更有个性、更有活力的淘宝，淘宝今年推出一个重磅的"淘宝新势力周"的活动，分别在3月底和8月底进行。"淘宝新势力周"的活动，3月份以"放胆去"为主题，而目前正在如火如荼地进行的秋冬新势力周的活动，则以"独立上身"为主题，在重磅打造独立页面的同时，还通过传统媒体、社交网络、线下活动等手段，全方位推广淘宝秋冬新势力周的活动。

纵观淘宝秋冬新势力周在线上、线下的品牌广告活动，主要分为以下四个部分。

1. 发布淘宝小众文化潮流图谱

"物以类聚，人以群分。"在人人连接的移动互联网时代，人群的划分也越来越"去中心化"，18～25岁的泛90后人群，他们喜欢的流行风格到底是怎样的，估计没有一个人能够说清楚。

为了让淘宝用户了解现在年轻人到底喜欢什么，淘宝用大数据手段分离出20个独立的风格，与《理想家》杂志一起发布了《淘宝小众文化趋势图谱》，全面解读时下最为流行的风貌和穿着方式。

有趣的是，此次小众文化潮流图谱把年轻人群分成"英伦""雅痞""极客"等20个独立风格，并且在每个风格中标出了每个风格标志性服饰的淘宝数据。比如，在"彩虹文化"的独立风格中，男性丁字裤每日成交133 617件。可以说，淘宝小众文化潮流趋势图谱用淘宝大数据解读20个青年小众文化圈的时尚风貌，以数据可视化形式，多维度立体展现不同小众文化领域内的精神内核及外在表达。

在图谱中，不乏一些有趣的亮点。例如，最古老的一件二手衣是二战时期的国外牛仔夹克；

二次元最爱 cosplay 的是银魂；搜索热度最高的制服是护士服，然后是空姐。这些用数据呈现的信息点，同时也是有趣的传播点和内容源。

2. 100 位小众领袖为独立风格代言

现在是一个"独立"的年代，也是一个"跟随"的年代。要想让更多的人了解风尚和个性，就要先找到最具有"独立风格"的 KOL，通过 KOL 的呐喊，激发越来越多的人更加独立、更加个性化。

正是基于这样的目的，淘宝联合《南方人物周刊》和新浪微博，在这个不正经的年代做了一件很"正经"的事情，就是让 100 位艺术家、写作者、音乐人、段子手说出他心目中的"风格"到底是什么？

淘宝还把一些有趣的回答做成明信片，如果你在 20 ～ 26 日的淘宝新势力周设计专场买衣服，就有机会拿到此次淘宝秋冬新势力周专门定制的"明信片"。

3. 与 Uber 跨界推出"一键呼叫移动试衣间"

众所周知，在互联网界最擅长跨界营销的就是 Uber，"一键呼叫 CEO""一键呼叫冰淇淋"，各种"一键"呼叫的创意活动层出不穷。在淘宝新势力周期间，淘宝联合 Uber 推出"一键呼叫移动试衣间"活动。此活动选取在中国最为浪漫的节日——七夕这天进行，在杭州、广州、成都三地同步进行。

活动当天，用户可以通过 Uber App 呼叫，就可以叫到一辆改装成为试衣间的车辆，里面装满了独立设计师的品牌衣服和配饰，用户可以在上车之后尽情尝试，如果喜欢的话，下车还可以带走喜欢的衣服。

为了将女人所有的想象，都装进一辆车里。"一键呼叫移动试衣间"活动在杭州、广州、成都的移动试衣间都采取不同的"主题"。

在杭州，"移动试衣间"主打"摇滚"主题，用音乐、铆钉、金属配件打造属于摇滚爱好者的梦想空间。

波西米亚是广州站的主题，用民族图腾的窗帘和地毯装饰，配上波西米亚式流浪特有的风铃和流苏，把用户带入复古的异域风情。

成都站的主题是"二次元"。粉红色的 Hello Kitty 和绒毛玩具，可以激发每个女孩心中的"少女梦"。

这些惊喜还不足够，在移动试衣间里还可以"一键呼叫造型师"。在移动试衣间中，国内时尚评论人 Gogoboi、新锐服装设计师文昊天、资深彩妆造型师 Justin 三位高颜值男神贴身为用户服务，可以根据用户的独立喜好，为用户打造独特造型。

4. 独立设计师品牌服装在线发布

此次淘宝新势力周，还有一个最大亮点是一些新锐设计师的参与。这其中，最大牌的新锐设计师，全球排名第一的时装摇篮纽约时装学院的新锐设计师，据说淘宝新势力周用了 500 多封邮件才把他们请来。10 位来自纽约时装学员的 90 后设计师，把他们的作品独家授权给淘宝平台，并可以在淘宝网上在线购买。

除了这 10 个大牌设计师外，淘宝新势力周还请来 100 位独立设计师参与其中，总共在淘宝新势力周的官方网站上，推出了 350 款独立设计新作品，网友可以对独立设计师品牌进行在线购买。

资料来源：顶尖文案。

第二篇

广告的发展及理论基础

PART 2

Chapter 4
第4章

广告的起源与发展

学习目标

1. 理解广告的起源
2. 了解中国现代广告的发展
3. 了解世界现代广告的发展
4. 掌握新技术带来的广告发展趋势

4.1 广告的起源

4.1.1 古代中国的广告

"社会广告"是一个较为宽泛的概念，早于"商品广告"产生。在原始社会，社会广告主要以文化广告的形式出现，在奴隶社会及以后时期则表现为政治广告、军事广告和文化广告三种主要形态。在中国原始社会，已经有了原始的社会广告。在《尚书·尧典》中记载了尧、舜禅让的故事：尧在帝位时，"咨询"四岳，四岳推举虞舜为继承人。《左传》记载："禹铸九鼎，以示天下"；又如"诰"是夏、商、周三代一种训诫勉励的广告；此后各朝代的"制""策书""檄文""露布"等，都是社会广告的形式。经济广告是随着商品交换的产生而产生的。据历史学家吴晗考证，周朝时候"周民中一部分会做买卖的商人，即殷遗民"，就是当时专门从事商品交换的商人。有了商品交换，就有了市场的形成，社会上就形成了一些交易中心。早在奴隶社会以前，中国就已经出现了市场交易，于是广告也就作为商品交换中必不可少的宣传工具而发展起来了。

口头广告是最早出现的广告之一。在《楚辞·天问》中记载："师望在肆……鼓刀扬声。"《楚辞·离骚》中记载："吕望之鼓刀兮，遭周文而得举。"吕望和师望都是指姜太公，他在被文王起用之前，曾在朝歌做买卖，鼓刀扬声，高声叫卖，以招徕生意。这种叫卖广告的形式，一直流传了下来。

实物广告也是原始广告的形式之一。《诗经·氓》中记载："氓之蚩蚩，抱布贸丝。"《晏子春秋》中记载："君使服之于内,犹悬牛首于门,而卖马肉于内也。"晏子是春秋时期齐国的宰相,引文含有"要使臣民从内心信服,要表里如一"的意思,但客观上也反映了当时曾经将牛头陈列于门首以招徕顾客的情况,是以实物作为幌子的广告的历史记载。

标记广告是另一种古老的广告形式。最初,产品上刻上铭文、年号是为了表示私有权和纪念、装饰。随着生产的分工和商品交换的扩大,开始成为产品生产者的标记。在西周墓葬出土的文物中,发现奴隶主产品的标志和各种官工的印记。在山东寿光县出土的西周"已候"钟,铭文刻有"已候作宝钟"的字样;称作"良季鼎"的铭文上有"良季作宝鼎"字样。春秋出土的文物中,发现有不少民间手工业者制作的陶器、漆器和绢绣等产品的上面刻有"某记"的字样。如果这些物品的一小部分拿到市场上交换,那么这些文字就兼有实物广告和文字商标的职能。

随着封建经济的发展,广告的形式和技术都有了很大的发展。战国到隋朝年间,出现了悬帜广告、悬物广告等形式。战国末年的韩非子在《外储说右上》有一段记载:"宋人有沽酒者,升概甚平,遇客甚谨,为酒甚美,悬帜甚高。"汉代的悬物广告比较流行,它是在店铺门前悬挂与经营范围有关的物品或习惯性标志,起到招牌的作用。《史记·司马相如列传》中有记载"文君当垆"的故事,东汉诗人辛延年也有"胡姬年十五,春日独当垆"的诗句。到了唐宋时代,出现了灯笼广告、旗帜广告、招牌广告、音响广告等,有"千里莺啼绿映红,水村山郭酒旗风"的诗句为证。宋代张择端的《清明上河图》不仅展现了当时汴京的繁华,也展现了众多商店使用招牌和悬物、悬帜为幌子的情景。随着印刷技术的发展,在宋朝庆历年间,还出现了世界上最早的广告印刷实物——北宋时期济南刘家针铺的广告铜版,现在保存于中国历史博物馆,上面雕刻着"济南刘家功夫针铺"的标题,中间是白兔捣药的图案,于图案左右标注:"认门前白兔儿为记",下方则刻有说明商品质地和销售办法的广告文字:"收买上等钢条,造功夫细针,不偷工,民便用,若被兴贩,别有加饶,请记白。"整个版面图文并茂,白兔捣药相当于店铺的标志,广告化的文字宣传突出了针的质量和售卖方法。这块铜版印刷出来的广告既可以作为针铺的包装纸,也可以作为广告招贴,都起到广告宣传的作用。这块广告铜版比公认的世界上最早的印刷广告——1473年英国的第一个出版商威廉·凯克斯顿为宣传宗教内容的书籍而印刷的广告还早三四百年。

元明清时代(至 1840 年之前),广告的发展越来越讲究形式美,还出现了政治名人和文化名人书写招牌和对联广告的美谈,店铺的名目和招牌的书写都很讲究。出现了"全聚德""六必居""都一处"等老字号的店铺,也出现了很多名人写的广告对联。例如,朱元璋为阉猪人家写的"双手劈开生死路,一刀斩断是非根",祝枝山为酒馆写的"东不管西不管,我管酒管;兴也罢衰也罢,请吧喝吧"等著名的广告对联。

总之,原始社会进入封建社会以后,随着社会对信息传播的需求和商品经济的产生,我国的广告业开始萌芽。在以自给自足的自然经济为主要经济形式的封建经济条件下,我国广告业的发展是非常缓慢的,这与当时的经济发展相适应。

4.1.2 古巴比伦、古埃及的广告

早在公元前 3000 ～公元前 2000 年,古巴比伦已经有了楔形文字,并能用苇子、骨头、

木棍等物在潮湿的黏土版上刻文字，然后晒干成为瓦片保存起来，其中记载着国王修筑神殿、战胜碑以及国王的丰功伟绩等。这些虽然不是纯粹的广告，但由此可以推断那时可能已经产生了宣传商品的文字广告。与此同时，另一个文明古国古埃及已经出现了文字广告。据历史研究证明，世界上最早的文字广告，是现存于英国博物馆中写在沙草纸上的、古埃及尼罗河畔的古城底比斯的文物——公元前 1550 ～公元前 1080 年的遗物，距今已有 3 000 多年的历史。文物记载了一名奴隶主悬赏缉拿逃跑的奴隶的广告，同时奴隶主也为自己做了广告。内容如下："奴仆莎姆（Sham）从织布店主人处逃走，坦诚善良的市民们，请协助按布告所说的将其带回。他身高 1.57 米，面红目褐，有告知其下落者，奉送金环一只；将其带回店者，愿奉送金环一副。——能按您的愿望织出最好布料的织布师哈布。"这则广告是手抄的"广告传单"。古埃及还有专门雇叫卖的人在码头叫喊商船到岸的时间。船主还会雇人穿上前后都写有商船到岸时间和船内装载货物名称的背心，让他们在街上来回走动。据弗兰克·普勒斯利（Frank Pressbrey）的说法，夹身广告员就是在那时开始的。

4.1.3   古希腊、古罗马的广告

古希腊、古罗马时期，沿海的商业一向比较发达，广告已有叫卖、陈列、音响、诗歌和招牌等多种形式。在内容上既有推销商品的广告，也有文艺演出、寻人启事等社会服务广告，甚至还有政治竞选广告。

4.2   中国现代广告的发展

20 世纪 20 年代，受世界广告业发展的影响，中国广告代理业及有关的行业协会组织相继出现。众多实力雄厚的企业纷纷自设广告部，如英美烟草公司设立了广告部和图画间，中国本土企业如南洋兄弟烟草公司和中国化学工业社、三友实业社、五洲药厂也纷纷设立广告部。

一些出版商社，如商务印刷馆，除出版书籍以外，还承接各种广告印件，如商标贴头、广告传单等。没有条件设立广告部的企业，则依靠广告代理商设计和制作广告，于是早期的广告社和公司应运而生。1927 年，上海六家广告社联合成立"中华广告公会"，这是旧中国最早的广告同业组织。

20 世纪 30 年代，中国广告制作水平有了很大的提高，出现了一批高质量的广告作品和专业人才。经营者已开始注意研究消费者心理，追求广告艺术性和实用性的结合。这一时期被认为是上海广告业的全盛时期，广告活动极为普遍，广告公司运作趋向专业化，上海广告业的发展已经达到了相当高的水平。

1949 年，中华人民共和国成立了。从新中国成立以后，人民政府对广告业进行了整顿，广告业得到了一定程度的恢复和发展。到了 1953 年，中国开始实行计划经济，广告业因而退出了当时的经济活动。1978 年 12 月，党中央召开了十一届三中全会，提出了"对外开放和对内搞活经济"的政策，社会主义商品经济得以迅速发展，广告业也开始恢复。1979 年，被称为新中国广告的"元年"。

1月4日，《天津日报》刊登天津牙膏厂广告。

1月28日，上海电视台播出了我国第一条电视广告——"参桂补酒"。

3月15日，上海电视台播出我国第一条外商电视广告——"瑞士雷达表"。

8月，北京广告公司成立。

11月，中宣部下发文件：《关于报刊、广播、电视台刊登和播放外国商品广告的通知》。

1980年1月1日，中央人民广播电台播出建台以来第一条商业广告。

从此，中国广告业开始迅速发展。到1999年，全国广告营业额已经达到了622亿元，广告经营单位64 882个，广告从业人员58.7万人。到2000年，广告营业额达到712.66亿元，比1999年增加了14.57%；广告从业人员641 116人，广告经营单位达到70 747户。中国广告业30多年的发展大致可以划分为三个时期：1979～1982年是中国现代广告业的恢复期；1983～1994是中国广告业的发展期；1995年至今是中国广告业的成熟期。

从1979年广告市场重建以来，在恢复和发展期的中国广告业的发展经历了低起点、高速度的发展形态，形成了众多且力量分散的广告公司，而媒体在整个广告产业结构中处于核心和强势地位。20世纪80年代，中国广告业每年以40%～50%的速度增长。1979年，我国广告营业额仅为1 500万元，而1992年就达到68亿元。1993年，广告营业额首次突破100亿元大关，达到134亿元，比1992年增加98%。2003年，广告营业额首次突破1 000亿元大关。"低起点、高速度"是中国现代广告业发展的最基本特征。而中国广告业发展的另一个特征是广告从业人员、广告经营单位在数量上的快速增长。中国现代广告业的发展期正是以1983年广告营业额比上年增加56%，广告经营单位比上年增加56%为开端的。全国广告经营单位的数量从1983年的2 340家发展到1994年的43 046家，几乎增加了近20倍。而全国广告从业人员到1994年有410 094人，这一方面说明中小规模的广告公司大量存在，另一方面也说明了人均广告营业额不高，也意味着中国广告公司的生产效率不高。由于中国媒介的特殊体制属性，以及政府行政管制赋予媒介的广告资源的垄断性经营，造成了在发展期内媒体的核心和强势地位。

从企业的角度看，这一时期是中国广告业的"黄金时期"。只要做广告就一定有钱赚，"大媒体、大投入、大产出"是广告主的主要思路。广告价格上涨，大制作、高密度投放的地毯式轰炸盛行，这一时期的广告基本上是有效的，也造就了一大批明星企业的成长，如娃哈哈、健力宝、恒源祥、美加净等。

中国广告业经历了几十年的发展，到1999年，全国广告营业额已达到622亿元。广告业的发展也从"低起点、高速度"向平稳发展过渡，广告公司的力量开始集中，强势媒体的地位也开始弱化。20世纪90年代的后半期，广告业的增长速度随经济增长速度的放缓而趋于缓和，广告营业额占国民生产总值的比例已经从1983年的0.04%提高到1994年的0.457%，逐步接近0.75%～0.8%的平衡点。广告营业额的增长速度开始从发展期的40%～50%的高速度降到20%～30%，到1998年、1999年，已经降到16.4%～15.7%，广告业开始进入相对平稳的发展时期。步入平稳期，广告公司的数量增长开始明显放缓。1995年，广告经营单位的增长速度从12.7%降到1996年的10%，再降到1999年的5.1%。大型广告公司开始出现，广告公司之间的联合趋势也初露端倪，市场集中的指数在平稳上升。1997 年，中国前 8 名广告公司的营业额占全国广告公司营业额的 26.05%。跨国广告公司通过整合媒介资源正在谋求广告市场的主导权，一些大型的外国广告公司已经进入中国市场。到 1994 年，外资广告公司已经达到 300 家。国际知名的广告公司，如奥美、智威汤逊、李奥·贝纳、DDB 等已经不同程度地进入中国市场。媒介市场竞争的加剧造成了强势媒介的弱势化趋势。

从企业的方面看，花足够的钱做广告也未必有钱赚（1995 年至今），策划、创意、策略、品牌成为这一时期企业市场竞争的法宝。广告主开始理性地进行广告的投放，更注重品牌的经营，一批民族品牌开始走向国际市场，如海尔、春兰、青岛啤酒、李宁等。

中国广告业自恢复以来已经走过了 30 多个春秋，迈进了新世纪的门槛。30 多年的发展，中国广告业取得了瞩目的成就，形成了一定的行业规模和分工比较细致的齐全的门类。在服务质量方面，由为客户提供简单的广告时间、版面，逐步转向以广告创意为中心，以全面策划为主导的全方位优质服务，广告运作水准和专业化程度普遍提高。在广告教育和人才培养方面，初步建立了院校专业教育、行业管理机关职业教育以及社会培训等多层次、立体化的人才培养体系。同时，在广告学研究领域，积极实践广告理论的本土化，出版了许多理论联系实际、国际规范与本土实情相结合的广告学专业书籍和杂志。在广告管理方面，除了《广告管理条例》和各级政府的广告管理办法之外，1994 年 10 月还颁布了《中华人民共和国广告法》（以下简称《广告法》），形成了中国广告协会以及各省市级广告协会等广告行业组织，对规范和促进广告业的发展起到了重要的作用。

4.3 世界现代广告的发展

4.3.1 以美国为中心的现代广告

现代广告的发展形成了世界 10 大广告市场，依次是美国、日本、德国、英国、法国、意大利、巴西、西班牙、加拿大和韩国。它们在 2000 年的广告总支出分别是 1 343 亿美元、332 亿美元、216 亿美元、158 亿美元、111 亿美元、83 亿美元、69 亿美元、54 亿美元、53 亿美元和 53 亿美元。本节只介绍美国和日本现代广告的发展。

美国是世界上广告业最发达的国家，也是近代广告的发源地。从 1841 年诞生第一家广告公司到现在，美国的广告公司已有 150 多年的历史。据不完全统计，美国已经拥有大小广告公司 6 000 多家，其中规模较大的有 600 多家，有多家广告公司的年营业额在 30 亿美元以上。世界最大的广告公司排名中，美国均名列前茅。扬·罗必凯广告公司是美国最大的一家广告公司，也是世界最大的广告公司之一。纽约是公认的世界广告中心之一，著名的麦迪逊大街集中了 10 多家大型的美国广告公司，是美国广告业的象征。

美国广告的发展是从近代报纸开始的。1704 年 4 月 24 日，美国第一份刊登广告的报纸《波士顿新闻通讯》创刊，刊登了一则向广告商们推荐报纸的广告，其内容是关于报纸的发行量的问题。美国新闻界人士把这一条广告称为推销信息的"盲广告"。尽管如此，美国的广告业在报纸上迈出了第一步。1729 年，被称为美国广告业之父的本杰明·富兰克林创办了《宾夕法尼亚日报》。在创刊号的第1版，刊登的是一则推销肥皂的广告，取代了新闻的重要版面。此广告由富兰克林亲自制作，标题巨大，四周有相当大的空白，开创了报纸广告应用艺术手法的先例。1864年，有位传记作家曾评论说："我们必须承认，是富兰克林创立了现代广告系统。"1833年9月3日，本·戴（B. Day）在纽约创办了《太阳报》，因其只卖一美分而被称为"便士报"，出版了四个月就成为当时美国发行量最大的报纸。这种报纸的最主要收入来自广告，经营管理企业化，使报纸迅速成为理想的广告宣传媒介。

南北战争后，美国的重大政治制度问题得以解决，经济发展的速度直线上升。通信业的各项发明（电报的完善、海底电缆的铺设、新式印刷机的普及、打字机和造纸术的改进、照相制版的应用、电话的发明）接踵而来，报刊的广告营业额已经占全美广告经营额的3/4。报刊成为一种利润丰厚的行业，有些报纸竟然拿出3/4的版面刊登广告，企业对广告宣传也日益重视。1869年，美国的艾尔父子（Ayer & Son）广告公司在费城成立，是现代广告公司的先驱。

这时，美国企业的广告观念已经相当成熟。可口可乐诞生后的百年广告史是一个明显的例证。可口可乐百年的兴盛与其各个时期成功的广告战略密不可分。1886年，可口可乐刚试产时，一年只有50美元的销售额，却拿出46美元做广告，到1892年正式成立公司时，年销售额只有5万美元，而广告费就有1.14万美元。可口可乐一直坚持在广告中不对产品做任何夸张的说明，而只表现使人愉快的场景。早期的可口可乐大多以年轻漂亮的女孩做模特，总是出现在月历、托盘以及一些杂志上。广告中说："没有什么比健康、美丽、富有魅力和充满温柔的女性形象更能使人联想起可口可乐了。"自从电视广告出现以后，可口可乐广告似乎成了青少年的王国。广告中总是以一群年轻漂亮、体格健美的青少年在尽情玩耍为特征，口号是"这就是可口可乐"，把人们带到一个美好的世界。可口可乐公司百年广告哲学是："广告必须是高级的，必须由社会看起来感到快乐、爽快。广告必须表现出我们公司内外都是被人爱好的态度，这就是我们实际上所做的广告。"

19世纪末20世纪初，垄断资本主义在美国逐渐形成。1900～1903年，世界性资本主义经济危机的爆发使大批的商品出现了"过剩"问题，企业的经营观念从生产导向型转向销售导向型。企业开始关注消费者和市场，广告业在此形势下日益兴盛起来。

20世纪20年代是美国广告大发展的年代。一些现代化通信传播手段应用于广告业，使广告业获得了空前的发展。美国商业广播电台创始于1920年，1922年电台开播广告业务。1926年，出现了全国性的广播网以后，广播广告便盛极一时。1941年，美国创建了电视台，二战后，电视业发展迅速。20世纪50年代以后美国首创彩色电视，使电视广告成为影响面最大的广告手段，从而突破了印刷媒介一统天下的格局。随着广播、电视、电影、录像、卫星通信、电子计算机等电信设备的发明创造以及光导纤维技术的运用，广告传播实现现代化。而广告公司的广告经营活动向着全面智能型、能向广告客户提供全面服务的现代广告代理业过渡，推动了一些大型广告公司不断产生。1923年，美国最大的广告公司——扬·罗必凯广告公司创办。该公司利用一切可能得到的媒介，为消费品制造业和消费服务业提供全面的服务。20世纪最初的20年里，伴随广告业的繁荣，出现了种种欺骗和虚假的广告宣传，引起了公众对广告的指责，这使美国的广告业进入了一个反省的阶段。由美国广告联合会的前身美国联合广告俱乐部，领导了一场为广告的真实性和道德性而斗争的运动，其主要内容是反对假药的改革运动。1911 年，这个联合会为广告制定了道德法规，并且提出了"广告就是事实"的口号。广告行业的杂志《印刷者油墨》制定了一套法规，即是后来著名的"印刷油墨法规"。1945 年，该法规经过修改后被 27 个州确定为广告法，并被另外 17 个州部分地采用。

20 世纪 30 年代经济大萧条时期的美国，保护消费者利益的组织纷纷兴起，对工商业的不法买卖行为和欺骗性的广告进行了监督和揭露，向消费者提供公正的情报，这对于提高广告的真实性和准确性起到了积极的作用。

在二战时期，广告主要是为战争服务。在美国广告发展中，不断地在广告观念、广告手法和经营方式上进行革新，促使广告经营向现代化方向迈进。在 20 世纪 20～30 年代市场调查研究热潮兴起，帮助广告客户劝诱、购买施展推销术；40～50 年代，则在广告主题上大做文章，USP 策略被广泛推广；60～70 年代进入为产品定位、为企业树立形象的"形象广告时代"；80 年代以后，随着电子媒介的飞速发展与普及，电子计算机设计广告、广告策划、广告战略的运用，使广告活动普遍走向整体化。进入 90 年代，整合营销传播成为一种新的趋势。

4.3.2　日本现代广告的发展

1862 年，日本发行了最早的《巴塔比屋新闻》。1867 年，《万国新闻纸》上刊登了日本最早的报纸广告。该报的半木版半纸版的纸装月刊，发行量约 200 册，发行人是英国牧师贝利。日本人嘉兵卫刊登了如下的广告："本店出售面包、饼干、酒瓶；无论您需要多少，本店竭诚恭候。"1870 年，日本最早的日报《横滨每日新闻》创刊，《读卖新闻》《朝日新闻》分别创刊于 1874 年和 1879 年。这些初创的报纸都刊载有广告。1884 年，日本最早的广告代理店"弘报堂"成立，直属于《时事新报》。到 1895 年前后，日本的广告代理公司共有 150 家。这些广告公司开业之初，都曾经刊出过开业的报纸广告。博报堂成立于 1895 年 10 月，它最先是从杂志广告业务开始，然后才向报纸广告发展，迄今已有 100 多年的历史，是日本著名的广告公司。另一家著名的广告公司——电通广告公司是在 1901 年 7 月 1 日开业的，后来发展为日本乃至世界最著名的广告公司。

到二战之前，日本各大报纸广告的版面占报纸版面的 40% 以上。二战之后，广告随经济开始复苏。1955 年，日本国内生产总值为 9.6 兆日元，广告费为 609 亿日元，广告费与国民总产值的比例为 0.63%。到了 1972 年，国内生产总值为 90 兆日元，就国内生产总值而言，日本成为世界第二大国，而广告费为 8782 亿日元，比例上升为 0.975%，以后的比例总维持在 1% 左右。可见广告作为一个产业，在日本的经济成长中扮演了多么重要的角色。

日本的民营广播电台在 1951 年开播，首先是中部日本广播电台、新日本电台。民营广播电台创立之初全依赖广告费的支撑，到 1952 年，其广告费超过杂志，排在报纸之后。1953 年 8 月，作为民营电视台的日本电视广播网（NTV）正式开播。电视的魅力马上抓住了日本民众的注意力，成为重要的广告媒体。1975 年，日本的电视广告费首次超过报纸广告，当时的彩电普及率为 90%。

20 世纪 50 年代，日本广告经历的是"商品信息期"；60 年代则是"生活信息期"；70 年代则是"人性的复归"，广告的特点是起用众多的明星；80 年代广告界的特点是广告撰稿人大放异彩，并出现了动物形象与卡通形象。

1960 年，《朝日新闻》首创广告价格公开，推动了日本全国报纸广告价格逐步公布于众。

据日本广告主协会做的调查显示，在日本，报纸是最值得信赖的广告媒体。另据日本电视网一项调查表明，人们把电视更多地看作娱乐机构。

4.4 新技术带来的广告发展趋势

随着以计算和通信为代表的数字化浪潮的到来，互联网、云计算、物联网……这些日益革新的信息技术，无不与数据紧密结合，推动世界进入大数据时代。大数据已在多个领域彰显其巨大的价值。2011 年，全球知名咨询公司麦肯锡在其研究报告（*Big Data: The Next Frontier for Innovation, Competition and Productivity*）中指出，大数据已经渗透到每一个行业和业务职能领域，逐渐成为重要的生产因素。无论从信息传播层面还是宏观产业层面，大数据时代都将对广告业生态系统产生深远影响，广告业正在由创意策略为主导向数据驱动转型。

4.4.1 数据与媒介深度结合

媒介与大数据的结合将极大地拓展我们对未来广告的想象空间。国外已出现了一种与数据结合的智能户外广告，这种广告牌具有识别技术，安装的摄像头和传感器能准确抓取到受众的性别、肤色、高矮、胖瘦等各种数据并对其加以分析，如根据受众脸上的痘痘播放治痘的产品广告，根据女性群体切换出最新款服装广告。如果说以上的精准广告和传统广告一样，仍然是向消费者强推的广告，2008 年阿米达·所罗门（Amiad Solomon）为"Web 3.0 Conference & Expo"会议所做的关于语义网的报告则完全颠覆了我们对现有媒介的理解：现有广告的原型，仍然是"纸"这样的媒介，这张"纸"（无论是文字、音频、视频）只不过是一块屏幕，是打给受众看的。他指出，Web3.0 时代通过在文档内容中加入可供计算机识别的"标记"，万维网将升级为语义网，具有高度的智能性，直接识别网页内容的语义信息，分析所收集的网络行为，由 Web 应用自己与自己产生拓扑联系，沟通各种客户端、操作系统乃至所有的应用程序。

4.4.2 跨媒介整合营销

大数据时代，广告传播将实现大融合。大数据化伴随着移动化、物联网化、自媒体化，受众信息接触和分享模式不断变化，传统营销模式也需要随之改变。其一，跨媒介、跨终端整合。在融合各种媒介的数据资源基础上，将各种媒体之间的复合效应进行整体评估，广告投放与受众的时间、位置、终端相匹配，实现信息多平台发散，终端无边界传播。其二，整合官方微博、品牌 App 应用、品牌社区等自有媒体，积累营销数据库资源，与消费者展开长期沟通。其三，线上线下协同营销。互联网正在从单纯的内容提供方进化为广告传播的主导者，打通网络海量消费者行为数据与线下购买数据，实现线上、线下的闭环营销是未来营销的重心。在能充分保护隐私的条件下，每个人的手机将成为自主计算中心，形成"本地＋中心"的大数据计算方式。中国社会科学院信息化研究中心秘书长姜奇平预测，未来的广告将是一种全新的模式。例如诱使顾客打开手机开放数据，根据手机上独一无二的专属数据，如消费数据、日程安排等，为受众推送一个完全个性化的广告。

4.4.3　传统广告公司战略转型

数字媒体发展的核心是数据驱动，对数据资源的控制、发掘将和广告创意、客户资源维护能力一样成为广告公司的生存必需品。在这方面，跨国广告公司无疑处于领先地位。作为"全媒体解决方案提供商"，实力传播已开发了名为 Touch Points 的数据检测系统，为客户检测微博中所有竞争对手的信息，从新聘请的代言人到品牌口号的变化无所不包；2013 年 7 月，全球第二大广告公司美国宏盟集团与第三大广告公司法国阳狮集团合并，推动数据分析能力是一个重要因素……广告公司要培养采集大数据及海量数据的信息处理能力，深度布局数据收集和分析平台，通过整合来自各种不同数据源的数据，延伸出数据加工产业链，实现服务领域的扩展。同时，广告公司要发挥在创意和营销方面的优势，将数据挖掘与营销洞察结合。既熟悉受众需求，又懂得网络媒体特性和数据挖掘，并在此基础上提供内容创意，最终提供个性化的跨平台营销方案——这既是传统广告公司转型的关键，也是其面对内忧外患的必然选择。

4.4.4　广告学科融合性增强

现代广告学是一门年轻而富有活力的社会学科，在百年的学科发展历史中，它不断汲取传播学、经济学、心理学、市场营销学等诸多学科的知识来构建自己的学科框架。大数据浪潮将广告学科置于一个更加广袤的空间：大数据的获取、深度挖掘，定向广告环节算法……广告比以往任何时候都需要"技术"的介入。2008 年，第 19 届 ACM-SIAM 学术讨论会上，雅虎研究院资深研究员安德烈·布罗德尔（Andrei Broder）首次提出了"计算广告学"的概念，即将计算主义理论和方法应用到广告学研究中，以追求广告投放收益最大化为目标，实现语境、广告和受众的最佳匹配。虽然这并不能终止广告界关于广告是科学还是艺术的争论，但是，在融合了数据挖掘、市场营销学、艺术设计、传播学等诸多学科知识的基础上，广告的科学性和艺术性将结合得更加紧密，大数据背景下的广告业将迎来前所未有的发展机遇。

本章重点

本章简要介绍了世界文明古国原始广告的萌芽和发展、中国及世界古代和近现代广告的发展历程，详细梳理了广告发展的历史脉络、广告发展各个时期的经济文化背景、具有标志性的广告事件与历史人物。本章还阐述了传播技术的发展和经济文化的交流在广告发展中的重要作用，并针对新技术带来的广告发展趋势进行了说明。

复习思考题

1. 中国古代广告发展的原因是什么？
2. 为什么现代广告首先在以英国为中心的欧洲出现，而现代广告的发展却是以美国为中心？
3. 世界现代广告的发展趋势是什么？
4. 新技术对广告的发展有哪些方面的影响？

实训练习

实训名称： 分析并理解广告创意的特征

实训目的：

通过对前面实训归纳出的优秀广告创意案例的分析，进一步深入理解一个成功广告创意应具备哪些特征。

实训内容：

1. 选取一个自己认为比较优秀的广告，分析其创意主题。
2. 探讨本优秀广告案例是否易于理解，受众是如何理解的。
3. 解析本广告案例是否具有创新性，其创新之处体现在哪些方面。

实训要求：

1. 以个人为单位，进行独立思考。
2. 对照本实训内容，用文字的形式逐条进行叙述。
3. 每人上交一份分析报告，不少于500字。

作业步骤：

在收集的广告案例中选取一个自己认为比较优秀的广告→先从感性上列举本广告的特点和优点→再对照教材学习内容逐条进行理性的分析→最后将自己的理解和体会以书面形式归纳出来→在班内将各自对优秀广告的理解进行交流。

实训向导：

本实训是对前面实训的加强和提高，各小组内部的成员都可对同一个优秀案例，从各自不同的侧面进行理解、分析，达到仁者见仁、智者见智的训练目的。

课外阅读

北京站的第一幅涉外广告

翻开《中国铁路大事记》，在1980年的记载中有这样一条："6月1日中国铁路对外服务公司在北京成立。该公司的主要任务是，为铁路部门提供对外咨询服务和代理工作，组织在车站、列车上张挂外商广告，开展铁路方面的国内外来料加工、补偿贸易等经济活动和技术交流等对外业务，承办铁路自用产品的进口和自产产品的出口。"

铁道部成立对外服务公司是为了适应改革开放的形势需要，对外服务公司的任务也十分明确。公司挂牌后，很快从铁道部的外事司、运输局和其他部门抽调来许多精兵强将开展了工作。曾经由铁道部外事司派驻到波兰华沙"铁路合作组织委员会"工作的人员，回国后有的也调入该公司。（中国铁路对外服务公司经过以后多年的发展和演变，如今合并到了铁道部的专业化运输公司——中铁快运有限责任公司。）

由于这些人员在华沙工作期间曾到欧洲资本主义国家参观过，所以对国外广告方面的情况比较了解。到外服公司之后，他们根据自己了解的情况，首先提出了将外国的广告引入国内的可能性，并通过外事部门与日本的新生公司取得了联系，签订进行广告推广的协议。日本新生生公司的总经理砂原惠在抗日战争时期参加过八路军，回国后致力于中日友好关系的发展，希望介绍日本现代技术以增进中日友谊。他通过日本《读卖新闻》联系了日本精工表的广告。

当时国内户外的外国广告是个空白，日本方面也十分小心，不敢做得太大、太鲜明。在经过多次探讨和协商后，就形成了文章开头所描述的情况，用"欢迎您到北京来"的标语和电子表的实物做了一个实物广告。

这样的广告一共设立了两块：一块在北京火车站，另一块在上海火车站。两个站设立的位置和形式都是一样的，主办的中国铁路对外服务公司与日方方面就此广告初步签了两年的合作合同。不过，刚刚过了两周时间，国内就出现了反对的意见。

首先对挂出涉外广告提出质疑的是上海一家报社的记者，很快北京的舆论也反映了上来。有人说，外国的广告占领了北京火车站、上海火车站这些处于国门的位置，是不是把北京火车站和上海火车站卖给外国人了？有的讽刺说，大概北京火车站、上海火车站换日本人当站长了吧？更有甚者，直接骂道这是卖国行为；还有的提出"通牒"，要铁路方面马上纠正、撤掉，真是闹得满城风雨。

铁道部有关部门只得派代表到上级宣传部门去解释。有负责人问："是谁批准、审查的？"代表回答说："是我们。以后请你们审查好吗？""不行！不行！"该领导连忙摆手，只是要求迅速撤销挂出的广告。

国家工商管理总局立即召集有关涉外广告的部门开会讨论，因为除铁路这件事外，首都机场也有日本广告，中央电视台有雷达表广告，国家体委举办马拉松比赛中，运动员衣服上印有外国赞助商的广告。会上要求所有外商广告一律撤掉。国家体委、民航总局和铁道部等单位据理力争，认为外商广告是贯彻对外开放的方针，把它当作卖国行为与当年"四人帮"认为"出口花生是卖国的"有什么区别？与会者纷纷以本部门的具体情况说明对外开放的必要，但还是僵持不下。

最后，国家体委理直气壮地提出，邓小平同志有对他们涉外广告的批示，这是在一次谈话中同意国家体委可以在接受外国赞助的体育装备上，印上赞助单位的标志。于是，负责部门立即要求国家体委赶快拿有关文件来。而后事情虽有了转机，可是负责部门还是要求先把广告撤下来。尤其对铁路的问题抓住不放，提出群众反映强烈，都在反对，铁路是直接按签订广告合同办的，似乎最不着章法。什么章法？这样做到底合法不合法？主管部门也说不清楚。按说外服公司成立注册是经过了工商局批准的，可以"组织在车站、列车上张挂外商广告"也是经过认可的。这些就没有人管了，只管要求撤。撤销广告是要赔偿的，据中央电视台反映，违约赔偿额要几百万美元。铁路的赔偿也是不小的数目。

说来真有点儿难以让人相信。涉外广告的事情，居然报到了当时的总书记那里。得到的答复是按合同执行到期，再议。就这样，各部门的外商广告保住了，铁路的第一块涉外广告也算是保住了。但原计划在北京站的广场上立一个高塔式的外商广告，书写"站在北京，放眼四海，友朋自远方来，不亦乐乎！胸怀祖国，心系天下，情谊满载而归，何不快哉！"这时候也就作罢了。就在上级让广告到期再议的批示下来后，负责部门仍然顾忌社会舆论的反响，要求铁路对外服务公司在这块日本广告存续期间，再找国内的一家电子表厂家在涉外广告的前面加一块同样规格的灯箱广告，挂国产的电子表，以平复所谓的"社会反响"。这也是个难办的事，一是当时国内表厂的产品供不应求；二是他们还没有广告意识。天津一家表厂在近乎恳求的状况下才勉强同意了。这就是当时看似可笑又确实存在的事实。

两年后，形势的变化使那块"欢迎您到北京来"西铁城日本电子表的广告一直挂了下去，延续了10多年时间。

但此事结束后，改革开放超过10年了，竟然又出现了一起与此相似的事情。只不过，这次不是社会在"反响"，而是发生在铁路的内部。

1990年，第11届亚运会在北京举办，北京站是北京市的重点宣传区。当时的北京铁路分局在布置北京站主题大楼的标语时，将"肯德基"的广告打上了。孰料，广告牌制好并挂上后，一个在外出差回来的局领导提出异议，观点竟然和10年前指责挂日本西铁城表广告一样，还加上一句"咱们铁路真穷疯了，让那外国老头趴在国门的墙上给钱"。最后，有关领导给分局做工作撤了，可损失却实实在在发生了。由此也可看出，在改革开放的过程中，道路并不是平坦的。

改革开放30年过去了，再去北京火车站看看，外表基本上是没有变化的，但内部的设施更完善，对旅客的服务更周到和人性化了。有一点也许人们不会太注意，因为整个社会已经在同步改变，人们的思想接受程度大大提高了，那就是满目都是高质量的、固定的、实物的和电视荧屏的涉外广告……

资料来源：摘自《文史精华》2009年11月刊第19～20页。

第5章

广告环境

1. 了解广告环境的基本含义
2. 了解广告业发展所面临的社会环境
3. 掌握消费者行为分析的方法
4. 理解广告对消费者行为影响的程度

5.1 广告环境概述

广告在传播商品信息的同时，还包含一定的社会文化、生活方式、价值观念的内容，对受众的社会心理和社会行为也产生着一定的影响，因此也间接地影响到社会、文化环境。由于广告业日益成为一个重要的信息服务性行业，广告传播的内容、广告主体的行为日益复杂，也出现了许多必须通过法律、法规制止或者矫正的内容和行为，因此广告的逐渐发展也对国家及地区的立法提出了新的要求，这在一定程度上促进了法制的发展和完善。

广告对环境的作用在现代社会已经受到了政府、公众和经济、法律、传播、社会等各方面学者的广泛重视，也引发了不少关于广告道德的讨论。广告对环境既有正面的影响，也有负面的影响。加强广告的正面影响，降低其负面影响，是现代广告从业人员必须具备的基本的社会责任感。

广告环境有两个层次的意义：一是指由传播体制、传播媒介、广告产业、广告主、广告对象及竞争品牌等因素构成的广告传播环境；二是指由经济、科技、文化、政治、法律等因素构成的广告的一般社会环境。

5.2 广告业发展所面临的大环境

广告业与整个社会的发展状况密切相关，尤其是经济环境、企业发展、媒体环境以及消费者状况的变化等，对广告业的发展都将产生重大影响，甚至是决定性作用。

5.2.1 政治环境

政治环境主要是指各个国家对外贸易政策和其他相关的政策法令，以及国家政局变化对国际广告的影响。与其他环境因素相比，它并不直接作用于广告，但它是对社会生活和经济发展有着巨大影响力的无形力量。广告在极力避免或抗拒政治影响的同时，又以一种奇特的好奇心和小心翼翼的挑战性与政治玩着一种"擦边球游戏"，利用政治所带来的经济机会，利用政治性题材进行广告创意。

这种影响包括以下四个方面：

1）对于广告内容的限制。例如，在德国，与竞争者产品比较的广告是被禁止的；在美国和英国，不能在电视上做香烟广告；在泰国，则禁止做药品广告。广告内容不能损害当地的民族尊严和违反当地的民族习惯。

2）对于广告媒介的限制。例如，在北欧的丹麦和挪威等国，没有商业性广播和电视；在荷兰，每周只许可有127分钟的广告节目；在法国，每天只允许有几分钟的广告时间。户外广告的设置、张贴，要遵守当地城市管理机构的规定，不能妨碍交通或影响观瞻。霓虹灯广告的大小和设置地点，要按当地的有关规定严格执行。

3）对于广告费支出的限制。例如，印度政府规定企业的广告费用不得超过销售额的4%。

4）对于广告支出的课税。意大利政府规定对报纸广告征4%的税，对广播和电视广告则要征15%的税；在奥地利，对电视和印刷广告征10%的税，对广播及影院广告则征10%～30%的税。

5.2.2 经济环境

经济的内在需求决定着广告的存亡。其发展进程决定着广告的发展程度。经济的景气与否决定着广告的兴衰。企业经营观念和市场竞争态势的变化推动着广告策略的演进。

经济发展是影响广告对受众作用的重要因素：

1）近代工业革命带来的人口增长为工业大生产的结果——大量的产品提供了足够的消费者。

2）面对不断增加的产品，人们越来越依赖广告来获得关于产品和消费的信息。

3）经济的发展带来了人们生活方式、消费行为和消费观念的变化。不断有新的产品进入人们的生活，也不断有旧的产品被淘汰，这一方面来自广告的影响，另一方面也对现代广告提出新的要求。

4）由于经济的发展，以大众媒介为主体的各种传播媒介也获得了迅速的发展，消费者接触媒介的途径和机会不断增加，广告对处于各种媒介的大量信息包围之中的消费者发生预期作用的难度也越来越大。

5）经济的多元化使社会生活多元化的态势愈加鲜明，从而在同一时间、同一地域造就了有着不同需求的多种消费群体，使广告受众的构成变得愈加复杂。

5.2.3   文化环境

文化教育程度不同，对广告的欣赏与理解水平也不同。如果不按照广告地区的实际情况设计广告，广告制作得再好，也不能引起共鸣。例如，在文化教育程度高的国家可以多用报刊、杂志做广告，而文化水平低的国家则不行。文化教育程度较高的国家对广告的创意要求也高，而对不够水准的广告是不会重视的，这当然也会影响购买行为。广告语言的翻译要得当，这要求翻译者要了解双方的习惯语言和方言，否则，不但不能有效地表达原意，甚至还可能会闹出笑话。广告语在某个国家是赞扬的语言，在另一个国家则可能是一种讽刺。尤其是习惯语、成语、暗示语、俚语、笑话、双关语，在翻译时更应特别注意，尽可能符合当地的民情风俗。例如，"芳芳"化妆品商标，拼音是"Fang"，英文的意思是"毒蛇的牙齿""狼牙""狗牙"等。外国记者写文章说，"这种商标用在小儿爽身粉上，使人感到恐怖"。中国港澳地区出售一种"双参补酒"，这种酒虽然在内地深受广大群众喜爱，但在当地售不出去，原来"双参"与粤语中的"伤心"是同音。所以，对外广告的用语一定要谨慎，要尊重别人的语言和习惯用语。也有一些国家和地区是几种文字和语言并存，此时应该选择最通用且占人口比例最大的文字和语言做广告。例如，在香港、澳门地区，广东方言比普通话更能赢得听众和观众。

5.2.4   广告客户

伴随着我国国民经济的快速发展，尤其是20世纪90年代中后期由计划经济向市场经济的转变，在很短的时间内，我国有数百万个中小企业迅速发展起来。这种状况一方面打破了传统的较为宽松的市场环境，丰富了商品的种类，而且商品之间的同质化现象也非常严重，这极大地加剧了商品之间的竞争压力，类似于传统的"一条广告成就一个品牌"的现象几乎是不可能出现的了；另一方面，随着各种新媒体样式的层出不穷以及我国传媒政策的不断开放，越来越多的国外大型传媒集团和国际4A广告公司进入中国，这也极大地加剧了国内市场的竞争，从而促使企业营销和管理意识的不断升级。

但是，由于这些企业发展的历史较短，它们既没有经验同时也没有实力从事产品宣传、品牌树立与其他的营销策划活动。面对如此激烈的市场竞争压力以及复杂的媒体环境，它们在提升营销和管理意识的同时，又将具体的产品或品牌推广活动打包给广告公司，从而加强与广告公司之间的合作，这在无形之中，将企业的竞争压力强加给广告公司，促使其在新媒体环境下，进行技术、理念以及运作模式方面的转型，以更好地适应社会经济发展、媒体进步以及企业竞争的需要。

5.2.5   媒体环境

媒体与广告之间具有天生的关联性，任何一则广告的发布都离不开媒体的辅助作用，从某种程度上来说，媒体的样式决定着广告作品的表现形式，媒体的特性也决定着广告与受众之间的信息传播关系，从而决定广告的传播效果。在当前信息技术革命快速发展的社会环境下，它所带来的一个重要影响便是我国媒体行业的蓬勃发展，不仅包括新媒体样式的层出不穷，同时也包括新老媒体间的不断融合。

1. 新媒体的层出不穷

事实上，媒体的"新"与"旧"是相对而言的。一般来说，相对于传统的报纸、杂志、广播、电视这些大众媒体而言，新媒体是指随着传播新技术的发展以及传媒市场的变化而产生的新型传播媒介，主要包括互联网、手机、数字电视、楼宇电视以及车载移动电视等。由于新媒体具有快速、便捷、互动、大容量以及低成本等方面的优势，使其在较短的时间内在社会范围内迅速普及开来，有人甚至称互联网和手机媒体为传统大众媒体之后的第四、第五媒体。从某种程度上来说，我国新媒体的发展无论是媒体技术、表现形式，还是商业模式都是从西方发达国家借鉴而来的，从 1997 年我国第一个商业网站建立以来，到目前各种各样的新闻网站、购物网站、社交论坛、企业网站以及个人网页等，只用了十几年的时间。我国的新媒体在经历了最初的快速发展阶段之后，近几年来以更加有序的姿态呈现在公众的面前，不仅形态日益丰富，而且社会影响力也是愈发深刻。例如，2009 年，3G 技术不断成熟，这极大地提升了手机媒体的信息传播功能与传播效果，提高了媒体的广告价值。另外，在互联网方面，中国新闻网站的传播实力不断增强，成为网络传播领域绝对的主流媒体样式，网络论坛社区稳步发展继续主导网络舆论，而博客趋于理性成熟，微博日渐成为潮流，同时社交网站也成为 2009 年的绝对热点。除此之外，即时通信成为颠覆社会交往方式的"潜传播"平台，IPTV 与数字电视快速发展，三网融合背景下手机报和手机电视备受关注，数字报纸和电子纸市场潜力巨大，我国网络传播法制体系初步建立。

2. 新老媒体的融合

无论是在技术条件上，还是在交流方式上，日益小众化的新媒体都具有自身独特的个性特点，不仅使其更加符合受众的信息需求，而且也更能满足广告主广告信息传播精确化的需要。在这种情况下，新媒体的蓬勃发展给传统媒体的生存带来了巨大的压力，而媒体融合成为其实现可持续性发展的一个重要手段。总的来说，媒体融合的概念有狭义和广义之分，狭义的媒体融合是指将不同的媒介形态融合在一起，产生质变，从而形成一种新的媒介样式，比如手机电视、楼宇电视、电子杂志、数字报纸等。而广义的媒介融合则包括媒介及其有关要素的结合、汇聚甚至融合，也就是不仅包括媒介形态的融合，还包括媒介功能、传播手段、组织结构与所有权的融合等，比如把报纸、电台、电视台等传统媒体与互联网、手机等新媒体传播通道的结合，从而实现资源共享、信息集中处理的目的。

目前，在全球化媒体融合的大趋势下，我国的媒体融合也已经成为一种必然趋势。

但是，到目前为止，国内的媒体融合还处在起步阶段，主要体现在报纸与网络之间以及广播、电视与网络之间的单向融合，在传统媒体内部形成并发展出电子版媒体模块，也就是把报纸、电台、电视台和互联网站的采编活动有效结合起来，资源共享，从而衍生出不同形式的信息产品，最终通过不同的媒体平台传播给受众。从长远来看，媒体组织不仅要实现可持续性发展，而且要不断地发展壮大，它们在实现媒体之间初级融合之后，还要朝着媒体组织融合、结构融合等更高层面的方向发展。

5.2.6　消费者群体

消费者群体的细分既是一种营销与广告活动中的概念，是营销和广告定位的前提和基础，同时也是国家统计部门进行国民分析的一项重要指标。因此，目前有关消费者群体的细分主要包括两大类：一类是通常意义上的统计指标，是由国家相关部门统计得出的，比如消费者生活环境指标、地理位置以及地区经济特征等；另一类是由相关的信息调查机构统计得出的，比如消费者的年收入状况、费用支出比例、消费习惯、媒体接触方式等。

近年来，随着我国居民物质商品、精神生活、文娱活动的日益丰富以及收入差距的不断加大，从总体上来看，形成了高、中、低不同阶层的消费群体。根据国家统计局的调查资料显示：不同消费群体之间的消费与投资倾向已发生较大变化，比如城市与农村之间、城镇居民之间以及农村居民之间消费群体的消费差距扩大。另外，由于消费者精神文化生活水平的极大提升，他们在消费需求方面也日益突显出个性化特点。这就为广告主的营销传播活动带来了极大的困难，依靠传统媒体大范围传播的方式在受众日益细分化的今天是无法获得良好传播效果的。在这种情况下，广告主一方面需要详细了解目标客户对象的文化水平、兴趣爱好、消费习惯、媒体接触特点等，同时也需要了解不同媒体的传播对象与传播特点，从而实现良好的衔接。

5.3　广告与消费者行为

5.3.1　广告对消费者生活习惯的影响

现代广告对消费者具有极强的劝服性和渗透性，通过对产品知识的传播，促成消费者的购买行为。从某种意义上讲，广告控制了消费者的生活习惯，影响着消费者的生活结构。广告对消费者生活习惯的主要影响体现在广度和深度两个大方面。

1. 广告影响消费者行为的广度

（1）对消费者行为方式的影响

就行为方式而言，广告对饮食习惯影响最大，对学习习惯影响最小。饮食几乎是每个人每天都要思考的问题，广告对于消费者的饮食习惯影响是最大的。每当人们思考着如何进行合理的饮食搭配时，广告便开始对消费者展开各种各样的攻势。从电视广告到户外广告，时时刻刻都在影响着社会的消费取向。"连果子都爱喝的果汁"很容易就让人联想到了康师傅，金黄色的大"M"标志不用思考就知道是麦当劳。在广告的影响下，无论是吃还是喝，消费者都会选择自己熟知的、常见的商品。

就学习习惯而言，广告对其影响很小，并且这种影响也仅限于广告对学习过程的干扰。

（2）对不同年龄层消费者的影响

就年龄而言，广告对年轻群体的生活习惯影响最大。年轻人充满了好奇心与探索心理，他们是极不稳定的一代，却也是最容易被说服的群体。年轻人喜欢追求时尚潮流，宣扬个性，广告主就是抓住这一点，通过色彩丰富、主题鲜明且极具煽动性的广告来说服年轻群体，使其内心留下了对产品的深刻印象并刺激了购买欲望。好的广告可以正确引导年轻人树立积极的价值观念，进行健康向上的生活，而不良广告则会误导年轻人树立错误、消极的价值观，形成不良的生活习惯。

（3）对不同地区消费者的影响

就地区而言，广告对城市居民的生活习惯影响较大，对农村居民的生活习惯影响较小。由于城市经济发展迅速，物质生活及收入水平较高，同时城市居民接受新事物的能力强，所以广告对城市居民生活习惯影响较大。城市居民聚餐、旅游、逛街购物等各种生活习惯无不是在广告的营销下形成的。例如，在电子科技飞速发展的今天，各种数码产品广告的宣传使有些人形成了购买或收藏高科技数码产品的习惯。

而农村建设和发展都不如城市迅速，农村居民的接受能力也不及城市居民，所以广告对农村居民的生活习惯影响较小，但还是有所表现。例如，以前的农村没有任何通信工具，但是现在基本上家家有电话或手机，甚至有的房屋外面的一侧墙壁是整一面的手机广告。

（4）对消费者身体及心理的影响

广告对于消费者的身体和心理而言，会产生良好或不良的影响。身体上的影响主要是行为上的生活习惯。良好的广告，可以促进理性消费行为，造就更加理智的消费者，可以引导消费者形成积极的生活习惯；不良的广告则会误导消费者。

心理上的影响主要是心态、价值观上的生活习惯。良好的广告可以指导消费者树立理性的消费观和积极的价值观，不良的广告则会玩弄消费者的感情。

2. 广告影响消费者生活习惯的深度

（1）对消费者价值观念的影响

价值观念是指在世界观的基础上，人们对各种行为事物进行评价的标准，或者采取某种行为的倾向和态度。社会上的各种规范，其实就是特定价值观念或价值标准的具体表现。由于价值观念属于主观的范畴，所以价值观念会随着客观环境的改变而发生变化。

以前的消费者都是单纯的电视观众，广告于消费者而言只是简单的商品宣传方式，而如今在科技的进步与经济的发展下，广告展现出了翻天覆地的变化，消费者的价值观念和生活习惯也在广告的影响下不断发生变化：由"节俭观"走向"享受观"，由"权利观"走向"财富观"，由"大众观"走向"个性观"。不得不说，广告已经在无形之中控制了消费者的生活习惯，影响着消费者的思想和选择，更加速了传统价值观念的改变，催生了新的价值观念。

（2）对消费者审美观的影响

审美观就是人们在社会实践中形成的、对于美的理解与评价。审美观与外部环境及其他各种意识形态有着密切的关系，不同时代、不同文化的人有着不同类型的审美观。

近些年来，中国人的生活在剧烈的变化下日益西化，可以说广告就是各种西方价值文化观影响中国人生活习惯的过程，它无时无刻不影响着消费者审美观的变迁。以前消费者的审美追求都是单一化、简单化的，传统的审美趣味也具有一定的规范性，消费者对于美只是一种自发追求。而如今，随着社会经济与文化的转型，广告对于消费者生活观念的影响越来越大，单一的审美观渐渐被多元化的审美观所取代，消费者在衣食住行的各个方面都印上了时尚、个性、自我的标记。

（3）对消费者生活意义的影响

生活意义是一个时代性的话题，它包含了人们对自己生活目标的态度与想法、价值的实现程度及个人存在的意义等。随着社会的变迁，生活意义的传统形态和现代形态产生了重要的差别。

广告为消费者带来了冲击式的影响。传统的消费者不会因为一则广告而改变对生活意义的看法，他们都有一种对群体式价值的追求；现代消费者却更多从个人角度实现生活的意义，以物质财富的占有程度或生活的自由性来体现生活意义。当各种提倡消费、个性、快节奏的广告层出不穷时，公益广告也渐渐兴起和流行起来，它的出现正是当代人对生活意义的再思考。

（4）对消费者生活环境的影响

生活环境是与人们生活有着密切关系的一切自然条件及社会条件的总和。在社会经济的飞速发展和综合国力的提高下，生活环境也在日日变化。

在以前广告数量不多，广告媒体也不发达的情况下，广告只能简单地修饰生活；现如今，随着科技发展，广告随处可见，并且日益感性，更加注重与生活相结合。那些令人耳目一新的美感广告，修饰了生活环境，更令消费者在广告艺术的潜移默化中产生了对广告产品的购买欲望。当然，也有少数的商业广告内容虚假、低俗，小广告的泛滥也使得生活环境遭受污染。

（5）对消费者消费行为的影响

现在消费者越来越多的信息来源于广告，广告对消费者消费行为的影响也在日益加深，从单纯的电视观众变成如今的一举一动都受到广告的影响，不得不说广告已经变成消费者日常生活中不可分割的一个部分。当代消费者购物时大部分会受到广告的影响，无论是选择品牌还是产品时，可以说，广告的传播已经加强了产品或品牌在消费者心中的意识。消费者消费行为的形成、消费心理的变化和消费观念的改变受广告的影响越来越明显。

本章重点

广告环境有两个层次的意义：一是指由传播体制、传播媒介、广告产业、广告主、广告对象及竞争品牌等因素构成的广告传播环境；二是指由经济、科技、文化、政治、法律等因素构成的广告的一般社会环境。产品环境指的是被消费者理解和关注的与产品相关的刺激物，它们可以影响消费者的认知、情感和行为。

广告业与整个社会的发展状况密切相关，尤其是经济环境、企业发展、媒体环境以及消费者状况的变化等，对广告业的发展都将产生重大影响，甚至是决定性的作用。

广告是与消费者联系十分密切的一种商业活动。它通过广告镜像告诉消费者如何模仿，如何生活，对消费者的生活和观念产生影响。广告的开展除了能够指导并说服消费者购买，更能够对消费者的行为及观念进行引导和控制。它一方面向消费者传递产品信息以供消费者选择，另一方面也在潜移默化中将新的观念灌输给消费者，影响着消费者的生活习惯。

复习思考题

1. 请阐述广告环境的基本含义。
2. 目前广告业发展所面临的社会环境具体包括哪些？
3. 请说明广告对消费者行为是怎样产生影响的。

实训练习

实训名称：感受虚拟社区

实训目的：了解虚拟社区的特点、形态及其对社会的影响。

实训内容：

1. 参与某一虚拟社区（建议选择天涯社区，或者湖南红网论坛的永州论坛）。
2. 小组讨论虚拟社区的特点及其对现实生活的影响。
3. 撰写观察日记。

课外阅读

消费主义文化影响下的 90 后消费行为特征

90 后人群与消费主义文化一起成长于中国，其消费行为特征受到消费主义文化深远的影响，总结 90 后的消费行为在消费主义文化的影响下主要表现为以下七大特征：符号消费、个性化消费、审美消费、模仿消费、美化躯体消费、炫耀性消费和时尚消费。

1. 符号消费

符号消费最大的特征就是表征性和象征性，而 90 后消费者往往通过对商品的消费来展现自己的个性、品位、生活风格和社会地位。在"符号消费"的过程中，90 后消费者所消费的不仅仅是产品或服务的本身，他们更加注重的是所消费的产品所象征和代表的符合自己心理上所需要的东西，也就是对符号所代表的内涵及意义进行的消费。

2. 个性化消费

在消费过程中，90 后消费者在购买商品过程中对商品独到性的要求越来越高，很多时候，他们购买商品仅仅是因为商品的特殊性。而商品的特殊性是通过某些具体的形式表现出来的，这些通过某种具体的形式表现出来的特点被 90 后消费者们认为是在一定的程度上显示了自我独特的个性特征。

所以，很多 90 后消费者更多的情况是跟着自己的感觉走，满足情感上的需求和寻求心理上的认同。

3. 审美消费

由于 90 后人群深受消费主义文化中美学主义的影响，而如今的消费社会在物质商品中渗入了越来越多的非物质因素，商品的外观设计、包装、广告等在商品生产中占据了越来越重要的位置，甚至在商品构成中起着支配性的作用，直接影响着 90 后的消费决策过程。因此，90 后消费者在消费过程中不再追求商品的功能属性，而是将物质消费转化为一种意识形态意义的美学消费。

4. 模仿消费

90 后消费者深受现代广告和大众传媒中的如时尚期刊的影响，他们关注时下最流行的穿衣打扮的方式，而时下最流行的穿着方式则是在现代广告中塑造出来的。模仿是指仿照一定榜样做出类似动作和行为的过程。当消费者对他人的消费行为认可并羡慕、向往时，便会产生仿效和重复他人行为的倾向，从而形成模仿消费。

5. 美化躯体消费

在感官欲望张扬、消费主义文化蓬勃发展的时代，完美的身体图像成为一道亮丽的风景，逐渐消解了传统文学作品中完美身体的健美意象。在消费主义文化中，理想的躯体意象是青春、健康、苗条和美丽等。这些被认为是完美的躯体，而现代广告、大众媒体以及购物广场通过各种方式反复地暗示人们曼妙的身体、脸上带酒窝的笑是幸福的本质所在。90 后消费者深受消费主义文化中躯体意象的影响，逐渐"神话身体"，认为身体是一切幸福的源泉，因此只有通过堆积物品来显示自身，没有比此更好的、让整个社会都认可的方法。

6. 炫耀性消费

根据麦古尼的"需要理论"分类，90 后消费者的需要表现为：强烈的展现自我和对新鲜物品追求的共同需要。由于 90 后具备较强的接受能力，因而更乐意去追求新鲜、刺激以及个性化的消费方式，在消费中看重产品的炫耀性，许多产品本身的核心功能反而成了次要因素。炫耀性消费方式给消费者提供的并不是真正的高质量的生活，而是一种虚幻性的满足。

7. 时尚消费

由于 90 后消费人群众多、相互影响较大，时尚消费在 90 后消费行为过程中迅速普及开来。所谓时尚是指在一定时期内社会上或一个群体中普遍流传的某种生活规格或样式，它代表了某种生活方式和行为。90 后消费者在时尚消费中所体现出来的是他们对某种商品的追随和模仿。时尚消费不单纯是一种消费模式，它往往会通过有形的东西展示特定的消费文化，由此说来，时尚消费也是一种生活方式，并且大多数情况下所表现出来的东西是带有一定的文化底蕴的。

广告的理论基础

1. 理解并应用 USP 理论
2. 理解并应用 BI 理论
3. 理解并应用广告定位理论
4. 了解整合营销传播理论
5. 了解认知理论、ROI 理论、CI 理论和共鸣理论

6.1 USP 理论

6.1.1 USP 的基本含义

USP 理论又称为"独特的销售主张"（unique selling proposition/point，或译"独特卖点"）理论。其创始人罗瑟·瑞夫斯（Rosser Reeves）为当时著名的达彼思广告公司（Ted Bates & Co）的总裁，也被称为美国首席文案撰稿人。20 世纪 40 年代，当广告艺术创意潮流在广告表现中呈汹涌澎湃之势的时候，他冷静地指出，广告是科学。而科学的广告在创意表现过程中必须遵循"独特的销售主张"（USP）原则，该原则在 20 世纪 50 年代得以广泛流行。

USP 理论的核心内容如下：

第一，销售点。每一则广告必须向消费者"说一个主张"，这个"主张"（proposition）必须让消费者明白购买广告中的产品能获得什么样的具体利益。

第二，独特性。所强调的主张必须是竞争对手做不到或无法提出的，在品牌和诉求方面都是独一无二的。

第三，劝说力。所强调的主张必须聚集在一个点上，集中强力打动、感动和吸引消费者来购买相应的产品。不仅如此，瑞夫斯还认为，如果独特的销售"主张"一旦确立，就必须在系列广告活动中提到这个主张并使其贯穿于整个广告活动中。

USP 理论的经典之作是瑞夫斯为 M&M 奶油巧克力糖果做的电视广告。他根据这一品牌是全美唯一用糖衣包裹着的巧克力产品的特性，创作了"只溶在口，不溶在手"（melt in your mouth，not in your hand）的经典广告词。

瑞夫斯强调："消费者倾向于从广告中记住一件事——强有力的诉求或一个强烈的概念。"在这一点上，瑞夫斯的 USP 理论与霍普金斯的"预先占用权"理论有着一定的相似之处，但是比"预先占用权"更完整、更深刻、更全面。瑞夫斯强调每个广告都要告诉你的消费者："买下这个产品，你会因为它的独特用途而受益。"瑞夫斯喜欢在广告中运用科学证据，为了证实药品的疗效，瑞夫斯甚至不惜让演员穿上实验室服装来扮演医生。

USP 理论的基本前提是：视消费者为理性消费者，应建立在理性诉求之上。因此，瑞夫斯提出广告就是"独具的销售说辞"，认为成功的广告应把注意力集中在产品的特性及消费者利益上，也就是广告要注意产品的差异性，并选出消费者最容易接受的特点作为广告的主题。

6.1.2　实例说明

1）M&M 巧克力豆——只溶在口，不溶在手。瑞夫斯认为广告应该着重强调一个诉求主题，因为消费者看广告只能记住一件事。M&M 巧克力豆的广告语就是瑞夫斯运用这一原则而声名鹊起的经典案例。M&M 巧克力豆在当时是第一种用糖衣包装的巧克力，于是瑞夫斯只用了 10 分钟的时间就找到了 M&M 巧克力豆的 USP ——"只溶在口，不溶在手"（M&M's melt in your mouth，not in your hands）。

2）高露洁广告——"清洁牙齿，清新口气"。这是瑞夫斯为高露洁牙膏找到的一个 USP，在瑞夫斯看来，你可以抓住所有同类产品共同拥有的特质，然后第一个宣称你的产品有这样的特质。高露洁牙膏就是一个例子，几乎所有薄荷味的牙膏都有这样的功效，但瑞夫斯让高露洁第一个这样宣称，别人这样说只能算是模仿。高露洁牙膏广告"清洁牙齿，清新口气"，沿用至今。

6.2　品牌形象理论

6.2.1　BI 的基本含义

品牌形象论（brand image，BI），又称 BI 理论，其创始人大卫·奥格威是 20 世纪 60 年代美国广告"创意革命"（creative revolution）的旗手之一，是美国最伟大的广告撰稿人，也是著名的奥美广告公司的创建者。对于品牌，奥格威这样认为："品牌是一种最错综复杂的象征，它是品牌属性、名称、包装、价格、历史、声誉、广告方式的无形总和。品牌同时也是因为消费者对其使用者的印象以及自身的经验而有所界定。"品牌形象理论的重要论点包括以下四个方面：

其一，广告最主要的目标是塑造并维持一个高知名度的品牌形象。品牌形象即品牌个性。奥格威认为品牌形象指的是品牌的个性特征，产品就像人一样，也要有个性。不同的产品其个性也不一样，而广告要力图表现出品牌的个性色彩。产品的个性体现在产品的名称、包装、价格、广告风格等。广告活动所表现的广告作品必须保持其一贯的形象风格。

其二，任何一条广告都是对品牌的长期投资，广告活动应该以树立和保持品牌形象这种长期投资为基础。为维护一个良好的品牌形象，可以牺牲短期的经济利益。奥格威说："每一则广告都应该被看成是对品牌形象这种复杂现象所做的贡献。"

其三，塑造并传播品牌形象比单纯强调产品的具体功能特征要重要得多。随着产品同质化增大，品牌差异减小，消费者选择品牌时的理性考虑减少，此时，描绘品牌形象比强调产品的具体功能特征更为重要。

其四，广告创意应重视运用形象来满足消费者的心理需求。消费者追求的不仅仅是产品的收益，同时也是"实质利益＋心理利益"的双重满足。广告中所塑造的品牌形象可以一定程度地暗合消费者的心理需求，满足消费者的精神需求。

6.2.2 实例说明

李奥·贝纳的旷世杰作——"万宝路"香烟广告。"万宝路"成功的最重要因素就是选择了"美国西部牛仔"这样一个形象代言人，每一个吸"万宝路"香烟的人在吞云吐雾之间总会把自己想象成纵马驰骋的西部英雄。如果你问"万宝路"的烟民为什么要吸这个牌子的香烟，他肯定会告诉你是因为喜欢"万宝路"的口味。但是有趣的是，有人做过这样一个试验：把去掉包装的两种香烟拿给"万宝路"的烟民品尝，绝大多数人根本分不出哪是"万宝路"。可见，纯粹是"牛仔"这一品牌形象赋予了"万宝路"神话般的销量。就像可口可乐那样：他们卖的一种糖水，消费者尝到的是"美国梦"，这就是品牌形象。

6.3 广告定位理论

6.3.1 定位理论的基本要点

定位（positioning）理论是由美国著名的营销专家艾·里斯（Al Ries）和杰克·特劳特（Jack Trout）在20世纪70年代所倡导的一种广告学理论。对里斯和特劳特的定位理论加以总结，我们可以大体归纳出这样一个意思：所谓定位，就是从传播方式的角度看待广告，在充分考虑消费者的消费心理的前提下，研究产品的竞争者，确立自己的消费目标群体，为产品在市场上找到一个适当的位置，并将关于产品的这一位置的概念有效地传递给消费者。

定位理论的核心内容是希望通过特定的广告宣传，为处于竞争期中的产品树立一些便于记忆和新颖别致的东西，从而在消费者心目中留下一个恰当的心理位置。这一理论主张：

其一，广告的目标应该使某一品牌、某一形象在受众心中获得一个据点、一个认定的区域位置或者占有一席之地。

其二，广告宣传的火力应集中瞄准在狭窄的目标或一个焦点上，在消费者的心智上下功夫，要创造出一个心理的位置。

其三，运用广告创造出产品独有的位置，如"第一说法、第一事件、第一位置"。因为特殊的位置容易在消费者心中形成难以忘怀的、不易混淆的优势效果。

其四，广告应该表现出品牌的差异性，并不是完全指产品的具体的、特殊的功能利益，而是要突显品牌之间类的区别。

其五，当消费者的需求产生时，广告宣传促使其自动和广告品牌发生联系。

6.3.2 定位理论的划时代贡献

1. 由"产品本位"向"消费者本位"的转移

定位理论的提出不是横空出世，而是有着明显的继承和发展的理论轨迹的。定位理论强调在消费者心理创造产品差异，以便达到定位的目的。这是继承了 USP 理论对产品差异性的强调以便找到独特的销售主题的特性。但是，在此基础上定位理论又有了划时代的巨大贡献，那就是定位理论率先提出要进入潜在消费者的心智领域，把消费心理与消费行为放在最重要的位置上加以考察，从而使广告理论摆脱了产品推销的传统阶段，进入到现代相对独立与成熟的研究领域。它把广告传播对"差异"化问题研究从模糊的自发状态推进到自觉状态，把"差异"由一种"销售主题"上升为"定位"这样一个"科学概念"，并创造性地把广告的关照重心由"产品本位"转移到"消费者本位"上来。对消费者的关注，是现代广告区别于传统广告的一个基本特征。定位理论的第一个划时代贡献就在于此。

2. "广告"向"窄告"的转移

纵观整个人类广告历史，在定位理论出现之前，广告从来都是以"广而告之"为出发点和归宿。20 世纪初到 60 年代半个多世纪的广告运动都是以把产品推向大众为目的。广告追求的是最大的传播面。20 世纪 70 年代定位理论的提出，在笼统的"大众"范围内，开始出现"分众"的概念，使得"广告"开始向"窄告"过渡。原来"广告"的"漫天撒网"开始转变为"窄告"的"有的放矢"。这不仅仅是一个"范围"的转移，更是一次本位的转移。"广告"漫天撒的"网"是产品信息，而"窄告""有的放矢"的"矢"是消费者。"广告"代表传统，"窄告"代表现代。定位理论是任何现代广告活动都必须遵循的一条基本原则，是现代广告运作的垫脚石。从这一点上说，定位理论有着不容忽视的划时代的理论贡献。

6.4 整合营销传播理论

整合营销传播（integrated marketing communications，IMC）的核心思想是将与企业进行市场营销有关的一切传播活动一元化。整合营销传播一方面把广告、促销、公关、直销、CI、包装、新闻媒体等一切传播活动都涵盖到营销活动的范围之内；另一方面则使企业能够将统一的传播资讯传达给消费者。所以，整合营销传播也被称为"用一个声音说话"

（speak with one voice），即营销传播的一元化策略。

整合营销传播是一种关于市场的理论，它以对营销和传播的整合而突破了广告的范畴，成为跨营销理论和传播理论的一种"横断理论"。一方面，在广告的范畴内，它比定位理论更进一步提出"数据库"这样一个全新的概念，不仅停留在定位要求的什么样的产品在什么样的消费者头脑中占据什么样的位置上，而是把这些消费者的情况一一做了区别和记录。在这个意义上，广告就不再是一种大众传播的"一言堂"，而是一种面对面的人际传播。广告在"窄告"基础上终于完全达到了"一对一"沟通。应该说，这是一种最精确、最极端的定位。

另一方面，整合营销传播又远远突破了广告的范畴。整合营销传播不会像广告那样因为消费者的"购买"行为而终止，反而应该通过售后服务，通过消费者的社交圈传播，继续维系和扩大厂商与消费者的关系。另外，广告都是做给消费者看的，整合营销传播却在消费者的基础上提出了一个"利益关系人"的概念。这个概念不仅包括消费者，还包括员工、竞争对手在内的所有可能对市场营销起到影响作用的有关人员。舒尔兹把这叫作"关系营销"（relationship marketing）。

"整合营销传播"和"关系营销"最终建立了具体到个人的"一对一营销"和包罗万象的"利益关系人"，这就像数码相机以其绝对精确的"数字"技术和高达百万的"像素"容量彻底化解了传统相机。传统的广告是广而告之的宽告，而互联网广告是一对一传递，也称窄告。广告终于在自身制造的一次次"颠覆"中被第四次浪潮彻底吞没，但是这并不意味着广告使命的结束，它终结的只是唯广告马首是瞻的"广告神话"。这就启示我们：在横扫整个市场营销界的第四次浪潮中，任何单一因素都很难独自在汹涌澎湃的波涛中成为神话传说中"手把红旗旗不湿"的"弄潮儿"。在市场营销的汹涌大潮中，单就广告而言，这"一根筷子"很容易"轻轻被折断"，它必须和公共关系、销售渠道、终端促销等众多因素绑在一起，才能"众人划桨，开动大帆船"，这就是"整合营销传播"。

6.5 认知理论与广告心理学

在现代社会中，广告已经成为人们生活中不可缺少的一部分。如果用一个简明的等式来表述的话，广告可以理解为科学加艺术。科学是基础，艺术是表达。与广告发生关系的学科有多种，诸如传播学、营销学、心理学等，其中心理学具有重要的基础地位。广告直接引导着消费者的行为，因此要准确了解和把握目标消费群体的心理和行为特征，就必须运用心理学的原理和研究方法，否则就容易错位。基于广告与消费者行为有着密不可分的关系，所以把心理学领域的认知理论引入广告心理研究中是大有裨益的。如何分析消费者的认知过程，如何把握消费者的心理特征，如何通过对消费者认知与行为的研究来制定有效的广告策略，已经成为广告心理学研究的重点。一则成功的广告，在于积极地利用有针对性的诉求，把广告主所需传播的信息进行加强，传递给消费者，从而引起消费者的注意，使消费者对广告主的产品产生兴趣，并进而刺激消费者的欲求，促使其产生购买行为。可以看出，广告发生作用的这一机制和过程完全是心理性的，而广告也是针对消费者的物质欲求心理而发。这就是所谓的广告的心理功效，它是广告宣传通过对消费者的感觉和知觉刺激去激发消费者的认知过程的结果。广告的作用机制与消费者的认知过程有着高度的契合，心理学的法则渗透于广告传播与消费者认知过程中的每一个环节。

6.6　其他理论

6.6.1　ROI 理论

ROI 理论是 20 世纪 60 年代的广告大师威廉·伯恩巴克根据自身创作积累总结出来的一套创意理论。该理论的制造者伯恩巴克认为广告是说服的艺术，广告"怎么说"比"说什么"更重要。

ROI 理论认为优秀的广告应具备三个基本特质：关联性（relevance）、原创性（originality）、震撼性（impact）。这三个原则的英文首字母缩写就是 ROI。

1. 关联性

关联性就是说广告创意的主题必须与商品、消费者密切相关。伯恩巴克一再强调广告与商品、消费者的相关性。

商品广告最重要的是传达商品的有效信息。为了强调商品的特点，生动形象地表达商品的个性特征，广告常常需要为产品找一个关联体，把产品的有关特征从关联体身上反映出来。关联体必须具备下面四个特性：①关联体是生活中司空见惯的；②关联体是生动、形象的；③关联体为大众所喜爱；④关联体与商品特性的关联性强。两者的关联性越强，消费者就越能够理解，广告效果就越好。关联体可以是生活中的人们所熟悉的具体的人、物、事，也可以是为消费者广为认同的道理、观念。名人广告中的名人也可以作为产品的关联体，广告中的名人的个性特点应该与产品的特色相吻合。

2. 原创性

所谓原创性，即广告创意应与众不同，其创意思维特征就是要求"异"，但这种求异思维是有参照系的思维。广告创作的一个根本要求就是新颖，广告必须有所创新以区别于其他的商品和广告，创新首先要突破常规的禁锢，善于寻找诉求的突破。

3. 震撼性

所谓震撼性，就是指广告作品在瞬间引起受众注意并在心灵深处产生震动的能力。一条广告作品只有在视觉和听觉以至心理上对受众产生强大的震撼力，其广告效果信息的传播效果才能达到预期的目标。当消费者有很强烈的震动时，这就说明你的广告具备了震撼性。有时人们不常注意的事实的真相就具有震撼人心的效果。

情感诉求的广告就是让消费者在浓厚的情感氛围中传达商品的信息，使消费者不自觉地产生情感共鸣，强化对产品的好感度。怀旧广告是情感表现广告的一种重要的形式。每个人的内心深处总有些美好的记忆和深深怀念的故事。把消费者这些记忆深处的故事挖掘出来，引起消费者感情上的共鸣，让产品巧妙地融入其中，传递商品的信息，将会起到很好的广告效果。

6.6.2 CI 理论

企业识别（corporate identity，CI）理论以美国著名广告大师奥格威为代表，是指为确定企业宗旨规范企业行为，设计企业统一视觉识别系统而形成的对企业形象的总体设计。它包括三个子系统：企业视觉识别系统（visual identity，VI）、企业行为识别系统（behavior identity，BI）、企业理念识别系统（mind identity，MI）。

该理论强调从企业的经营管理理念到企业的精神文化、从企业员工的个体行为到企业组织的对外传播活动、从企业传播的视觉识别的基础要素到所有应用要素予以整合、规划，建构具有高度统一性、独特性和可识别性的企业识别系统，以利于树立起完整、统一而又极富个性的企业形象，并通过对企业内部和外部的一致传播，促进企业内部的员工和外部的消费者对企业的经营理念的全面认同，进而达成提升企业的市场地位，增进企业的经营业绩的目的。具体来说，CI 理论的基本观点包括以下三个方面：

第一，通过企业理念识别系统（MI）对企业灵魂进行塑造。企业灵魂主要指企业精神范畴的存在形式，如企业理念、企业文化、价值观念、经营思想等。企业理念识别系统（MI）是企业识别系统 CI 的核心和起点，其本身就包含着对企业精神的塑造。

第二，CI 是将企业理念转化为企业行为的物化过程。企业理念需要通过企业的行为传播出去，才能使企业的形象得以树立。而观念形态上的企业理念只有通过企业行为的实施才能变成人们看得见、摸得着的客观实在。人们一般将企业理念的行为转化方式称作企业行为识别即 BI。

第三，CI 是将企业标准符号化、视觉化的传播过程。企业识别系统的主要功能是把反映企业理念的标志转换成企业员工和广大消费者能够接受的符号系统，如企业的标志、名称、广告语、商标等。人们将其称作视觉识别即 VI。VI 是 CI 的具体化、符号化、视觉化的过程，是将 CI 的本质表象化的结果，以此塑造企业形象，形成企业独特的风格，并通过企业形象的传播在广大目标群体中树立形象，从这个意义上说，CI 是企业形象的塑造工程。

6.6.3 共鸣理论

1. 共鸣理论的定义

共鸣理论的英文为"resonance"，它是 20 世纪 80 年代由跨国公司盛世长城提出来的创意理论。共鸣理论主张广告创意中针对目标群体通过珍贵的、难以忘怀的生活经历，以及人生的美好、温馨的体验和感受等诉求内容唤起并激发目标受众内心深处的情感共鸣，并以此赋予品牌特定的内涵和象征意义，建立起目标对象的移情联想从而产生互动沟通的传播效果。该理论的核心是：

第一，最适合大众化的产品或服务。在拟订广告主题内容前，必须深入了解和掌握目标消费者。

第二，注意选择目标对象所盛行的生活方式加以渲染。

第三，努力构造一种能够与目标对象所珍藏的经历相匹配的氛围或环境，使之能与目标对象真实的或想象的经历联结起来。

第四，侧重的主题内容是爱情、童年回忆、亲情等。

2. 共鸣理论的运用

（1）经典的怀旧

怀旧是人们体验情感的方式，是引发人们产生共鸣的工具和过程。怀旧还可以成为一种沟通和促销的手段。1998年2月，福特汽车公司把亨利·福特搬上了广告片，告诉人们福特是如何使美国"驾上车轮"的。这部广告片是好莱坞1997年拍摄的，却使用了20年代的老式摄像机、旧感光片和特殊编辑手法，使它看上去就像一张发黄的老照片。通过这种拍摄手法，营造了一种具有历史感的经典氛围，从而使受众对福特汽车产生隽永的回忆和对品牌恒久地位的认可。1998年3月，德国大众汽车推出新品——甲壳虫轿车，与它20年前的产品在外形上几乎是相差无几，电脑在配置上却增加了车载电话、安全气囊、ABS广告等满足现代人的先进设备。由于其广告创作在风格上要尽可能与60年代的甲壳虫广告作品一致，就巧妙地利用了人们怀旧的情感，从而使甲壳虫以经典形象上市，受到人们的追捧。

怀旧题材的广告创意让人们产生隽永的感情。对于一个品牌而言，隽永说明了时间的沉淀与认可，经典说明了品牌底蕴的厚重。经典的品牌，不仅使顾客免遭尝试新品的风险，又可以让顾客想起那些曾经与他共同成长的经历、回忆。总之，经典的怀旧，使顾客在情感上容易产生共鸣，进而达成沟通的功效。

（2）温馨的情感

共鸣理论认为，一种积极的、温和的、短暂的感情，包括人们在生理上的反应，可以使人们直接体验与爱、家庭、友情相关的情愫并进而促进其在感情上的共鸣。没有人们的同时参与或在生理上唤起爱或友情的表现，是不会产生温馨的情感的。

建立在共鸣理论基础上的优秀广告作品并不鲜见，获得1998年戛纳国际广告节银奖的新西兰电讯和奥利奥品牌电视广告创意就是经典的怀旧。

总之，共鸣理论认为，除了传递信息之外，广告创作还可以唤起如温馨、快乐之类的情感共鸣。这种情感共鸣如果处理得当的话，就可以和广告所要求的品牌发生联系，并且通过以下四条途径影响广告受众对品牌的偏好和购买行为。

第一，将受众引入积极情绪的广告创作可以增加受众对广告诉求的品牌产生积极的看法，并减少消极的看法。被引入积极情绪的广告受众还会因此而减少对品牌内在品质的考虑，并且在更高的品牌喜好度的基础上形成品牌偏好。

第二，转变性广告通过把情绪受众的使用体验联系在一起，从而转变了受众对某种品牌的使用经验，并使受众的使用体验更加丰富、温馨，更加令人激动，更容易让受众产生共鸣感情。对于转变性广告而言，其创意的素材必须是积极的、围绕事实的，并且必须努力在品牌与使用者之间，在受众的情感与使用体验之间产生必然的联系，通过不断地重复维持这种联系。

第三，受众对于广告创意作品本身的偏好情绪可以对广告诉求品牌产生任何其他宣传效果之上的深刻影响。广告受众对广告作品的喜爱或偏好一般是出于以下两种基本原因中的一个（或全部）：它们令人愉快，它们具有信息性及实用性。因此，当以情感为基础的广告创意作品直接使受众对广告本身产生更积极的偏好时，也可以促使受众产生对品牌更积极的喜爱或偏好，以及对品牌属性更积极的看法。

第四，经典的影响消费者的环境渲染，为广告受众将情感与品牌联系起来提供了另一条途径。也就是说，受众可以将感情上的反应（非条件反射）与广告（非条件刺激）联系起来，并进而将广告与品牌联系起来。

本章重点

USP 理论又称为"独特的销售主张"（unique selling proposition/point），或译"独特卖点"理论。其创始人罗瑟·瑞夫斯为当时著名的达彼思广告公司（Ted Bates & Co）的总裁，也被称为美国首席文案撰稿人。20 世纪 40 年代，当广告艺术创意潮流在广告表现中呈汹涌澎湃之势的时候，他冷静地指出，广告是科学。而科学的广告在创意表现过程中必须遵循"独创性销售主张"（USP）原则，该原则在 20 世纪 50 年代得以广泛流行。

品牌形象论（brand image，BI）又称 BI 理论，其创始人大卫·奥格威是 20 世纪 60 年代美国广告"创意革命"（creative revolution）的旗手之一，是美国最伟大的广告撰稿人，也是著名的奥美广告公司的创建者。对于品牌，奥格威这样认为"品牌是一种最错综复杂的象征，它是品牌属性、名称、包装、价格、历史、声誉、广告方式的无形总和。品牌同时也是因为消费者对其使用者的印象以及自身的经验而有所界定"。

定位（positioning）理论由美国著名的营销专家艾·里斯（Al Ries）和杰克·特劳特（Jack Trout）在 20 世纪 70 年代所倡导的一种广告学理论。对里斯和特劳特的定位理论加以总结，我们可以大体归纳出这样一个意思：所谓定位，就是从传播方式的角度看待广告，在充分考虑消费者的消费心理的前提下，研究产品的竞争者，确立自己的消费目标群体，为产品在市场上找到一个适当的位置。并将关于产品的这一位置的概念有效地传递给消费者。

定位理论的核心内容是希望通过特定的广告宣传，为处于竞争期中的产品树立一些便于记忆和新颖别致的东西，从而在消费者心目中留下一个恰当的心理位置。

整合营销传播（integrated marketing communications，IMC）的核心思想是将与企业进行市场营销所有关的一切传播活动一元化。整合营销传播一方面把广告、促销、公关、直销、CI、包装、新闻媒体等一切传播活动都涵盖到营销活动的范围之内；另一方面则使企业能够将统一的传播资讯传达给消费者。所以，整合营销传播也被称为"用一个声音说话"（speak with one voice），即营销传播的一元化策略。

基于广告与消费者行为有着密不可分的关系，所以把心理学领域的认知理论引入广告心理研究中是大有裨益的。如何分析消费者的认知过程，如何把握消费者的心理特征，如何通过对消费者认知与行为的研究来制定有效的广告策略，已经成为广告心理学研究的重点。

ROI 理论是 20 世纪 60 年代的广告大师威廉·伯恩巴克根据自身创作积累总结出来的一套创意理论。该理论的制造者伯恩巴克认为广告是说服的艺术，广告"怎么说"比"说什么"更重要。ROI 理论认为优秀的广告应具备三个基本特质：关联性（relevance）、原创性（originality）、震撼性（impact）。三个原则的英文首字母缩写就是 ROI。

企业识别（corporate identity，CI）理论以美国著名广告大师奥格威为代表，是指为确定企业宗旨，规范企业行为，设计企业统一视觉识别系统而形成的对企业形象的总体设计。它包括三个子系统：企业视觉识别系统（VI）、企业行为识别系统（BI）、企业理念识别系统（MI）。

共鸣理论的英文为"resonance"，它是 20 世纪 80 年代由跨国公司盛世长城提出来的创意理论。共鸣理论主张广告创意中针对目标群体通过珍贵的、难以忘怀的生活经历，及人生的美好、温馨的体验和感受等诉求内容唤起并激发目标受众内心深处的情感共鸣，并以此赋予品牌特定的内涵和象征意义，建立起目标对象的移情联想从而产生互动沟通的传播效果。

复习思考题

1. USP 理论的主要内容有哪些？
2. BI 理论的主要观点有哪些？ CI 理论的主要目标是什么？
3. 广告定位理论包括哪些基本观点？
4. 认知理论在广告宣传中的作用是什么？
5. 你是如何理解整合营销传播概念的？
6. ROI 理论的核心是什么？
7. CI 理论的作用是什么？
8. 你是如何理解共鸣理论的？

实训练习

实训名称：理解品牌广告理论

实训目的：选择熟悉的品牌广告，使用本章所学理论对其进行分析，使同学们深入理解广告理论对品牌塑造的重要作用。

实训内容：收集、调查不同类商品广告并分析其使用到的广告理论。

实训要求：

1. 分组调查并收集品牌广告。

2. 分析该广告使用到的理论知识，并用文字形式进行归纳。

3. 按每小组 4～5 人分组进行实训，每小组收集不少于 2 个品牌广告，小组集体分析研究结束后，上交 1 份《关于品牌广告的理论分析报告》。

4. 考核办法：每小组保质保量完成练习，小组集体成绩亦为小组成员个人成绩。

作业步骤：

分组→确定各小组拟调查的品牌名称→小组讨论→书面归纳总结讨论意见→完成《广告理论分析调查报告》。

实训向导：

1. 实训按衣、食、住、行等大类分组，可以考虑将兴趣一致的同学分在一个组，每组选定一类品牌，通过到商场、专卖店等亲身感受，然后通过上网收集二手资料。

2. 讨论分析时将侧重点放在广告所使用的理论上，不要脱离主题。

3. 因为本次实训主要是感受广告所使用的理论，因此应注意完整性和深刻性。

课外阅读

麦当劳的整合营销传播

麦当劳是世界上规模最大的快餐连锁集团之一，在全球的 120 多个国家有 29 000 多家餐厅。1990 年，麦当劳来到中国，在深圳开设了中国的第一家麦当劳餐厅。1992 年 4 月，麦当劳在北京的王府井开设了当时世界上面积最大的麦当劳餐厅，当日的交易人次超过万人。从 1992 年以来，麦当劳在中国迅速发展。1993 年 2 月，广州的第一家麦当劳餐厅在广东国际大厦开业。1994 年 6 月，天津麦当劳第一家餐厅在滨江道开业。1994 年 7 月，上海第一家麦当劳餐厅在淮海路开业。数年间，麦当劳已在北京、天津、上海、重庆 4 个直辖市，以及广东、广西、福建、江苏、浙江、湖北、湖南、河南、河北、山东、山西、安徽、辽宁、吉林、黑龙江、四川和陕西等 17 个省的 74 个大、中城市开设了 460 多家餐厅，在中国的餐饮业市场占有重要地位。

作为世界首屈一指的快餐连锁集团，麦当劳近年来在全球各地市场受到了多方面的挑战：在市场占有方面，2002 年 11 月 8 日，麦当劳宣布从 3 个国家撤出，关闭 10 个国家的 175 家门店，迅速扩张战略受阻。在中国大陆，麦当劳的门店数仅为肯德基的 3/5。品牌定位上逐渐"品牌老化"。肯德基主打成年人市场，麦当劳 50 年坚持走小孩和家庭路线，"迎合妈妈和小孩"。但近年来人们的婚姻和婚育观念的改变，晚婚和单身的现象日渐平常，消费核心群体由家庭群体向 24～35 岁的单身无子群体转变，麦当劳的定位以及品牌的概念恰与此偏离。在投资策略方面，麦当劳在中国一直坚持自己独资开设连锁店。截至 2003 年 7 月底，麦当劳都没有采取肯德基等快餐连锁的特许经营的扩张方式。在公司管理方面，迅速扩张的战略隐患逐渐暴露。麦当劳最引以为豪的就是其在全球的快速而成功的扩张，在 2002 年麦当劳缩减扩张计划之前，麦当劳在全球新建分店的速度一度达到每 8 个小时 1 家，而这种快速扩张也使得麦当劳对门店的管理无法及时跟进，比如一些地区正在恶化的劳资关系以及滞后的危机处理能力。在广州麦当劳消毒水事件中，店长反应迟缓，与消费者争执，损坏了企业的品牌形象。民族和文化意识上的隔阂也给麦当劳带来了麻烦。与可口可乐、万宝路一样，麦当劳与"美国"这一概念捆绑在一起，其效应就如一把双刃剑，既征服了市场，也引来了麻烦。从中东掀起的抵制美国货运动，到"9·11"事件后麦当劳餐厅的爆炸事件，都说明了"美国"品牌的负面效应。现代社会，快餐食品对健康的影响逐渐为越来越多的人重视，这成为麦当劳的又一难题。2003 年 3 月 5 日的"两会"上，全国政协委员张皎建议严格限制麦当劳、肯德基的发展；世界卫生组织（WHO）也正式宣布，麦当劳、肯德基的油煎、油炸食品中含有大量致癌毒素丙毒。

在各种因素的综合作用下，2002 年 10 月麦当劳股价跌至 7 年以来的最低点，比 1998 年缩水了 70%，并在 2002 年第四季度第一次出现了亏损。为改变这种情况，2002 年年初，麦当劳新的全球首席营销官拉里·莱特（Larry Light）上任，并策划了一系列整合营销传播方案，实施麦当劳品牌更新计划。

2003 年，麦当劳在中国台湾地区、新加坡等地推出了"和风饭食系列""韩式泡菜堡"，在中国大陆推出了"板烧鸡腿汉堡",放松标准化模式,发挥本地化策略优势,推出新产品,顺应当地消费者的需求。2003年8月,麦当劳宣布,来自天津的孙蒙蒙女士成为麦当劳在内地的首个特许加盟商,打破了中国内地独资开设连锁店的惯例。2003年9月2日,麦当劳正式启动"我就喜欢"品牌更新计划。麦当劳第一次同时在全球100多个国家联合起来用同一组广告、同一种信息进行品牌宣传,一改几十年不变的"迎合妈妈和小孩"的快乐形象,放弃坚持了近50年的"家庭"定位举措,将注意力对准35岁以下的年轻消费群体,围绕着"酷""自己做主""我行我素"等年轻人推崇的理念,把麦当劳打造成年轻化、时尚化的形象。同时,麦当劳连锁店的广告海报和员工服装的基本色都换成了时尚前卫的黑色。配合品牌广告宣传,麦当劳推出了一系列超"酷"的促销活动,比如只要对服务员大声说"我就喜欢"或"I'm Loving It",就能获赠圆筒冰激凌,这样的活动很受年轻人的欢迎。2003年11月24日,麦当劳与"动感地带"(M-Zone)宣布结成合作联盟,并在全国麦当劳店内同步推出了一系列"我的地盘,我就喜欢"的"通信+快餐"的协同营销活动。麦当劳还将在中国餐厅内提供Wi-Fi服务,让消费者可以在麦当劳餐厅内享受时尚的无线上网乐趣。2004年2月12日,麦当劳与姚明签约,姚明成为麦当劳全球形象代言人。姚明将在身体健康和活动性、奥林匹克计划以及"我就喜欢"营销活动和客户沟通方面发挥重要作用。2004年2月23日,麦当劳推出"365天给你优质惊喜,超值惊喜"活动,推出一项"超值惊喜、不过5元"的促销活动。在2004年2月23日到8月24日期间,共有近10款食品价格降到了5元以内。2004年2月27日,麦当劳宣布,将其全球范围内的奥运会合作伙伴关系延长到2012年。此举一次性地将其赞助权延长连续四届奥运会。这一为期8年的续约延续了麦当劳在餐馆和食品服务领域向2006年意大利都灵冬季奥运会、2008年中国北京奥运会、2010年加拿大温哥华冬奥会以及2012年的奥运会的独家销售权利,还可以在全球营销活动中使用奥运会的五环标志,并获得对全球201个国家和地区的奥运会参赛队伍的独家赞助机会。

经过一系列的努力,麦当劳2003年11月份销售收入增长了14.9%,亚太地区的销售收入增长了16.2%。公司的股价逆市上涨,创下了16个月以来的新高。J.P.摩根集团2003年12月称,麦当劳在全球经营已经有了很大的改变,并将麦当劳的股票评级从"一般市场表现"调升至"超出市场表现"。

第三篇

广告实务

PART 3

Chapter 7
第7章

广 告 调 查

1. 掌握市场调查的一般方法
2. 熟悉广告调查的内容
3. 熟悉广告调查的原则、程序及方法
4. 掌握广告调查的步骤

7.1 市场调查

7.1.1 市场调查资料收集的含义

市场调查资料收集是根据市场调查的任务和要求，运用科学的方法，有计划、有组织地向市场收集资料的工作过程。市场调查资料的收集在整个市场调查中发挥了极其重要的作用，所有市场研究、市场预测、市场决策都是建立在市场调查资料的基础上。做好市场调查资料的收集工作就要学会针对不同情况选择相应的市场调查方法。

7.1.2 市场调查方法的分类

本章市场调查方法的分类是按照所收集数据的类型划分的，分为原始数据的市场调查方法和二手数据的市场调查方法。另外，还有一类新型的市场调查方法——网络收集法，既可应用于原始数据的市场调查，也可以应用于二手数据的市场调查。

原始数据是研究人员为了解决面临的问题而专门收集的数据，原始数据通常是文献型、物质型的资料，微观的、静态的市场信息。常用的市场调查方法中最典型的就是面谈访问法和观察调查法，另外，还有小组座谈法及电话调查法。

二手数据是指以前已经收集好的，但不一定与当前问题相关的数据，二手数据通常是思维型、宏观的、动态的市场信息。常用的市场调查方法就是通常所说的文案调查法，它是指通过搜集多种历史和现实的动态文献资料，从中摘取与市场调查课题有关的情报，对调查内容进行分析研究的调查方法。

具体分类方法如图 7-1 所示。

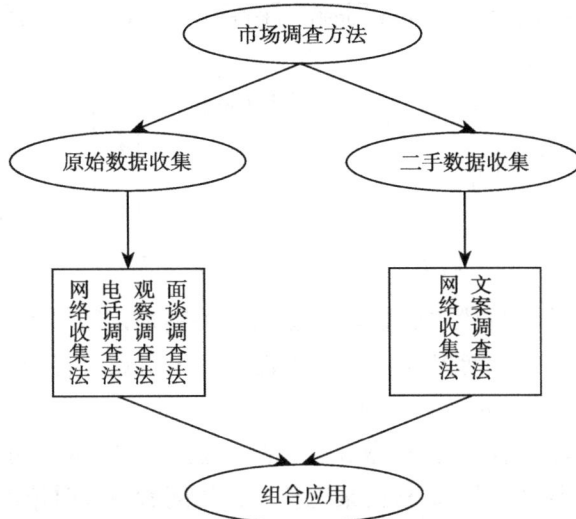

图 7-1　市场调查方法分类图

7.1.3　原始数据收集的市场调查方法选择

7.1.3.1　面谈调查法

1. 面谈调查法的特点

面谈调查是调查人员直接向被调查者口头提问，并当场记录答案的一种面对面的调查。也就是说，面访调查一般都是访问者向被访问者做的面对面的直接调查，是通过口头交流方式获取市场信息的调查方法。当面询问有关问题，既可以是个别面谈，主要通过口头询问，也可以是群体面谈，可通过座谈会等形式。一般来说，个别面谈主要用于商品需求、购物习惯等的调查资料的采集，群体面谈用于聘请一些专家就市场价格状况和未来市场走向进行分析和判断。

面谈调查法回答率高，可通过调查人员的解释和启发来帮助被调查者完成调查任务，可以根据被调查者的性格特征、心理变化、对访问的态度及各种非语言信息扩大或缩小调查范围，具有较强的灵活性，并且可对调查的环境和调查背景进行了解。

面谈调查法同时也具有以下缺点：一般来说人力、物力耗费较大，要求调查人员的素质要高，对调查人员的管理较困难，此方法经常因为受到一些单位和家庭的拒绝而无法完成。

2. 面谈调查法的程序

1）标准式面谈应事先设计好调查程序。其调查过程如图 7-2 所示。

A. 访前准备阶段。作为第一阶段的主要工作是做好访谈方案，其中包括确定访谈目的、确定被访者、设计问卷、时间地点的选择及其他的一些组织、实施工作安排。访问人员应事先了解被访者的基本情况，对一些在访问中可能会遇到的问题和困难要做到心中有数，同时准备访问的工具、材料等。

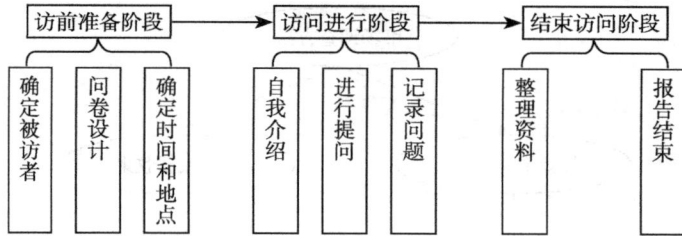

图 7-2 标准式面谈调查程序图

B. 访问进行阶段。这个阶段主要是进行访问，关键是访问气氛要融洽，才能获得所需资料。访问员在访谈过程中要能控制访问的进程、突出重点、善于引导和启发；访谈时要注意自身的言谈举止，遵循一定的道德准则。

C. 结束访问阶段。这个阶段要注意做现场检查，包括问卷中是否有遗漏，信息是否有不准确的，如有错误，尽量当场更正。资料搜集完整后，访问者要及时地整理、分析，提交报告。

2）非标准式面谈的程序与标准式面谈的程序不同。它事先不需要设计问卷，只是依据一个调查题目或提纲向被访者进行调查，调查过程比较简单，如图 7-3 所示。其主要内容与标准式面谈一致，不再详述。

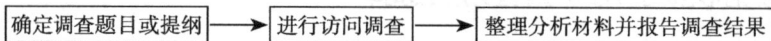

图 7-3 非标准式面谈调查程序图

3. 面谈调查法的应用

面谈调查法的关键在于如何与访谈对象进行有效的沟通。访问技巧是调查中确保实现研究目的，获得确实有用的资料的一个重要因素。访谈人员要注意以下六个环节，掌控面谈的局面，取得有效的结果。

1）通过寻找共同点来接近被访者。访问者开始与调查对象接触时，涉及访问的内容先避而不谈，而把话题引到双方共同关心和感兴趣的其他问题上，以引起对方的共鸣，使对方产生碰到了知己的感觉，然后再切入主题。

2）从正面直接接近被访者。双方一见面，访问者即开门见山，做了自我介绍后，直接向被访问者说明来意，以委婉的言辞来取得对方的配合。此法简便、省时、效率高，在对方无顾虑的情况下，一般都可以采用此法。

3）访谈的开始阶段。这一阶段主要是做这样几件事：打招呼、问好、自我介绍、说明访谈的目的和话题。

4）进行访问。访问者要热情、有礼貌、不失约，进行必要的寒暄，表达真挚的感谢，注意对方的身份、称谓，提问要得体，并设法营造友好的气氛；要把握住方向及主题，能避免的题外话尽量避免。访问者必须抓紧一切时间和机会，随时记录，如果事先向被访问者说明，则名正言顺，当面记录，用录音或相机，如果没有事先说明，则应事后抓紧时间追记。

5）时刻注意被访问者的情绪变化。访问者不要使访问为受访者的情绪所左右，不要用刺激情感的字眼，使用的言语越简单越好，题目不能过多，时间注意不能太长。

6）群体访谈操作程序和要求与个别访谈基本相同，但有一些特殊要求。访问者要注意受访者的选取要有一定的代表性，受访者的人数要适当（一般在 5 ～ 10 人），访谈开始要说明访谈发言的一些规则，对那些没有发言的人进行提示，尽可能了解各种不同的意见和看法，在结束访谈时，表示感谢和发放小纪念品。

7.1.3.2 观察调查法

1. 观察调查法的特点

观察调查法是指观察者根据特定的研究目的，利用感觉器官和其他科学手段，有组织、有计划地对研究对象进行考察，以取得研究所需资料的方法。观察法不直接向被调查者提问，而是从旁观察被调查者的行动、反应和感受。其主要特点有以下四点：

1）观察法所观察的内容是经过周密考虑的，不同于人们日常生活中的出门看看天气、到公园观赏风景等个人的兴趣行为，而是观察者根据某种需要，有目的、有计划地搜集市场资料、研究市场问题的过程。

2）观察法要求对观察对象进行系统、全面的观察。在实地观察前，调查人员应根据调查目的对观察项目和观察方式设计出具体的方案，尽可能避免或减少观察误差，防止以偏概全，提高调查资料的可靠性。因此，观察法对观察人员有严格的要求。

3）观察法要求观察人员在充分利用自己的感觉器官的同时，还要尽量运用科学的观察工具。人的感觉器官特别是眼睛，在实地观察中能获取大量的信息。而照相机、摄像机、望远镜、显微镜、探测器等观察工具，不仅能提高人的观察能力，还能将观察结果记载下来，增加了资料的翔实性。

4）观察法的观察结果是当时正在发生的、处于自然状态下的市场现象。市场现象的自然状态是各种因素综合影响的结果，没有人为制造的假象。在这样的条件下取得的观察结果，可以客观、真实地反映实际情况。

2. 观察调查法的程序

为了能够获得有用的信息，采用观察法调查时应遵循一定的调查程序，不能简单、盲目地进行。

观察法的调查程序是：第一步要提出调查的目的及相应的被调查对象，设计好观察记录表格；第二步进行正式调查，可以是表格记录或仪器的记录；第三步对观察取得的资料进行整理分析，并提出观察结果。观察法的具体程序如图 7-4 所示。

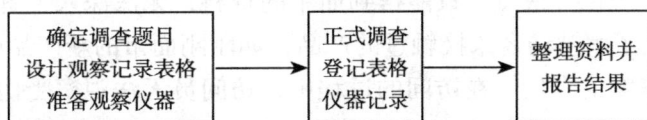

确定调查题目 设计观察记录表格 准备观察仪器 → 正式调查 登记表格 仪器记录 → 整理资料并报告结果

图 7-4 观察法的调查程序

在具体操作过程中，调查人员要注意不能凭自己的主观想象、直觉来进行观察记录；在使用仪器前要进行检查，而且为了不干扰调查对象，保持观察场景的自然状态，最好不要公开使用一些观察仪器，如摄像机等；在某些情况下也可以事先告知被调查者，以便与调查人员积极配合。

3. 观察调查法的主要应用

1）观察顾客的行为。了解顾客行为，可促使企业有针对性地采取恰当的促销方式。所以，调查者要经常观察或者摄录顾客在商场、销售大厅内的活动情况，如顾客在购买商品之前，主要观察什么，是商品价格、商品质量还是商品款式等；顾客对商场的服务态度有何议论等。

2）观察顾客流量。观察顾客流量对商场改善经营、提高服务质量有很大好处。例如，观察一天内各个时间进出商店的顾客数量，可以合理地安排营业员工作的时间，更好地为顾客服务；又如，为新商店选择地址或研究市区商业网点的布局，也需要对客流量进行观察。

3）观察产品使用现场。调查人员到产品用户使用地观察调查，了解产品质量、性能及用户反映等情况，实地了解使用产品的条件和技术要求，从中发现产品更新换代的前景和趋势。

4）观察商店柜台及橱窗布置。为了提高服务质量，调查人员要观察商店内柜台布局是否合理，顾客选购、付款是否方便，柜台商品是否丰富，顾客到台率与成交率以及营业员的服务态度如何等。

5）交通流量观察。为了更合理地定位某一街道、路段的商业价值或提出可行的交通规划方案，常需要调查某一街道的车流量、行人流量及其方向。调查时可由调查人员或用仪器记录该街道在某一时间内所通过的车辆、行人数量及方向，并测定该街道车辆和行人的高峰和平峰的规律，供营销决策参考。

7.1.3.3 电话调查法

1. 电话调查法的特点

电话调查法是指调查者预先选定要调查的问题，以电话的形式向被调查者征询意见，从而获得信息资料的一种调查方法。电话调查常用于样本数量多，调查内容简单明了，易于让人接受、需快速获取信息的调查事项的调查。现在，电话调查法最常见于对老百姓比较关心的社会事物的调查、了解。中央电视台经济频道（2套）每天就一个社会普遍关心的话题，如孩子成长中的几个问题，展开电话调查，观众可以打电话、发短信参与。

电话调查法获得资料速度快，这是它最大的优点。同时，电话调查节省费用，可在短时间内调查较多的调查对象，即使访问对象分布广泛，也无须支付大量的成本。此法适于访问某些特殊的被访者，如知名人物或面访调查时不易接触的被访者。

但是，电话调查法也有缺点：只能得到简单的资料，无法深入了解情况；不能进行有形产品的调查，无法了解被访者未接触过的产品，如刚刚面市的新产品或者其包装、颜色、口味等；难以辨别答案的真伪，在访问的过程中，访问员无法观察受访者的动作、眼睛等非语言信息，无法了解被访者当时的情绪及环境状况等；被访者所提供的资料可能不准确，而访问员又不能借助某些方法来判断。

2. 电话调查法的程序

电话调查法的程序并不复杂，基本上类似于非标准式面谈的程序，如图7-5所示。

```
┌──────────┐      ┌──────────┐      ┌──────────┐
│   确定   │      │向被调查者│      │ 整理记录 │
│调查题目或提纲│ ──→ │ 打电话   │ ──→ │并报告调查结果│
└──────────┘      └──────────┘      └──────────┘
```

图 7-5 电话调查法程序

在进行电话调查时，应注意以下四个问题：

1）应预先设计好要了解的问题，最好以问卷形式进行。调查过程要简明扼要，突出问题的重点；问题不宜太多，并注意最好采用两项选择法进行调查，注意方言与普通话的场合使用。

2）为了提高电话访问的效率，有时对重要的访问也可以先寄一封信或一张明信片给受访者，说明将要进行的电话访问的目的、内容和时间。

3）访问的时机要从受访者的实际情况出发，最好避开工作和晚上休息时间，以提高调查的效率。电话访问还有一个特殊的要求，就是电话铃响至没有人接听才可以断定家中无人，做出放弃访问的决定。

4）注意吸引被访者的注意力。在通话的过程中，应掌握主动权，在开头的介绍中就能引起被访者的兴趣，否则，容易遭到拒绝。吸引的方法有很多，应在实践中多加以总结。例如，由公司的主要负责人进行调查，或者以高层主管的名义进行调查，可以克服受访者不重视的问题。在进行正式访问前，应说明访问时间，尽量精简开场白。

3. 电话调查法的应用

1）预测实地调查方案的可行性。实地调查范围比较广，投入成本大，故不能盲目进行。调查人员可以借助电话调查法，做探索性的初步调查，选取小范围样本，来检测该调查方案是否可以大范围开展。

2）了解对方业务经营范围，以便确定采访内容。电话调查可以尽快搜集对方的相关资料，预先对被调查者有一定的了解，在开展正式调查时，可以有针对性地提出有关问题。

3）查询某些简单数据。有些数据资料是二手资料或对方一直在收集的资料，且没必要了解很多，这样就可以通过电话调查来了解。

4）核对面访调查时所提供的情况，或确认对方所寄赠的资料。在进行回访或验证资料的准确性方面，电话调查有其独到之处；同时它也可以作为提高邮寄问卷调查法成功率的一种手段。

5）直接了解有关现场情况，如产品展销会的参观人数、当地顾客对电台电视广告的反应等。

6）与对方进行初步的联系和接洽。在未进行实地调查之前，可以与被访者预约时间，降低拒访的概率，还可以让被访者有一定的准备。

7.1.4 二手数据收集的市场调查方法选择

7.1.4.1 文案调查法

1. 文案调查法的特点

文案调查法是一种间接调查方法，主要通过搜集企业内部和外部已积累起来的现成的各种信息、情报资料，作为当前调查目的所搜集资料的补充和完善。当为某一调查目的搜集资料时，如果当前资料有限或经费有限，且已有可用的资料时，文案调查必然成为首选。但如需要更翔实、深入地了解某些市场情况时，实地调查则是第一步的工作，而文案调查只能是实地调查的前道工序或必要补充。

文案调查法可以克服时空条件的限制，既可以获得现实资料，又可以获得实地调查所无法取得的历史资料；既能获得本地域范围内的资料，又可以借助于报刊、杂志及互联网等媒介物，搜集其他地区的资料。文案调查收集到的情报资料受各种因素影响小，既不会受调查者的主观情感判断影响，也不会出现在实地调查中，因被调查者的阅历参差不齐、情绪不佳等造成的错误结果。文案调查费用低，效率高。文案调查的问卷设计、调查人员的培训、交通费用等各项费用的支出，相对于其他方法要低廉；此外，某些资料只需简单的加工，花费的时间短，能够在经费少、时间有限的情况下进行操作。

但是，文案调查法也有缺点，对文案调查获得资料的加工、审核工作较难。这种方法依据的主要是历史资料，所以过时资料比较多，需要一定的加工过程。调查人员往往需要对其历史背景进行分析，并依据当前的情况进行调整，但许多资料经人多次传抄引证，已经成为第三手、第四手资料，使用时难以考察其时代背景；有的被人故意歪曲事实，其真实性、可靠性则令人怀疑。文案调查资料难以与当前的调查目的吻合，调查结果的准确性受影响，因此对本企业的某个具体的调查项目来说，适应性不高，经过整理也难以保证准确无误。文案调查要求更多的专业知识、实践经验和技巧，需要具有一定文化水平的人才能胜任，否则难以加工出令人满意的资料。

2. 文案调查法的程序

文案调查的组织工作虽然相对简单，但也要遵循一定的步骤，其程序如下：

第一步：评价现有资料，即对手头拥有的资料进行筛选，主要从资料的内容、时间、准确性等方面进行评价。

第二步：寻找收集情报的途径，即一般先从一般资料入手，逐步过渡到特殊资料的收集。

第三步：资料的筛选，即剔除与研究问题不相关的、不完整的资料，获得有价值的资料。

第四步：提交调查报告。

其中，文案调查法的资料来源有以下两个方面。

1）企业内部资料。企业内部资料，主要是企业在经营活动中所做的各种形式的记录，包括与企业经营活动有关的各种书面的和存储在各种仪器、设备中的资料。

这些资料可以由企业的营销信息系统来提供，该系统中存储了大量的有关市场经营的数据资料；这些资料也可以由本企业的各种记录来提供，如各种业务资料、统计资料、财务资料以及平时所积累的各种各样的报告、总结、会议记录、用户来信、营销活动的照片与录像等。

2）企业外部资料。企业外部资料的来源很多，信息量更大，包括政府机构、行业协会、各种经济信息中心、专业信息咨询机构、银行、消费者组织公布的和提供的各方面的信息资料；各类新闻、出版部门发行的书报杂志以及电台、电视台公布的各种市场信息、经济信息；有关生产和经营机构提供的商品目录、产品说明书、产品价目表、广告资料、专利资料以及上市公司发布的中期和年度财务公告；国内外商品博览会、展销会、洽谈会、订货会上发布的消息；专业性、学术性机构每年召开的年会、学术研讨会上所发表的论文及各级图书馆收藏的大量与企业经营活动相关的二手资料；各种国际组织、外国使领馆、各国银行、经贸部门、各国商会所提供的国际市场信息。

随着互联网的发展，互联网上的信息成为文案调查又一重要的外部信息来源。对于这一点，我们会在网络调查中详细介绍。

3. 文案调查法的应用

文案调查可以发现问题并为市场研究提供重要的参考依据，具体适用于以下四个方面：

1）市场供求趋势分析，即通过收集各种市场动态资料并加以分析对比，以观察市场的发展方向。例如，根据某企业近几年的营业额平均以 15% 的速度增长，由此可推测未来几年营业额的变动情况。

2）相关和回归分析，即利用一系列相互联系的现有资料进行相关和回归分析，以研究现象之间相互影响的方向和程度，并在此基础上进行预测。

3）市场占有率分析，是根据各方面的资料，计算出本企业某种产品的市场销售量占该市场同种商品总销售量的份额，以了解市场需求及本企业所处的市场地位。

4）市场覆盖率分析，是用本企业某种商品的投放点与全国该种产品市场销售点总数的比较，反映企业商品销售的广度和宽度。

7.1.4.2 网络调查法

1. 网络调查法的特点

网络调查法，是传统调查在新的信息传播媒体上的应用。它是指在互联网上针对调查问题进行调查设计，收集资料及分析咨询等活动。与传统调查方法相类似，网络调查也有对原始资料的调查和对二手资料的调查两种方式，即利用互联网直接进行问卷调查，收集第一手资料，可称为网上直接调查；或利用互联网的媒体功能，从互联网收集第二手资料，称为网上间接调查。

网络调查大大缩短了调查时间，提高了调查的效率，相对于传统的调查方法，省去了问卷印刷、访问员入户、准备样品、布置场地、数据录入等许多过程，而且在被访者填写问卷的同时，计算机程序会及时汇总，在很短的时间内就能将被访者的问卷整理、反馈给调查人员。这可避免某些人为因素造成的误差，因为传统调查方法多由访问人员开展调查，而访问人员的主观见解或理解错误等，会使资料发生错误。而网络调查在访问过程及数据录入过程中均无须人员干预，避免了数据收集和处理过程中由人为因素引起的误差。网络调查成本低，对调查实施者而言，网络调查节省了问卷印刷费用、人工费用、场地费用、数据录入等费用，大大降低了运作成本。网络调查易于收集数据，只要被访者访问公司站点，就可以随时随地完成问卷，如休息时间也可以完成调查，而传统调查方法多在白天进行，且时间上不能太长。问卷的资料较全面，传统的面访可以出示一些卡片和照片，电话访问基本不可能出示任何辅助的提示性材料，而网络调查可以通过多媒体手段向受访者出示丰富的动画、声音和图像信息，极大地提高了信息的丰富程度。

但是，网络调查法也有如下缺点：调查范围受到限制，目前上网用户仅限于城市的部分单位和家庭，几乎没有农村的互联网用户，从而使调查范围受到限制，资料的代表性只能是有限群体的；在调查时有可能遭到电脑病毒的干扰和破坏，或者访问者在回答过程中自动放弃，使得调查突然中断，造成资料的不完整；调查结果的准确性不能验证，结果的正确与否，一方面受调查者对互联网技术和操作方法的熟练程度影响，另一方面也受调查者的态度影响，因在访问过程中不被监控，完全取决于自身，若受访者漫不经心地回答，则资料的准确性必然降低。

2. 网络调查法的程序

网络调查法的程序与其他调查方法的程序相比有所不同。其他调查方法只是问卷设计、样本确定、资料分析等用电脑进行，而正式调查是以面访、电话、邮寄等方式进行的。网络调查的程序则不同，它的整个调查过程都在电脑上进行。

网络调查法的具体程序是：先在电脑上进行问卷设计并确定样本，然后将问卷通过电子邮件的形式传递给被调查者，被调查者将问卷在电脑上填好后以同样的形式传递回来，最后调查者在电脑上进行整理分析并报告结果。整个过程如图 7-6 所示。

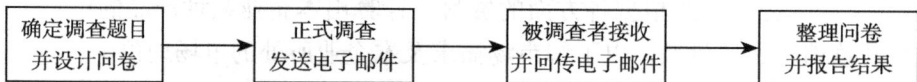

图 7-6　网络调查法的程序

3. 网络调查法的应用

网络调查的主要形式有网上直接调查和网上间接调查。

（1）网上直接调查

网上直接调查是利用互联网直接进行问卷调查，收集第一手资料。例如，将问卷设计好后，按照已知的 E-mail 地址发给接受者，或者直接粘贴在自己的网站上。按照采用的调查方法的不同，网上直接调查可以分为网上问卷调查法、网上实验法和网上观察法，常用的是网上问卷调查法，下面将详细介绍如何使用网上问卷进行调查。

网上问卷调查法是将问卷在网上发布，被调查对象通过互联网完成问卷调查。网上问卷调查一般有两种途径：一种是将问卷放置在 www 站点上，等待访问者访问时填写问卷，如 CNNIC 每半年进行一次的"中国互联网络发展状况调查"就是采用这种方式。这种方式的好处是填写者一般都对此问卷内容感兴趣，但缺点是无法核对问卷填写者的真实情况以及无法纠正某些错误。为达到一定问卷数量，站点还必须进行适当宣传，以吸引大量访问者，如 CNNIC 在调查期间与国内一些著名的网络服务提供商（ISP）/网络媒体提供商（ICP），比如新浪、搜狐、网易等设置调查问卷的链接。

另一种是通过 E-mail 方式将问卷发送给被调查者，被调查者完成后将结果通过 E-mail 返回。这种方式的好处是可以有选择性地控制被调查者，缺点是容易遭到被访问者的拒绝，有侵犯个人隐私之嫌。因此，用该方式时首先应争取被访问者的同意，或者估计被访问者不会反感，并向被访问者提供一定补偿，如有奖问答或赠送小件礼物，以降低被访问者的拒访率。

按照网络调查采用的技术可以分为站点法、电子邮件法、随机 IP 法和视讯会议法等。

（2）网上间接调查

网上间接调查主要利用互联网收集与企业营销相关的市场、竞争者、消费者以及宏观环境等信息。企业用得最多的还是网上间接调查方法，因为它的信息可以满足企业管理决策的需要，而网上直接调查一般只适合于针对特定问题进行专项调查。

网上间接调查渠道，主要有 www、BBS、E-mail，其中 www 是最主要的信息来源，每个 Web 网页所涵盖的信息包罗万象、无所不有。

1）利用公告栏收集资料。公告栏（BBS）就是在网上提供一个公开"场地"，任何人都可以在上面进行留言回答问题、发表意见或提出问题，也可以查看其他人的留言。公告栏的用途多种多样，一般可以作为留言板，也可以作为聊天（沙龙）、讨论的场所。公告栏软件系统有两大类：一类是基于 telnet 方式的文本方式，查看阅览不是很方便；另一类是现在居多的基于 www 的方式，使用方法如同浏览 www 网页。利用 BBS 收集资料主要是到与主题相关的 BBS 网站了解情况。

2）利用 E-mail 收集资料。E-mail 是互联网中使用最广泛的通信方式，它不但费用低廉，而且使用方便、快捷，是最受用户欢迎的应用。目前许多传统媒体，以及一些企业都利用 E-mail 发布信息。

3）利用搜索引擎收集资料。目前网上 80% 的信息都是英文的，同时中文网站经过几年的发展，数目急剧增加。

4）利用相关的网上数据库查找资料。

7.2 广告调查

7.2.1 广告调查的含义

广告调查有广义和狭义之分。

1. 广义的广告调查

广义的广告调查（或者称作广告研究）是指围绕着广告及广告运动，为研究其形成、发展的规律和趋势而进行的一系列系统的、科学的探究活动。现代广告运动一般包括以下程序：①广告主依据营销策略和计划制定总体的广告策略与广告计划，包括广告目标、广告费用预算、广告时机、广告规模等；②市场调查与分析，包括总体的市场构成、同类产品和竞争对手的情况、消费和消费者的情况等；③广告策划，包括营销策略、制定具体的广告战略与策略、制定具体的广告运作或广告活动计划；④广告创意，将广告信息转化成富有创造性的广告表现概念；⑤广告设计制作，将创意过程中产生的广告表现概念转化成具体的广告作品；⑥广告运动的具体执行和广告作品的发布；⑦广告效果的测定和反馈，主要内容是对广告效果进行测定并将相关信息反馈给广告主。

广义的广告调查既包括广告主调查、行业市场调查、广告公司调查和广告文化调查等宏观的调查，也包括具体操作调查，如广告文案、主题调查、广告媒体调查、广告效果调查等。

2. 狭义的广告调查

狭义的广告调查是指为了策划、制作和发布成功、有效的广告而开展的一切调查研究活动。具体而言，狭义的广告调查包括为广告创作而做的广告主题调查和广告文案测试，为选择广告媒体而做的广告媒体调查、电视收视率调查、广播收听率调查、报纸或杂志阅读率调查，为评价广告效果而做的广告前消费者的态度和行为调查、广告中接触效果和接受效果调查、广告后消费者的态度和行为跟踪调查，为了解同行竞争对手的广告投放情况而做的电视、广播、报纸、杂志的广告媒体监测等。概括起来，狭义的广告调查包括广告主题和文案调查、广告媒体调查及广告效果测试。

3. 广告调查与市场调查

根据美国市场营销协会（American Marketing Association）的定义，"市场调查是一种通过信息将消费者、顾客和公众与营销者连接起来的职能。这些信息用于识别和确定营销机会及问题，产生、提炼和评估营销活动，监督营销绩效，改进人们对营销过程的理解。市场调查规定了解决这些问题所需的信息，设计收集信息的方法，管理并实施信息收集过程，分析结果，最后要沟通所得到的结论及其意义"。

市场调查的功能对于企业管理而言，首先是描述，即收集并陈述事实，比如行业的历史、现状和发展趋势，消费者对产品的认知、态度和购买行为等。其次是诊断，即要解释所收集的信息或活动，比如为什么要建议产品采用这类设计风格，为什么要选择这种形态的销售终端等。最后是预测，即在分析市场的基础上，如何利用市场中已经出现的机会。

在广告的实际运作和理论研究中，广告调查和市场调查之间通常没有严格的界定。在已有的一些有关广告调查的教材和著作中对两者也没有进行有效的区分，事实上我们也很难把它们清晰地区分开来。

应该说广告调查与市场调查之间是一种从属关系，广告调查是市场调查在广告运动中的具体应用，虽然在具体的广告调查中会发展出独特的方法和技术，但大的原则和体系与市场调查是共通的。简而言之，市场调查是为了整体的市场营销决策和运作而进行的，而广告调查则是为了某一局部目标而进行的，这个局部目标通常要根据广告活动的不同环节来设定。

7.2.2　广告调查的指导原则

作为一个科学、系统的研究活动，广告调查应遵循以下基本原则。

1. 科学性原则

科学性原则是指所有广告调查信息都应该通过科学的方法获得。它要求从调查对象的选取、调查方式的选择、资料分析方法的采用直至调查报告的撰写都应该严格遵循科学的规律。具体而言，在广告调查的过程中应：①树立正确的思想观念；②制定严格的规章制度；③建立科学的工作标准；④采用合理的调查方法。

2. 客观性原则

客观性原则是指在广告调查过程中，一切从客观存在的实际情况出发，详细地占有资料，在正确的理论指导下进行科学的分析研究，从现实事物本身得出其发展的客观规律性，并用于指导行动。只有这样，才能真实、准确地反映客观情况，避免主观偏见的影响或人为地修改数据结果。在广告调查的活动中，研究人员难免会事先对调查结果形成一定的假设或预测，这种先入为主的看法有时会影响调查的结果，应该注意避免。此外，有时调查出来的结果与客户的预测不一致，甚至可能对客户不利，在这种情况下，只要整个调查过程是科学的，结果是可靠的，就一定要坚持自己的调查结果，千万不能为了迎合客户而擅自修改数据结果，理智的客户最终会给予理解并最终接受调查结果的。

3. 系统性原则

根据现代系统理论，凡是有两个以上相互联系、相互作用的要素构成的统一整体都可称为系统，任何客观事物均可被看作系统，世界是以系统的方式存在的。作为一个系统，不但内部各子系统之间和要素之间存在着相互作用、相互制约的关系，系统与外部各种环境因素之间也存在相互作用、相互制约的关系。

广告调查也是一个系统，是一个由广告调查的主体、客体、程序、方法、物资设备、资金和各种信息资料等构成的复杂系统。在广告调查的过程中，会涉及很多方面，特别是在广告调查的设计和策划中以及对调查资料进行分析、处理时，必须综合考虑各种因素，遵循系统性原则。也就是说，把调查所获得的资料视为有机整体，在整体与要素之间、整体与外部环境之间寻求联系，进行资料分析，以求从总体上把握广告的特征与规律。

4. 时效性原则

广告调查必须要有时效性，这是由广告调查的性质决定的。广告调查的目的是及时搜集资料，及时整理和分析资料，及时反映广告方面的情况。时效性高的广告调查能够为宏观和微观的广告决策提供有价值的依据，不及时的资料则往往失去了价值。市场现象、广告现象是不断变化的，特别是在现在这个信息瞬息万变的时代，谁能最快、最准确地了解市场信息，了解消费者动态，了解广告的说服力，了解广告的心理和销售效果，谁就能最先在市场竞争中抢占先机。

5. 伦理性准则

广告调查的伦理性原则主要体现在两个方面：第一，是要为客户信守商业机密。许多广告调查是由客户委托广告公司或市场调查公司进行的。调查公司以及从事调查的人员必须对调查所获得的信息和数据保密，不能将其泄露给第三者。在激烈的市场竞争中，信息是非常重要的，不管是有意或无意，也不管将信息泄露给谁，只要将信息泄露出去，就可能损害客户的利益，同时也反过来会损害调查公司的信誉。第二，在广告调查的资料收集及结论发布过程中，要注意保护调查对象的隐私权，尊重调查对象的人格及权益，不能欺骗调查对象或对之造成身体、精神或物质上的损害。不管调查对象提供的是什么信息，也不管调查对象提供的信息的重要程度如何，都不能随意地泄露。如果调查对象发现自己所提供的信息未经自己的许可就被公之于众了，则一方面会给他们带来伤害，同时也使调查对象对广告调查失去信任，会不愿意再接受调查；另一方面又会给广告调查的执行带来现实和潜在的阻碍。

7.2.3　广告调查的分类

关于广告调查的类别，主要有两种：一种是按传播的要素和过程将广告调查分成：① 有关广告传播者的调查；② 有关广告信息的调查；③ 有关广告物的调查；④ 有关广告媒体的调查；⑤ 有关广告受播者的调查。另一种是围绕广告从制作、发布到产生效果的过程，将广告调查分成：① 广告信息调查，包括主题调查和文案调查；② 广告媒体调查；③ 广告效果测试。

本章从广义的角度考察广告调查的分类，将广告调查分为宏观研究调查和具体操作调查。

7.2.3.1　宏观研究调查

宏观研究调查主要是将广告作为一种传播现象，对它所在的宏观环境所做的调查，具体来说分为广告主调查、行业市场调查、广告公司调查和广告文化调查四种。

1. 广告主调查

广告主又称广告客户，是指为推销商品、服务自行或委托他人设计、制作、发布广告的法人及其他经济组织或个人。作为广告市场重要组成部分的广告主是广告行为的发起者、广告信息的发出者，也是广告活动的出资者。对广告主所做的广告调查就是要了解关于广告主方方面面的信息，主要包括广告主战略调查、广告主组织调查、广告主品牌调查、广告主产品调查和广告主文化调查。

2. 行业市场调查

行业市场调查是对广告产品所处行业的市场全貌的调查，包括：①有关市场规模的调查，指该广告产品在同类产品领域中的全额覆盖面及在数量上的市场规模；②有关市场结构的调查，指从消费者特点、地域差别、都市规模差别及季节差别等方面分析市场结构；③有关市场竞争状况的调查，指各品牌产品的供应数量、产品系列的发展状况及其他竞争公司的动向等；④有关潜在市场的调查，指潜在市场的规模及其发掘的可能性；⑤有关市场前景的调查，指市场前景的可能性预测及专家的分析；⑥有关同类产品领域的调查，指同类产品领域的生产能力、生产状况及其他领域的介入状况。

3. 广告公司调查

广告公司是广告业的核心组织，是广告市场活动的运作主体，是广告主、广告媒介、广告受众三者的联结体。广告公司可分为广告代理公司、广告制作公司、广告主或媒介自办广告公司。研究广告，对广告公司的调查也是其中必不可少的，主要调查其业务运作、客户服务制度、代理收费项目、代理收费标准与方式及财务管理等内容。

4. 广告文化调查

广告虽属经济范畴，主要作用于社会经济，但它却直接或间接地、明显或隐蔽地参与着社会文化的建设与塑造。关于广告文化的意义有两种观点。一种观点认为广告带来了文化低俗化的现象。广告制造了流行，促成了消费的统一化，从而导致了文化低俗化与注重物质的世态，或是制造了大量的噪声。另一种观点认为广告有助于提高地区及全社会的文化水平。不管广告对文化产生的是积极还是消极作用，我们至少得承认广告与文化有着极为密切的关系，广告的制作以文化为基础，同时广告本身制造出流行和文化，广告还促进新的文化的引进与变革，甚至广告本身就是一种艺术或文化。因此，要科学地研究广告，对广告文化的调查是必需的，对广告在当地所产生的文化进行研究和了解也是广义的广告调查所包含的内容。

7.2.3.2　具体操作调查

具体操作调查包括广告主题和文案调查、候选媒体调查及广告效果调查三类。

1. 广告主题和文案调查

广告主题和文案调查是指对广告作品传播的各方面信息进行全面的检测和评定，要在广告作品发布之前检验广告作品定位是否准确，广告创意是否引人入胜，广告作品是否具有冲击力和感染力，广告能不能满足目标消费者的需要、激发起消费者的购买欲望等。

（1）主题调查

主题调查是广告调查的第一个环节也是最重要的一个环节，主要是检测表现主题能否引起消费者兴趣，是否赢得消费者的关注以及是否与商品和商品效用相适应等。它直接关系到广告作品有没有把广告主想要传播的信息告诉消费者，有没有真正满足消费者的需求。主题调查主要包括根据从消费者处得到的资料决定适当的广告主题；针对目标消费者，了解他们对广告主题的看法，看他们是否认可、接受广告主题；看看广告有没有充足的论据来凸显这一主题，有没有充分的感情来渲染这一主题，并测定广告主题产生的效果有多大。

进行主题调查较简单的做法是委托几位专家依据表现主题应具备的主要条件检查清单，并评估各种表现主题。另外，还可以从一般的消费者处征求意见。例如，在广告中，给数张插图配上文字，以故事形式进行说明，或配以音乐和广告词制作成录像后进行实验室测试等。这些方法不仅有利于评估和选择表现方案，对于发掘新的表现主题也很有帮助。

（2）文案调查

文案调查是对广告文案及广播、电视广告、网络广告所做的调查，当广告文案接近完成阶段时，选择最优的方案，进行出稿前的最后检查，以便收集广告文案长期品质管理的资料。从历史上看，首先是报纸、杂志广告文案调查比较发达。其后，随着电波媒体的发展，文案调查逐步应用于广告测评（CM 测评）中。近年来，随着网络广告的兴起，文案调查也相应地应用于网络广告中。

2. 候选媒体调查

在广告活动中，绝大部分费用是用来购买媒介、时间和空间的。如果媒介选择不当或组合不当都会造成广告费用的极大浪费。广告媒体调查包括广告媒体质与量的调查，对报纸、杂志、广播、电视等大众媒体及户外广告牌、车体广告位、海报等个别媒体及网络等的调查，以调查消费者对这些媒体接触程度及这些媒体的特性。具体而言，候选媒体调查即研究各广告媒体"质"的特征，媒体投资效益，媒体选择与分配，媒体组合是否恰当，媒体近期视听率、阅读率、点击率是否有变化，媒体执行方案的确定与评估等。

3. 广告效果调查

广告效果调查即对某一产品广告活动的全部效果的测定及企业广告活动效果的测定。

它全面评估广告活动的效果，并为新的广告活动提供资料，指导以后的广告活动。该项调查包括销售效果调查和心理效果调查，这是因为广告活动的目标不外乎两个方面：一是提高商品的销售额，增加利润，使企业获得经济效益；二是使商品或企业在消费者心目中树立良好的形象，为企业长远的发展奠定良好的基础。

（1）销售效果调查

销售效果是企业主和广告商最关心的效果指标。它是人们评价广告活动成败最先想到也是最直观的评价指标，基本上是根据广告宣传的商品在市场上的占有率、销售量、消费者使用情况等统计资料，结合同期广告量进行分析比较，把握广告的总体效果。

（2）心理效果调查

由于广告效果的复杂性，我们必须从广告的传播角度入手测定广告的传播效果，也就是广告的心理效果，这样才能更客观地把握、衡量广告效果的大小。心理效果调查包括消费者对广告信息的注意、兴趣、情绪、记忆、理解、信任、欲望、行动等心理活动的不同侧面，概括起来就是要了解消费者的态度、行为反应。具体而言，心理效果调查主要有以下三种类型：

1）广播、电视广告的认知效果。要大致判断某广告的视听率，可采用视听率调查法。详细做法包括：以访问见面方式调查视听节目记忆度的见面法；以日记形式记录视听情况的日记式记录法；用设置于电视机中的视听率测定器自动测定视听率的机械法。

2）报纸、杂志的认知效果。它是指在报纸、杂志中，读者对商品广告的兴趣、关心程度。我们很容易掌握报纸、杂志的发行数据，所以，要了解认知效果，重要的是要调查每则广告的认知、阅读率。

3）受广告单位影响的认知效果。广告播放时间的长短、广告展示面积的空间大小，都会影响到受众对于广告的认知效果。

7.3　广告调查的操作流程

科学、系统的研究方法应该有一套比较固定的程序，广告调查的操作流程基本可分为以下五个步骤。

1. 明确广告调查的目的

如同旅行者前行的目的地，广告调查的目的是整个调查活动的目标和方向，是广告调查的第一步，是之后搜集材料、组织材料及解释材料的依据。广告调查目的的明确是广告调查中最重要的任务，因为正确地提出问题是正确认识问题和解决问题的前提。确定调查目的或主题必须先搞清以下四个问题：

1）为什么要调查？

2）调查中想了解什么？

3）调查结果有什么样的用处？

4）谁想知道调查的结果？

广告调查的目的必须是具体的、明确的，绝不可笼统。因为，调查目标直接决定着广告调查中其他步骤的执行，如果调查目标不明确、不具体，就不可能进行下面的步骤。

广告调查的目的不同，其调查的内容、方法、对象和范围就不同，调查人员的选择、调查队伍的组建等也不相同。选择调查问题应该将需要和可能有机地结合起来，既要从管理的需要出发，也要考虑到实际取得资料的可能性。同时，选择的调查问题应具有重要性、创造性、可行性与最佳性等特点。

在明确调查目的的基础上，调查人员利用自己的知识和经验，根据已经掌握的资料，进行初步分析。分析的涉及面应尽量宽一些，包括对所要调查问题的大致范围、调查的可能性和难易程度等的分析。

2. 调查设计和准备阶段

明确调查目的的意义在于设立调查所要达到的目标，调查设计阶段则可以理解成为了实现调查目标而进行的道路选择和工具准备。道路选择是指为达到调查目标而进行的调查设计工作，包括从思路、策略到方式、方法和具体技术的各个方面。工具准备则指调查所依赖的测量工具或信息收集工具，如问卷、实验仪器等的准备，同时也包括调查信息的来源——调查对象的选取工作。调查设计是整个调查工作的行动纲领，进行调查设计就是要对调查的内容进行全面规划。具体而言，广告调查设计的总体方案一般必须包括以下内容。

（1）设计调查的项目

科学地设计调查项目是取得有价值的广告调查资料的前提和基础。调查项目是指调查过程中所要取得的调查对象的类别、状态、规模、水平、速度等资料的各个方面，包括定性分析资料与定量分析资料。例如，在一项了解家用空调广告的诉求对象的调查中，研究的项目可能包括下列三个方面：

1）现有家用空调使用者的基本情况，包括经济收入、住房条件、家庭人口数、文化程度、职业等。

2）哪些家庭成员参与空调购买决策，是谁倡议购买，谁收集信息，品牌选择意见由谁提供，谁做出最后的决定，谁执行购买行动。

3）有潜在购买意向的购买者是什么样的人或家庭，包括这些人或家庭的经济收入、住房条件、家庭人口数、文化程度、职业等。

在调查设计阶段，确定调查项目是相当重要的一个环节。因为，一方面调查项目界定了问卷设计或访问提纲的范围，为问卷设计或访问提纲的编写提供了依据；另一方面调查目的能否达到，在设计阶段只有通过研究者所界定的调查内容来判断。因此，所确定的调查项目是否全面、适当，会在相当程度上影响调查方案能否被客户所认可、接受。

（2）设计调查的工具

在设计调查项目之后，必须进一步具体设计反映这些项目的调查工具。

调查工具是指调查指标的物质载体，如调查提纲、调查表、调查卡片、调查问卷、调查所用的设备和仪器等。所有的调查项目最后都必须通过调查工具表现出来。设计调查工具时，必须考虑到调查目的、调查项目的多少、调查者和调查对象的方便、对资料进行分析时的要素等。只有科学地设计调查工具，才能使调查过程顺利，调查结果满意。

（3）确定调查的空间

调查空间是指调查在什么地区进行，在多大的范围内进行。调查空间的选择要有利于达到调查目的，有利于搜集资料工作的进行，有利于节省人力、财力和物力。

（4）确定调查的时间

调查时间是指调查在什么时间进行，需用多少时间完成，每一个时间阶段要完成什么任务。调查时间的确定，一方面要考虑到客户的时间要求，另一方面也要考虑到调查的难度和规定时间内完成调查的可能性。一般用调查活动进度表来表现调查活动的时间安排，进度表不仅可以帮助客户了解整个广告调查的时间安排，对于广告调查公司来说，也有利于其强化调查过程的管理，提高工作效率，节省调查成本。

（5）确定调查的对象

调查对象有广义和狭义之分，广义的调查对象又称调查总体，是指通过调查要了解、研究的人群总体。狭义的对象是指在调查中具体接触的对象。在绝大多数的广告调查中，调查对象不可能是全部的总体而是从总体中抽取出来的一部分个体组成的样本。确定调查对象，具体来说就是设计和安排调查对象的抽样方法和数量。在抽样方法上，是选择概率抽样还是非概率抽样；在数量的决定上，样本大小取决于总体规模及总体的异质性程度，还有研究者的时间和经费是否充足等。

（6）确定调查的方法

确定调查的方法，包括确定资料的搜集方法以及资料的分析方法。资料搜集的方法有电话访问、入户访问、深度访问、焦点小组、固定样本连续调查、邮寄问卷调查、观察法、实验法、内容分析等；资料的分析方法包括定量的分析和定性的分析。调查方法的选择取决于调查的目的、内容以及一定时间、地点、条件下广告市场的客观实际状况。由于同一项调查课题可以采用多种调查方法，因此，调查人员必须认真地比较、选择最适合、最有效的方法，做到既节省调查费用又能达到调查目的。

（7）落实调查人员、经费和工作量安排

调查方案要计算调查人员、经费的数量，并落实其出处，这是调查得以顺利进行的基础和条件，也是设计调查方案时不容忽视的内容。其中，调查的经费项目一般包括印刷费、方案设计费、问卷设计费、抽样设计费、差旅费、邮寄费、访问员劳务费、受调查者礼品礼金、统计处理费、报告撰写制作费、电话费、服务费、杂费和税收等。此外，还应对调查人员的工作量进行合理安排，使调查工作有条不紊地进行。在核算这些内容时，必须从节省的角度出发，但也应注意留有一定的余地。

（8）组建调查队伍

实施调查方案必须有一支训练有素、具有职业精神、专业知识、沟通能力和操作技能的调查队伍。为此，必须做好调查人员的选择、培训和组织工作。需要注意的是，调查一般是由若干人员组成的调查队伍来完成的，所以，在考虑调查人员个人素质的同时，还要特别注意调查队伍的整体结构。

要从职能结构、知识结构、能力结构以及年龄、性别结构等方面对调查队伍进行合理安排，使之成为一支精干的、能顺利、高效地完成调查各阶段任务的队伍。

除了上述八个项目的预选规划外，如果进行的是定量的广告调查，还需要建立研究假设。假设可以为研究的下一步工作铺路，指出研究的重点与方向，作为搜集资料的基准及对于分析资料的结果提供衡量与评估的标准。广告调查的假设可分为两类：一类是描述性假设，比如阅读率调查、视听率调查；另一类是相关性或解析性的假设，比如假设彩色电视广告比黑白广告对消费者的购买行为更有影响力，或经济日报同一版的广告上，右上角位置的广告比左上角位置的广告受到更多读者的注意等。

3. 搜集资料数据

这个阶段是调查的主体部分，这个阶段的主要任务是具体贯彻调查设计中所确定的思路和策略，按照调查设计中所确定的方式、方法和技术进行资料数据的搜集工作。在这个阶段，调查者往往要深入实地，与调查对象面对面地接触。资料搜集工作中所投入的人力最多，遇到的实际问题也最多，因此，需要很好地进行组织和管理。另外需要注意的是，由于广告及市场的复杂性或者由于现实条件的变化，研究者事先考虑的调查设计往往会在某些方面与现实存在一定的距离或偏差，这就需要研究者根据实际情况进行修正和弥补，发挥研究者的灵活性和主动性。在广告调查中所采取的资料收集方式有调查法、实验法、文献法、焦点小组法、深入访谈法等，具体内容在后续的章节中会详细介绍。

4. 资料的处理与分析

搜集完资料后还需将所获得的资料加以整理、分析和阐释，看它是否和原来的假设相符合。如果相符合，则原来的假设成立，成为最后的结论。如果所获结论与原来的假设不符合，则假设不能成立，研究者在撰写报告时也必须照实报道，不得虚构。资料的处理与分析包括资料的整理、资料的分析和资料的阐释。

1）资料的整理属于技术性的工作，包括分类、编号、计数列表等。

2）资料的分析是要指出资料所显示的意义，特别需要应用统计学的方法。广告调查中应用最广的是百分率的计算、频数分析、相关系数等。

3）资料的阐释是要说明这个研究的结果与已有的知识之间的关系，是增加了新的知识还是否定了以往的想法，必须根据理论来说明事实。

5. 调查结果的解释与提交调查报告

根据不同阶段的调查、汇总分析，对整个广告活动过程的效果进行总体评价，写出报告。调查报告是一种以文字和图表将整个工作所得到的结果系统地、集中地、规范地反映出来的形式。它是广告调查结果的集中体现。

本章重点

广告调查与市场调查之间是一种从属关系，广告调查是市场调查在广告运动中的具体应用，虽然在具体的广告调查中会发展出独特的方法和技术，但大的原则和体系与市场调查是共通的。简而言之，市场调查是为了整体的市场营销决策和运作而进行的，而广告调查则是为某一局部目标而进行的，这个局部目标通常都是根据广告活动的不同环节来设定的。

市场调查资料收集是根据市场调查的任务和要求，运用科学的方法，有计划、有组织地向市场收集资料的工作过程。市场调查资料的收集在整个市场调查中具有极其重要的作用，所有市场研究、市场预测、市场决策都是建立在市场调查资料的基础上。做好市场调查资料的收集工作就是要学会针对不同情况选择相应的市场调查方法。

市场调查方法的分类是按照所收集数据的类型划分的，分为原始数据的市场调查方法和二手数据的市场调查方法。另外，还有一类新型的市场调查方法——网络调查法，既可应用于原始数据的市场调查，也可以应用于二手数据的市场调查。

原始数据收集的市场调查方法有面谈调查法、观察调查法、电话调查法。二手数据收集的市场调查方法有文案调查法、网络调查法。

广义的广告调查（或者称作广告研究）是指围绕着广告及广告运动，为研究其形成、发展的规律和趋势而进行的一系列系统的、科学的探究活动。广义的广告调查既包括广告主调查、行业市场调查、广告公司调查和广告文化调查等宏观的调查，也包括具体操作调查，如广告文案、主题调查、广告媒体调查、广告效果调查等。

狭义的广告调查是指为了策划、制作和发布成功、有效的广告而开展的一切调查研究活动。概括起来，狭义的广告调查包括广告主题和文案调查、广告媒体调查及广告效果测试。

作为一项科学、系统的研究活动，广告调查应遵循科学性原则、客观性原则、系统性原则、时效性原则和伦理性准则。

关于广告调查的类别，主要有两种：一种是按传播的要素和过程将广告调查分成：① 有关广告传播者的调查；② 有关广告信息的调查；③ 有关广告物的调查；④ 有关广告媒体的调查；⑤ 有关广告受播者的调查。另一种是围绕广告从制作、发布到产生效果的过程，将广告调查分成：① 广告信息调查，包括主题调查和文案调查；② 广告媒体调查；③ 广告效果测试。

宏观研究调查主要是将广告作为一种传播现象，对其存在于其中的宏观环境所做的调查，具体来说分为广告主调查、行业市场调查、广告公司调查和广告文化调查四种。

具体操作调查包括广告主题和文案调查、候选媒体调查和广告效果调查三类。

广告调查的操作流程基本可分为五个步骤：① 明确广告调查的目的；② 调查设计和准备阶段；③ 搜集资料数据；④ 资料的处理与分析；⑤ 调查结果的解释与提交调查报告。

复习思考题

1. 简述市场调查的方法有哪些？
2. 广告调查的内容有哪几个方面？
3. 广告调查的原则、程序及方法是什么？
4. 试述广告调查的步骤。

实训练习

实训名称：某公司产品的网络调查方案。

实训目的：通过对某公司和其产品的网络调查了解，要求学生深入理解网络调查的方法与步骤，培养学生进行网络调查的初步能力。

实训内容：在调查问卷设计中，可以围绕如下问题：

（1）组建企业网络营销体系的技术与层次

（2）建立企业营销网站的要求与步骤

（3）企业网络市场调研策略

（4）企业网络产品策略

（5）企业网络分销策划

（6）企业网络广告策略

（7）企业网络公关策略

（8）企业网络促销活动及策略

实训组织：围绕以上问题及内容，把全班同学分成若干小组，调查某家企业或产品的网络营销状况。

实训考核：在了解与分析调查的基础上，撰写策划报告或方案，分小组讨论并进行全班交流。

课外阅读

谈广告市场调查报告的写作类型及其特点

广告的市场调查活动对于整个的广告策划来说是非常重要的，它不仅是广告策划运作的基础性工作，也是广告策划的依据。同时，它对于广告的市场定位、广告的文案创意乃至广告的媒体投放等，都具有重要的作用和意义。因此，广告市场调查报告的写作，对于广告类专业应用文体的写作而言，同样也是十分重要的和不可忽视的。

从广告调查的性质来看，它和一般意义的经济类别的市场调查活动的关系可谓有同也有异。应该说，它们是从属关系，即广告调查是经济类市场调查活动的一个组成部分。二者在研究目的、研究对象和研究方法上有着众多的相同之处。但是二者也有区别，比如从调查的范围上来看，市场调查的实质是为了制定整体的市场营销策略所开展的一切调查活动，而广告调查则是在市场策略中为了推广产品、传递信息等目标而开展的一系列专项调查活动。从调查的目的上来看，市场调查活动是基于整体的市场营销决策和市场营销运作而展开的，而广告调查则是为了某一局部目标而进行的，这种局部目标通常都是根据广告活动的不同环节和不同要求来设定的。所以，一般地讲，根据需要，广告调查内容的基本环节可以划分为三种：第一种是关于广告的市场环境及其广告所传递的信息内容等方面的要求所进行的调查，它几乎囊括了广告投放前期的所有相关资讯情况的调查；第二种是关于广告传播所选择的媒体投放环境的资讯调查，这是选择何种媒体如何进行投放和媒体传播资讯数据分析所必备的要求；第三种是关于广告传播效果或广告业绩的调查，这也是广告人所不容忽视和必须关注的善后工作。这三种调查的目的各不相同，因此调查的方式也各有侧重。

首先我们来探讨一下第一种广告调查报告的基本特点。

一般来讲，这种调查范围很广，所占的比重也最大。它根据广告战略目标的要求以及广告策划的需要，可以对消费市场展开调查，其中包括消费品需求情况的市场调查、消费者个人购买动机和因素的调查，还包括相关产品的市场份额、产品生命周期的变化规律以及营销资讯情况的调查等；也可以对企业或营销业主展开调查，其中主要有企业产品形象和相关资讯的调查、企业自我表现和品牌战略的调查、竞争对手资讯情况的调查、企业所实施的经营战略方针的调查等；还可以就广告传播策略的具体化问题展开深入的调查，即可以通过对竞争者的广告策略以及对消费者的接受习惯和接受心理等问题展开研究，为广告创意、广告主题和广告形象策划的制定提供基础和依据。凡此种种，都属于广告投放前期所需要进行的市场资讯情况的调查。

这种类型的广告调查，由于其调查的对象和范围比较广泛，有的针对产品市场，有的针对消费者，还有的针对企业主以及广告环境等，所以调查的方法也是多样化的，有的需要定性调查，也有的需要定量调查。其中比较常见的方法主要有：通过实地观察进行实际了解，或者是通过实验设计手段来考察不同情况变化后的结果等。比如定性调查的方法主要有：小组访谈法（经过训练的主持人与一个小组的被调查者交谈，深入了解受访者对某一种产品、观念或组织的看法）、深度访谈法（由掌握高级访谈技巧的访问员对调查对象进行面对面、一对一的深入访谈，用以揭示受访者对某一问题的潜在动机、信念、态度和感情）等；定量调查的方法则更多，主要有：入户调查、拦截调查、留置式问卷调查、电话调查、邮寄调查、互联网调查等，根据不同的需要和情况，可以选择不同的调查方式。但是，不论采取哪种方式调查，其目的都是为了摸清问题，了解情况，这样才有可能掌握发言权。

再说第二种广告调查报告的基本类型及其特点。

它主要是针对广告所需要选择的传播媒体（尤其是电波媒体）的实际资讯情况而展开的调查。印刷媒体（报纸、杂志）的调查相对而言比较容易，主要需要摸清楚该媒体的发行地区、发行份数、读者率以及读者层就基本可以了。而电波媒体（电视、广播）就复杂得多，它的主要调查任务是了解各个频道以及各个节目时段的视听率。视听率的调查方法很多，根据情况的不同和调查方式的区别，可以选择的方式主要有：日记式调查法、记忆式调查法、电话调查法以及电视视听率的仪器调查法。其中日记式调查法是由被调查者将每天所看或所听的节目，一一填入调查问卷上；记忆式调查法首先要用随机抽样的方式抽出调查对象，再由调查员访问被调查者，询问其当天或者昨日所视听的节目情况；电话调查法就是向持有电视机的家庭，打电话询问其正在收看的节目；唯有电视视听率仪器调查法的结果最为精准，而成本投入也最为昂贵，它是由电子计算机予以统计，自动监控被调查者家庭电视机开机、关机的时间以及频道的选择和变换。广告视听率的媒体调查，就是根据这些资讯的情况统计和撰写出来的。

第三种广告调查报告的基本类型，则是属于广告传播效果的测定或者是广告业绩的统计，这是两个不同的概念。广告传播效果的测定是指广告传播本身对受众所产生的直接影响，它是通过受众对广告的记忆度、好感度来进行测定的，也就是我们经常提到的所谓的品牌知名度、影响率。广告传播效果的测定可以区分为：媒体接触效果（到达效果）、认知阶段效果（认知效果）、态度改变阶段效果（心理效果）和购买阶段效果（购买效果）等不同的阶段来加以测定。这四个阶段是递进式的、逐步上升的。其测定的方法也有很多，较常用的有：判定法、评分法、衡态法、机械法、访查法等。

其中判定法主要是指拟定几则广告，邀请消费者代表做出评价，并依此排列优劣顺序，从而判断广告作品的价值。评分法则是将广告的各要素列表，让消费者逐项评分，得分越高，广告效果就越好。衡态法，即调查消费者对广告的态度。它通过广告画面，或通过广告与产品的结合等方式，由消费者做出评价，来评判广告作品的设计是否得当。机械法也称仪器法，通过各种仪器，如视向测验器、按钮仪、电位测验器、视听器等，来测定消费者对广告播放时所感觉和所选择的效果。访查法则是直接派调查人员调查消费者、广告受众对广告反应的一种方法。它可以通过入户、电话或者问卷等多种方式来完成调查。

广告业绩的统计和调查属于广告传播后所取得的销售效果的测定。其具体方法主要是通过数理统计来完成，在这里暂不一一赘述。

以上基本概括了广告市场调查报告的几大类别。虽然其内容不同，方法各异，但是在写作上却需要遵循共同的原则。有哪些共同的原则或者程序上的要求，是在广告市场调查报告的写作上，需要认同和特别注意的呢？

首先，在调查报告的前言部分，需要写清楚调查的背景以及调查的目的。所谓调查的背景，主要是介绍此项广告调查活动的由来，或者对受委托进行该项调查的原因做出必要的说明，而广告调查目的的介绍，则显得尤为重要。它直接关系到广告调查过程的实际操作和具体实施，并且影响着调查内容和调查方法的制定和选择。通常，它可以是针对广告调查背景分析中所存在的问题提出来的，也可以是为了获取某些方面的资料或者对某些假设做出印证和检验。

其次，在广告调查报告的正文部分，先需要对调查的地区、调查的对象、调查的数量以及调查的具体方法（其中包括调查的样本介绍、样本结构的说明、资料的采集、处理的方法和工具的选择、完成访问的情况及访员能力、素质的介绍等）进行较为具体的说明和阐述。

再次，要对广告调查的结果进行重点而且详尽的报告。一般，资料的描述形式通常是由统计表格和统计图式组成，再配合以相关的文字说明。但是，仅用图表将广告调查的结果呈现出来是不够的，调研人员还必须对图表中数据资料所隐含的趋势、关系或者规律，加以客观的描述和分析，这也就是要求调研人员要对调查的结果做出合理的解释。调查结果部分的内容通常比较多，篇幅也比较长，为了让阅读报告的人能够比较容易地把握整个调查过程，在调查报告的结果中，一般可以将所报告的内容分成若干个小部分依次呈现出来。

最后是广告调查报告的结论和建议部分。在结论部分里，调研人员需要说明的是，通过调查获得了哪些重要的结论，根据调查结论又该采取哪些相应的措施。当然，结论有时可以与调查结果合并在一起，但要视调查课题的大小而定。一般来讲，如果调查课题小、结论简单，就可以直接与调查结果合并在一个部分里来表现；如果课题较大、内容较多，则需要分开来处理。在建议部分里，一般是针对调查得出的结论，提出应该采取的措施、方案或者具体的行动步骤。例如，广告的定位应该怎样确立；广告的诉求应该以什么为主；广告的主题应该是什么类型；媒体的策略应该如何改变或者如何选择；与竞争对手抗衡时，应该采取何种价格、包装或者促销策略更佳等。其中，大多数的建议应当是积极的，即说明采取哪些具体措施以获得成功，或者要处理哪些已经存在的问题等，比如"应该加大广告投放量""改理性诉求为感性诉求"等。当然，有时也可以采用否定性的建议，如"应该立即停止某一广告的刊播"。此外，在完成广告调查报告的写作中，还有两个辅助内容不容忽视：一个是附录；另一个是调查研究机构的名称。

附录是指调查报告正文包含不了或者是没有提及的，但与正文有关，必须附加说明以备读者参考的相关资料。附录的目的基本上是列入尽可能多的相关资料，这些资料可以用来论证、说明或者进一步阐述已经包含在正文之内的资料，而且每个附录都要有编号。在附录中出现的资料通常包括：调查问卷、有关抽样细节的补充说明、一些统计分析和计算的细节、一些技术问题的讨论、数据汇总表、原始资料和背景材料、必要的工作技术报告以及参考文献等。附录中包含的技术性较强或者细节性的材料，主要是供那些关心调研技术方面内容的主管人员或专家来阅读。

　　调查研究机构的名称一般附在广告调查报告的序言或者封面部分。如果广告调查是由单一调查机构执行的，写上该机构名称即可；如果是多个调查机构合作完成的，则应该将所有的机构名称都写上，也可以同时附上调查机构的联络方式，其中还须包括调查项目负责人的姓名以及所属机构。也就是，要写清楚项目主要负责人的姓名及所在机构的名称。

　　只有这样，才可以说基本上完成了广告市场调查报告的主要写作程序。

广 告 策 划

1. 了解广告战略的内容
2. 了解广告策略的内容
3. 学习广告策划的方法

8.1 广告战略与广告策略

8.1.1 广告战略的基本内容

广告战略指的是广告发布者在宏观上对广告决策的把握。它是以战略眼光为企业长远利益考虑，为产品开拓市场着想，也就是所谓的"放长线钓大鱼"。研究广告战略的目的是为了提高广告宣传效果，使企业以最低的开支达到最好的营销目标。在当今市场竞争日趋激烈的情况下，一家企业、一种产品要在市场上取得立足之地，或者为了战胜竞争对手以求得发展，几乎都必须正确地运用广告战略。广告战略是广告策略制定的依据。

关于广告战略的分类有多种不同的划分方式。按内容，可以划分为形象广告战略和产品广告战略；按市场范围，可以划分为特定市场广告和全球广告；按时间长短，可以划分为短期广告战略和长期广告战略；从媒介使用方式的角度，可以划分为单个媒介战略和组合媒介战略。

正如前文所言，市场细分是营销者通过市场调研，按照一定标准，对产品市场范围进行消费人群划分，形成具有类似需求倾向的消费人群。广告市场细分的作用主要表现在：有针对性地选择目标市场和制定营销策略；发现新的市场机会，开拓新市场；集中资源，形成特定领域的绝对竞争优势。

8.1.2 广告策略

广告策略是指实施广告战略的各种具体手段与方法，是战略的细分与措施。常见的广告策略有四大类：产品策略、市场策略、媒介策略和广告实施策略。其中产品策略主要包括产品定位策略和产品生命周期策略，另外还有新产品开发策略、产品包装和商标形象策略等。

8.1.2.1 广告目标市场策略

广告目标市场策略是指在广告中根据不同目标市场的特点，采取相应的宣传手段和方法。针对项目的目标消费群，依据其不同的生活习惯和工作环境及个性特点等，制定不同的广告诉求点和广告的表现形式，力求在目标市场上更全面地传递广告信息。

在广告中，根据不同目标市场的特点，采取相应的宣传手段和方法，包括无差别市场广告策略、差别市场广告策略和集中市场广告策略。

无差别市场广告策略是指在一定时间内向一个大的目标市场运用各种媒体，做相同内容的广告。在无差别市场中，消费者对商品的需求具有共性，而消费弹性又较小，运用此策略，有利于运用各种广告媒体宣传统一的商品内容，能通过提高消费者对产品的知名度的了解，达到创牌子的目标。

差别市场广告策略是指在一定时期内，针对细分的目标市场，运用不同的媒体，做不同内容的广告。在差别市场上，消费者对同类产品质量、特性要求各有不同，强调产品个性，消费弹性较大。运用这种策略，有利于突出产品的个性特点，满足不同消费者的不同需要，达到扩大销售的目的。

集中市场广告策略是指在一定时期内，广告宣传集中力量在已细分的市场中的一个或几个目标市场上。这种集中市场广告策略，只追求在较小的细分市场上有较大份额，适用于财力有限的中小企业。

8.1.2.2 产品定位策略

公司对所从事营销活动的各细分市场，都必须为其发展一套产品定位策略。所谓产品定位，是指公司为建立一种适合消费者心目中特定地位的产品，所进行的产品策略企划及营销组合的活动。"产品定位"这个概念于 1972 年因艾·里斯和杰克·特劳特而普及。产品定位并不是指产品本身，而是指产品在潜在消费者心目中的印象，即产品在消费者心目中的地位。

在广告中，通过突出产品符合消费者心理需求的鲜明特点，确立商品在市场竞争中的方位，促使消费者树立选购该商品的稳固印象的策略，是产品定位策略在广告中的运用。产品定位策略包括广告产品实体定位策略和广告观念定位策略。广告产品实体定位策略，是在广告宣传中突出商品的新价值、新功能、新用途并能带给消费者新的利益，使消费者对该产品产生深刻印象的一种宣传方法。其方法主要包括：

1）功效定位，即在广告中突出产品的特殊功能，使该商品在同类产品中有明显的区别和优势，以增强选择性要求。例如药物牙膏，有的产品突出防治牙疼的功效，有的突出防治牙周炎，有的突出防治牙根出血。

2）品质定位，即在广告中突出商品良好的具体品质，如宣传丁基橡胶自行车内胎的功能时，强调打气一次，保持三个月的优良品质。性能、定型、用途等方面与同类产品相近时，突出强调产品廉价的特点，这是在同质、同类产品竞争中击败对手的一种有效方法。

3）市场定位，即把产品宣传的对象定在最有利的目标市场上。

8.1.2.3 广告媒介策略

广告媒介策略，实质上，是根据广告的产品定位策略和市场策略，对广告媒介进行选择和搭配运用的策略。其目的在于以最低的投入取得最大的广告效益。广告媒介的经济效益，是指媒介的量和质的价值与广告费之比。而广告媒介中质的价值，是指媒介的影响力和心理效能。

广告主发布广告都有特定的市场目标和时间目标。这个目标是由企业的经营活动决定的。选择广告媒介，必须考虑广告的目标因素，看是否与企业的经营活动紧密配合。如果广告的目标市场是大的地区，可选择传播范围广、覆盖面大的媒介；若广告的目标市场是小的目标市场，则选用地区性媒介；同样，若有强的时效性要求，则选择时效性强、接触面广的地方报纸、电视和广播，以使广告在短期内迅速扩大影响。

广告宣传竞争是市场竞争的一个重要方面。为了配合市场竞争，不但要求有不同的广告策略，而且要有不同的媒介选择。另外，根据有些政策规定，有的广告媒介不准发布某些产品的广告，这也是媒介选择中必须考虑的因素。

最后，企业发布广告要依据自身的财力来合理选择媒介，尽量使广告费用开支限制在广告预算的范围内。广告费用包括媒介价格和广告作品设计制作费。同一类型的广告媒介也因刊登广告的时间和位置不同，有不同的收费标准。同时，在选择媒介时，不但要考虑广告的绝对价格，而且要考虑其相对价格，考虑广告的实际接触效果所消耗的平均费用。企业广告费用如果紧缺，在选择媒体时就应尽量要选择那些能够将广告信息传递给企业目标顾客的媒体；相反，如果有充裕的广告费用，还可以考虑上权威媒体的黄金位置以扩大品牌的传播规模、提高影响力。

在实施广告时，可以使用一个广告媒介，也可以使用多个媒介组合。选用媒介，主要考虑目标市场、广告对象、商品属性、媒介广告价格等因素，要分析媒介的发行量、读者层、编辑内容、发行地区、知名度等。更确切地说，要研究媒介是综合性的，还是专业性的；是全国性的，还是地区性的；是适宜刊登消费品的广告，还是适宜刊登机器、设备、原材料的广告以及对象占的比例大小（因为广告效果和媒介发行量不一定成正比）。另外，还要考虑媒介知名度、档次是否相配。最后，还应考虑价格是否合算。

8.1.2.4 广告实施策略

严格地说，广告活动从计划、制作到实施的一系列过程中，在不同的阶段都有各不相同的特点和策略。由于广告实施过程与媒介、产品和目标市场密切相关，因而，广告的实施策略与广告的产品策略、市场策略和媒介策略有许多交叉的地方。广告的实施策略主要有广告的差别策略、广告的系列策略和广告的时间策略等。

1. 广告的差别策略

广告的差别策略是以发现差别和突出差别为手段，充分显示广告主的企业和产品、创意表现特点的一种宣传策略，包括产品差别策略、劳务差别策略、企业差别策略、创意表现差别策略四方面内容。

产品差别策略，是突出产品的功能差别、品质差别、价格差别、花色品种差别、包装差别和销售服务差别的广告宣传策略。因为产品的上述差别可以是新旧产品间的差别，也可以是同类产品间的差别，因此，广告的产品差别策略是具有竞争性的。运用广告差别策略时，首先要发现该产品的功效差别，在设计、制作广告作品时要突出它的功效差别，给予消费者能够获得某种利益的鲜明印象。

劳务差别策略的基本原理与产品差别的基本原理相同，主要是突出和显示同类劳务中的差别性，从而说明本企业的服务能给消费者带来更多的方便与得益。

企业差别策略包括企业设备差别、技术差别、管理水平差别、服务措施差别和企业环境差别等在内的各项内容。

创意表现差别策略主要是指在创意表现的类型及风格上与其他竞争对手的差别。

2. 广告的系列策略

广告的系列策略是企业在广告计划期内连续地和有计划地在同一媒体或不同媒体发布有统一设计形式或内容的系列广告，不断加深消费者对广告的印象、增强广告效果的手段。在时间与空间上连续出现主题及风格相同的广告，其目的是加强品牌在消费者心中的印象。广告的系列策略主要包括形式系列策略、主题系列策略、功效系列策略和产品系列策略等，这里主要介绍前两种策略。

形式系列策略是在一定时期内有计划地发布数条设计形式相同但内容有所改变的广告的策略。由于设计形式相对固定，有利于加深消费者对广告的印象，增加企业的知名度，便于在众多的广告中分辨出本企业的广告。这种策略的运用，适宜于内容更新快、发布频率大的广告，如旅游广告、文娱广告、交通广告和食品广告等。整体广告很注重这一策略的运用。

主题系列策略，是企业在发布广告时依据每一时期的广告目标市场的特点和市场营销策略的需要，不断变换广告主题，以适应不同的广告对象的心理欲求的策略。

3. 广告的时间策略

广告的时间策略，就是企业针对不同的媒体组合，根据目标受众接受信息的规律对广告发布的时间和频度做出统一的、合理的安排。广告时间策略的制定，要视广告产品的生命周期阶段、广告的竞争状况、企业的营销策略、品牌长远战略等多种因素的变化而灵活运用。一般而言，即效性广告要求发布时间集中、时限性强、频度起伏大。迟效性广告则要求广告时间发布均衡、时限从容、频度波动小。广告的时间策略运用是否得当，对广告的传播效果有很大的影响。

广告的时间策略在时限运用上主要有集中时间策略、均衡时间策略、季节时间策略、节假日时间策略、黄金时段策略五种；在频度上有固定频度和变动频度两种基本形式。

集中时间策略可以迅速地提高产品或企业的声誉。这种策略适用于新产品投入市场前后，新企业开张前后，流行性商品上市前后，或在广告竞争激烈时刻，商品销售量急剧下降的时刻。在这种情况下，存在一个产品广告曝光频度的最低限度，低于这一限度的广告集中时间策略，主要是集中力量在短时期内对目标市场进行突击性的广告攻势，其目的在于集中优势，在短时间内迅速造成广告声势，扩大广告的影响，但完全达不到广告的目的。同时还有一个最高限度的存在，高于它无助于加强广告目标，比较集中的投放会减少浪费。

均衡时间策略，是有计划地反复对目标市场进行投放广告的策略，其目的是通过持续地加深消费者对商品或企业的品牌印象，来达到企业长期的品牌资产的累积。这一策略可以保持产品在消费者的记忆中，挖掘市场潜力，扩大商品的知名度。在运用均衡广告策略时，一定要注意使用媒体的变换及广告表现的变化，不断予人以新鲜感，而不要长期地重复同一广告内容，广告的频度也要疏密有致，不要予人以单调感。

季节时间策略主要用于季节性强的商品，比如保暖内衣和饮料等商品一般在销售旺季到来之前就要开展广告活动，为销售旺季的到来做好信息准备和心理准备。在销售旺季，广告活动达到高峰，而旺季一过，广告可停止也可做一些少量的投放，少量投放可以保持消费者的品牌记忆和提高消费者的品牌忠诚度。这类广告策略要求掌握好季节性商品的变化规律。过早开展广告活动，会造成广告费的浪费，而过迟，则会延误时机，直接影响商品销售。

节假日时间策略是零售企业和服务行业常用的广告时间策略。一般在节假日之前数天便开展广告活动，而节假日一到，广告即告停止。这类广告要求有特色，把品种、价格、服务时间以及异乎寻常之处的信息突出地、迅速地和及时地告诉消费者。

黄金时段策略，在电波媒体中存在着黄金时段的情况，尤其在电视作为主流媒体的时代。在电视中如何使用黄金时段显得特别重要。

广告的频度是指在一定的广告时期内发布广告的次数，在策略上可根据实际情况需要，交替运用固定频度和变化频度的方法。

固定频度方法是均衡广告时间常用的时间频度策略，其目的在于实现有计划的、持续的广告效果。固定频度法有两种时间序列：均匀时间序列和延长时间序列。均匀时间序列的广告时间按时限周期平均运用。例如，时间周期为五天，则每五天广告一次，若为十天，则每十天广告一次，以此类推。延长时间序列是根据人的遗忘规律来设计的，广告的频度固定，但时间间隔越来越长。

变动频度策略是在广告周期里用各天广告次数不等的办法来发布广告。变化广告频度可以使广告声势适应销售情况的变化，常用于集中时间策略、节假日时间策略，以便借助于广告次数的增加，推动销售高潮的到来。

8.2　广告策划的主要内容

8.2.1　广告策划的含义及特性

1.广告策划的含义

广告策划经过数十年的发展，伴随着解决市场竞争中出现的不同问题，其含义也经历了不同的变化，有狭义、朴素的理解和广义、现代的理解之分。狭义、朴素的理解是把广告策划看作整个广告活动中的一个环节，在某种确定的条件下将广告活动方案进行排列组合和计划安排，以广告策划方案或策划书的编写为终结。广义、现代的观点，认为广告策划是从广告角度对企业市场营销管理进行系统整合和策划的全过程，从市场调查开始，根据消费者需要对企业产品设计进行指导，对生产过程进行协调，并通过广告促进销售，实现既定传播任务。现代意义的广告策划基本上以此广义为共识，把广告策划看作以企业营销组合为基础，对企业广告活动进行的规划、决策、组织和协调。具体来说，现代意义的广告策划就是根据广告主的营销策略，按照一定的程序对广告活动的总体战略进行前瞻性规划的活动。它以科学、客观的市场调查为基础，以富于创造性和效益性的定位策略、诉求策略、表现策略、媒介策略为核心内容，以具可操作性的广告策划文本为直接结果，以广告活动的效果调查为终结，追求广告活动进程的合理化和广告效果的最大化。它是广告公司内部业务运作的一个重要环节，是现代广告运作科学化、规范化的重要标志之一。

2. 广告策划的特性

广告策划作为广告公司运作业务的战略性统筹谋划，具有以下不同于一般计划的特殊性：

1）战略性。广告策划是从广告角度对企业市场营销管理进行系统整合和策划的全过程，因而它要配合企业的整体营销进行战略层面上的运筹，眼界应高远、宽广，其作用具有原则指向性、抗衡协同性。

2）全局性。广告策划对于未来的广告计划、广告执行具有统领指导作用，因而它必须是既向前看，又要向后看，即既要有前瞻性，又要有全局性。广告策划者在策划时必须尽量全面地考虑到一切因素，包括常规的因素和突发的因素，在脑海里要时刻装着整体的概念，这样的策划才能不会轻易地被外界因素所干扰。

3）策略性。广告策划的灵魂和核心是战略指导思想、基本原则和方向的确立，是决定"做什么"的问题，但一旦确定了战略，就要有与此相匹配的可操作性的、巧妙的战术和方法，就要同时制定出关于"如何做"的一系列策略，比如广告表现策略、广告媒体策略等。

4）动态性。广告策划要适应变化多端的未来环境和条件，应该是富于弹性的、动态的、有变化的。广告策划是伴随着整个广告活动的全过程，包括事前谋划、事中指导、事后监测，因而是周而复始、循环调整的。在整个广告活动过程中，都有相应的阶段性策划工作重点，应该把策划作为广告活动的调控器来运用。

5）创新性。广告策划活动是一项创造性思维活动。创造性是广告策划的关键和保证，创造性的策划具有从别人的所有特点中找出空隙的能力，具有找出别人没有做过事情的功能，其具体表现在广告定位、广告语言、广告表现、广告媒体等各个方面。

8.2.2　广告策划的主要内容

广告策划要对整个广告活动进行全面的策划，其内容千头万绪，主要包括市场分析、广告目标、广告定位、广告创意表现、广告媒介、广告预算、广告实施计划以及广告效果评估与监控等内容的策划。这些内容彼此间联系密切，相互影响又相互制约。虽然在这里我们暂时分别论述，但在后面的程序中，要将它们像珍珠一样串起来，形成一条项链，使广告活动按策划的内容有条不紊地顺利实施。

1. 市场分析

市场分析是广告策划和创意的基础，也是必不可少的第一步。广告市场分析基于市场调查，通过一系列的定量和定性分析得出广告主和竞争对手及其产品在市场的地位，为后续的策划工作提供依据。市场调查主要是以产品营销活动为中心展开的，围绕着市场供求关系来进行。市场分析的主要内容包括营销环境分析、企业经营情况分析、产品分析、市场竞争性分析以及消费者分析，通过深入细致的调查分析，了解市场信息，把握市场动态，研究消费者的需求方向和心理嗜好，并且明确广告主及其产品在人们心目中的实际地位和形象。

2. 广告目标

广告目标是指广告活动要达到的目的，而且这样的目标必须是可以测量的，否则目标的制定就失去了意义。具体而言，它要回答这样的问题：①开展广告活动后，企业或产品的知名度及美誉度提高的百分比；②市场占有率提高的百分比及销售额或销售量提高的百分比；③消费者对企业的产品态度或评价转变的情况。但是，营销活动和其他活动有着千丝万缕的关系，广告目标仅属于营销目标的一部分，有时销售额的增长很难说明是广告的作用，还涉及产品、通路等问题。因而，广告目标的确立要有明确的衡量指标，既有实际性，又有可操作性。

3. 广告定位

20世纪80年代，里斯和特劳特创立了定位学说，从此揭开了广告乃至营销史上新的篇章。定位的核心理念就是寻找消费者心智中的阶梯，站在消费者的角度，重新对产品定位，将产品定位和确立消费者合而为一，而不是将它们彼此分离。在对消费群体进行细分的基础上确立目标消费者，然后在这群消费者的心智中寻求还未被占用的空间，再将产品的信息削尖了钻进这个未被其他品牌或产品使用的空间，牢牢地占据消费者的心智。广告定位就是要在目标消费者心智中寻找产品的最有利于接受的信息。

4. 广告创意表现

这一部分内容是要将广告策划人头脑中的东西从无形转为有形，也是广告策划的重点。首先是广告主题的确立，即明确要表达的重点和中心思想。广告主题由产品信息和消费者心理构成，信息个性是广告主题的基础与依据，消费者是广告主题的角色和组成，消费者心理是广告主题的灵魂和生命。只有将产品信息和消费者心理合而为一的主题才能打动消费者，在此基础上，进行广告创意，并将创意表现出来。广告创意是个极其复杂的创造性思维活动的过程，其作用是要把广告主题生动形象地表现出来，它的确定也是广告表现的重要环节。广告表现是由决策进入实施的阶段，即广告的设计制作。广告表现直接关系到广告作品的优劣。

5. 广告媒介

媒介策划是针对既定的广告目标，在一定的预算约束条件下利用各种媒体的选择、组合和发布策略，把广告信息有效地传达到市场目标受众而进行的策划和安排。广告活动最基本的功能即广告信息的传递。选择广告信息传递的媒介，是广告运作中最重要的环节之一，也是广告媒介策略需要解决的问题。广告活动是有价的传播活动，它需要付出费用，而广告预算是有限的。因此，要在有限的费用里，得到比较理想的传播效益，如何运用好广告媒介，便是一个关键问题。广告媒介策略主要包括媒体的选择、广告发布日程和方式的确定等内容。

6. 广告预算

广告是种付费活动，广告界盛传："花的广告费一半浪费掉了，但不知道是哪一半。"如果不对广告活动进行科学、合理的预算，浪费的将不只是一半的广告费。广告预算就是广告公司对广告活动所需费用的计划和匡算，它规定在一定的广告时期内，从事广告活动所需的经费总额、使用范围和使用方法。准确地编制广告预算是广告策划的重要内容之一，是企业广告活动得以顺利展开的保证。广告预算的制定会受到各方面因素的制约，如产品生命周期、竞争对手、广告媒介和发布频率以及产品的可替代性等。

7. 广告实施计划

这是广告策划在上述各主要内容的基础上，为广告活动的顺利实施而制定的具体措施和手段。一项周密的广告策划，对广告实施的每一步骤、每一层次、每一项宣传，都规定了具体的实施办法。其内容主要包括：广告应在什么时间、什么地点发布出去，发布的频率如何？广告推出应采取什么样的方式？广告活动如何与企业整体促销策略相配合等。其中较为重要的是广告时间的选择和广告区域的选择，这二者都与媒介发布的具体实施有着密切关系，可以说是媒介策略的具体化。

8. 广告效果评估与监控

广告发布出去之后，有没有达到广告的目的或有没有产生对其他方面的影响，就要对广告效果进行全面的评估。为了增加广告的有效性，还会在广告活动中，甚至广告活动前，进行广告效果的监控和评估。通过广告效果的评估，可以了解到消费者对整个广告活动的反应，对广告主题是否突出、诉求是否准确有效以及媒体组合是否合理等做出科学判断，从而使有关当事人对广告效果做到心中有数。广告效果的评估和监控不能仅仅局限在销售效果上，传播效果作为广告效果的核心也应该受到重视。此外，广告还会对整个社会的文化、道德、伦理等方面造成影响。

8.3　广告策划的一般程序

前面所述是对广告策划的各个内容的简要概括，实际上广告策划是一种运动的状态，是遵照一定的步骤和程序进行运作的系统工程。

1. 整体安排和规划

1）成立广告策划专组。广告策划工作需要集合各方面的人士进行集体决策。因此，首先要成立一个广告策划专组，具体负责广告策划工作。一般而言，策划专组应主要包括客户执行人员、策划创意人员、设计制作人员、媒介公关人员以及市场调查人员。这些人员通常由一个策划总监或主管之类的负责人统领。

2）规定任务和人员安排，设定各项时间进程。这是对策划前期工作的落实。

2.调查研究

1）市场调查、搜集信息和相关材料。在此阶段，策划人员与消费者进行良好沟通，有选择地吸取营销调查的相关成果。或者通过直接调查获得第一手资料，或者通过其他间接途径搜集有关信息，最大限度地占有相关材料。

2）研究和分析相关资料。策划人员应对所得的材料进行整理、归类，剔除多余信息，将有用信息总结分析，制定出真实确凿的数据报告，为进一步制定策略提供依据。

3.战略规划

战略规划是关系到任何组织生存发展的重要活动，已越来越引起人们的广泛重视。做好战略规划是企业高层管理者和广告公司的共同职责，决定着广告活动的前途和命运。

1）制定广告战略目标。这是广告规划期内广告活动的核心，所有其他有关内容都是围绕这一中心展开的。不同的广告战略目标直接决定着后期广告开展的不同走向。

2）广告战略选择。策划人员根据广告战略目标，制定出广告战略，勾勒出广告活动的大致轮廓。处于不同生命周期的产品，其广告战略有明显的不同。例如，脑白金的广告活动，市场导入期采取的是高曝光率，追求高知名度的广告战略，而发展期采取稳健、理性说服以及多种媒体组合的广告战略。此外，位于不同市场地位的广告主，其广告战略选择也应该有明显的区别。

4.策略思考

这是整个广告策划的核心运作阶段，也是广告策划的主体。

1）集中并总结、归纳前期调查分析的成果，对调查研究结果做出决定性选择。

2）以策划创意人员为中心，结合相关人员对广告战略目标加以分析，根据广告战略选择确定广告的定位策略、诉求策略，进而发展出广告的创意和表现策略；根据产品、市场及广告特征提出合理的媒介组合策略、其他传播策略等。

3）这个阶段还包括广告时机的把握、广告地域的选择、广告活动的预算安排，与其他整合传播活动的配合以及广告活动的评估标准等。

5.制订计划和形成文本

这是把策略思想用具体、系统的形式加以规范化，把此前属于策略性、思想性的各种意向，以一种详细的展露和限定形式加以确定，以确保策略的实施。

1）制订计划。在此阶段，策划人员将在策略思考阶段形成的意向具体细化，确定广告运作的时间和空间范围，制定具体的媒介组合表，明确广告的频率以及把广告的预算经费分配具体到各项事物上。

2）编制广告策划文本，即策划书。在此阶段，策划人员把市场研究成果和策略及操作步骤用文本的形式加以规范表达，便于客户认知及对策划结果予以检核和调整。

6.实施与总结

1）计划实施与监控。广告策划专组的负责人按照策划书的规划，组织人员进行创作设计、媒介发布以及落实一切需要在市场中实施的细节，并对整个过程进行监控和必要的调节。

2）评估与总结。广告策划专组应在广告活动实施中对广告效果进行评估，并及时地对广告策划做出适度的调整；在整个广告策划运作完毕后，按照既定的目标对广告活动结果加以评估，并对整个工作予以总结。

本章重点

广告的差别策略是以发现差别和突出差别为手段，充分显示广告主企业和产品、创意表现特点的一种宣传策略，包括产品差别策略、劳务差别策略、企业差别策略、创意表现差别策略四方面内容。

广告系列策略是企业在广告计划期内连续地和有计划地在同一媒体或不同媒体发布有统一设计形式或内容的系列广告、不断加深广告印象、增强广告效果的手段。在时间与空间上连续出现主题及风格相同的广告，其目的是加强品牌在消费者心中的印象。广告系列策略的运用，主要有形式系列策略、主题系列策略、功效系列策略和产品系列策略等。

广告的时间策略，就是企业针对不同的媒体组合，根据目标受众接受信息的规律对广告发布的时间和频度做出统一的、合理的安排。广告时间策略的制定，要视广告产品的生命周期阶段、广告的竞争状况、企业的营销策略、品牌长远战略等多种因素的变化而灵活运用。

广告策划是从广告角度对企业市场营销管理进行系统整合和策划的全过程，从市场调查开始，根据消费者的需要对企业产品设计进行指导，对生产过程进行协调，并通过广告促进销售，实现既定传播任务。

广告策划要对整个广告活动进行全面的策划，其内容千头万绪，主要包括市场分析、广告目标、广告定位、广告创意表现、广告媒介、广告预算、广告实施计划以及广告效果评估与监控等内容的策划。

广告策划的一般程序包括：①整体安排和规划阶段；②调查研究；③战略规划；④策略思考；⑤制订计划和形成文本；⑥实施与总结阶段。

复习思考题

1. 市场细分的具体内容是什么？
2. 什么是广告战略？
3. 什么是广告策略？
4. 广告策划的工作流程是怎样的？

实训练习

实训名称：模拟广告策划

实训目的：锻炼学生进行广告策划的目的。

实训内容：参照图 8-1 广告策划流程图，以小组为单位，自行选择策划主题进行广告策划书的写作。

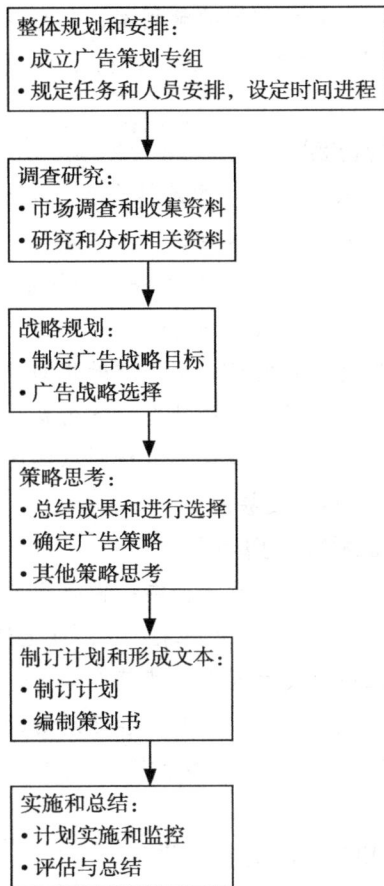

图 8-1　广告策划的一般程序

课外阅读

全球著名广告策划事件

1. "雅倩"洗衣粉——"世界上最长的晾衣绳"

案例介绍：在 2000 年到来之际，巴西宝洁公司为推广"雅倩"洗衣粉，在巴西里约热内卢博达福戈海滩，拉起世界最长的晾衣绳。在博达福戈海滩拉起的这根晾衣绳，全长 22 420.5 米。当时吉尼斯最长晾衣绳纪录为 18 000 米。这根晾衣绳共用了 2 800 根橘红色柱子，700 米长 5 毫米粗的绳子 32 根。这根世界上最长的晾衣绳上，共晾晒了 4 万多件用"雅倩"洗衣粉洗涤的白色衣服。为了收集可供晾晒的白色衣服，他们在里约热内卢发起了"捐献白衣"的活动。每捐献一件白衣，可获得一张 2000 年 1 月 2 日在桑巴广场举行的"千禧年狂欢"活动门票。

点评：由洗衣粉想到晾衣绳不难，再想到在美丽的海岸拉起一根世界上最长的晾衣绳也不难。这项策划精彩之处是与"千禧年"狂欢挂钩，很好地理解了巴西人的生活形态，将巴西人天性的热情奔放和创造力融合到新纪录的诞生和一起商业推广活动中。

2. 可口可乐与花旗——"全美手牵手"

案例介绍：沿美国边境公路，可口可乐与花旗赞助了一个壮观的行为：美国人手牵手。

点评：这是一个发生在 20 世纪 80 代初期的策划案，其想象力、目标消费群的参与性及执行力令人叹为观止。"全美手牵手"的关键概念是"联系"，强调人与人的联系或者品牌与客户的关系。

3. 科技会议新闻——"融化的企鹅"

案例介绍：国外某次关于"大气臭氧层"国际性会议，会议组织者在主会场门前道路旁，放置了一些冰雕的企鹅。因为阳光的照耀，冰雕的企鹅在融化。那天，当地和全世界新闻都出现了"企鹅在融化"的图片及关于"大气臭氧层"相关的新闻报道。

点评：每天的电视新闻中有太多的国际、国内会议，"融化的企鹅"是一个杰出的策划标杆。一个抽象的话题，怎么适合新闻传达？我们模拟一下"融化的企鹅"策划人员的思路：臭氧层稀薄，造成了什么？温度升高。温度高了又造成什么？冰山融化，海平面上升。找出一个与冰山有关、与海有关的事物——很容易就想到企鹅。但想到冰雕的企鹅，想到会议中心道路两旁的冰雕的企鹅在阳光下正在融化，就需要足够的才气了。

4. 得克萨斯州——"105 件代替抽烟的事物"

案例介绍：在得克萨斯州，一百零几个孩子，在一面普通的围墙上，用孩子们的想象，帮助大人想象出 105 件代替抽烟的事物，最终成为全球新闻，让上海的我们也知道了。

点评：每年的世界禁烟日，往往有发动万人在某著名地点进行签名活动的国内新闻。而得克萨斯州几个毛孩子让我们的策划人员汗颜。签名等禁烟活动的新闻，不知能传多远，能传多久，而我知道得克萨斯州的"105 件代替抽烟的事物"，让远在上海的我也领教了，让我多年后还津津乐道，推为策划佳品。

5.《申江服务导报》——"2002 年上海的肖邦"

案例介绍：2002 年 10 月，复旦大学经济学院一名叫潘佳琪的学生，选择在上海外摆渡桥上、襄阳路服饰市场、金茂大厦广场、淮海中路地铁口以弹钢琴的形式，演绎"2002 年上海的肖邦"。

点评：当时我以东西先生的笔名，担任《申江服务导报》"周末方案"专栏策划人。复旦大学经济管理系四年级高材生潘佳琪同学，有 16 年学钢琴的历史。只因为双手展开十指跨度弱，不得不放弃报考上海音乐学院成为一名钢琴演奏家的心愿，考入复旦大学学经济。我是在和潘佳琪的沟通中，开始深入了解肖邦。肖邦之后的 200 年间，出现了许多演绎肖邦出名的钢琴家，如地中海的肖邦、少共肖邦、钟表匠的肖邦、中年的肖邦、巴黎的肖邦……中国也有两名演绎肖邦十分知名的钢琴家：上海的傅雷、深圳的李云迪，但没有 2002 年上海的肖邦。《申江服务导报》"周末方案"专栏决定帮潘同学完成她的梦想：开一回个人的钢琴演奏会。策划的精妙之处是，能代表 2002 年上海的四个地点。代表老上海的外摆渡桥，代表发展中的现状的襄阳服饰市场，代表今日上海商业最高成就的世界第三高建筑金茂大厦，代表上海骨子里气质的高雅淮海路。演奏的肖邦曲目由更专业的潘同学确定。每个地点分别现场弹奏 15 分钟钢琴。后来，本次活动的过程被刊登在《申江服务导报》"周末方案"专栏，并在香港凤凰卫视专题播出。

Chapter 9

第9章

广 告 创 意

学习目标

1. 理解广告创意的内涵
2. 掌握广告创意的特点、原则与基本理论
3. 掌握广告创意的过程和方法

9.1 广告创意概述

9.1.1 广告创意的概念

"广告创意"一词，是由英文翻译而来的，最早见于詹姆斯·韦伯·扬（James Webb Young）的《创意的生成》（*A Technique for Producing Ideas*）一书中的"Idea"一词，该词就有"创意"的意思。近年来，广告界流行"big idea"的提法，其中文意思为"大创意"或"好的创意"。同时由词根"create"衍生而来的"creation"一词，根据韦氏大辞典的解释，有"创造"之意，是"赋予存在"(to bring into existence)，具有"无中生有""原创"的意思，此种理解也被业界广泛认同是"创意"一词的来源。

当然，我们也可以从字面上来理解，创意可以有两层意思：一是作为一个名词，创意是指具有创新的意识、思想、点子；二是作为一个动词，创意是指创造性的思维活动过程。

广告创意是发生在广告决策、策划、表现、制作等一系列过程中的、一种创造性的突破和创新。它是一则广告的前提、基础和核心要素，因此没有创意，广告注定要失败。

广告创意内涵丰富，概括起来应有以下四个方面的内容：

1）广告创意应有狭义和广义之分。狭义的广告创意"单纯指广告艺术创作，主要是艺术构思"；广义的广告创意是指"广告中涉及创造性领域的所有问题"。

2）广告创意是广告活动的灵魂，引领着广告活动的发展方向，决定着广告传播的效果和质量。

3）广告创意如果从"大创意"的角度理解，泛指广告活动中具有普遍意义的创新思维

活动。在这里，人们关注的是创意者的视野、创意活动的战略或策略，并涉及创意活动的时代性和影响力等相关问题。如果从"小创意"的角度来理解，则是指广告活动中具有特定意义的创新思维活动，这里更关注创意者的主导地位、创意活动的指向性和表现力，并涉及创意活动中的目的性和可执行性等具体问题。

4）广告创意应具有创意思想（如观念、主意、点子等）、创意方法（如老元素新组合）、创意表现（如营造意境、展现特色）三个层面，因此，在对其概念理解时应关注到这三个层面作为一个整体的逻辑关系。

综上所述，我们对广告创意所下的定义如下：

广告创意是广告活动中的思想创新活动，是广告创意人站在广告主的立场，综合运用各种专业知识，准确把握广告主题，巧妙使用广告策略及表现技巧，营造最佳广告意境以达到最佳商品及服务信息传播效果和文化缔构目的的创新思维活动。

9.1.2 广告创意的特点和原则

9.1.2.1 广告创意的特点

广告创意是创造性思维的一种，具有创造性思维的一般特征，诸如求异性、创新性、灵活性等。除此之外，广告创意还具有自身的特点，具体表现如下。

1. 抽象性

抽象性是指广告创意是一种从无到有的精神活动。具体地说，就是从无限到有限、无向到有向、无序到有序、无形到有形的思维过程。广告创意在转化为"有"之前，它只是一种内在的、模糊的、隐含的意念，一种看不见、摸不着的感觉或思想，而在转化为"有"之后（即经过广告表现之后），它也不能告诉你它是什么东西，它只是一种感受或观念的、意象的传达。

例如，"戴眼罩的哈撒韦男士"这一经典创意，从表面上看，创意似乎很简单——一个戴眼罩的男士穿着哈撒韦衬衫，但是转念一想，这一穿戴却赋予衬衫一种与众不同的格调，从而使其从眼花缭乱的广告信息中脱颖而出，一举成名。由此可见，广告创意是要经过分析判断才能感受得到的一种抽象理念。

2. 广泛性

广泛性是指广告创意普遍存在于广告活动的各个环节。广告创意不仅可以体现在主题的确定、语言的妙用、表现的设计等方面，还可以体现在战略战术的制定、媒体的选择搭配、广告的推出方式等每一个与广告活动有关的细节和要素上。因此，有人提出了大创意的观点。从广义上说，广泛性也是广告创意的重要特点。

3. 关联性

关联性是指广告创意必须与广告商品、消费者、竞争者相关联，必须要和促进销售相关联。詹姆斯·韦伯·扬说："在每种产品与某些消费者之间都有其各自相关联的特性，这种相关联的特性就可能导致创意。"找到产品特点与消费者需求的交叉点，是形成广告创意的重要前提。例如，莎碧娜航空公司有一条由北美直达比利时首都布鲁塞尔的航线，一直乘客寥寥，究其原因是比利时作为旅游胜地还少有人知。于是航空公司决定为比利时做一则广告来吸引游客。他们在《世界旅游指南》上发现，比利时有 5 个特别值得一游的"三星级城市"，而国际旅游胜地——荷兰的阿姆斯特丹也是个"三星级城市"。于是，一个震撼人心的创意产生了："比利时有五个阿姆斯特丹。"这一创意充分利用两者间的关联性，将一个不为人知的小城，变成一个众人皆知的城市。

4. 独创性

古人云："善出奇者，无穷如天地，不竭如江河。"奇即"超凡脱俗"，具有独创性。独创性是广告创意的本质属性。我们平常所说的"独辟蹊径""独具匠心""独树一帜""独具慧眼"等，都是指广告创意的独创性。广告创意必须是一种不同凡响、别出心裁、前所未有的新观念、新设想、新理论，是一种"言前人所未言，发前人所未发"的创举。缺乏创新性的广告，不仅不能使广告本身从广告的汪洋大海里漂浮出来，更无法使广告商品从商品的海洋里漂浮出来。

例如，杭州西泠电器集团空调器广告，破天荒地在全国性综合大报《文汇报》头版，以整版篇幅刊登：

西泠空调广告

今年夏天最冷的热门新闻，

西泠冷气全面启动，

正值严冬，却聊起夏天的话题，

因为西泠冷气要解放今年的夏季……

这一则广告一经刊出就引起了全国广告界、新闻界乃至全社会的强烈反响，使西泠电器一下子名噪全国，产生了极好的广告效果，其成功之处就在于"发前人之所未发"，首开新中国成立以来党报头版刊登广告之先河，以独特的创意制造了一条大新闻，从而取得了非同凡响的轰动效应。

9.1.2.2 广告创意的原则

所谓"原则"是指从无数事实、经验中总结、提炼出一种明确、具有普遍指导意义的、可以长存和共享的客观知识。

对于创意，讲原则似乎有悖创意的创造性、独特性、突发性、跳跃性、变通性等特点。艺术派广告大师们认为，广告是一种艺术，而艺术是否定原则的。因此，广告创意虽然没有固定的方程式，但也并非无规律可循，像艺术那样天马行空。因为广告是一种功利性、实用性很强的经济行为，其最终目的是引起人们对产品或产业的注意，促进销售，树立形象，而不是仅仅供人观赏、消遣。无论多么精妙的创意，如果它不能达到成功，带来效益，就一文不值，是一个失败的创意。在广告活动中，创意永远是一种手段，是把消费者引向企业或产品的桥梁。正因为如此，广告创意必须接受一些"清规戒律"的约束和制约，有人把它比喻成"戴着镣铐跳舞"。广告创意原则深刻地影响着广告人的创意思路和具体实践，在不自由中寻找更高境界的自由，也许这正是广告创意的迷人之处。广告创意原则的积累和提炼，是人类广告活动进步的体现，也是广告实践的客观要求。目前在进行广告创意时，必须遵循的基本原则主要有以下五个。

1. 目标导向的原则

目标导向的原则，即广告创意必须与广告目标和营销目标相吻合。在创意活动中，广告创意必须是从广告的服务对象出发，最终又回到服务对象的创造性行为。广告创意的轨道就是广告主的产品、企业和营销策略。任何艺术范围的营造，都是为了刺激人们的消费心理，促成营销目标的实现。

广告大师大卫·奥格威说："我们的目的是销售，否则便不是广告。"这一口号应成为广告创意的圭臬。如果广告创意悖离了目标原则，不管它多么美妙绝伦、前所未有，都是一则莫名其妙、不知所云的失败广告。

例如，某家空调电视广告的画面上，某女明星面对着该品牌空调，然后回头粲然一笑，随即响起一句广告口号"××空调，美的享受"。这个花了 100 万元买来的"粲然一笑"，并没有把成千上万的人引入到"消费一族"，而是使人们对该女明星的笑难以忘怀。此广告的败笔在于：它将广告创意和营销目标本末倒置，它只让消费者停留在广告的本身，却忽视了广告中的商品。

广告创意的目标原则告诉我们：任何创意都必须首先考虑我的广告创意要达到什么目的，起到什么样的效果。唯有创意和营销目标有机融合在一起才是一则成功的广告。

2. 吸引注意的原则

日本广告心理学家川胜久认为："要捉住大众的眼睛和耳朵，是广告的第一个作用。"意思是说，广告创意"要千方百计地吸引消费者的注意力，同时让他们来买你的产品，非要有很好的点子（即创意）不可"（奥格威语）。因此，用各种可能的手段吸引尽可能多的消费者的注意，是广告创意的一个重要原则。

白加黑感冒片电视广告中用了一种新颖的手法，五彩缤纷的电视画面突然消失了，屏幕上一半黑一半白，而且信号极不稳定，此画面一下子引起人们的注意："怎么了，电视出毛病了？"正当人们着急的时候，突然看到屏幕上出现一行字："感冒了怎么办？你可选择白加黑的方法。"紧张的神经这才松弛下来，而下面的广告信息已经乘机钻进你的脑际："白天吃白色药片，不打瞌睡，晚上吃黑色药片，可以睡得很香。"这则电视广告不但引人注意，而且给人印象深刻，其成功之处正在于出人意料，打破现状，使人感到惊奇。

3. 简洁明了的原则

简洁明了的原则又称"KISS 原则"。KISS 是英文"Keep It Simple Stupid"的缩写，意思是"使之简单、笨拙"。广告创意必须简单明了、纯真质朴、切中主题，才能使人过目不忘，印象深刻。

广告大师伯恩巴克认为："在创意的表现上，光是求新求变、与众不同并不够。杰出的广告既不是夸大，也不是虚饰，而是竭尽你的智慧使广告信息单纯化、清晰化、戏剧化，使它在消费者的脑海里留下深而难以磨灭的记忆。"如果过于追求创意表现的情节化，必然使广告信息模糊不堪，令人不知所云。

4. 遵规守法的原则

遵规守法的原则是指广告创意必须符合广告法规和广告的社会责任。随着广告事业的发展，广告的商业目标和社会伦理的冲突时有发生，广告主与竞争对手的火药味也愈来愈浓，广告对消费者，尤其是青少年的负面影响越来越大。因此，广告创意的内容必须要受广告法规、社会伦理道德以及各国家、各地区风俗习惯的约束，以保证广告文化的不正面影响。例如，不能做香烟广告，不能做比较广告和以"性"为诉求点的广告，不能做违反风俗习惯、宗教信仰和价值观念的广告等。

例如，1988年第20期《世界知识》发表文章《一则广告差点毁了索尼公司》。文章说，最近日本索尼公司为了在泰国推销收录机，煞费苦心地想出了一个高招：用释迦牟尼做广告。在电视广告中，这位佛祖安详侧卧，双目紧闭，进入物我两忘的境界。不一会儿，画面上的索尼收录机放出美妙音乐。佛祖听了居然凡心萌动，全身随着音乐不停摆动，最后睁开了双眼。

日本商人的广告创意，本来只是想宣扬自己的产品，连佛祖听了也会动心。岂料佛教之邦的泰国，举国上下信奉佛教，对释迦牟尼甚为崇敬。他们认为这个广告是对佛祖莫大的侮辱，是对泰国的公然挑衅。泰国当局忍无可忍，最后通过外交途径向索尼公司提出抗议。此时，索尼公司才醒悟过来，决定立即停播这则广告，并公开做了道歉。

5. 情感原则

情感是人类永恒的话题，以情感为诉求来进行广告创意，是当今广告创意的一种主要趋向。在一个商品消费高度成熟的社会里，消费者追求的是一种与自己的感觉、情绪和内心深处的情感相一致的"感性消费"，而不仅仅注重于广告商品的性能和特点。因此，若能在广告创意中注入浓浓的情感因素，便可以打动人，感动人，从而影响人。广告传播便能在消费者强烈的感情共鸣中，达到非同一般的效果。许多成功的广告创意，都是在消费者的情感方面大做文章从而脱颖而出的。

美国贝尔电话公司广告曾设计了这样一则广告来打动消费者：一天傍晚，一对老夫妇正在进餐，电话铃响，老妇去另一房间接电话，回来后，老先生问："谁的电话?"老妇回答："是女儿打来的。"又问："有什么事?"回答："没有。"老先生惊奇地问："没事? 几千里地打来电话?"老妇呜咽道："她说她爱我们。"俩人顿时相对无言，激动不已。这时出现旁白："用电话传递你的爱吧!"

这则广告从最容易引起人们共鸣的亲情入手，通过远在千里之遥的子女用电话向年迈的父母传达爱心而赋予电话以强烈的感情色彩，营造了一种浓浓的亲情氛围，最后则水到渠成地推出要宣传的企业——贝尔电话公司。整个过程自然得体、情真意切，有很强的感染力。

9.2 广告创意的过程和方法

创意是现代广告的灵魂，是广告运作中最具有革命性的一环。一则广告脱颖而出并为人们所赞叹的最本质的东西就是创意，同时将一个有追求的广告人折磨得死去活来的不是制作、不是经费甚至也不是广告主挑剔的需求，而是创意。有没有创意，不仅是衡量一则广告，也是衡量一个广告人甚至一家广告公司优劣与否的重要尺度。不幸的是，如此重要的创意却没有自己的公式。也许创意的真正本质是神秘的，人们永远不可能用流水线的形式将创意产业化，但是广告创意人还是可以通过对创意过程和创意方法的了解和把握去逐渐逼近这一本质。

9.2.1　广告创意的过程

无论创意多么神秘和充满随机变换，但作为人类的创造性劳动，其思考过程总还是可以呈现一定的轨迹，因而是可循的。包括广告大师在内的许多思想家对这一轨迹的不同描述可以帮助我们了解这一过程。

美国著名广告创意人、汤普生广告公司高级顾问詹姆斯·韦伯·扬在总结多年广告创意经验的基础上，写出了《创意的生成》一书，提出了"创意五步骤"理论。所谓创意五步骤，包括如下五个方面的内容。

1. 收集基本资料

就广告创意而言，有两种资料需要收集，即特定的资料和一般性资料。所谓特定的资料是指与所有广告的商品或服务直接关联的基本要素和信息，一般性资料则是指个人生活中一切感兴趣的素材。

2. 消化资料

消化资料比喻创意点子的形成像吃东西一样，要先咀嚼再消化。它是指将收集到的各种资料与广告的目的结合起来进行反复的、多角度的拼接与联想。

3. 充分酝酿

在此阶段将停止直接、广泛的联想，而把所有出现过的各种思想火花进行甄别、归并，将一切疑点逐步摒弃，思路开始向最可能引出好的创意点子的方向集中。

4. 创意诞生

据说，如果已经真正完成前面三个阶段的工作，自然在此阶段就能形成新的创意。因为在此阶段没有任何逻辑的方式可以解释那个真正的创意点子是怎样在资料随机组合和联想中诞生的，换句话说，灵光的突然闪现只是前面三个阶段的自然产物。

5. 强化并发展创意

并不是所有的新创意都是完整的，通常还需要依各种不同的情况对其加以修正和调整。在此阶段，需要特别提醒，许多好的创意点子常因发想者不能忍受最后的修整过程而失去成功的机会，然而这一过程却是产生真正创意点子出现的必由之路。

詹姆斯·韦伯·扬的创意过程看起来非常简单，但要实现它却必须付出艰辛的劳动。在前四步中所强调的是动脑思维、积累、观察过程，而且这个过程时间较长，目的在于产生累积效应，否则很难产生有价值的创意火花。所以广告创意过程是漫长而复杂的，爆发时却是短暂而确切的。例如，1979 年，可口可乐公司要求麦伊广告公司重新换个主题，该公司把派驻到世界各地机构中富有创造力的主管都召回纽约，为可口可乐拟出一个广告主题。公司要求出席的每一位代表，都必须提出创意，否则就不会散会。最后，麦伊的执行副总裁艾尔·斯卡利从可口可乐公司创办时使用的广告中浓缩出一个主题，而结束了一天的紧张会议。其创意是："喝一口可口可乐，你就会展露笑容。"该广告创意看起来如此简单，时间只花了一天，但该公司担任"可口可乐"广告代理已有24年历史了，所以"滴水穿石，非一日之功"。

9.2.2 广告创意的方法

这里所说的广告创意的方法包括广告创意思维方式和广告创意操作技法两个方面的内容。广告创意思维方式按照创造性思维所借助的媒介不同可分为抽象思维、形象思维和灵感思维；按照创造性思维的常规性可分为顺向思维和逆向思维；按照创造性思维的方向可分为发散思维与聚合思维，或纵向思维与横向思维。广告创意的常用操作技法有头脑风暴法、检核表法、联想法和组合法等。下面我们将结合经典案例进行简要介绍。

1. 抽象思维、形象思维与灵感思维

抽象思维，又称理性思维、逻辑思维或线性思维，它是借助概念、判断、推理等抽象形式来概括、验证创意的一种思维方式。抽象思维贯穿于广告创意的全过程，特别是在广告准备酝酿阶段，要运用逻辑思维方法进行归纳分析。在广告创意中往往用抽象化的手法表现具体事物和意念，使广告语的内涵有更大的理解张力。

形象思维，又称直觉思维、二维思维，它是借助具体形象的生动性、实感性来进行创造性思维的一种方式，包括具体形象思维、言语形象思维和逻辑形象思维。形象思维又通过表象、联想和想象的方式来表现。表象是人在某知觉的基础上形成的感性形象，其在大脑中的重现为记忆表象，改造成新形象叫作想象表象。联想是由一事物想到另一事物的心理过程，其在已经存入的记忆表象事物中展开思维活动，并不断将这些记忆表象联系、组合、接续，以诱导、激励出好的广告创意。而想象则是思维在改造记忆表象基础上创建未曾直接感知过的新形象和思想情境的心理过程。形象思维是广告创意最为常用的一种思维方式。

在广告创意中，常用的操作技法就是联想法，即借助想象，把相似的、相联的、相关的或在某一点有相似之处的事物加以联结，以产生新构想。例如，Parmalat辣番茄酱的广告创意就是利用类似联想的方式，由事物的性质、形状或内容上的相似而引发的联想：瓶口倒出的番茄酱如同一个人伸出的舌头，够辣、够味，令人垂涎三尺，既形象生动又传达了创意。再比如，丰田汽车公司利用因果联想，通过该公司维修工坐在太阳下看报纸，无所事事，来表达该品牌的汽车质量可靠，根本无须维修站维修，故而维修站员工无事可干，只能无聊地看报纸。

灵感思维，又称顿悟思维或三维思维，它具有突发性、瞬时性、随机性、跳跃性、创造性的思维活动方式，是潜意识转化为显意识的一种特殊表现形态。其往往是现象思维、形象思维交叉使用，相互补充，有效综合，从而创造性地解决问题。例如，阿基米德看见盆中洗澡水溢出想到检验皇冠的真假办法，牛顿看到苹果落地发现万有引力，这些都是灵感思维的结果。如何进行潜能训练，挖掘潜意识在广告创意中的特殊作用，是广告创意原创性的一个重要课题。

2. 多向思维与广告创意

广告创意往往来自顺向、逆向、发散、聚合、纵向和横向等多向思维模式的激发，广告人在主观上应对这些思维模式有一个清楚的了解，并在日常创意工作中依据这些思维定律进行创意技法训练。

顺向思维，即按常规定势思维。在广告创意中采用顺向思维就是按照常规定势从上到下、从小到大、从左到右、从长到短、从低到高等进行思考，自然顺畅，使人容易接受，但这种思维易形成习惯性定势，影响思维的创新性开发。

逆向思维，即反常规、反传统的思维方式。在广告创意中，逆向思维往往能找到出奇制胜的新思路。在广告史上，许多经典的广告创意都是借助逆向思维获得的。例如，宝洁公司广告采用逆向思维方式创意，以男模特表现妇女用品的益处，以及现在的化妆品、卫生棉广告利用男星来代言，都取得了不错的效果；劲酒打出"劲酒虽好，但不要贪杯哦"这样的广告语，一反常规地直接诉求，反而效果甚佳。

发散思维，即扩散思维、开放性思维。这是一种由一点向外联想、发散思考的方式。在广告创意中利用这种思维方式可以充分调动沉淀在大脑中的素材，运用丰富的想象异想天开，产生新思维。例如，日本沃尔沃汽车"安全别针"的创意广告，采用比喻的表现手法，将人们日常生活中常见的钢制别针开合形象与沃尔沃汽车传达的"外壳钢特别好，碰车不变形，安全系数高"的理念协调统一，更与图下角简洁的文案"沃尔沃，令人信赖的汽车"相呼应。该则广告在 1996 年的戛纳广告节上获得平面广告金奖。

聚合思维，又称集中思维、辐合思维。与发散思维正好相反，它是一种异中求同、归纳集中、由外向里的思维方式。在广告创意中运用聚合思维有利于表现创意的深刻性、系统性和全面性，特别是在选择创意、验证创意时，聚合思维具有特殊意义。

纵向思维，又称垂直思维，是指根据事物本身的发展过程，按照既定的思考路线进行上下垂直式思考。这是一种选择性的、分析性的，遵循可靠轨迹的、排除不相关的思维方式，是一种探索前因后果、把握来龙去脉的传统思维方式。例如，海尔 007 系列冰箱上市的广告，广告人员通过纵向思维：新鲜是什么（是天然，是原汁原味）→天然和原汁原味想到了什么（鲜活力）→鲜活力想到了什么（活蹦乱跳）→活蹦乱跳想到了什么（有弹性）→有弹性想到了什么（最有标识性的是弹簧）。这样便找到了创意元素——"弹簧"。广告主题和创作表现自然水到渠成，"-7℃保鲜，当然弹性十足"。

横向思维，又称水平思维，是从与某事物相关联的其他事物的分析比较中寻求突破口，是一种生生不息的、激发性的、跳跃性的、探索最不可能途径的、随机的、欢迎新东西进入的思维方式。在广告创意中运用这种思维方式，可以引发灵感，产生新构想，收到意想不到的效果。例如，雀巢咖啡的系列广告，利用蝴蝶猎艳、少女新欢、金鱼寻味和青藤爬墙等跳跃性、多元化的手法表现雀巢咖啡味美香浓的产品特性，就采用的是典型的横向思维方式。

3. 头脑风暴法

头脑风暴法（brainstorming），又被称为"集体思考法""头脑激荡法""BS 法"等，是一种集体自由讨论的动脑形式。早在 1983 年，头脑风景法由被誉为"创造工程之父"的 BBDO 公司的亚历克斯·奥斯本（Alex Osborn）创建，现在此法被广告界广泛采用，同时也成为各行各业进行创新活动的通用法则。

头脑风暴法，其英文含义为"use the brain to storm a problem"。它通常是指借助会议形式共同思考，集思广益，相互启发和激荡，从而引发创意的一种操作方法。头脑风暴法可分为直接头脑风暴法和质疑头脑风暴法。直接头脑风暴法是让专家们直接互动，讨论问题；质疑头脑风暴法则分两次开会，第一次与直接头脑风暴法相同，第二次则对第一次会议提出的创意进行质疑，并寻求解决办法，使创意概念更准确，创意表达更完善。头脑风暴法开放、平等、激励，能够集思广益，使好创意获得尊重。

其基本形式如下：由一组相关专业技术人员组成团队，通过集会的形式围绕某一主题进行自由思考和联想，各自可以无任何约束甚至是异想天开地发表看法、提出设想和提案，这样彼此启发，相互激荡，知识和信息互补，引发创造性思维的共振和连锁反应，最终产生个人所无法达到的创新目标。其操作过程一般分三步，即确定议题，脑力激荡，筛选评估（头脑风暴法操作程序图）。

首先，确定议题。议题应尽可能具体、明确，一会一题，会议主持者应事先将议题通知学员，明确范围，以便学员预先做好资料准备，调查研究和酝酿想法。与会者人数一般以10～12人为宜，要有一名风趣幽默、能够调控会议气氛的主持人，此外，还要有一名记录员。参加人员可以多样化，既可以有内行也可以有外行，既要有领导也要有一般员工，既要有年长者也要有年轻人，以保证思路开阔。

其次，脑力激荡。召开头脑风暴会进行智力激荡是该训练项目的关键环节。会议一般持续半小时到一小时，主持人说明议题后，学员便可以自由发表自己的意见。头脑风暴会要让大家在一个轻松快乐的气氛中尽情地遐想，激发自己的想象力，让思想自由流动，在与别人的交流中产生新的火花，允许所有参与者都先把自己的想法说出来，无论这些想法是多么没有"逻辑"，没有"关联"，甚至看起来非常"荒唐"和"离奇"，要保证每个参与者都能自由地设想，大胆地表达意见。会议节奏要尽可能地快，记录员的记录速度要快而准确，忠实地将大家发表的意见一一记录下来。头脑风暴会议要严格遵守延迟评论、自由畅想、衍生构想、相互激发四项基本规则。

最后，筛选评估。按科学性、可行性原则对所提构思、建议进行筛选、排序和分析，选出最优创新方案。个人或小组通过头脑风暴法提出了各种观点，现在将所有观点写在卡片上，一张写一个，然后将所有卡片分类，指派记录员贴到墙上，全体参与者一起讨论，经过综合评价和归纳整理，确定最合适和可行的创新方案。

头脑风暴法具有时间短、见效快的优越性，它能够促使参与者发挥创造性、想象性和开放性思维，集思广益地发挥集体智慧来开展创新活动。

4. 组合创意法

詹姆斯·韦伯·扬曾说过创新就是"旧的元素，新组合"，如何将已有的庞杂要素进行有效的组合，挖掘出"新意"来，这才是广告创意操作的实质意义所在。1964年，亚历克斯·奥斯本经过长期的广告创意实践探索之后提出了检核表法，即用一张清单对所需要的问题一条一条地进行核计，从各个角度诱发多种创造性设想，以有效地把握创意目标和方向。检核表法通用性强、简便易行，一般包括转化、适应、改变、放大、缩小、代替、重组、颠倒、组合9个方面的检核。后来有学者将奥斯本检核表进一步通俗化，提出如下12

个"一"的检核表。

1）加一加：加高、加厚、加多、组合等。

2）减一减：减轻、减少、省略等。

3）扩一扩：放大、扩大、提高功效等。

4）变一变：改变形状、颜色、气味、音响、次序等。

5）缩一缩：压缩、缩小、微型化。

6）联一联：把因果、相关因素联系起来。

7）改一改：改缺点、改不便或不足之处。

8）学一学：模仿形状、结构、方法、学习先进。

9）代一代：用其他材料代替，用其他方法代替。

10）搬一搬：移作他用。

11）反一反：能否颠倒一下。

12）定一定：定个界限、标准，以提高效率。

沿此思路，人们提出了广告创意的"组合法"，又称拼图游戏法或万花筒法。它是一种对旧元素进行巧妙结合、重新配置以获得整体效应的常用创意技法。我们已指出，创意实际上就是旧材料的新组合，组合是创意的本质特征，无穷的创意来自巧妙的组合。

例如，欧洲著名服装品牌C&A在阿根廷上市时，广告代理商运用组合法，把印有巴黎凯旋门和罗马斗兽场这些欧洲著名标志性建筑的服装穿在模特身上，以此来表达C&A服装作为欧洲著名显赫品牌的高贵典雅品质。在这个创意里，C&A充分将顾客喜欢的模特与品牌的产品理念表达组合、嫁接起来，达到了很好的艺术效果和传播效果。

另外，在组合创意时，还可将不同的事物以新的形式组合在一起，给受众以新颖、意外的感受和印象；或者把拟人化的物、拟物化的人组合到产品或服务上面；还可以有意识地使用语言或画面，使其具有内在、外在的多层寓意。例如，邦迪创可贴曾借助朝韩峰会传达"邦迪坚信没有愈合不了的伤口"。

本章重点

广告创意是发生在广告决策、策划、表现、制作等一系列过程中，是一种创造性的突破和创新。

广告创意是广告活动中的思想创新活动，是广告创意人站在广告主的立场，综合运用各种专业知识，准确把握广告主题，巧妙使用广告策略及表现技巧，营造最佳广告意境以达到最佳商品及服务信息传播效果和文化缔构目的的创新思维活动。

广告创意的特点包括抽象性、广泛性、关联性、独创性。

广告创意的原则有目标导向的原则、吸引注意的原则、简洁明了的原则、遵规守法的原则、情感原则。

广告创意思维方式按照创造性思维所借助的媒介不同可分为抽象思维、形象思维和灵感思维；按照创造性思维的常规性可分为顺向思维和逆向思维；按照创造性思维的方向可分为发散思维与聚合思维，或纵向思维与横向思维。广告创意的常用操作技法有头脑风暴法、检核表法、联想法和组合法等。

复习思考题

1. 广告创意的内涵是什么？
2. 广告创意的特点有哪些？
3. 广告创意需要遵守的原则是什么？
4. 广告创意的基本理论有哪些？
5. 请阐述广告创意的产生过程。
6. 广告创意常用的思维方法是什么？

实训练习

实训一

实训名称： 广告定位——创意发现训练

实训目的： 引导学生从不同类型的商品中，发现其独特的广告诉求点，培养他们敏锐的洞察力，达到从平凡中见到不平凡的思维训练目的，并引导他们尝试用文字、语言等形式，尽可能地将相关创意思想全面、有效地表达出来。

实训内容： 通过对制造业、服务业、家电业等典型商品，如汽车、银行、电视机等进行创意定位分析，找出技术、服务、外观形象等因素在不同类型商品广告宣传中的不同侧重面和机会点。

实训要求：

1. 对某一品牌或某一型号的汽车、电视机进行深入的调查与分析。
2. 对某一家商业银行的服务、社会形象等进行深入的调查与分析。
3. 每位同学至少要确定一种商品为训练对象，于广告定位分析后，在A4纸上将创意通过文字的形式有效地表现出来，可附相关产品或服务说明书等。

作业步骤：

分组→到市场或服务现场分类收集产品说明书→小组成员每个人分头拟订创意发现→小组分析讨论会→确定并撰写各自的创意方案。

实训向导：

1. 许多人对商品往往熟视无睹，在心目中只有一个较笼统的概念，因此导致"千人一面"的误解。
2. 通过到市场或服务现场，对不同品牌或同一品牌不同型号的商品一定会有许多新的发现，关键是要勤"看"、勤"问"和"现场体验"。
3. 要善于从第一、第二手的资料中发现不同商品或服务的独特之处，多做有心人。

实训二

实训名称：广告创意表现手段与形式的探寻

实训目的：通过对汽车、银行、电视等典型商品进行创意定位分析，掌握技术、市场、外观形象在不同商品广告宣传中的不同侧重点，并能用图形、符号等视觉化的形式予以准确地表达。

实训内容：

1. 围绕不同的商品特性进行深入的创意分析，使思维保持在创造的临界状态。

2. 充分发挥创造性的思维，探寻上述商品广告创意的表现手法及形式。

实训要求：

1. 在对不同商品定位分析的基础上，以商品销售现场招贴或产品样本（单页）的形式将创意内涵表现出来，力争使别人看后对某一种商品或服务能产生新奇的感觉、较大的兴趣。

2. 每位同学至少上交一种商品的创意表现图稿。

作业步骤：草图→讨论→师生或学生之间进行点评→确定表现形式→制作创意表现正稿。

实训向导：

1. 语言、文字是我们与生俱来的一种表达能力，事实上许多伟大的创意往往都是先有图像，而不是以文字的方式产生的。

2. 视觉化地表现是一名广告创意人必须具备的基本职业能力，在训练过程中，一定要充分调动思维的想象力，可以是无拘无束的，让大脑细胞兴奋地跳起舞来。

3. 手的灵活性将直接影响创意的表现质量和速度，因此，要注意脑与手的有机配合。

课外阅读

创意培训小窍门

1. 创意策略八段锦

1）本次广告希望达到的目的和效果是什么？

2）目标对象是哪些人？他们的人文特征及心理特征是什么？

3）我们希望目标对象看了广告激起何种想法？会采取什么样的行动？

4）产品的定位和独特点以及发展历史等是什么？

5）定位的支持点以及任何有助于发展创意的信息是什么？

6）广告要给消费者什么样的承诺？承诺是广告的灵魂点！

7）广告要表现什么样的格调？

8）预算限制、媒体发布的特点及频度如何？

2. 发现创意的五个基本原则

（1）务实原则

了解了该知道的信息以后，再开启智慧思想。一定要有耐心去探求消费者、市场情况、产品的详细说明以及制定下来的广告策略。不要让客户感觉到我们的广告是外行人做的广告。

（2）骨气原则

每个创意人都渴望叫座又叫好的广告，个人天分固然是关键，客户能否接受以及个人的机遇也是影响因素。无论你的天分是否被埋没，无论你是否自认平凡，既然你选择了创意这个行业，要有"别人也会想到的想法，我不用！"的骨气，目的在于激励自己超越平凡，避免满足自己60分的创意的惰性。

（3）效率原则

由于创意是主观的思维产物，如果你把时间花到熬时间考虑一个想法上，容易钻牛角尖而不自觉，即使想法有问题，你主观上对这个想法的执着往往会阻碍你其他想法的产生以及接受其他想法的肚量。所以，在思考创意的时候，不妨先三百六十度地思索，从不同的角度去切入、生成不同的想法，不要着急计较一个想法的文字和视觉表现。宁可多想一些点子，再筛选出最好的几个进行仔细推敲。你会发现，这种先求广再求精的原则会让你想创意的时候事半功倍。

（4）余地原则

创意人求好的心理是不容置疑的，一般是不到最后时限绝不拍板，但等到有问题被发现的时候却没有时间修改了，只有硬着头皮照做不误，这有违专业精神。所以我们设立"创意审核会议"，针对提案事先审定创意概念和创意草稿。所以一般情况下，任何创意都应该在时间流程上留出两天时间冷静反省再做决定。

（5）负责原则

想法和执行之间还有很长的一段路要走，很多想法在转为设计稿的时候没有什么问题，但在执行的时候因为技术限制或者预算限制根本无法完成，如果不在创意成型要实现的时候估量执行因素，会在后期出现很多麻烦。记住：想到的创意，要卖得出去也要做得出来。

3. 想创意时候的五个禁区

（1）忌分工

文案写好标题给设计要求配画面，或者设计想好画面给文案要求配标题，都是绝对错误的。工作伙伴之间要相互讨论，彼此分享对方的想法，使两条或者更多条的思路能够交叉衔接，才是创意人之间最有效的互动模式。

（2）忌自恋

很多做创意的人都有脆弱的神经，当想法遭受挑战、蒙受批评的时候，这根神经有时候就会发作，然后出现自我防卫的语言行为。其实每个创意人都有急于辩解以及回避批评的倾向，这是人的天性，并不是创意人的个性。但是身为广告人，一定要有把自己呕心沥血的作品摊出来让众人检视的勇气，在感性的思考过后，学习理性地看自己的作品，也接受别人理性地查核。自恋的水仙的下场难以逃脱溺死在虚拟的幻景的命运。

（3）忌客气

直接否定别人的想法非但失礼而且伤人，用比较间接、委婉的措辞，再加上充足的理由，甚至积极的建议，会使创意得到提升。但不能以为客气就不忍批评，如果这样，可能我们最终会受到客户更为激烈的批评甚至丧失机会。

（4）忌认命

永远不要满足于60分的创意！如果你真的无法突破自己的创意障碍，安心你现在的待遇和位置，不想再有更大的发展，否则你何必看轻自己？也许是你的潜力尚未激发，也许是尚未开发。多看些国内外的优秀作品，多做些模拟练习，比别人多熬上两夜，即使做不出100分的创意，起码也可以拼出 70 分、80 分的创意。

（5）忌搞怪

创意的手法是无穷的，尺度难以衡量，让你的想象装上翅膀尽情遨游的时候，记住要用大脑指挥方向，而不是让翅膀将想象带进诡秘奇幻的世界，弄得消费者看不明白。广告策划人员要时刻审视创意能否让依照广告策略制定的消费者接受。

4. 创意左轮枪

创意的定义是什么？综合运用各种天赋能力和专业技术，由现有的资源中求得新概念、新做法、新样式的过程。事实上 99% 的广告创意都是改良现成的创意素材。

我们不妨把创意想象成一个机械结构的机器——左轮手枪。手枪中包含枪身、准星、扳机三个重要元件，当然还要有子弹。这四个东西分别代表创意发想过程中四个重要的元素。

（1）枪身——创意人的大脑

设计人员对图像、色彩、空间观念的敏锐度要够，文案人员对文字、语言的敏感度要高，才能称职。但如果想成为有创意的广告人，关键在于想象力。想象力可谓创意力的催化剂，它可以将你脑中存在的感化能力、专业技能和生活经验，调配成精彩的想法。试着用你的想象力罗列出一个玻璃杯的用途：可以插花、装笔、当听筒、用杯口画圆圈、当蜡烛台、敲破后当自卫武器、装水后敲击出音乐……想象力越丰富的人，可以生成创意的沸点越低，一点即燃。

（2）准星——创意策略

威力再大的武器也需要准星协助瞄准，寻找正确方向并锁定正确方向。除非你甘愿使用有浪费子弹嫌疑的霰弹枪，撒下天罗地网去碰运气，否则事先了解创意策略，知道子弹要射向何处是极其重要的。

（3）扳机——创意概念

扳机用来击发子弹。扳机一旦失效，子弹将毫无用处。概念就像扳机，协助激发点子。比如麦氏咖啡利用："无论何时何地，用随身泡的咖啡激励或安慰自己重新开始的概念"就可以想出一些点子，包括：伤心过后冲一包咖啡抚平情绪，紧张的时候冲一包让自己放松等。这些点子都源于一个概念的激发。概念是固定的，但点子是可以变化的，多从生活中找一些与概念有关联的点子就可能出现好的创意。

（4）子弹——点子

图像和文字的表现，是制造广告效果及影响消费者的重要因素。一个称得上是广告创意的点子最好能吸引消费者的注意力以及一探究竟的兴趣，图像或者文字能留给消费者深刻印象，提供的主要广告讯息要清楚明白，要符合品牌形象和商品个性。不管想什么点子，一定要以消费者导向为原则。广告是做给消费者看的，既不是为了取悦广告奖的评审，也不是为了让别人典藏，所以创意人需要极为深刻地揣摩目标对象的心态，点子才容易引起共鸣。

5. IDEA 的十盏绿灯

（1）要先求对，再去求妙

精彩的创意点子令人眼睛一亮，印象深刻，但正确的诉求才会改变人的态度，影响人的行为。创意人就像高明的模特，她要利用身体语言尽量表现设计师的尽心制作，但千万忌讳让自己的高明条件掩盖了服饰的风采，朝台下卖弄的模特将观众的注意力吸引到自己的身材上，忘却了服装才是真正的主角，如同好表现的创意人为维护创意的完整性牺牲信息的清晰性，都是违背专业精神的不负责行为。比如不少的创意爱用大量的留白和少量的文字制造画面的特殊视觉效果，坚持只摆两行文案，品牌又放得小小的，结果艺术效果达到了，广告效果却受到伤害。

（2）要紧紧锁定产品及主题

当想不出好点子的时候，直接把产品的品名和广告主题拿来表现不失为可行之道，因为它至少还能吸引对该产品关心度较高的消费者。当然，没有人鼓励创意人这么做来逃避用脑的借口。事实上，最好的创意应该能不露痕迹地结合产品、主题和点子三者。好的例子就是奥格威做的"当一辆劳斯莱斯以时速 60 英里行驶时，您在车内唯一听到的声音是时钟的滴答声"。

（3）要一针见血

当文学家或导演有 10 000 字或者 120 分钟的时间可以说故事，广告创意人只有数百字或者 30 秒可以讲故事。因此，所谓气氛的酝酿对广告而言就成了奢侈的东西，创意人要习惯抓重点的思考方式，而且只抓一个重点，抓住了便大做文章，至于引致此重点的过程可以略去，好像你用菜刀一下将洋葱切成两半，而不是以手慢慢地一层层地剥开它。

（4）要简单明了

消费者看广告是一种手段而不是一种目的，是将广告当作购买决策的参考。而且，多半情况下，消费者是被动地接受广告信息的，越容易被他的知觉器官吸收的信息也就越容易侵入他的潜意识。刻意将创意做得很伟大、很有深度的创意人，也忙于建构复杂的逻辑，套用结构式的文字，拼凑模棱两可的画面，大多过高估计了消费者对广告的理解和分析能力。

（5）要合乎基本逻辑

曾经有一个眼镜店的广告，画面用插画的形式呈现一个青色的瓜果，标题写到"这是 XIGUA or QINGGUA？"副标题是"如果你分不出来，表示你该换眼镜了"。其实这则广告很有想法但是对消费者而言，分不清是什么瓜果，不一定与眼镜度数不足有关。违反了基本逻辑的想法除非是刻意的表现手法，一定要细心检视，以免影响广告的说服力。例如，某品牌的白米，广告标语是"有点黏，又不会太黏"，如果改成哗众取宠的"似黏又似不黏"好像诗人说话，大概就不会被别人传诵了。

（6）要同时将创意文字化和视觉化

有一个奉命为客户已经通过的画面配标题的事情，画面是一辆拖着光影、似乎在高速行驶的汽车，想了很久，没有合适的表达，勉强用"将一切远远抛在后面"来表现汽车加速凌厉的特性，但总体感觉标题和文案不匹配，没有生命力。所以要训练自己不光依赖文字语言思考，也学习进行图像思考。其实，经由创意文字化和创意视觉化两种思考方式的融合运用，抽象的概念更容易形成具象的符号或图形跳出脑海。

（7）要多多益善

有时候，思考创意象开车一样，刚启动时由于引擎尚未达到最有效率的工作温度，行驶不太通畅，等运行一段时间以后，引擎的力量就源源输出了。大脑也要"暖车"，等思考进入状态，真正的好点子才开始进射出来。所以，只要时间足够，多构思一些好点子，再从中挑选、组合最好的点子，往往会有惊喜的收获。

（8）要细细切削

是"僧敲月下门"还是"僧推月下门"？推敲之间，固然磨人，不加推敲，又如何摆脱平凡？作为创意人知道一个说法："把写好的文案放进抽屉里面，隔天再看，会发现更多需要修改润色的地方。"不过，在修改创意的时候一定要兼顾"创意的好或坏"以及"诉求的对与错"两个标准，缺一不可。

（9）要尽量娱乐消费者

把商品娱乐化是广告创意人的必备技能，这个情形好比演员上了舞台一定要有特别的服装、化妆、动作以及灯光、音响等配合，为的是令观众赏心悦目。娱乐效果并不影响在传播上的严肃意义，但你不必辛苦地扮演小丑逗笑，那是喜剧演员的职责。广告人做的是博得消费者的好感，好感不同于逗乐，感人的或震撼的甚至恐怖的诉求一样能获得好感。

（10）要能痛改前非

创意人最痛楚的是好不容易想到绝妙的点子，却发现不符合策略或有违背品牌的特性，要被迫放弃。痛则痛矣，但昧着良知用到底，为求过关不惜罗织似是而非的理由，自弃专业立场，显然对广告创意的商业本质认识不够，心态并不正确。想想多少大师因为无法突破自己而自杀，广告人为广告效果而痛弃点子有何难？

第10章

广 告 文 案

1. 理解广告文案的概念和特点
2. 了解广告文案的内容
3. 学习广告文案的主题创意及方法
4. 了解广告文案的语言创意
5. 掌握电子杂志广告文案的撰写技巧
6. 掌握微信广告的撰写

10.1 广告文案概述

广告文案是已定稿的广告作品全部的语言文字。 所谓广告文案是以语辞进行广告信息内容表现的形式。广告文案有广义和狭义之分。广义的广告文案是指通过广告语言、形象和其他形式，对既定的广告主题、广告创意所进行的具体表现。狭义的广告文案则指表现广告信息的言语与文字。广义的广告文案包括标题、正文、口号的撰写和对广告形象的选择搭配，狭义的广告文案包括标题、正文、口号的撰写。

在创作广告的过程中，无论是印刷广告、电子广告还是网络广告，语言与文字是最基本的传播信息的载体与要素。语言文字首先将创意构思的结果记录下来，又进一步地将创意表现和深化，因此格外地受到关注。奥格威曾说"广告是词语的生涯"，广告效果的50% ～ 75% 来自广告的语言文字部分。广告作品中的语言文字部分构成了广告文案。

广告文案通常包括标题、正文、口号、随文四大部分。但不是每则广告都必须同时具有以上四项元素，有的广告正文与口号合而为一，有的广告甚至没有正文，情况不一而足。第 10.2.2 节将对狭义层面上完整的广告文案的四个部分逐一进行分析。

10.2 广告文案的内容

10.2.1 广告文案的要求

广告文案的要求具体如下。

1）准确规范，点明主题。准确规范是广告文案中最基本的要求。要实现对广告主题和广告创意的有效表现和对广告信息的有效传播，首先要求广告文案中语言表达要规范、完整，避免语法错误或表达残缺。其次，广告文案中所使用的语言要准确无误，避免产生歧义或误解。再次，广告文案中的语言要符合语言表达习惯，不可生搬硬套，切勿自己创造众所不知的词汇。最后，广告文案中的语言要尽量通俗化、大众化，避免使用冷僻以及过于专业化的词语。

2）简明精炼，言简意赅。广告文案在文字语言的使用上，要求简明扼要、精练概括。首先，要以尽可能少的语言和文字表达出广告产品的精髓，实现有效的广告信息传播。其次，简明精练的广告文案有助于吸引广告受众的注意力，使广告受众迅速记下广告内容。最后，要尽量使用简短的句子，以防止受众因冗长的语句而反感。

3）生动形象，表明创意。广告文案中的生动形象能够吸引受众的注意，激发他们的兴趣。国外研究资料表明：文字、图像能引起人们注意的百分比分别是22%和78%；能够唤起记忆的文字是65%，图像是35%。这就要求在进行文案创作时采用生动活泼、新颖独特的语言的同时，还要辅助以一定的图像来配合。

4）动听流畅，上口易记。广告文案是广告的整体构思，对于由其中诉之于听觉的广告语言，要注意优美、流畅和动听，使其易识别、易记忆和易传播，从而突出广告定位，很好地表现广告主题和广告创意，产生良好的广告效果。同时，也要避免过分追求语言和音韵美，而忽视广告主题，生搬硬套，牵强附会，因文害意。

10.2.2 广告标题、广告正文、广告口号和广告随文

10.2.2.1 广告标题

有效的标题会引起注意，吸引受众，说明图像，将受众引向广告正文，表现广告的销售信息。调查显示，阅读标题的人比阅读正文的人平均多2～4倍。因此，如果标题没能打动人心，就等于在浪费广告主的金钱。为了突出标题，必须做到：①将广告标题置于最醒目的位置；②表现广告主题，展现显而易见、清晰无误的利益与承诺；③新颖奇特，引起受众的注意。

标题是大多数平面广告最重要的部分。它是决定读者是否读正文的关键所在。正如人们经常说的："题好文一半，题高文则深。"

大卫·奥格威的研究表明："读标题的人平均为读正文的人的5倍。换句话说，标题代表着为一则广告所花费用的80%。""若是你没有在标题里写点什么有推销力的东西，你就浪费了你客户所花费用的80%。在我们的行业中，最大的错误莫过于推出一则没有标题的广告。"

在历史上，系统地阐述广告标题写作原则的人要属大卫·奥格威。他在为广告写作标

题时每次不下 16 个，以从中确定最佳者。他的标题写作原则具体包括以下 10 个方面。

1）标题好比商品的价码标签，要用标题向消费者打招呼，并以此抓住消费者的目光。

2）每个标题都应带出产品给潜在买主自身利益的承诺。这种承诺明显有益于消费者。

3）始终注意在标题中加进新的信息。

4）在广告标题中使用会产生良好效果的字眼。

5）读广告标题的人是读广告正文的 5 倍。

6）在标题中写入你的销售承诺。销售承诺是指消费者将购得的产品上的承诺，即产品的优点。

7）在标题结尾前加上诱人继续读下去的东西。

8）不要写一些故意卖弄的标题，具体如双关语、引据经典或者别的晦涩的词句。

9）在标题中避免用否定词。

10）避免使用有字无实的瞎标题。

在具体的广告文案中，常见的广告标题主要有以下 6 种形式：

1）新闻性标题。这种广告标题类似于新闻稿件，以告知公众时效性信息为主要内容。例如，被大卫·奥格威称为他一生中所写的最有效果的广告——波多黎各政府广告的标题："现在'波多黎各'对新工业提供百分之百的免税"就属于新闻性标题。

2）诉求性标题。这种标题直截了当地指出商品的特点和能给消费者带来的利益。

3）悬念式标题。在标题中设置悬念，容易引起人们的注意，并产生兴趣。例如，一则反斗星广告，其标题是"几天后将出现一颗什么星"。

4）设问式标题。这是一种提问式的标题。例如，罗瑟·瑞夫斯为总督牌香烟所做的广告文案，其标题为："总督牌能够给你而没有别的滤嘴能够给你的是什么？"

5）幽默式标题。通过幽默式的语言与受众的幽默感产生共鸣，激发受众的兴趣。例如，某止痒丸的广告标题"忍无可忍"，某打字机的广告标题"不打不相识"。

6）抒情式标题。在广告标题选用上，突出情感交流沟通，以对受众产生较大的影响。德国宝马（BMW）汽车的一则广告标题为："这头猛兽的低吼响在多少成年男人的睡梦里"。法国雷诺（RENAULT）汽车的广告标题，更为具有抒情之意："身在雷诺，日行千里仍不失法国人独有的浪漫胸怀。"

具体的广告文案标题种类还有很多，如建议式标题、炫耀式标题、标语式标题、号召鼓动式标题以及第一人称式标题等，不管采用哪种标题，只要是能够巧妙引起正文或对广告正文的高度概括，帮助受众理解广告内容，就属于成功的广告标题。

10.2.2.2　广告正文

广告正文是广告文案的主体，是对广告标题的解释和广告主题的详细阐释，讲述全部销售信息。由于十个读者中一般只有一个看正文，因此，文案创作人员必须努力凭借一定的技巧以突破消费者的心理，传达关于企业、商品、服务的信息，进一步对广告标题进行阐释和证实，以引起读者的兴趣。

1. 广告正文创作常用的风格

创作正文时有以下 9 种常用的风格。

1）直接推销式。文案以客观而直截了当的表现手法，直接说明或展开标题和图形。它一般按照产品销售点的重要程度进行简明描述，比较适用于人们需要仔细斟酌才会购买或使用难度较大的产品，也比较适合在直邮广告中使用。

2）叙述式。叙述情况，设定一种情景，然后让产品或服务挺身而出，解决问题，这种文案为情感诉求提供了良机，是创意文案比较理想的风格。

3）对白/独白式。在这种文案中，广告中的人物用自己的语言进行推销，比较有人情味和真实可信，但如果不掌握好分寸，容易让人觉得做作、不真实。

4）故事式。在广告正文中通过故事情节的发展来吸引消费者。有的采用对话的形式讲述一个故事，有的采用连环画的形式描述一个故事。在广告文案构思中，以故事型来完成广告正文，能够以故事情节来揭示广告主题，传播广告产品的属性、功能和价值等，能够创造出一种轻松的信息传播与接受氛围。此类广告的吸引力和记忆度较强。

5）抒情式。广告正文采用散文、诗歌等形式来完成。这种形式凝练、精美，能够表现出真情实感，给人耳目一新的感受。1935年，李奥·贝纳为明尼苏达流域罐头公司的"绿色巨人"牌豌豆做文案时，为了表现豌豆的新鲜和饱满，制作了一幅连夜收割、包装豌豆的画面，并且在画上设计了一个捧着一粒大豌豆的巨人形象。本来标题可以简单地拟作"即时的包装"或"新鲜罐装豌豆"等，但是贝纳别出心裁地选用了一种浪漫的、诗情画意的表达方式和语言，以"月光下的收成"为标题，将人们带进一种优美的意境和氛围。

6）功效式。这种类型实际上是直销型的分支，它所强调的是广告产品所能够给消费者带来的功效。

7）断言式。在广告正文中，直接阐述自己的观念和希望，以此来影响受众的心理。这种类型的广告正文一般都采用断定式的语句来抒写整个广告文案。

8）幽默式。在广告正文中，借用幽默的笔法和俏皮的语言完整地表达广告主题，使受众在轻松活泼中接受了广告信息。

9）证言式。在广告正文中提供权威人士或者著名人士对商品的鉴定、赞扬、使用和见证等，以达到对消费者的告知、诱导和说服的目的。证言式正文中所常用的手法有：专家学者、权威人士和社会名流的证明，权威性的专业机构与专业报刊的评价，各种试验和消费者的调查与推荐。

在所有风格的广告正文中，文案人员都可以运用一些技巧，如修辞、幽默、夸张来吸引读者注意，但运用这些技巧的前提是不损害广告主题的传达，不会造成对主信息的淹没。

有许多广告人都曾经尝试着从实践中总结出广告正文写作的经验，这些经验虽然不是放之四海而皆准，但对于实践，仍然具有重要的指导意义。例如，不要旁敲侧击，要直截了当，避免用"差不多""也可以"等含糊其辞的语言；不要用最高级形容词、一般化字眼和陈词滥调，要有所指，要实事求是；高雅的文字、精雕细刻的笔法，通常是对广告明显的不利因素；不要贪图文案获奖；使用大家熟悉的词汇和短语；让读者参与其中等；在当今的广告实践中仍然适用。

2. 广告正文写作的基本要求

广告正文写作时的基本要求包括以下三点。

（1）陈述清楚、具体的内容

广告正文须清晰地表明广告的诉求对象和诉求内容，向受众提供完整而具体的广告信息。大卫·奥格威说："不要旁敲侧击，要直截了当。"

一般情况下，广告正文的长短与推销力量成正比例关系。长文广告总是比短文广告更具推销力量，同时短广告的效果往往比较差。

（2）采用通俗易懂的语言构思文句

除非特殊的情况，在广告正文中一般不使用过于严肃、庄重的语辞和文句。

（3）要以有效的证据和可信的证言支持文案

在广告文案的正文中，出现确切的资料、数据十分必要，也十分有用。如果情况允许的话，出现消费者的现身说法或名人、权威的证言支持，往往会产生良好的效果。

在广告正文的写作上必须着眼于两个最基本的方面：一是围绕广告商品的内容、名称、规格、性能、价格、质量、特点、功效和销售地址等进行符合客观事实的构思，加大说服性和情感性；二是掌握和洞悉消费者的心理需求，了解市场态势，以突出重点、简明易懂、生动有趣、具有号召力的语言进行传播。

10.2.2.3　广告口号

1. 广告口号的特征

广告口号又称广告标语或广告警句，是广告的中心，是广告作品中画龙点睛的一笔。它一般是由几个词组成一句能够渲染主题的话，有助于促进商品、服务企业形象信息的广泛传播。广告口号是为了加强受众对企业、商品或服务的印象，在较长一段时间内反复使用，集中体现广告阶段性战略的一种简练的口号性语句，具有以下特征：

1）它集中体现广告的阶段性战略。广告口号的目的要体现广告在某一阶段的战略，具有一定的高度，体现广告的形象与主题，从而加强受众的印象。

2）它可以在某一阶段内长期使用。一家企业的广告战略通常具有稳定性，不会朝令夕改，体现广告总体战略的广告口号因此也具有稳定性，同时也为系列广告提供连贯性。

3）它是一种口号性语句。广告口号的目的是便于人们重复、记忆和二次传播，以号召他人，促成行动。太复杂的语句不便于人们的口头传播，因而必须将其压缩成口号语句。例如，戴比尔斯钻石至今仍沿用那句众所周知的口号"钻石恒久远"，耐克的"Just do it"也已经影响了几代人而且还会继续影响下去。

4）一两句话表达一个完整的广告主题。这样，仅仅知悉一个广告口号，受众就可以从中获得完整的信息，非常有利于广告功效的发挥。

2. 广告口号的功能

广告口号作为广告文案的功能，具有自己独有的其他文案部分不能取代的功能。其一，广告口号能够深化广告主题，凝结广告文案。广告口号在广告中具备画龙点睛之意。其二，广告口号有助于塑造产品形象和企业形象。其三，广告口号能够推动企业文化的发展。企业既在创造产品又在创造一种文化资产，广告不仅在传播文化，其实还在创造文化和为企业创造一种无形资产。

3. 广告口号的类型

广告口号按照广告口号诉求的内容和心理效应可以区分为以下六种典型。

1）颂扬式。这种广告口号强调商品的好处，突出其优点。例如，雀巢咖啡的广告口号"味道好极了"，可口可乐的"如此感觉无与伦比"等都属于颂扬式。

2）号召式。这种广告口号以富有感召力的鼓动性词句，直接动员消费者产生购买行为。例如，可口可乐的广告口号"请喝可口可乐"，三菱汽车的"有朋自远方来，喜乘三菱牌"。

3）标题式。广告标题与广告口号融为一体，既起广告标题的作用，也起广告口号的作用。例如，美国云斯顿（Winston）牌香烟的广告口号："抽美国云斯顿，领略美国精神"。

4）情感式。广告口号由富于抒情韵味的言辞构成，以便更好地激发人的联想，使人认同。例如，南方黑芝麻糊的广告口号"一股浓香，一缕温馨"，威力洗衣机的"威力洗衣机——献给母亲的爱"，丽斯达化妆品的"'丽斯达'，献给您神秘妩媚的东方美"。

5）幽默式。这类广告口号借用幽默的手法，表现广告主题。例如，弗芬里克牌香水的广告口号："一滴是为了美，两滴是为了情人，三滴便足以招致一次风流韵事"。某液体水泥的广告口号："它能粘住一切，除了一颗破碎的心"。某款口红的广告："如果一不小心我诱惑了你，责任全在××牌口红"等。这类广告口号无不充满幽默风趣之意，使人在会意之中接受广告内容。

6）品牌式。这种广告口号是广告标语或广告警句与广告品牌相结合，即在广告口号中加入企业名称或产品品牌，从而树立企业形象或品牌形象。例如，科龙公司许多产品的广告口号最后大都要加上"科龙、容声，质量取胜"，长岭电器的"大树底下好乘凉——长岭电器"，维维豆奶的"维维豆奶，欢乐开怀——维维集团"等，都在广告口号中突出对自己品牌的宣传，做通道广告，既完成了促销活动，又进行了品牌创造。

当然，广告口号的类型并非仅仅上述几种，如果从不同角度来分析，还可以划分为许多其他的类型，如对联式、谐音式、抽象式等。

4. 广告口号的误区

1）广告口号与广告诉求相脱节。这种误区产生的原因是二者没有达到一种真正的、有机的联结，广告口号与广告诉求的主题难以相互之间产生共鸣，有的可以说是文不对题。某些广告口号的气势超越了广告产品本身。

2）广告口号与规范语言相冲突。在广告口号上，谐音广告在广告界十分流行，如某服装的广告口号是"衣衣不舍"，某矿泉水的广告口号是"好水多磨"等。广告传播中滥用谐音肢解成语，已经造成了不良的影响，尤其对正在接受初等教育的青少年为甚。但并不是说所有的谐音广告都应从广告中清除出去，况且从功利角度来看，某些谐音广告产生了不可估量的社会作用，有力地促进了企业产品的销售。其生命力和可行性还应该加以肯定。例如，一想到"咳不容缓"人们马上会想到"贵州神奇"。在一定范围内使用谐音广告应该视为正常，也肯定被接受，但是超出特定范围，用得太多了，用滥了就会对社会产生负面影响，只能导致人们的反感，受到抨击和责难。

3）广告口号的模仿误区。广告创作要追求新意，不能人云亦云、拾人牙慧。但是，目前国内广告创作方面，尤其是在广告口号上，广告创作人员不是在创意上下功夫，而是以国内外一些优秀广告为样板，闭门造车，"举一反三"，致使广告创作变成了一种拙劣的模仿。

4）广告口号的文化责任的失落误区。广告口号在传播一种凝练的文化，广告口号必须具有一定的社会文化意识和社会责任。但是，随着经济的迅速发展，许多企业的文化已经滞后于企业经济的发展。缺乏社会文化意识和社会责任感的广告口号越来越多。

10.2.2.4 广告随文

广告随文属于文案中的附属性文字，一般情况下，附于正文之后，多为比较固定的内容，用来传达企业名称、地址或联系方法等内容，并对广告正文做必要的补充。广告随文的内容通常包括以下六个部分。

1）品牌。完整的品牌应包括产品或服务的商标、品牌名称、商品名称等。

2）企业名称和标志。以传达企业的有关信息为中心的广告文案在随文中应当出现企业名称，并且是以全称或规范简称形式出现的企业名称，企业标志一般与企业名称相伴出现。

3）企业地址、联系人、联系方法。

4）购买商品或获取服务的方法。以直接促销为目的的广告文案，应在随文中向受众明确传达购买商品或获取服务的方法，包括销售地点、服务机构的名称、地址、联系方法等。如有邮购、直销等特别的服务方式，也应在随文中说明。

5）特殊标志。如果正文中引用了权威机构的证明，比如专利认可、活动的赞助认可等，应在随文中列出其相应的标志。

6）特殊需要说明的内容和附加的表格。例如，有奖活动、折价、多买优惠等的具体信息，需要受众反馈时提供的表格等。

广告文案不拘泥于结构的完整。广告文案文本在结构上比较完备，标题、正文、广告语、随文（附文）四项内容构成了一篇广告作品的整体结构。

广告文案运用并借助各种表现方法。专家证言、名人推荐，比如舒肤佳、惠氏奶粉等；具有亲切感的生活片断，比如雕牌等；朴素、直白的性能介绍，比如海飞丝、飘柔兰花护理等；出人意料的新颖创意，比如飘柔、卡尼尔染发剂蜕变篇。

广告文案的语言文字风格多种多样。在语言文字风格上，广告文案打破了文体间的间隔，论文的严谨、诗歌的优美、散文的随意、新闻的纪实，都可以为文案所用；只要是有助于吸引受众、使广告信息得到有效传播的风格，广告文案都可以吸收和结合。

10.3 广告文案创意

现代广告的艺术表现形式是多种多样的，但任何形式的广告都离不开语言文字这个最重要的载体。在目前运用最广泛的报纸、杂志、广播、电视、互联网五大广告媒介上，文字、声音和图像是传递广告信息的重要工具。但文字的表现力和传播力比声音和图像更强，一切无法用可视形象表现的信息，都可用抽象的文字表达，因此文字是传递广告信息的主要工具。

可以说，在现代广告的创意中，广告文案的创意是核心。那么，什么是广告文案？什么是广告文案的创意呢？

10.3.1 广告文案创意概述

广告文案创意是指广告文案撰写者根据广告战略、广告产品和广告企业特征，针对市场营销实际和消费者心理而对广告的语言文字表现的构思。简单地说，广告文案的创意就是对语言文字的创意。这种创意主要包括语言文字的义、形、音三个要素。

1. 广告文案创意的三要素

1）义。义就是广告语言文字所反映的意义。广告文案创意首先要准确地概括商品及企业的特征，反映广告主的意图，有正确而深刻的内在含义。

2）形。形就是广告语言文字的表现形式，这种表现形式包括段落的组合，句式的选用、词语的搭配。例如，结构比较规范的广告文案一般由标题、口号、正文、随文构成，结构比较自由的段落则可长可短，句式多样。

3）音。音就是广告语言文字的语音。文字既能表意义，也能表声音。在广告文案中，要巧妙地利用文字的声调、音韵、节奏等因素来增加广告语言的信息含量及增强音乐美感。

2. 广告文案创意的要求

广告文案创意的要求是多方面的，概括起来就是五个字，即"准""深""新""趣""奇"。

1）准。所谓"准"就是广告文案的创意要准确地反映商品或企业的主要特点，挖掘出广告对象所包含的内在意义。例如，某热水瓶广告："热心永驻"。这则广告准确地概括了热水瓶外冷内热的特点，说明产品保温性能好，同时又把热水瓶胆比喻为一颗"热心"使人感到温暖。

2）深。所谓"深"，就是广告文案创意要包含深刻的内涵。广告文案创作在传播商品信息的同时不可避免地包含了创作者的某些主观因素。广告文案创作者常常将某种思想、理念、意义蕴含在广告文案中。但这些思想、理念、意义要正确、深刻，有促进人生、指导人生的功能。广告文案的创意要深刻，关键要在与商品、企业相关联的价值观念、文化观念上深入挖掘，使商业气息很浓的广告活动更富有人文价值，更富有时代性和民族性。

3）新。所谓"新"就是广告文案创意别出心裁，不落俗套，以新取胜。"新"的创意可以是多方面的，比如信息新、角度新等都可以体现出创意的新颖。

4）趣。"趣"就是广告文案创意要有情趣。广告文案可以用平实的手法传播信息，也可以用艺术的手法来体现高雅、幽默的情趣。

5）奇。"奇"就是广告文案创意要奇特、独到，要想人之所未想，道人之所未道。这虽然有点离谱，但仔细体会就会觉得原来如此。例如，台湾一家皮鞋店的皮鞋广告"一脚50元"，原来一双鞋100元，之后就会久久难忘。

10.3.2 主题创意的方法

10.3.2.1 广告文案创意方法

广告文案创意的方法主要有直接创意法和间接创意法两种。

1. 直接创意法

直接创意法是指直接揭示广告主要内容，体现广告重点的创意方法。它主要包括直觉法、触动法、比较法等。

1）直觉法。直觉法是指凭直观感觉创意的方法。它是在了解与广告内容有关信息的基础上凭一般直观感觉确定广告文案主题的方法。这种方法较适宜于宣传产品及企业主要特征的广告。采用这种方法的关键在于广告调查中掌握产品、企业及消费者信息，从大量信息中提炼出最有传播价值的信息或传播效果最好的信息作为广告的主要内容。采用这种方法创意时间短，见效快，创意明确，但要注意避免平庸化、一般化。

2）触动法。触动法是指创意者根据偶然事件触发引出灵感的一种创意方法。

3）比较法。比较法是通过对两种以上相对或相近的事物进行比较对照来创意的一种方法。无论是广告巨匠还是艺术大师，都十分注意运用比较方法。因为没有高山显不出平原，没有大海看不出河川。凡事一比，就有了鉴别。俗语说得好"不怕不识货，就怕货比货"，"不比不知道，一比吓一跳"。广告文案的创作如果善于运用比较手法就可以更鲜明地突出广告的主要信息，从而收到更好的传播效果。

2. 间接创意法

间接创意法是指间接揭示广告内容，体现广告重点的创意方法。它主要包括暗示法、悬念法、寓情法。

1）暗示法。暗示法是指通过对有关事物的表述和说明来暗示广告宣传目的的一种创意方法。它针对消费动机中的矛盾冲突，采取暗示迂回的方式，让消费者自我化解冲突，避免给人感官上的刺激，这样更能发挥广告的宣传作用。

2）悬念法。悬念法是指通过设置悬念使人产生惊奇和疑惑，然后又兜底翻出消除人的疑虑的创意方法。

3）寓情法。寓情法是指给商品注入情感因素，侧重情感诉求的一种创意方法。广告文案创意要重视消费者的情感因素，善于"以情动人"。商品本身不含情感因素，但广告创意可以给商品注入情感因素。从国外一些成功的广告作品来看，以日常生活的人性人情观念进行创意最易打动人心。这些广告通过情感共鸣，把人们自然地导入对商品的认识，避免了生硬推销所产生的逆反心理。

10.3.2.2 广告文案主题构成的因素

广告主题反映了设计者对广告产品及企业的理解，因此理解的深刻，创意的思路是确定主题的基础。广告文案的主题主要由商品特征、企业特征和消费者特征等因素构成。

1. 商品特征

广告文案的主要内容是传播商品信息，因此商品特征是主题构成的主要因素。分析商品特征可以从商品的品质特征和品位特征两个方面进行。

1）品质特征。从商品品质来看，可以从商品的质量、产地、作用、性能等方面来确定广告主题。

2）品位特征。从商品的品位来看，可以从商品的工艺水平、价格、信誉、文化情调上确立主题。

2. 企业特征

广告宣传企业一方面是为了推销产品，另一方面是为了更好地处理公共关系，可以从企业实力、企业文化两方面进行。

企业实力包括企业历史、资本性质、企业等级、企业等因素。

企业精神是企业在生产经营活动中，为谋求自身的生存和发展而长期形成的一种健康向上的群体意识，是企业的无形价值因素。

3. 消费者特征

广告只介绍产品、企业，不说明产品给消费者带来的利益、好处，就很难打动消费者的心，因此，在广告制作前要分析消费者的层次与消费者的心理需求。

消费者层次可以根据年龄、文化、地域、信仰、消费者能力、性别等因素分类。消费者的心理需求，因不同消费者层次而不同。

10.3.2.3　广告主题创意的作用

在广告文案中，主题是统帅，是灵魂。主题一旦确定，广告文案就有了重点，广告形式的安排就有了依据。主题的作用主要体现在以下两个方面。

1）突出重点。大多数广告文案要传递的信息比较多，因此有必要确立一个中心。有中心就能突出重点，避免眉毛胡子一把抓。猎豹汽车的广告词是："世界一流技术，中国越野先锋。"广告主题突出了该车先进的技术，又点明了该车的功能，以越野为主，犹如豹子般灵活、快速。

2）统帅全文。主题一旦确定，文案写作就要围绕它来安排材料、结构、语言。有人把主题的作用形象地比作统帅。

10.3.3　广告文案语言创意

"广告是词语的生涯"，大卫·奥格威如是说。精妙的构思、独特的创意、伟大的策略，哪一项都需要通过语言来展现。即便我们可以利用最先进的科技、最熟练的手法，去创造最富创意的画面和音响，但倘若没有了语言，画面和音响也就失去了灵魂。

1. 广告文案语言的 KISS 公式

从本质上讲，广告是一种以劝服为目标的过程，它必须给受众一个为什么要接受这一产品、服务或企业的理由，但它的说理，不是严谨的逻辑推理。广告的文体特征也不能仅仅用杂文或者论文的文体特征来概括。事实上，为论证消费者做出的决策是正确的，广告人可以选择的表达方式有很多。

以媒介为分类标准，可分为电视广告文案、广播广告文案、报纸广告文案、网络广告文案等；以情理为分类标准，可分为情感诉求文案、理性诉求文案和情理混合式诉求文案等。

可以说，每一个具体的广告类型都会形成各自的文体特征。我们只能从总体上来把握各类广告语言所具有的共性特点。

海外广告人总结了文案语言的 KISS 公式。事实上，KISS 就是说无论中外，广告语言最好都能够做到"简洁"和"甜美"。

1）简洁。无论是在标题、正文、口号还是附文的写作中，我们都在不断地强调简洁。因为我们都不希望无用的语言浪费昂贵的广告刊播费用，因为受众都很忙，都要接收很多其他的信息，繁杂的文案会让人厌烦。简洁不等于单薄，不等于词不达意。任何时候，都要保证自己的语言能完整地表达出广告策略和创意的要求，每一句话、每一个词甚至每一个标点都是必不可少的，同时又是多一不可的。

2）甜美。文字不一定都是甜得发腻的，但文字煽动起来的情感，却应该是甜美的，因为你希望的是人们在甜美的认可中，接受产品。

2. 广告语言在 KISS 公式以外的特点

除了 KISS 公式，广告语言的特点还有很多，将这些内容应用到实践中也是必要的。

（1）到什么媒体说什么话

最普通的做法是：报纸多用书面语，广播电视多用口语，网络媒体多用网上正在流行的俚语，户外大型广告多用口号式语言等。

（2）对什么人说什么话

受众的共同个性是喜爱简洁和甜美，但具体到每一个人对语言风格的爱好，可以说是千差万别的。就像前文所说的，大妈的喜好跟年轻人的喜好当然不同，而你也不可能总是只针对一种人写作。

（3）发挥不同语种的魅力

正如唐诗变成了英文就失去了韵味，莎士比亚的大作在翻译为各种语言的过程中也会损失掉一些属于英格兰的风情。广告人在面对不同的地域、不同的语种文化时，不得不多加注意的一个问题就是对当地语言的尊敬。

（4）与其他表现要素相配合

一则成功的广告文案必然诞生于一个成功的广告创意策略。一个创意策略包含的不仅是语言的创意，常常是语言、画面、音响的组合体。

广告语言一定要和其他广告要素很好地配合，才能发挥最大的作用。相互配合的最高境界不是相互解释，而是相互补充，画面音响已说明的，语言就不必啰嗦。

3. 广告诉求与语言

"我们的目的是销售，否则便不是做广告"，大卫·奥格威的这一观点，道出了广告传播的根本目的是对商品的促销，而促销是建立在对消费者的劝服基础上的。如何对消费者进行劝服，就是广告的诉求方式所要考虑的问题。诉求方式有效与否，直接影响到产品的销售和企业品牌形象的树立。

在心理学上，人的意识大致有两个层面：情感层面和理性层面。对此，广告的诉求方式也就相应地有了情感诉求方式、理性诉求方式和情感理性混合诉求方式三种最基本的类型。不同的诉求方式，对语言也就提出了不同的要求。

（1）情感诉求方式与语言

情感诉求方式，就是通过对消费者情感层面的劝服，从而达到具体的广告传播目标。

情感诉求方式的切入点很多，每一种切入点对语言的要求又有所区别。

1）直接刺激受众的感官。有些广告语言，通过强烈的视觉、听觉冲击力，使受众产生购买欲望。

2）针对受众的各种情感做文章。在情感诉求型广告文案中，亲情、爱情、友情、乡情等都是很好的突破口。

3）把握受众的好恶倾向。这样做的目的，是力图与受众共鸣。

（2）理性诉求方式与语言

理性诉求方式，就是通过对受众理性层面的劝服从而达到特定的广告传播目标。

这一诉求方式，一般都以真实、准确和必需的产品与企业信息为主要内容，让受众在经过认知、推理和判断后，做出购买的决定，而不是单纯地刺激受众的情感，以期唤起受众对产品或企业的认同。

理性诉求广告，一般都为说明式、论证式或叙述式文案。这些文体，适合于传达复杂的广告信息，在人们需要做出理性的购买选择时，提供实际帮助和资料支持。这类广告用语准确、朴实，其语言没有过多的修饰和加工，以传递信息为主要目标，其语言逻辑性强。这类广告的语言，能够引导受众的思维。

（3）情感理性混合诉求方式与语言

对于每一个具体的人，在任何情况下都不可能将情感与理性截然分开。对于具体的产品和企业来说，有的时候是既想刺激受众的情感获得认同，又想把信息尽可能多地透露出来。

这种诉求方式通过对人的意识层面中情感与理性的共同作用，来达到特定的广告传播目标。它对语言的要求也介于理性诉求广告文案和情感诉求广告文案的要求之间。

1）因需要而选择不同的语言。突出情感要素时，使用较为强烈的语气和煽情手法，用语选择范围广；突出理性要素时，使用准确、平实的语言，更多地突出实在的信息内容，避免以辞害意。

2）协调感性诉求与理性诉求之间的语言差异。在这类广告文案的写作中，必须协调感性诉求与理性诉求之间的语言差异，使文案风格达到统一。

3）文体选择面广。这类广告文案，既能有散文、诗歌式的抒情，也能有说明、论证式的严谨。

4. 广告语言创新

语言的表现力是分层次的，包括语音语调层、基本语义层、修辞层和意象层。更多的时候，语音语调层是需要通过音响来配合的，它留给人们直接的视觉感受和听觉感受。

广告语言创新具有不同的渠道。在实际操作中，并非只有打乱正常话语逻辑的语言才是有创新性的，还有口语化的创新语言、说理式的创新语言、朴素说明的创新语言等。

10.4　广告词的创意技巧

广告是艺术和科学的融合体，而广告词又往往在广告中起到画龙点睛的作用。现将一些创意表现类型列举如下。

1）综合型。所谓综合型就是"同一化"，概括地把企业加以表现。例如，××服务公司以"您的需求就是我们的追求"为广告词。

2）暗示型。暗示型即不直接坦述，用间接语暗示。例如，吉列刀片："赠给你爽快的早晨。"

3）双关型。双关型即一语双关，既道出产品，又别有深意。例如，一家钟表店以"一表人才，一见钟情"为广告词，深得情侣喜爱。

4）警告型。警告型即以"横断性"词语警告消费者，使其产生意想不到的惊讶。有一则护肤霜的广告词就是："20岁以后一定需要。"

5）比喻型。比喻型以某种情趣为比喻产生亲切感。例如，牙膏广告词："每天两次，外加约会前一次。"

6）反语型。反语型利用反语，巧妙地道出产品特色，往往给人的印象更加深刻。例如，牙刷广告词"一毛不拔"，打字机的广告词"不打不相识"。

7）经济型。经济型强调在时间或金钱方面经济。"飞机的速度，卡车的价格。"如果你要乘飞机，当然会选择这家航空公司。"一倍的效果，一半的价格"，这样的清洁剂当然也会大受欢迎。

8）感情型。感情型以缠绵、轻松的词语，向消费者内心倾诉。有一家咖啡厅以"有空来坐坐"为广告词，虽然只是淡淡的一句，却打动了许多人的心。

9）韵律型。韵律型如诗歌一般的韵律，易读好记。例如，古井贡酒的广告词："高朋满座喜相逢，酒逢知己古井贡。"

10）幽默型。幽默型用诙谐、幽默的句子做广告，使人们开心地接受产品。例如，杀虫剂广告词"真正的谋杀者"，脚气药水广告词"使双脚不再生'气'"，电风扇广告词"我的名声是吹出来的"。

10.5 各种版面中广告文案写作的特征

1.报花广告

这类广告版面很小，形式特殊，不具备广阔的创意空间，文案只能做重点式表现，突出品牌或企业名称、电话、地址及企业赞助之类的内容。此类广告不体现文案结构的全部，一般采用一种陈述性的表述。

2.报眼广告

报眼，即横排版报纸报头一侧的版面。版面面积不大，但位置十分显著、重要，引人注目。如果是新闻版，多用来刊登简短而重要的消息或内容提要。这个位置用来刊登广告，显然比其他版面广告注意值要高，并会自然地体现出权威性、新闻性、时效性与可信度。由于报眼广告版面面积小，容不下更多的图片，所以广告文案写作占据核心地位，具有举足轻重的作用。应特别予以注意的是：

1）要选择具有新闻性的信息内容，或在创意及表现手段方面赋予其新闻性。

2）广告标题要醒目，最好采用新闻式、承诺式或实证式标题类型。

3）广告正文的写作可采用新闻形式和新闻笔法，尽量运用理性诉求方式。

4）广告文案的语言要相对体现理性的、科学的、严谨的风格。

5）广告文案要简短凝练，忌用长文案，尽量少用感性诉求，尤其不能用散文体、故事体、诗歌体等假定性强的艺术形式，以免冲淡报眼位置自身所具有的说服力与可信性。

3. 半通栏广告

半通栏广告一般分为大小两类：约 65 毫米 ×120 毫米和约 100 毫米 ×170 毫米。由于这类广告版面较小，而且众多广告排列在一起，互相干扰，广告效果容易互相削弱，因此，要想使广告做得超凡脱俗，新颖独特，使之从众多广告中脱颖而出，跳入读者视线，广告文案的写作应特别注意的是：

1）制作醒目的广告标题。标题字数要短，字体要大，新颖别致，有冲击力，能一下子抓住受众的注意力。

2）用短文案。语言要高度凝练、简洁，提纲挈领，突出重点信息，力求做到小版面、多内涵。

3）文案的写作要注意与画面编排有机结合。最好在编排先行、编排为主的制作理念中进行。

4. 单通栏广告

单通栏广告也有两种类型：约 100 毫米 ×350 毫米和 650 毫米 ×235 毫米。它是广告中最常见的一种版面，符合人们的正常视觉，因此，版面自身有一定的说服力。从版面面积看，单通栏是半通栏的 2 倍，这种变化也相应地体现于广告文案的撰写中。

1）文案写作可以作为广告的核心部分，文案的对应性诉求可以起主要作用。

2）广告标题的制作既可以运用短标题形式，也可以采用理性诉求的长标题形式，但为了与画面的编排相协调，最好用单标题而不用复合标题。

3）文案中可以进行较为细致的广告信息介绍和多方位的信息交代、信息表现，但正文字数不可多于 500 个汉字，以免造成版面拥挤，影响编排效果。

4）文案的结构可以有充分的运用自由度，各个组成部分都可以自由表现，可以体现文案最完整的结构类型。

5. 双通栏广告

双通栏广告一般有约 200 毫米 ×350 毫米和约 130 毫米 ×235 毫米两种类型。在版面面积上，它是单通栏广告的 2 倍。这给广告文案写作提供了较大的创作空间，凡适于报纸广告的结构类型、表现形式和语言风格都可以在这里运用。其文案写作应特别注意以下几点：

1）可以诉求广告主体的立体信息、综合信息。

2）广告标题可以采用多句形式和复合形式。

3）可以多采用论辩性文案表现形式，并通过一些小标题来达到引发受众阅读的目的。

4）版面编排可以放在次要地位，说服和诱导的重任基本上靠广告文案来完成。

5）如果广告产品处于成熟期，在采用感性诉求时，应更注重于广告主体的品牌体现、一贯观念体现。

6. 半版广告

半版广告一般有 250 毫米 ×350 毫米和 170 毫米 ×235 毫米两种类型。半版、整版和跨版广告，均被称为大版面广告，是广告主雄厚的经济实力的体现。它给广告文案的写作提供了广阔的表现空间。因此，半版广告文案的写作应特别注意：

1）运用画面表现的"大音稀声，大象无形"的美学原理，努力拓宽画面的视觉效果。"以白计黑，以虚显实"，充分利用受众的想象力。

2）文案写作既可以采用感性诉求，也可以进行理性诉求。文案可以运用适于报纸广告的各种表现形式和手段，辅助画面，营造气势、烘托气氛，强化视觉冲击力。

3）采用大标题，少正文文案，重点性附文方式，删繁就简，突出定位，以体现主体品牌形象的气势和形式吸引力。

7.整版广告

整版广告一般可分为500毫米×350毫米和340毫米×235毫米两种类型，是我国单版广告中最大的版面，给人以视野开阔、气势恢宏的感觉。如何有效地利用整版广告的版面空间，创造最理想的广告效果，是广告文案写作的重要任务。

目前，我们对整版广告的运用大体有以下三种用法：

1）有文无图，或偶有插图，基本以文案方式出现。这类广告运用介绍性的文体对产品系列或企业做较为详细的、全方位的介绍。

2）以图为主，辅之以文。这类广告以创意性的、大气魄的大画面、大文字和少文字来进行感性诉求。这里，广告文案的点睛作用及文案与画面风格的协调，是值得重视的关键要素。

3）运用报纸的新闻性和权威性，采用报告文学的形式来提升企业的形象。

实践证明，第二种用法效果最佳。因此，这种类型的整版广告越来越多。

8.跨版广告

跨版广告即一个广告作品，刊登在两个或两个以上的报纸版面上。一般有整版跨版、半版跨版、1/4版跨版三种形式。跨版广告很能体现企业的大气魄、厚基础和经济实力，是大企业所乐于采用的方式。

10.6 电子杂志广告文案的撰写

电子杂志广告文案写作是依托于写作学科、互联网环境、多媒体手段的基础上相互作用而产生的新型的广告文案类型。在现代社会中，人们广泛应用多媒体和网络，使得电子杂志广告文案备受企业和广告主的青睐。

10.6.1 电子杂志广告文案的发展现状

电子杂志广告文案是现代社会中，运用新的互联网运作模式，在多媒体手段的环境下新兴的一种广告文案类型。电子杂志广告文案是以双向互动为主要的特点，以全网络投放及运用这一主要模式为主要的发展情景展开的。另外，它其中不但有形式多变的杂志布局等，也有可以让受众参与其中的趣味文案，还有可以让受众仔细阅读、品味的文字部分，是现在市场上热捧的一种杂志广告文案类型。网络受众不断增长的需求拉动了电子杂志的发展，而受众的需求其实是多样和分散化的。随着消费主义、享乐主义价值取向的向上蔓延，人们对互联网的肯定可以在生活中处处体现，对互联网的依赖也逐渐加深。

电子杂志广告文案可以为受众提供多样式的信息角度，在经过更加准确的用户分析之后，用户可以根据自己的需求及意愿对电子杂志进行下载，也可有选择性地对电子杂志广告文案进行筛选阅读，这是电子杂志广告文案写作不断发展的原因。在读图时代的大环境下，伴随着娱乐化的大范围流传，除了传统的电视媒介外，电子杂志在强化视觉、助长文化娱乐的情况下，为社会和受众营造出一种新的鉴赏习惯和欣赏心理，使边阅读边娱乐的形式得以提升，使受众从获得视听快感的同时也提升到获得知识的享受和文化的渲染层面。自从电子杂志开始广泛地兴起以后，许多商家和企业等都看准了电子杂志未来的发展前景，已经开始不断地把广告宣传渗入到这种新型的媒体形式中去。电子杂志广告文案的传播媒介与传统的四大传播媒介的广告文案是有所不同的，其中最重要的就是电子杂志广告文案依托的是电脑和互联网这一重要载体。这是与传统的四大媒介的广告文案传播不同的部分。

10.6.2 与传统纸媒广告文案相比的特点

电子杂志广告文案写作的整体知识是错综复杂的，它基于对电子杂志、广告文案写作的结合所产生。传统的纸质杂志广告文案是广告对象依托于纸张，在纸媒体上投放宣传的一种广告文案类型。而电子杂志广告文案是通过数字化媒介为传播载体，在新网络时代应用多媒体和网络迅速发展的环境下滋生出的新型广告文案类型，这种类型的广告文案与以往的广告文案有很多不同之处。这些不同之处促使商家及企业广告主对电子杂志广告文案加以重视，从而顺应时代的发展而选择电子杂志广告作为商品信息传播的手段。

1. 信息容量扩大

电子杂志广告文案是应用网络呈现给受众的。一般来说，电子杂志广告文案生成的所有程序都不需要纸张，虽然现代的纸质平面杂志也大多借助于电脑技术来进行投稿、排版和编辑等工作，但是这些具体的工作在处理前后期的制作上仍大量应用纸张，纸张作为广告信息的承载媒体发挥着重要的作用。虽然电子杂志广告文案与平面杂志广告文案在某些方面是相同的，也就是都有文字部分和广告对象宣传的部分，但是由于纸张的大小是有限度的，写作主体不可能无限制地对广告信息进行详尽叙述，所以只能在文案中反复删去一些富有价值的内容。而电子杂志广告文案写作通过运用超链接等方式，可能把广告信息尽可能融入在文案设计中，可以使广告对象信息不必受到版面的约束，使受众能够阅读到更多想要了解的信息。

2. 多样式风格呈现

电子杂志广告文案之所以能够得到受众用户的喜爱，是因为它有区别于传统媒介杂志广告文案的更加丰富多彩的内容。一般来说，传统的四大媒介的广告文案仅限于单一的文字、单一的电视画面、单一的背景声音，所以所传播的形式风格也是单一的。而电子杂志广告文案可以使受众不用机械地一味接受信息的传播，使受众可以通过多媒体手段和文字相结合的方式来与写作主体或者广告商进行互动交流，在阅读完整本电子杂志的基础上，受众群体还可以针对自身感兴趣的部分填写用户回馈的内容，或者参与广告文案中的游戏，受众可以运用多种方式达到互动的效果。其中重要的是，受众阅读的广告文案风格不仅限于平面单纯的文字信息，多样式风格的呈现可有助于受众很好地接受以多媒体方式为辅助手段所呈现的文字信息，使广告对象的信息传播更富有吸引力。电子杂志广告文案的多样式呈现是为了吸引受众的注意，而心理学家的研究成果显示，一般的注意被称作有意注意和无意注意。有意注意和无意注意都能够从电子杂志广告文案中直接体现，刺激受众的注意心理体系，从而使受众愿意去了解产品对象的信息。据心理学家所言，一般强烈注意是由外部信息刺激产生的。在电子杂志广告文案中，多媒体的方式能够刺激受众的视听感官系统，从而引起注意，进而可以提高受众的阅读兴趣。

3. 查询能动性强

在传统四大媒介的广告发行后，受众一般是机械地观看广告，广告对象信息也会随着时间逐渐消失，需要受众费力地记忆，对已过去很长时间的广告信息更是无法查找。而电子杂志广告文案有区别于此的独特优势，由于互联网发展的迅速，受众能在网络上方便快捷地做许多生活中同样能做的事情。在电子杂志中，直接跳页阅读、检索阅读、查询历史阅读等方面成为受众读取信息的方式。电子杂志广告文案的信息不仅可以在线阅读，还可以下载存储式阅读，改变了以前用户单一接受信息的弊端，使阅读的功能更加富有能动性。电子杂志广告文案通过这些科技手段显示在受众面前，让受众轻松、快捷地查看广告信息，使用户群体不用在此浪费宝贵的时间。

4. 信息保存周期长

电子杂志与以往的纸质杂志的区别还在于电子杂志有在线阅读和下载阅读两种阅读模式，也可以储存。受众可以把大量的电子杂志方便地存入硬盘或电脑中，供随时阅读。电子杂志广告文案也不例外，广告文案存在于电子杂志中，有助于读者把需要的广告信息进行下载储存，并且与传统的纸质载体相比，电子杂志广告文案更能够较好地保存信息，保存周期较长，不至于由于时间的流逝而使信息丢失。

10.6.3 与广播、电视广告文案对比

在传统的四大传播媒介中，广播、电视在其中占有了举足轻重的地位。一直以来，人们对广播广告和电视广告的印象非常深刻，时刻能将其中的广告语等脱口而出，这是广播广告和电视广告反复宣传播出的重要影响。而电子杂志广告文案与传统媒介广告文案不同，不管是文字信息的各部分内容，还是新增加的多媒体手段等，都是电子杂志广告文案的一大特色。电子杂志广告文案也比广播、电视广告文案更注重受众与广告商等之间的互动功能，可以通过及时的互动，体现电子杂志广告文案的时效性。电子杂志广告文案在一定程度上弥补了广播、电视广告文案的一些不足。

1. 文字信息丰富

传统媒介中的广播广告、电视广告由于受许多方面的限制对广告对象信息的阐述不能面面俱到，但是电子杂志广告文案的写作则不同，它让文字信息更加详尽，而且在广播、电视广告文案中，由于声音传播的特点要求文案尽量用容易理解的口语，不能使用过于书

面化的语言，避免使用过长、复杂的语言和生僻的字词。广播广告、电视广告传播的内容很容易稍纵即逝且不易保存，所以这也要求广播广告、电视广告一次性传达到位，这也是传统媒体很难突破的一点。正因为电子杂志广告文案的写作在信息的承载量上更加丰富，而广播、电视广告文案由于在播出时有时间的限制，有时需要对广告文案的标题、正文、广告语进行调整，或者直接省略其中一部分，再加上电子杂志广告文案写作中页面的链接功能简易，这使得电子杂志广告文案可以把图片、视频、文字的信息量都无限放大，使之内容丰富。广告商可以把想宣传的广告信息通过版面的设计变化融洽地放入电子杂志广告中，标题、正文、广告语等表述内容都能够正常地融入广告。特别是电子杂志广告文案包含了视频、图片和文字等内容，所以这些方式可以使文案中的各个部分相辅相成地表达，在表达上可以有多种形式的变换，让受众有耳目一新的感觉。

2. 互动功能强

一般的广播、电视广告文案属于独白式的广告文案，运用人物的声音、动作和强烈的画面感等来传达广告对象的信息，对受众的传播只是单一性的，并且受众只是机械性地观看而已。对受众是否满意该广告作品和了解广告传播效应是在广告播出一段时间之后才能够得到反馈的。而电子杂志广告文案是通过多媒体手法与文字之间的结合，通过多方面的视觉、听觉、文字向读者传达信息的过程，读者也可以随意进行点击、翻阅、下载、保存等多项互动，在阅读电子杂志广告文案的同时，还可以将建议和想法及时地进行填写回馈，通过网络具有收发迅速的实际功能，广告主能够在第一时间接收到这一回馈，这对电子杂志广告文案的广告主和写作主体来说是有益处的。

10.6.4　电子杂志广告文案的应用效果分析

电子杂志的广告文案是一种新型的网络类型的广告文案，许多商业企业看到这种潜在的发展商机都一一参与进来，它们通过电子杂志的受众回馈模式分析读者的信息，达到一一比对的精确广告投放，这样的广告文案的应用效果是比传统的广告文案的应用效果更佳。

1. 良好的互动性广告文案

电子杂志广告文案信息的传播方式与以往的传统传播方式有所不同。在传统的广告文案中，都是以单一的传播方式进行的，不管是广告投放还是写作、用户回馈都是通过纸张进行的，而电子杂志广告文案在投放或写作的一系列程序中都是依靠电脑进行的。特别是在电子杂志文案中，由于文案中多媒体手段的添加，受众可以点击文案或者填写用户回馈进行互动，广告主或者写作主体可以立即知道受众的建议或者需求，得到实时的反馈信息。而且电子杂志的广告文案往往和产品内容能够结合得非常紧密，甚至可以针对广告产品的特点采用在广告中嵌入游戏的方法，极大地引起了受众的注意力，使受众能够以点击游戏的方式参与其中，该形式不仅不会引起受众的排斥，甚至有些内容还会使用户很乐意接受。由此，电子杂志广告文案的每个内容环节都比传统媒介的广告文案环节变得更加以人为本，这使人们对电子杂志广告文案的未来充满了期待。

2. 精美的广告文案呈现

对于电子杂志广告文案的目标消费群体来说，电子杂志广告文案不仅给他们带来了有效的产品对象信息，还带来了愉快的视听感受。由于动画、视频、音效等多媒体手段的加入，使得广告文案不仅限于文字的单调输出，更加表现出了一种让受众惊喜的广告文案呈现效果。电子杂志广告文案更能够吸引受众继续阅读内容，他们对点击鼠标背后的新奇世界，会产生不自觉地好奇心理，这种视觉性的煽动为广告对象信息的传播带来了巨大的意义。

3. 精准的受众定位

电子杂志广告文案要想有针对性地投放，就要了解不同类型杂志的客户群。大致来说，电子杂志的读者年轻人群居多，一般是30岁左右的人群，并且他们有一定的学习基础和知识底蕴。这表明电子杂志是受到年轻且具备一定的文化素质的人群的喜爱，这些人基本上都对新鲜的事物产生好奇，也对网络的运用极为熟练，所以在电子杂志广告文案的受众中，这样的人也是大多数的，并且他们都对专项的产品有一定的偏爱，根据自己的喜好，他们会有选择性地阅读电子杂志广告文案。通过对电子杂志读者的分析可知，电子杂志所做的是精准性广告，广告主针对这样准确有指向性的受众定位能够尽可能准确地传达到受众面前。

10.6.5 电子杂志广告文案的撰写

电子杂志广告文案的表述决定着一个电子杂志广告文案是以什么形式呈现在受众面前，直接影响着消费者的视觉和心理接受，同样是影响电子杂志广告文案是否成功的一个重要因素。电子杂志广告文案包括很多方面，其中标题、正文和广告语是必不可少的，同时结合电子杂志广告呈现出的特性来展现给受众。

1. 电子杂志广告文案写作的标题

电子杂志广告文案写作的标题起到了吸引用户眼球的作用，也是吸引用户的首要条件。它的书写，能够使受众快速明确广告对象信息的卖点，能够引领受众继续阅读正文及其他信息，也直接影响着企业及产品的效益。电子杂志广告文案标题是整个电子杂志广告主题的凝练，它不但要彰显广告主题，还要诉求单一，突出重点。电子杂志广告文案融合了诸多元素，为了避免让多媒体画面先入为主，电子杂志的广告文案标题就要比寻常广告文案更加先声夺人。

（1）广告标题的写作要点

电子杂志广告文案写作的标题相对于传统四大媒介广告文案的标题来说具有独特性，旧模式的媒介只注重表面功夫，而如今针对整个文案必须进行系统的梳理和分析，不仅要在形式上多下功夫，在标题上也要认真对待，使整个广告文案所表达的多媒体方式和语言都能够发挥其作用，引起用户的注意力。

1）紧扣创意，点明主题。电子杂志广告文案中的广告标题必须主题明确，表达清楚，让人明白你想介绍的是什么，不能语意含糊不清，这样不仅浪费时间，也会失去用户量。

广告标题还要突出文案的创意精髓，避免同类产品经常使用的雷同创意，做到有新意，直指主题，使广告对象信息的传达更加有力。

2）诉求单一，突出重点。电子杂志广告文案中的标题是整个广告文案的精髓部分，也是重点部分。要想让人一目了然地注意到电子杂志广告文案中的重点，就要用简单明了、语句精炼的标题。标题不要求把广告信息体现得面面俱到，但需要把广告对象的卖点凝练出来，并且用简短凝练的语言进行描述，这样才能让受众一目了然。

3）避免平铺直叙。电子杂志广告文案中的标题需要引起受众的注意，所以在表达上要创新独特，直击目标消费者的好奇心理。所以，广告标题要避免平铺直叙和泛泛的词语，广告主题应给受众一种出人意料的心理感受，让人印象深刻。

（2）广告标题的创作手法

电子杂志广告文案中的广告标题是整个广告文案的亮点部分。标题要展现的是正文中的精髓部分，也是产品信息中最想要表达的卖点，这是写作主体经过深入思考之后得出的最具吸引力的语言。在电子杂志广告文案中，广告标题的形式多种多样，能够令受众记忆深刻的是以下三种标题的创作手法。

1）新闻式标题。新闻式标题是运用新闻报道中标题的记事手法，直观叙述性地向受众概述广告想要宣传的内容。写作主体一般会采用新闻标题的样式对电子杂志广告文案中的广告标题进行叙述，从而能够增强该广告对象的可信程度。例如，国际知名品牌阿玛尼的广告标题为"乔治·阿玛尼全线登陆中国"，这则新闻式的广告标题用陈述句的形式直观叙述了乔治·阿玛尼在中国宣传的事实，让受众立即了解其广告信息内容。

2）疑问式标题。疑问式标题一般用来引起受众的好奇心，用疑问句的方式来向受众传达信息的标题方式。在电子杂志广告文案中运用这种广告标题，可以引起受众的关注，并且引导受众进行详细阅读。疑问式标题一般也要考虑受众的接受心理，所以问句的字数不应该过长，简明精炼即可。例如，OLAY 防晒系列的广告标题："你用什么来迎接 6 月骄阳？"广告中的问号极其突显问题并引发消费者思考下去。在北京奥运会期间国际著名的某快递公司的广告标题是："将北京送达成功的终点，谁正鼎力相助？"在这些带有疑问式的标题中，所提出的问题不能让诉求对象产生"是""否"等无效的回答，而是应带有产生思考并引发答案的有效提问。

3）寓言式标题。广告标题中的寓言式标题一般采用寓言情景进行表述，借助于人们的生活习惯、知识修养等对广告对象信息进行宣传；一般从产品的一个侧面出发，运用合情合理的寓言进行描述，使受众容易接受。例如，资生堂的防晒产品的广告标题是："向紫外线告白"，这则广告标题充分理解了受众在炎热夏天诉求白皮肤的卖点，让消费者对这款产品产生安心阻挡紫外线的心理特点。

2. 电子杂志广告文案写作的正文

广告正文是电子杂志广告文案中的核心部分，电子杂志广告文案写作的正文是对广告对象信息的系统介绍，一般起到了补充标题的作用，这也是对产品对象信息的进一步阐述，一般运用凝练且有主动性的语言进行表述。例如，在电子杂志中，运用有力的文字性说明配合相关的多媒体手段，更加让广告信息深入人心。

（1）广告正文写作要点

1）突出重点，呼应标题。电子杂志广告文案的正文要突出对产品特点的详细描述，这也是阐述产品卖点的关键。正文容量大，信息量多，有时也不能一味地平铺直叙，还要突出产品的重点；根据标题凝练相关的正文内容，做到主题鲜明，与标题相呼应；标题中的神来之笔要在正文中有落脚点，坚定读者对产品的信心。

2）解说详情，条理得当。在广告文案正文的写作中，要想让消费者从中获得广告产品的详情，就要借助最翔实、最有效的广告信息。在广告文案正文中，详细不是烦琐和重叠，而是要条理明晰，不卖弄文字、喧宾夺主，不然会使读者产生逻辑混乱而心生厌烦。

3）语言生动，简洁明了。在电子杂志广告文案的写作中，广告正文一般需要详尽的说明，但是介绍中为了让受众欣然接受，就要使用一些优美的词语，在正确表达相关信息的基础上，也能够让消费者觉得暖人心脾，产生等同价值的认同感。在用户看到此广告时，能够起到"眼前一亮"的作用，深入人心。广告是一种大众文化，面对大众的同时，生动的语言也要做到简单易懂，符合所针对受众的审美及心理接受能力，从而使人一次阅读到位。

（2）广告正文的创作手法

1）客观事实直行式。电子杂志广告文案的广告正文的表述形式有很多种，其中客观事实直行式是最常见的一种，它对企业或者商家产品对象的信息用直观性的语言进行表述，属于理性的说明产品信息，使受众能够直接在正文中获取想要的产品信息，这种方法还可借助专家和权威验证等形式表达出来。从形式的表达上看，这种表达的手法缺乏新意，但是最能够让受众直接明了广告对象信息的方法。写作主体若是能在电子杂志广告文案的正文中详尽地把广告对象的信息表达完整，使受众能够在阅读时感到语气融合，也可采用以短托长、代曲为直等方法进行叙述。

在这样的电子杂志广告文案正文中，配合相关的事实描述的视频和音频是更让读者记忆犹新的手法，同时配合权威专家对产品对象的事实进行权威认证的视频等。

2）代言人式。代言人式是以明星、专家等的口吻对受众进行广告对象的传播，以这种明星效应的作用对产品的宣传产生影响。这一般是电子广告文案正文中最常使用的方式。但在使用此手法上，必须注意两个原则：一是代言人形象必须真实自然；二是代言人必须以诚实的态度说话，说符合自己身份和个性的语言，比如专家可以介绍产品的技术、功能等，名人可以示范自己的消费行为或者推荐产品等，这样必定令消费者心服口服。

在电子杂志广告文案正文的创作上，也可在美术指导的帮助下，对电子杂志广告文案正文的整个表现力进行创作，所呈现给读者的最好是一幅能够解读信息的画面，直至帮助读者一字不落地读完整个正文。

3. 电子杂志广告文案写作的广告语

广告语也称为广告口号，在电子杂志广告文案中是用来对广告对象信息的侧重点进行重点宣传的一部分。在受众的接受心理中，广告语是最让受众记忆深刻的一部分。一般来说，广告语具有简明扼要的特点，能够让受众感觉到很强的感染力，所以，广告语是最容易让消费者记住的文字部分。在电子杂志广告文案的广告语中，一般也是结合音频、视频的反复播出或者以动态图像的形式进行反复提示。

（1）广告语写作要点

1）简洁凝练，明了易懂。写作主体在书写广告语时，一般要讲究"三言"：言辞达意、言简意赅及言不虚发。电子杂志广告文案中的广告语是对企业或者商家的产品进行服务特色的宣传，通过对受众的购买心理和产品市场走向的预知，表达出贴合产品还能让消费者产生购买的一句话。一般广告语也有独特的写作要点，主要是要简洁凝练、明了易懂，还要方便读者记忆，突出其信息的重点，形式可以多变，但是字数一般在 5～10 个字。例如，某手机品牌的广告语是"沟通就是爱"，耐克的广告语是"Just do it"等。

2）新颖独特，富有乐趣。电子杂志广告文案中的广告语要杜绝与其他广告语雷同，也就是说要突出创新的部分，创新也是整个广告文案的重点。突出创意，一般在广告语中可以从语句的排列、句式的独特表达等方面入手，写作主体可参考名人警句、寓言故事、网络潮语等，运用这些新奇的语言让受众产生好奇的心理，贴合了受众的求知心理。

3）突出主题，适当嵌入品牌。在电子杂志广告文案的广告语中，广告语的书写可以从产品的不同角度选取重点突出对象，一般包括产品的功能、同类产品的差异、企业文化及服务等。但是广告语要突出产品这一最大的特点的同时，还要让受众容易记忆，一般可以用一方面的诉求点点亮这句广告语，也可把企业或者产品名称融入广告语中，做出品牌效益，这样的做法可以大大提高其公司和产品的知名度，提高消费者的认知程度，达到口头效益的传播效果。例如，诺基亚的广告语"科技以人为本"的广告口号就充分说明了这点，这则广告语的写作主体是针对诺基亚企业的文化理念及产品特点所创作的，展示了其公司的科技水平不仅达到了科技的前沿，还以为大众服务为首要理念发展科技的特色。还有正大集团的广告语是"爱是正大无私的奉献"，这则广告语很好地融入该企业的名称"正大"二字，即在广告语口号中展示了企业名称，还使整句广告语显得具有亲和力，展示了正大集团以奉献的精神来管理和服务百姓的特色。

（2）广告语创作手法

广告语的创作是最需要写作主体创意的部分，它是广告文案的精髓之处，也是受众能够反复记忆表达的部分，所以，电子杂志广告文案的广告语必须简短凝练，容易阅读，同时必须能够承接广告文案中标题和正文的重点。

1）陈述事实，写实型。广告语创作的手法一般有很多种，最让人熟知的，也是电子杂志广告文案中最常用的手法是直接陈述的类型。这样的广告语在创作时，以符合产品或服务的客观事实的笔调，体现广告产品的形象和性能，并以此引起消费者的关注，避免夸张事实和张扬，显示企业或者品牌自信的力量。例如，某个洗发水的广告文案中，广告语是这样表述的："头屑去无踪，秀发更出众。"这则广告语就直接描述了此洗发水具有去屑功能，也直接表达了广告对象信息中的主要卖点。语句中押韵的表达可以使受众直接了解产品的功能，还可以使受众一次阅读就记住其内容，使消费者直观地感受到内心的需要，从而选择此洗发水。

2）真情实感，抒情型。广告文案中的广告语可以采用一些具有文学底蕴的语言来传达真情实感，表达一些感性的信息，营造温暖的氛围。一般抒情型的广告语应该都是抒情的，是通过具体、生动形象和文学色彩的语言来表达写作主体的情深意切，以感性的手法来击中消费者脆弱的感性防线，从而打动人心，促成购买。在表达抒情性的广告语时也可以借用生动的口语和激励人心的宣传口号进行创作。例如，电视上常常播放的某黑芝麻糊的广告语"一股浓香，一缕温暖"，贴切地描述了黑芝麻糊冒出的香味，可以使人情不自禁地怀念过往的美好岁月，使受众感到温暖。

电子杂志广告文案中的广告语当然要借助电子杂志的特点进行创作，利用多媒体的手段把广告语展示在读者面前，这样才能显现出其优势，加深用户的印象。

4. 电子杂志广告文案写作呈现多样化

基于对电子杂志广告文案写作的各个部分进行的分析，通过运用多媒体形式与这些文字部分的相互组合使得电子杂志广告文案写作更加吸引人，最后呈现出的作品使电子杂志广告文案有别于其他传统广告方案。例如，电子杂志中的系列广告文案更加丰富多彩，增添的娱乐效果更加吸引受众等，都是电子杂志广告文案写作多样化的效果表现。

（1）运用系列广告文案，吸引注意力

在电子杂志广告文案写作中，如用单一的广告文案表述不能契合所有受众的购买心理，不足以激发出他们的购买欲望，就可以使用系列广告文案进行写作。一般来说，系列广告文案是连续性的两篇及以上的广告文案运用同一个主题，经过写作主体的精心安排和策划，来表达同一广告对象信息。系列广告文案写作可以逐渐加深阅读者在阅读广告文案时的印象，这样有序的传播也可丰富地展示广告对象的多方面信息，从不同的角度进行阐述，使得受众对此宣传有完整的了解。这样在电子杂志广告文案中，系列广告文案还可多形式地进行表达，就这种娱乐阅读的心理，用户会产生其乐无穷的感觉。

（2）添加娱乐主题，展现互动性

在电子杂志广告文案写作中，多样式的呈现不仅表现在文字、图片、视频和一些动画效果间的相互排列上，更在于它满足了网络用户对网络本身多样性的选择需求，丰富的视觉、听觉信息进入用户的感官系统中，吸引读者继续阅读。而像传统媒介中以单纯的纸张和电视等效果呈现出来的广告只能够单一地让受众进行观看或收听，但是在电子杂志广告文案中，这些统称为娱乐化项目的添加，使得受众能够尽快进入广告文案中，有选择性地主动接收广告对象的信息，有选择性地点击是否进入详细阅读，也可以享受广告文案中游戏试玩的快感，还可填写用户回馈信息提出自己的建议。例如，电子杂志广告文案的受众可以在回馈中参与对电子杂志广告文案的主题定位、布局设计等，提出自己的见解，这样电子杂志广告文案的写作就可参照用户的建议，从真正意义上实行双向互动的模式，满足其消费者的需求。

（3）运用画外音形式，展现广告文案

电子杂志广告文案的特色不仅展现在其媒介传播的途径不同上，多媒体手段与文字的结合也是其中的一大亮点，除了文字部分是展现广告对象信息的主要途径以外，添加画外音的形式，也是此广告文案类型的特殊之处。有的听觉效果虽然不用添加在排版空间上，但是仍然需要写作主体的创意思维。电子杂志广告文案一般运用与目标广告对象信息相一致的音效，不造成脱离和突兀，画外音的形式可以是对广告文案的具体说明，也可以是对电子杂志广告文案点击及效果产生作用的音效，总之要切合主题。在广告对象信息通过用户的点击随之产生变化时，背景音效的响起能够使用户的心理也产生愉悦的效应。还有一种形式是电子杂志广告文案中的文字部分展现时用传递人声的方式同时播放，进入读者的听觉系统，这种形式能够加深读者对电子杂志广告文案的印象。

10.7 微信广告文案撰写

微信广告就是基于微信平台向公众传递产品、个人或组织的宣传信息，其优势是以低廉的制作成本和灵活、精准的投放模式，起到良好的宣传作用。而微信广告文案就是微信广告作品中的语言文字信息的实用文体，即广告的字句、资讯或广告的文字。

在广告的创意过程中，广告文案在考虑消费者心理的基础上，利用推销原理写出雅俗共赏、生动有趣的文字，能在瞬间引起读者注意，刺激心理需求，使消费者保持记忆，促成购买行为。根据调查，广告效果的50%～70%来自语言文字部分。无论科学技术如何发达，时代如何变迁，在微信平台上的广告中文案写作都至关重要。

10.7.1 微信广告文案的分类

1. 从目的上划分，微信广告文案可分为盈利广告文案和非盈利广告文案

盈利广告文案又称为经济广告文案或商业广告文案，如金逸影城开业时，在微信上进行的广告推送："金逸影城让您最享震撼视听、星级服务；金逸，精彩点亮生活。"非盈利广告文案又称为非经济广告文案或公益广告文案，招商银行在微信平台推出的为自闭症儿童进行募捐的活动"点亮一盏蓝灯，奉献一份爱心"，即为公益广告文案。

2. 从诉求方式上划分，微信广告文案可分为理性诉求广告文案和感性诉求广告文案

理性诉求广告文案以逻辑思维为主，通过讲道理，诉诸消费者的理智，以理服人。例如，燕赵汽车网开通了微信公共平台，每天都会通过微信公共平台给大家发布燕赵汽车新闻网的最新活动、车市新闻、用车、养车、行车、交通以及天气等内容，丰富大家的生活。"亲，您还等什么，拿出手机扫一扫，加入我们吧！"引导消费者认识、接受这种商品，并通过比较而选择商品。这类广告文案是通过讲道理使人接受，所以也称为教育式广告文案。感性诉求广告文案以形象思维为主，以语言文字塑造生动感人的艺术形象，诉诸消费者的感情，吸引消费者的兴趣，启发其联想，以不可抗拒的感情诱惑力，激发其购买的欲望。这类广告以情感人，具有很强的煽情作用。给我们留下深深印象的，莫过于一些经典的感性式广告文案："收听最新鲜、最动听的音乐，让你和喜欢的音乐不期而遇""每一首歌的背后都有一个故事，总有一首歌能触动你的心"。

10.7.2 微信广告文案的特点

1. 简洁性

不同媒介的广告文案有不同的构成因素，一般包括标题、正文、随文、广告标语四项。正文是广告文案的主体，与传统广告文案相比，微信广告文案无标题，直接指出内容的核心部分。例如，"腾达小区求合租，双室双卫，有阳台、空调"，它虽然只有寥寥数语，却充分体现了广告主题，使广告读者能在瞬间对广告的主题有所了解，在匆匆一览中就能得到广告最主要的内容。最主要的利益承诺，可以加深人们对某一商品或观念的理解与记忆，具有诱导作用。毫无疑问，这种简洁的广告文案更符合现代人碎片化的阅读方式。

2. 艺术性

微信广告文案必须包含两种重要元素，即实用元素和印象元素。广告文案首先是一篇含有介绍性文字的文章，通过概念、构成、价值、意义、服务等内容的解释说明，将产品与用户结合，使用户在一个特定的场合，在短暂的一瞬间，就能在脑海中留下深刻的印象。其次，微信广告文案往往是一件微艺术品，应该主题突出、立意新颖、内容丰富、含义确切、生动活泼、富有创意、语言通俗流畅，读来上口，听来入耳，饱含感情，富有鼓动性，对用户产生一种潜移默化的影响，从而激发用户对该产品的关注和购买欲望，在跟随与被跟随之间，信息以裂变的方式迅速传播。

3. 亲密性

利用微信进行广告信息的推送，生产商首先需要通过自身原有的品牌权威获取用户的信任度，在得到用户许可后才能进行自我展示。因此，微信广告投放者与用户之间的交流方式更具亲密性，互信度更高，信息传播的成功率往往也更高。

4. 精确性

微信平台提供的查找附近的人的功能，为企业提供了 200 米范围内进行广告信息精准投放的机会，企业可以在个性签名一栏中，将广告文案的核心部分进行推广。

10.7.3　微信广告文案写作的注意事项

1. 务求真实

与其他媒体相比，微信影响力较强，在微信上进行广告投放的成本低、精准性高、监管度略差，因此，微信诈骗应运而生。中国消费者协会律师团团长邱宝昌说，微信发布的虚假广告，不仅会误导欺诈消费者，还会造成不正当竞争，扰乱正常市场秩序，影响网络经济的持续健康发展。广告具有商业性质，真实是广告的生命，企业如果想要使其产品能够保持旺盛的生命力，广告文案的内容务求真实可靠，文字表达上也必须做到准确。

2. 生动活泼，形式多样

社会经济活动本身是纷繁复杂的。广告在社会发展中要满足这样的社会生活、经济生活的需要，就要充分利用微信这个自媒体新平台，不断变幻广告文案的文字顺序与规则，以更好地吸引受众。

3. 充分发挥其互动功能

以微信为代表的自媒体平台提供了基本的会话功能，从而使得信息传播具有了相互性。企业可以在广告信息推送的同时充分调动用户参与的积极性，拉近与用户之间的距离，以赢取更坚实的信誉度。例如，杜蕾斯微信团队延续了杜蕾斯微博上的风格，专门成立 8 人陪聊组，与用户进行真实对话，为用户提供更加丰富的服务，更好地塑造了企业形象，实现了广告文案的立体式传播。

4. 更具人文性

在微信平台进行广告文案的推送时，单纯的以企业为中心，发布简单的产品信息、公司活动、领导行程、营销业绩等信息，忽视消费者关心的问题，往往会适得其反。在创作和推送广告时应把对人的关注及人的个性需求的满足摆在中心地位，充分考虑到微信这个社交平台的趣味性、情感性、大众性，更多地从消费者的角度出发阐述产品利益和结果的关系，非目的性地用心与微友进行心与心的沟通，拉近与微友的情感距离，使诉求对象产生亲近感，让消费者不知不觉地把企业产品当作自己的朋友。例如，星巴克中国在微信中的推送广告文案："星巴克的热情与专注，在于将一杯咖啡完美呈现到您的手中，与您一起点亮生活的乐趣与灵感"。这个广告文案引起了广大网民的追捧，简单易读，却又意味深远，其真诚含蓄的表现形式，充分调动了自媒体用户无限的遐想与关注，大大提升了品牌的忠诚度。

本章重点

广告文案是已定稿的广告作品全部的语言文字。所谓广告文案是以语辞进行广告信息内容表现的形式。广告文案有广义和狭义之分，广义的广告文案就是指通过广告语言、形象和其他因素，对既定的广告主题、广告创意所进行的具体表现。狭义的广告文案则指由表现广告信息的言语与文字构成。广义的广告文案包括标题、正文、口号的撰写和对广告形象的选择搭配；狭义的广告文案包括标题、正文、口号的撰写。

广告文案通常包括标题、正文、口号、随文四大部分，但不是每则广告都必须同时具有以上四项元素，有的正文与口号合而为一，有的广告甚至没有正文等，不一而足。

标题是大多数平面广告最重要的部分。它是决定读者是否读正文的关键所在。

常见的广告标题主要有这些形式：①新闻性标题；②诉求性标题；③悬念式标题；④设问式标题；⑤幽默式标题；⑥抒情式标题。

广告正文是广告文案的主体，是对广告标题、主题的详细阐释，讲述全部销售信息。

广告正文的常见风格有直接推销式、叙述式、对白/独白式、故事式、抒情式、功效式、断言式、幽默式、证言式。

广告正文写作时的基本要求：①陈述清楚具体的内容；②采用通俗易懂的语言构思文句；③要以有效的证据和可信的证言支持文案。

广告口号又称广告标语，是广告的中心，是广告作品中画龙点睛的一笔。广告口号是为了加强受众对企业、商品或服务的印象，在较长一段时间内反复使用、集中体现广告阶段性战略的一种简练的口号性语句。广告口号又叫广告标语或广告警句，一般是由几个词组成一句能够渲染主题的话。广告口号有助于促进商品、服务企业形象信息的广泛传播。

广告口号作为广告文案的功能，又具有自己独有的其他文案部分不能取代的功能。其一，广告口号能够深化广告主题，凝结广告文案。广告口号在广告中具备画龙点睛之意。其二，广告口号有助于塑造产品形象和企业形象。其三，广告口号能够推动企业文化的发展。企业既在创造产品，又在创造一种文化资产，广告不仅在传播文化，还在创造文化和为企业创造一种无形资产。

广告口号的类型，按照广告口号诉求的内容和心理效应可以区分为这六种类型：①颂扬式；②号召式；③标题式；④情感式；⑤幽默式；⑥品牌式。

广告随文属于文案中的附属性文字，一般情况下，附于正文之后，多为比较固定的内容，用来传达企业名称、地址或联系方法等内容，并对广告正文做必要的补充。

广告文案创意是指广告文案撰写者根据广告战略、广告产品和广告企业特征，针对市场营销实际和消费者心理而对广告的语言文字表现的构思。简单地说，广告文案的创意就是对语言文字的创意。这种创意主要包括语言文字的义、形、音三个要素。

广告文案创意的要求是多方面的，概括起来就是五个字，即"准""深""新""趣""奇"。

广告文案创意的方法主要有直接创意法和间接创意法两种。直接创意法是指直接揭示广告主要内容，体现广告重点的创意方法，主要有直觉法、触动法、比较法等。间接创意法是指间接揭示广告内容，体现广告重点的创意方法，主要有暗示法、悬念法、寓情法。

广告主题反映了设计者对广告产品及企业的理解，因此理解的深刻、创意的思路是确定主题的基础。广告文案的主题主要由商品特征、企业特征和消费者特征等因素构成。

广告文案中主题是统帅，是灵魂。一旦确立主题，广告文案就有了重点，广告形式的安排就有了依据。

广告的诉求方式相应地有情感诉求方式、理性诉求方式和情感理性混合诉求方式三种最基本的类型。

电子杂志广告文案写作是依托于写作学科、互联网环境、多媒体手段的基础上相互作用而产生的新型的广告文案类型。在现代社会中，人们广泛应用多媒体和网络，使得电子杂志广告文案备受企业和广告主的青睐。

微信广告就是基于微信平台向公众传递产品、个人或组织的宣传信息，其优势是以低廉的制作成本和灵活、精准的投放模式，起到良好的宣传作用。而微信广告文案就是微信广告作品中的语言文字信息的实用文体，即广告的字句、资讯或广告的文字。

复习思考题

1. 广告文案的内涵和特点是什么？
2. 广告文案的内容具体包含哪些方面？
3. 广告文案主题创意的常用方法有哪些？
4. 举例说明广告文案的语言技巧。
5. 怎样撰写电子杂志广告文案？
6. 微信广告文案应该怎样写？

实训练习

实训一

实训名称：广告标题创意

实训目的：通过对不同类别产品的广告标题进行撰写练习，提高学生对广告标题的创意能力。

实训内容：根据广告标题的不同形式和广告创意技巧，撰写 10～15 条食品类、工业产品类、化妆品类的广告标题。

实训要求：

1. 撰写 10 条广告标题，要求广告标题有新意，创意形式不限。

2. 以不同的创意技巧撰写 10 条广告标题，要求视野开阔，创意独特，能吸引人。

3. 创意长、短文案标题各 5 条，并比较其特点，要求长文案不少于 12 个字。

作业步骤：

选定本土企业或者自己熟悉的产品，了解企业或产品的特点，创意多个标题，选定标题。

实训向导：

1. 选定产品类别。

2. 深入企业或市场，了解企业或产品的特点。

3. 从不同的角度创意多个甚至几十个标题。

4. 多中选优，选定最满意的一个。

实训二

实训名称：广告文案创意

实训目的：通过对广告文案的撰写，全面提高学生文案创意的写作能力。

实训内容：在确定标题的基础上，对企业或产品做更深入的调查，并根据调查的结果，结合企业或产品的广告策略，从不同的角度以不同的表现形式撰写不同篇幅的广告文案。

实训要求：

1. 撰写 5 篇不同产品类型的短文案。

2. 以不同的表现形式撰写 3 篇长文案，其中一篇要求是故事型，一篇为产品剖析型，另一篇不限形式，自由发挥。

3. 长文案要求 400 个字以上，语言表达能力强，能吸引人，激发兴趣。

作业步骤：

根据本章"实训一"确定的标题全面深入了解企业或产品特点，选定文案的形式进行文案创意。

实训向导：

1. 了解企业或产品特点，深入市场进行调查。

2. 针对产品在市场上的销售形势，寻求产品独特的诉求方式。

3. 根据这种诉求进行文案创意和文案写作。

课外阅读

台湾诚品书店广告文案集锦

1.《用过即弃的爱情》

用过即弃的爱情，用过即弃的虚荣，用过即弃的问候。

现代人大量抛弃物质，凡事过了三个月的保存期限，就彻底失去忠诚。

在文化高度传染区里，办一场属于文化人的跳蚤市场，

在杂货堆里寻找艺术，带着发现宝藏的惊异，把永恒感找回去。

用过即弃的爱情，用过即弃的弹簧床，用过即弃的寒暄，用过即弃的保暖袋，

用过即弃的问候，用过即弃的雷诺原子笔，用过即弃的现代人大量抛弃物质。

凡事过了三个月的保存期限，就彻底失去忠诚。

期待这一场诚品跳蚤市场，让你我在旧货堆中找到艺术，

在旧鞋里发现脚的生命，在旧照片中体悟新情感。

在世事难料、风云不测中找到永恒感。

2. 诚品敦南店，不过期的求知欲

过期的凤梨罐头，不过期的食欲，过期的底片，不过期的创作欲，

过期的 *PLAYBOY*，不过期的性欲，过期的旧书，不过期的求知欲。

全面 5～7 折拍卖活动，货品多，价格少，供给快。

知识无保存期限，欢迎旧雨新知前来大量搜购旧书，一辈子受用无穷。

3. 关于搬家

卡缪搬家了。马奎斯搬家了。卡尔维诺搬家了。莫内搬家了。

林布阑搬家了。毕卡索搬家了。瑞典 Kosta Boda 彩色玻璃搬家了。

英国 Wedgwood 骨瓷搬家了。法国 Hediard 咖啡搬家了。

金耳扣大大小小的娃娃也要跟着人一起搬家了。

一九九五年十月一日诚品敦南店搬家。

4. 临时之必要——敦南新馆临时卖场

在道路正式通车之前可以先走临时通道，在新国家形成之前可以成立临时政府，

在法律未公布之前可以拟定临时条款。所有的"临时"都是存在旧秩序之后，完美形成之前，

在敦南新馆未正式开幕期间，诚品的临时卖场，一九九五年十月十日起为您先行服务。

为了忘了 A，所以找 B，

后来 A 回头要求重修旧好，

选 A，就和 B 难交代，

选 B，又舍不得 A。

在 B 和 A 之间取决不下，

所以决定临时再找 C 来躲 B，挡 A。

临时情人、临时停车、临时动议、临时保姆、临时空间……

所有的临时都有非常时期的非常必要。

一九九五诚品敦南店，十月搬家启事录。

5.1996 诚品敦南店全馆开幕

米兰昆德拉和费太太相见恨晚，Hediard Cafe 与诚品家具趁夜团聚；

Parker 钢笔和 Picasso 再次相逢。需求重计疆界，感官互通有无。

张爱玲式的恋物情节复活，二十二次强烈狩猎的暗示不断，

请带着生物的直觉，全方位释放您的生活欲望，

诚品九千九百九十九种繁衍生活的创意方式。

6. 天母忠诚店开幕篇

以最高的忠诚度向新思想投诚。以最高的忠诚度向新路线投诚。

以最高的忠诚度向新开幕投诚。以最高的忠诚度向新消费投诚。

一个集结流行的、影音的、文化的、感官的诚品生活馆，即将在天母忠诚路上出色开张，以四个楼层，交换您的忠诚度。

7. 诚品南京店开幕——发现南京东路的新况味

离开会议发现安静的快乐，离开策略发现创意的快乐，

离开同事发现和平的快乐，离开权利发现安全的快乐，

离开网络发现无知的快乐，离开键盘发现书写的快乐，

离开饭局发现美食的快乐，离开办公室发现新况味的快乐。

美食·咖啡·彩妆·饰品·书店……发现南京东路的新况味。

十月十二日，诚品南京店全面开幕。

8. 诚品西门店开幕

西门町新生活片场，把新天堂乐园的废弃胶卷送给男友当皮带。

用电影院的字幕机宣告自己刚上映的新恋情。

到书店战士阿莫多瓦的高跟鞋。去 New Arrival 货架上翻阅下一季的流行宣言。

依电影配乐更换菜单和客厅的布景。胃和楼下的美食自秋之后片约不断。

伍迪艾伦戏假情真。费里尼说梦是唯一的现实。

把自己的照片放大做成电影海报。自己做自己一辈子忠实的影迷。

集结流行、电影、美食、服饰、文艺的西门町新生活片场——诚品书店西门店，十二月六日出色 OPEN。全面通告中。

诚品书店五周年阅读现象座谈会——台湾一项阅读革命正在进行。

资料来源：选自李欣频所著《诚品副作用》。

第11章

广 告 媒 体

学习目标

1. 了解媒体和广告媒体的特征
2. 掌握广告媒体的分类
3. 明确媒体计划的主要理论，并尝试运用这些方法

11.1 媒体和广告媒体

"媒体"一词源自英文中的 media。从传播学角度看，媒体通常是指传达、增大、延长人类信息的物质形式。媒体是人们用来传递信息与获取信息的工具、渠道、载体、中介或技术手段，也可以理解为从事信息的采集、加工制作和传播的组织，即传播机构。而被运用向消费者传递广告信息的媒体，就是广告媒体。一般说来，我们在讨论广告媒体的概念时，把它当作一种工具来认识；在制定广告媒体策略时，将涉及具体的传播媒体机构。

广告媒体能够及时、准确地把广告主的商品、劳务和观念等方面的信息传送给目标消费者，刺激需求，指导消费；能够吸引受众阅读、收看（听）有关的信息；能够唤起受众接触媒体的兴趣，使消费者有可能接受相关的广告信息；能够适应广告主的选择应用，满足对信息传播的各种需求。

通过广告公司代理，广告沟通了广告客户和消费者，使信息发送和接收成为可能，以促进广告公司业务的开展。

广告媒体使得企业的信息交流能够顺利进行。通过广告和公共关系，企业加强整合营销传播，而广告和公共关系都需要通过媒体传播有关的信息，直接或间接地影响消费者，达到沟通的目的。

广告和媒体相互依存。在大众传媒经营活动中，大众传媒提供各种信息服务，需要一定的资金支持，而广告收入则是其主要的经济支柱。作为一种信息服务，广告传播需要依存于节目、版面中，凭借公众对大众传媒的信任和好感而达到一定的效果。这种相互依存的关系促进了双方的发展。

广告媒体可以分成很多类。根据受众规模的不同，广告媒体可以分为大众传播媒体和小众传播媒体两大类；按照媒体信息作用的方向，广告媒体可以分为单向媒体和互动媒体；按照传播符合的类型，广告媒体可以分为印刷媒体和电子媒体；按照受众的接受形式，广告媒体可以分为视觉媒体、听觉媒体、视听综合媒体和平面媒体；按照广告在媒体的暴露时间长短，广告媒体可以分为长期媒体和短期媒体。

随着科学技术的进步，互联网和移动互联网成为传播广告信息的一支生力军，我们把它们归为一类：新媒体。

11.1.1 报纸媒体

1. 报纸媒体的优点

与其他媒体相比，报纸媒体具有许多独特的优点：

1）覆盖面较广，传播速度较快。

2）报纸广告的信息量一般要比电视广告、广播广告的容量大。

3）设计制作容易，表现方式灵活多样。

4）目标对象广泛而稳定。

5）留存时间长，易于保存和查阅。

6）成本低。这是报纸媒体与电视媒体的主要差别之一。

2. 报纸媒体的缺点

1）生命周期短。人们读报时倾向于快速浏览，而且是一次性的。一份日报的平均生命周期只有短短的 24 小时，因此，其生命周期是很短的。

2）干扰度高。很多报纸因为刊登广告而显得杂乱不堪，尤其是超级市场做广告的那几天和星期日的报纸尤其如此，过量的信息削弱了任何单则广告的作用。即使是增刊广告，现在也因为太厚而显得更加混乱。

3）有限的覆盖面。报纸在特定市场的读者大多不是经常的读者。例如，报纸历来就没有影响到 20 岁以下的年轻人和不住在大城市的外国人。由于成本太高而且全国性报纸很少，报纸也不能为全国性广告主提供所有的市场。

4）产品类型限制。报纸和所有的印刷媒体一样有着共同的缺陷。有些产品不能在报纸上做广告，比如要演示的产品。另外，专业的服务人员（如医生、律师）和技工（如管道工、电工），也很容易被忽视。

5）再版印刷质量差。

11.1.2 杂志媒体

1. 杂志媒体的优点

1）针对性强，读者选择性较强。

2）印刷精美，图文并茂。

3）信息生命周期长，可以反复阅读和长久保存。杂志信息容量大，发行周期长，知识性强。因此，媒体的信息生命周期明显比报纸等媒体长。由于杂志有较长的生命周期，经常被传阅，所以杂志通常具有较高的复读率，这已经成为考查杂志媒体一个重要的"质"的标准。与此同时，杂志所登载的广告也得到了重复阅读的机会。

2. 杂志媒体的缺点

1) 出版周期长，时效性差。杂志的时效性不强，不是每天出版，以月刊最常见，其他的有周刊、旬刊、半月刊，长的有双月刊、季刊、半年刊和年刊等，由于出版周期比较长，不能像报纸那样迅速反映市场变化，因此只适合于那些对于时效性要求不强的广告，比如企业形象广告、长期性销售广告等。

2) 版面狭小，信息容量小，广告受众少。杂志的开本不是很大，以16开、大16开的开本常见，还有32开、大32开、8开等开本。由于版面面积有限，广告容纳的信息不能太多，从而影响了杂志广告的被注意程度。为了解决这一问题，杂志广告采取了多页、折页、跨页等增加版面面积的办法，以求广告能够容纳更多的文字和图片信息。此外，杂志往往都有特定的读者群体，虽然增强了广告的选择性，但是也限制了广告受众的数量。

11.1.3 广播媒体

1. 广播媒体的优点

1) 广播是听觉媒体。利用声音符号，以有声语言为主要传播手段，诉诸人的听觉，这是广播最根本的特点。人的声音能说明事物，传达情感，声情并茂，真实可信。广播还可以使用音乐和音响增加节目的现场感，使之有立体感、空间感和情境性，因此具有较强的感染力。

2) 传播速度快，时效性强。广播的内容利用电波传播，每秒30万公里，播出声音与听众听到的声音几乎是同步的。制作、传输、接收简单，时效性居于各种大众传播媒体之首。

3) 传播范围广泛。电波的传送不受空间距离、地理环境、天气、交通、自然灾害等因素的限制，所以传播范围比印刷媒体广泛。

4) 受众广泛。广播的收听不受时间、空间、受众文化程度的限制。广播接收设备轻便廉价，可以随身携带，便于随时随地收听。

2. 广播媒体的缺点

1) 广播媒体播出信息的保存性差。声音转瞬即逝，不留痕迹，而且复杂内容往往不容易理解。

2) 广播播出内容的受众选择性差。广播按照时间顺序传播，受众无法在同一时间自由选择节目。

3) 缺乏视觉。声音的限制会阻碍创意。必须展示或观赏的产品并不适合做广播广告，制作出能令观众产生观看产品这种想法的广告非常难。专家认为，幽默、音乐和声音效果的运用是最有效的方法。

4) 干扰。竞争性广播电台的增多和循环播放，使得广播广告受到很大的干扰；广播听众往往倾向于将自己的精力分散于各种事情，这样，听众听到或理解广播信息的可能性就大大降低了。

5）时间安排和购买的难度。想得到众多的听众，广告主需要向好几家电台购买时间，这样使得时间安排和广告评价变得非常复杂。

6）缺乏控制。因为很大比重的广播都是谈话广播，总会有播音员说对一些或所有听众不利的话或主题，对赞助商产生负面影响。

11.1.4　电视媒体

1. 电视媒体的优点

1）成本效用高。很多广告主把电视看作传播广告信息最有效的方法，因为它的到达面非常广。数以万计的观众定期看电视。电视不仅能达到很大比重的人群，而且还能到达印刷媒体不能有效到达的人群。

2）冲击力强。电视画面和声音可以产生强烈的冲击力。这一性质吸引了一定程度的消费者的参与，这与遇到一位说服力很强的销售员的购物经验很相似。电视也允许很大程度的创新，因为它将画面、声音、颜色、动作和戏剧结合起来。电视有令人难以置信的能力：它能使平凡的产品显得很重要，令人兴奋，让人感觉有趣。如果广告令人喜爱，还能使消费者产生对赞助商的正面的联想。

3）影响大。电视对我们的文化有着强烈的影响。对多数人来说，电视是一种主要的信息来源、娱乐形式和教育途径。它是我们生活中的一部分，以至于我们更容易相信那些在电视上做广告的公司（特别是戏剧和教育节目的赞助商），而不相信那些不做广告的公司。

2. 电视媒体的缺点

1）费用高。电视广告的制作和播放成本非常高。虽然人均成本低，但绝对费用可能很高，尤其是对于中小型公司来说。制作成本包括将广告做成胶片和智力成本。

2）干扰多。电视广告的干扰非常多。国家广电局等有关部门对于广告播放时间和时段的规定就是一种限制。另外，如果30秒钟的广告、电视台间隙广告、信用服务广告和大众服务广告增加，电视广告的可视性和说服力就会下降。还有很多地方性电视台对自己节目的促销也造成了对广告一定程度的干扰。

3）对观众没有选择性。虽然已有各种技术，能够更好地定义消费者，但是电视对观众仍然缺乏选择性。由于广告主不能确信观众就是恰当的受众，于是广告有很多浪费的覆盖面，比如向并不符合目标市场特征的受众传递信息。

11.1.5　户外媒体

1. 户外媒体的优势

1）广泛覆盖地方市场。借助户外媒体安置合理的户外广告能够在地方市场白天黑夜地广泛展露，一个100GRP的展露度（一个户外招贴每天产生的累积展露人次所占的百分比）意味着每天能够产生的展露次数相当于整个市场，一个月下来就是3 000个GRP。如此高的覆盖率可以产生很高的到达率。

2）接触频度高。由于户外广告位的购买周期通常为30天，消费者常常多次接触户外媒体上的广告信息，所以它可以达到较高的接触频度。

3）位置灵活性大。户外媒体可以放置在公路两旁、商店附近，或者采取活动的广告牌的形式。只要是法律未禁止的场所，均可放置户外媒体。这样就可以覆盖地方市场、地区市场甚至全国市场。

4）创意新颖。户外广告可以采用大幅印刷、多种色彩以及其他很多方式来吸引受众的注意力。

5）能够创立知名度。户外广告具有很强的冲击力（而且要求信息十分简洁），所以可以建立高水平的知名度。

6）成本效率很高。与其他媒体相比，户外媒体的千人成本通常非常具有竞争力。

7）收效良好。户外广告通常能够直接影响销售业绩。

8）制作能力强。户外广告可以经常替换，因为现代科技缩减了制作的时间。

2. 户外媒体的劣势

1）到达率的浪费。虽然借助户外媒体可以将信息传达给特殊受众，但大多数情况下购买这一媒体会浪费很高的到达率，因为并不是每个驱车经过广告牌的人都是目标受众。

2）可传递的信息有限。由于大多数经过户外媒体的受众行走速度较快，展露时间较短，因此广告信息必须是几个字或一个简短的概括。太长的诉求通常对受众无效。

3）厌倦感。由于展露频度高，人们可能会因为每天看到同样的户外媒体上的广告信息而感到厌烦。

4）成本高。由于人力、物料等制作成本增加，从各个方面而言，户外媒体上投放广告的费用都较以前昂贵了。

5）户外媒体上投放的广告，其效果评估困难。对户外广告的到达率、到达频度及其他效果的评估的精确性是营销商面临的难题之一。

11.1.6 交通媒体

在交通媒体上进行广告投放，有三种常见的形式，分别为：车厢广告，车身广告，车站、月台和站台海报。

1）车厢广告。公共汽车的座位上、行李架上有各种有关餐馆、电视或广播台以及其他各种产品和服务的车厢广告。一种较新颖的车厢广告形式是电子信息版，可以播出流动的广告信息。这种信息以可变动的方式更容易吸引受众的注意力。

2）车身广告。广告主采取各种户外交通招贴来促销产品和服务。这些车身广告出现在公共汽车的车厢两侧、后面和车顶，出租车、火车、地铁和电车的车身上。

3）车站、月台和站台海报。在火车或地铁站、飞机场等站点的其他广告展示形式，如地面展示、电子信号牌，均属交通广告。

1. 交通媒体的优势

1）展露率高。市内形式的交通广告的主要优势在于广告可有较长的展露时间。对于一般交通工具而言，人们平均乘坐的时间为 30～40 分钟，因此交通广告可以有充足的时间来接触受众。而乘坐飞机的旅客在等候航班时通常无处可去，无事可做，购买飞机票后，可能多次阅读上面的广告。而且，因为交通广告可接触受众的数目是确定的，所以该广告形式的展露人数也就可确定。每年有数以万计的人使用大众交通工具，从而为交通广告提供了大量的潜在受众。

2）到达频度高。由于人们每天的日程安排是固定的，所以经常乘坐公共汽车、地铁之类的交通工具的人们会重复接触到交通广告。例如，如果你每天做同一路公车往返工作，一个月内你有可能看到同一则广告达 20～40 次之多，而且车站和广告牌的位置也会带来较高的展露到达度。

3）具有及时性。许多消费者都会乘坐公共交通工具前去商店购物，所以某个特殊购物区的交通工具促销广告能够将产品信息非常及时地传播给受众。

4）地区可选性。特别是对地方广告主而言，交通广告的一个优势在于它能够将信息传递给某个地区的受众。具有某种伦理背景、人口特点等特性的消费者就会受到某地区卖点交通广告的影响。

5）成本低。无论从绝对还是相对角度而言，交通广告均是成本最低的。在公共汽车车厢两侧进行广告宣传的千人成本非常合理。

2. 交通媒体的劣势

1）形象因素。对于大多数广告主来说，交通广告并不能十分理想地向受众表达产品或服务所要表达的形象。有的广告主认为，在公共汽车的车身或公共汽车站进行广告宣传，会不合理地反映公司形象。

2）到达率低。虽然交通广告可以覆盖广大的受众，但从总体来说，具有某些生活方式或行为特点的受众就可能不被包含在这种媒体的目标市场中。例如，在乡村或郊区，大众交通工具很少或者根本没有，那么交通广告对于这些地区的人们来说是无效的。

3）覆盖率存在浪费。虽然交通广告具有地区可选性的优点，但并不是所有乘坐交通工具或者看到交通广告的人都是潜在顾客。如果某种产品并不具有十分特殊的地理细分特点，这种交通广告形式会带来很大的覆盖率的浪费。交通广告还存在一个问题：同一辆车不可能每天行驶不同的路线，为了减少交通工具的磨损和毁坏，有的公司将城市线路改为更长的城区路线。因此，一辆公共汽车可能头一天到市中心区并到达目标受众群体，第二天却在郊区行驶，那里就没有多少市场潜力可言。

4）文案制作和广告创意的局限。在车厢上或座位上画上色彩绚丽、具有吸引力的广告似乎是不可能的。车内广告牌固然可以展示更多的文案信息，但车身广告上的文案信息总是一闪而过，所以文案诉求点必须简洁明了，短小精悍。

5）受众的心情。当人们站在或坐在拥挤的地铁站候车时，可能很难被指引着去阅读地铁广告，更别说去产生广告主所期望他们产生的心情。同时，当乘客匆匆忙忙地穿梭于飞机场，在这种焦急的心情之下很少会注意到飞机票上的广告或飞机场内放置的广告，这也会限制该广告的有效性。

11.1.7　黄页

黄页被称为定向媒体，因为一般性广告并不能为商品或服务创造知名度，但一旦消费者决定购买，黄页广告就会告诉他们到那里可以买到该产品或服务的地点。黄页是购买循环中的最后一环。黄页包括特种电话簿、声讯手段（谈话黄页）、交互式黄页等多种形式。

1. 黄页的优势

1）适用性广。黄页的种类多种多样，据美国黄页出版商协会统计，每年消费者察看黄页的次数多于194亿次。

2）行为指导性强。当消费者正在考虑或已经决定购买某种产品和服务时，他们就会使用黄页。

3）成本低。与其他媒体相比，黄页广告的幅面购买和制作成本相对较低。

4）接触频度高。因为黄页的使用时间长（每年出版一次），消费者接触它的次数也多。一般的成年人每周至少两次接触到黄页。

5）无侵犯性。由于消费者会主动使用黄页，他们不会感到广告给他们造成了侵犯。研究表明，消费者非常喜欢这种广告形式。

2. 黄页的劣势

1）市场零散化。黄页主要是地方性媒体，具有地方化特点。随着特种电话簿的增加，黄页上面所提供的信息均是非常特殊化的信息了。

2）时效性差。由于黄页每年只印一次，信息会很快过时。在再版之前，黄页上面的广告主可能已经改换地点、倒闭或改变电话号码。

3）缺少创造性。虽然黄页制作很灵活，但广告制作缺乏创造性。

4）延时性。在离印刷品出版还很久的时候就必须确定印刷日程，所以很难在最后期限以后再加入一则广告，而广告主不得不等很长时间以期刊登广告，直到再版。

11.1.8　售点媒体

售点媒体意为在销售点或购物场所投放广告的媒体。售点媒体围绕销售点现场内外的各种设施做媒体宣传，有明确的诱导动机，旨在吸引消费者，唤起消费者的购买欲，具有无声却有十分直观的推销效力。它可直接影响销售业绩，是完成购买阶段任务的主要推销工具。许多售点媒体广告作品属于平面范畴。

这种广告形式，在有限的时空里，对吸引顾客，引导顾客购物，激发顾客欲望，促成顾客的购买行为，具有特殊的功效。

1. 售点媒体广告的类型

常见的售点媒体广告有五种。

（1）招牌式售点广告

招牌式售点广告的主要位置在商店的门口，或者是综合性商场的各层入口、各货类柜台的总入口处等。它的主要作用是吸引顾客的注意力。

招牌式售点广告的内容均为宣传商品。一类是常规性的商品宣传，比如出售柯达彩色胶卷的各零售店和摊位上，均设有由柯达公司统一印制的黄色柯达招牌；另一类是焦点式的商品宣传，即根据季节、时令，选定一些人们特别关心的商品，作为宣传的焦点，以吸引顾客。

（2）陈列式售点广告

这是放置在售货柜台或货架上的小型广告媒体。其作用是向顾客介绍本柜台的某一项或某一类商品，帮助顾客了解商品，吸引其购买。其内容有的是图文并茂地说明商品的名称、型号、用途、用法等，用纸板做成的支架立在柜台上，也有的采取较复杂的结构，把商品的标本，直接陈列在柜台上面。

（3）悬吊式售点广告

悬吊式售点广告很像我国古代店铺门前的幌子或布招，不过它不只限于悬挂在门口，而且也可以在商店内部如柜台顶上、货架顶上、天花板下面、楼梯的上部等。它除了宣传商品，宣传商店的营业宗旨，还可以增加店堂内的热闹气氛，招徕和吸引顾客。

悬挂式售点广告多用布或绸制的旗幡，也可以用镜框、木板、塑料板、灯箱等。在有的大型商场还采用气球、吊篮，效果更好。

（4）橱窗用售点广告

商店的橱窗，本身便是一种广告媒体，现在已有不少企业家认识到作为一种广告媒体的橱窗所具有的作用。他们在某些大城市，租用某些大商店的一个或几个橱窗，布置成以本企业产品为中心的专题橱窗，对于打开在这个城市的销路，具有直接的作用。

橱窗售点广告不是介绍橱窗陈列的艺术手法，而是介绍在橱窗陈列中常常使用的 POP 广告。例如，橱窗的各个部分——背板、空间、陈列品、模特儿等，都可以配以售点广告形式。针对橱窗背板的美化，我们可以把背板看作一件面积较大的 POP 看板来对待；橱窗内也可以悬吊各种悬吊式售点广告牌或主体制作物；面向大街的橱窗玻璃上面，近来也有人喜欢用透明彩色涤纶薄膜，剪贴上文字和图案来装饰，既保持其透明的特点，又增加了一层空间，使橱窗的艺术表现力提高。

（5）商品用售点广告

商品用售点广告，主要用于进一步突出介绍某一商品，因此，其形状可以根据商品本身的形状巧妙设计。例如，瓶装商品采用在瓶颈处加吊牌或套牌，盒装商品在盒面插入设计精巧的价目牌等。当然，除了说明价目，画面还应该具有其他生动的内容。例如，陈设在洗衣机上的纸板广告，上面画有指示旋钮位置的漫画人物，这让广告以更加生动形象的方式展现在消费者面前。

2. 售点媒体广告的特点

售点媒体广告的设计关键在是否能简洁、鲜明地传播信息，造型优美，富于动人的感染力。设计者要着力研究店铺与商品的性质及其顾客的需求和心理，以求有的放矢地表现最能打动顾客的广告内容。广告的文图，应有针对性地、简明扼要地表示出商品的优点、特点，购物的额外收获（如赠送、抽奖）等内容。

售点广告体积小，容量有限，造型与画面设计更求简练和醒目，要求突出"抢眼"、阅读方便、重点鲜明、有美感、有特点、统一而和谐。

售点广告不是商店的节日点缀，越热闹越好，其造型和画面，要恰到好处地陈列布置，使之同环境融为一体而又引人注目，便于顾客舒适购物。

11.1.9　网络广告

随着互联网的兴起，网络作为一种新的广告媒体出现在公众视野中。在某种程度上，网络广告也被称为新媒体广告的代名词。直观地讲，在互联网上我们能看到的那些包含广告性质的文本、图像以及其他形式的载体，都可以纳入网络广告的范畴。网络广告是广告中的一种，具有广告的基本属性的同时，也有着自己鲜明的特点。

1. 网络广告的发端

网络广告是指以数字代码为载体，采用多媒体技术设计制作，通过互联网发布传播，具有良好交互功能的广告形式。追本溯源，网络广告初现于1994年的美国。1994年10月14日，美国著名的《连线》（*Wired*）杂志推出了网络版 Hotwired（www. hotwired. com），其主页上开始有 AT&T 等14个客户的横幅广告。这是广告史上里程碑式的一个标志，同时也使广告主，广告代理商以及网络开发商和服务商看到了一个巨大的市场。

我国广告界也意识到网络广告的光明前景，第一个商业性的网络广告出现在1997年3月传播网站 Chinabyte 上，广告表现形式为 468×60 像素的动画横幅广告。此后一段时间，网络广告也陆续在我国的网站逐步发展起来。

2. 网络广告的优势

第一，网络广告信息传递的交互性。

第二，网络广告传播范围广泛。网络广告的传播不受时间和空间的限制，它通过国际互联网络把广告信息全天候不间断地传播到世界各地。

第三，网络广告具有针对性。广告主可以针对不同的消费群体投放不同的广告，让企业接触到目标顾客和大量的潜在顾客，有机会建立一对一的营销关系。

第四，网络广告投入的成本费用相对是比较低的。另外，在传统媒体上做广告发布后很难更改，即使可以改动往往也须付出很大的经济代价。而网络广告则可以随时被更新、补充和修改，所以总能保持最新的内容。

第五，网络广告具有及时更新性。

第六，网络广告的开放性。报纸、杂志、电视、广播、户外等传统传媒在传播信息时，都具有很大的强迫性，强迫观众接受它们所传播的信息，而网络传播的过程则完全是开放的、非强迫性的，这一点同传统传媒有本质的不同。

第七，广告受众数量的可统计性。

第八，网络信息传播的感官性。

3. 网络广告的局限性

第一，网络广告会引起用户的反感。网站的主页屏幕不时弹出窗口播放广告，或浮动式广告缓缓地滑过页面，而且是鼠标滑到哪里就跟到哪里，遮挡住你的视线。上网浏览时，浏览的过程中可能会被突然出现的全屏或半屏的网络广告中断，其中一些甚至根本无法退出而只能强行关机。另一种强迫性广告是"在线巨型广告"。这种广告极具视觉冲击力，占据整个电脑屏幕近一半的面积，并且具有动画效果。这种广告通常会持续数秒时间，而此时段内用户不能进行任何操作，只能静静地观看强迫性网络广告。此外，浮动式广告、网页转换间隙的广告、电子邮件广告等也被网民归入了侵犯类广告的黑名单。

第二，网络广告会影响用户浏览网页的速度。互联网的用户也有很多种类，比如宽带的不同、机器配置的不同等。如果一个用户的机器配置较低并且网络速度也不快的话，那么他打开一个有很多网络广告的（比如说有动画的网页）网页的速度就会比较慢，甚至由于开始所需的时间太长，超过了网页打开的时间限制，根本就打不开这个网页。这都会使用户逐渐失去耐心，而改上其他的网站。

第三，个人信息的安全性问题。在传统的消费关系中，商家不需要询问顾客的姓名、地址和月收入等，但基于互联网进行的个人电子商务则不同，网上消费者一般都需要向网站提供个人信息。对于网民提供的个人资料，一些网站并没有像承诺的那样加以保护，有些甚至将用户的个人信息卖给其他网站。尽管为了保护自己的隐私，很多网民登记时填写的多是虚假信息，希望通过这种方式来保护自己的隐私。但是，真正暴露网民隐私的往往不是他们所填的信息，而是他们上网过程中浏览的网址以及在网页上的种种操作。最常见的是采用互联网浏览器存储在电脑里的文件夹技术保存用户在网站上留下的浏览记录。它能允许广告公司追踪网友们在网上浏览了什么，从而建立详细的资料，进行一对一非常有针对性的推销行为。

第四，网络的信任感不强。相对于同一则广告，如果投放在中央电视台和投放在网络上，它们的效果是不同的，中央电视台本身已经有很强的信任感，它上面的广告相对比较容易被人接受，就算是一个新产品或者说是一个创意形式都比较差的广告，只要能投放到中央电视台，都会有很好的广告效果。但网络媒体就不一样了，它本身是一个新事物。广告用户对网络广告还不熟悉，存在不信任感和陌生感。

11.2　媒体计划

媒体计划不是一个简单的过程，它的选择项目除了电视、报纸、广播和杂志等大众媒体之外，还包括户外广告位、运输工具广告位和电子广告牌等户外媒体。各种辅助媒体，比如直接销售、交互式媒体、促销性产品广告媒体和市内售点广告媒体，也必须考虑在内。

媒体选择之所以很复杂，部分原因是因为媒体自身的性质。电视能将音像结合起来，这是它独特的优势；杂志能够传递更多的信息，可以使信息在更长的时间内为潜在购者所用。因此，对每一种媒体的特征都要加以考虑，同时还要顾及许多其他因素。

11.2.1 媒体计划概要

11.2.1.1 基本术语和概念

媒体计划是指一系列的决策，包括把促销信息传播给未来的购买者或者产品、品牌的使用者。媒体计划也是一个过程，它意味着要做出许多决策，并随着策划的进展，每一决策都可能被修改甚至被抛弃。

媒体计划是选择媒体的指导，它要求制定具体的媒体目标，以及设计具体的媒体战略来达到这些目标。一旦做出这一系列决策，并且目标和战略也制定出来以后，这些信息就有组织地形成了媒体计划。

媒体是可用的传播系统的总体类别，包括电波媒体（如电视和广播）、印刷媒体（如报纸和杂志）、直接邮寄、户外广告媒体以及其他辅助媒体。媒体载具是媒体的一种具体的载体。例如，《时代》和《求是》是印刷载具，《新闻30分》是电波载具。由于每种载具都有自身的特征，所以必须根据每种载具在传播信息方面的优势制定出具体的决策。

到达率是指在一段给定的时间内，对至少一次接触到媒体载具的不同受众人数的测量。覆盖面是指可能通过媒体载具接收到信息的那些潜在受众。覆盖面和潜在受众有关，而到达率则指已接收到信息的实际受众。接触频率是指接受在一段具体的时期内接触媒体载具的次数。

11.2.1.2 媒体计划

从基本含义来看，媒体计划的目标是要找到一种媒体组合，使营销商以最有效的方式、最低的成本把信息传播给最多的潜在顾客。

图11-1为制订媒体计划的活动。

11.2.1.3 媒体计划中存在的问题

1. 信息不充分

当关于市场和媒体的大量信息存在时，媒体计划者能得到的信息常常不能满足他们的需要。一些数据很难被测量出来，原因可能是它们不能被测量，或者是测量它们太昂贵。例如，虽然存在着对广播收听人数的连续测量，但是，由于样本规模和成本限制，报告出来的只有期间性的对收听人数的研究。

测量时间也是个问题。对一些受众人数的测量只在一年中的特定时间才能进行。这些整理后的信息将用于推测以后月份的情况，因此，进一步的决策一定是建立在并不反映现在行为的过去数据的基础上。

信息的缺乏对小广告主来说更成问题。因为小广告主可能没有足够的资金来购买他们所需要的信息，所以他们的决策就只能基于一些有限的或过时的数据。

2. 术语不一致

由于不同媒体的成本基数不同，并且用来确认这些成本的度量标准也不一致，所以就出现了一些问题。例如，印刷媒体可以提供到达每一千人的成本数据（千人成本，CPM），电波媒体使用每一视听率成本（CPRP），户外媒体使用展示品的数量。

3. 时间压力

广告主似乎总是很繁忙，有时因为他们必须这样，但有时却是他们自认为应该这样。竞争者的行动（例如，某一载体的播放费用的削减）要求即刻的反映措施，但有时这种紧迫

的感觉错误地造成了时间上的压力。所以，在有些情况下，媒体选择决策在未经过适当的
策划和市场或媒体分析之前就做出了。

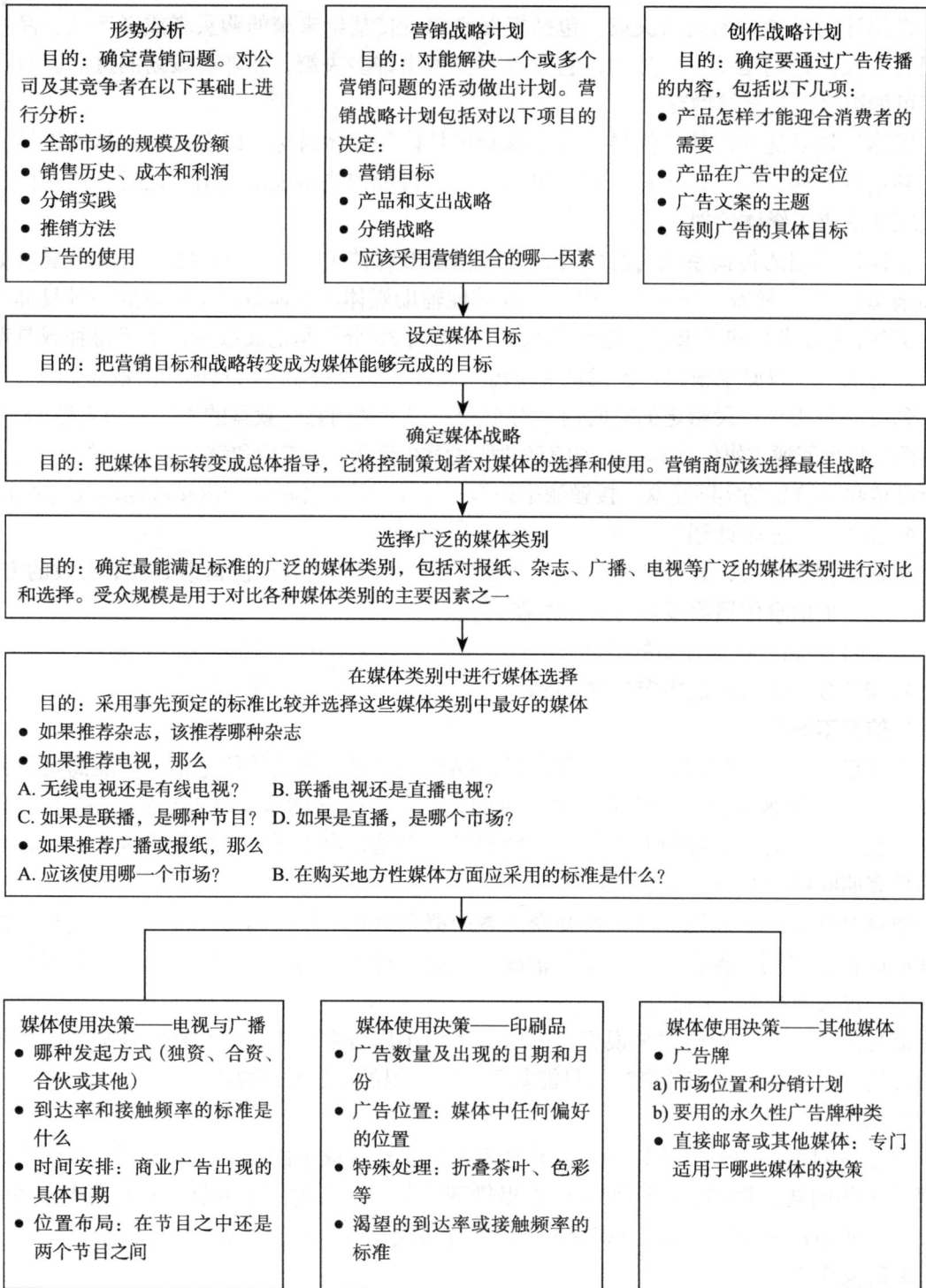

形势分析

目的：确定营销问题。对公司及其竞争者在以下基础上进行分析：

- 全部市场的规模及份额
- 销售历史、成本和利润
- 分销实践
- 推销方法
- 广告的使用

营销战略计划

目的：对能解决一个或多个营销问题的活动做出计划。营销战略计划包括对以下项目的决定：

- 营销目标
- 产品和支出战略
- 分销战略
- 应该采用营销组合的哪一因素

创作战略计划

目的：确定要通过广告传播的内容，包括以下几项：

- 产品怎样才能迎合消费者的需要
- 产品在广告中的定位
- 广告文案的主题
- 每则广告的具体目标

设定媒体目标

目的：把营销目标和战略转变成为媒体能够完成的目标

确定媒体战略

目的：把媒体目标转变成总体指导，它将控制策划者对媒体的选择和使用。营销商应该选择最佳战略

选择广泛的媒体类别

目的：确定最能满足标准的广泛的媒体类别，包括对报纸、杂志、广播、电视等广泛的媒体类别进行对比和选择。受众规模是用于对比各种媒体类别的主要因素之一

在媒体类别中进行媒体选择

目的：采用事先预定的标准比较并选择这些媒体类别中最好的媒体

- 如果推荐杂志，该推荐哪种杂志
- 如果推荐电视，那么

A. 无线电视还是有线电视？ B. 联播电视还是直播电视？
C. 如果是联播，是哪种节目？ D. 如果是直播，是哪个市场？

- 如果推荐广播或报纸，那么

A. 应该使用哪一个市场？ B. 在购买地方性媒体方面应采用的标准是什么？

媒体使用决策——电视与广播

- 哪种发起方式（独资、合资、合伙或其他）
- 到达率和接触频率的标准是什么
- 时间安排：商业广告出现的具体日期
- 位置布局：在节目之中还是两个节目之间

媒体使用决策——印刷品

- 广告数量及出现的日期和月份
- 广告位置：媒体中任何偏好的位置
- 特殊处理：折叠茶叶、色彩等
- 渴望的到达率或接触频率的标准

媒体使用决策——其他媒体

- 广告牌

a) 市场位置和分销计划
b) 要用的永久性广告牌种类

- 直接邮寄或其他媒体：专门适用于哪些媒体的决策

图 11-1 制订媒体计划的活动

4. 测量有效性方面的问题

一般来说，因为很难测量广告对销售促进的有效性，所以也就很难确定各种媒体或媒体载具的有效性。由此，在策划过程中（尤其在"直接反映"广告领域），媒体计划者通常必须猜测这些选择的影响。

11.2.2　制订媒体计划

媒体计划的制订除了特别强调确定传播信息的最佳途径之外，它和媒体战略的制定是很相似的。图 11-2 所示的过程包括了以下阶段：① 市场分析；② 媒体目标的确立；③ 媒体战略的制定和执行；④ 评价与实施。

市场分析 → 媒体目标的确立 → 媒体战略的制定和执行 → 评价与实施

图 11-2　制订媒体计划

11.2.2.1　市场分析和目标市场的确认

1. 广告的目标市场

虽然通过上文所讲述的市场分析，可能有许多目标市场，但仍然要决定哪一个具体的群体是支持媒体计划的，这样才可能达到策划者与客户、客户代表、营销部门和创作指导一同发挥作用的目的。许多因素都能在这一决策上帮助媒体计划者。有一些因素的分析可能需要进行第一手的研究，而另外一些只要从出版物（二手资料）来源中就可以获得。

2. 内外部因素的影响

媒体战略要受内外部双重因素的影响，这些因素在任一既定时段都起着一定的作用。内部因素包括媒体预算的规模、经理人员和管理人员的能力或者代理商的组织结构等。外部因素包括经济性（媒体正在上升的成本）、技术的更新（新媒体的适用性）、竞争因素等。虽然在这些信息中，有些需要第一手的研究，但大多数信息通过二手资料就能获得。

3. 促销的地点

何处促销的问题与地理方面的考虑相关。以下三种指数测量法对我们选择合适的促销地点大有帮助：

1）购买力指数测量。这一指数每年都由《销售和营销管理》（*Sales and Marketing Management*）杂志发布，它是针对美国每一座大城市市场做的，涵盖了许多因素，其中包括这一地区的人口、有效购买收入和零售总额。每一因素都单独影响购买力指数。这一指数把某一具体的大型地区、县或市相对于美国整体的潜力通过图表形式表示出来。通过最后的指数，媒体计划能发现这一市场的相对价值。当将相对价值与其他市场信息结合使用时，购买力指数测量有助于营销人员确定以哪一地区作为目标市场。

2）品牌开发指数（BDI）。它有助于营销人员在决策过程中使用地区的产品使用率。其计算公式如下：

$$BDI = \frac{品牌在某市场中的销售占所有地区销售的百分比}{该市场的人口占所有地区人口总数的百分比} \times 100$$

通过这种计算方法来确定这一市场中这种品牌的销售潜力：该指数高，市场潜力越大。

3）品类开发指数（CDI）。它是以与计算 BDI 相同的方式得出的，不同之处在于它在分子上使用的是产品品类（与品牌相对照）的信息。其计算公式如下：

$$CDI = \frac{品类在某市场中的销售占所有地区销售的百分比}{该市场的人口占所有地区人口总数的百分比} \times 100$$

CDI 提供了全部产品品类发展潜力的信息，而不是某一具体品牌的信息。当这一信息与 BDI 相结合时，可以制定出一种更具洞察力的促销战略（见表 11-1）。

当这些指数反映出人们对企业的产品／品牌有深刻的领悟时，这种信息就对总体战略起到了一种补充作用，而总体战略是在促销决策过程早期确定的。事实上，大量的这种信息都已被提供给了媒体计划者。既然这些指数常常被用于确定分配给每一地区的媒体比重，那么这种决策最终会影响分配到每一地区的预算支出，还会影响到诸如研究、接触频率和时间安排等其他因素。

表 11-1　BDI 和 CDI 指数的使用

CDI ＼ BDI	高 BDI	低 BDI
高 CDI	市场份额高 市场潜力良好	市场份额低 市场潜力良好
低 CDI	市场份额高 监控销售的能力下降	市场份额低 市场潜力不佳

高 BDI 和高 CDI　产品品类和品牌在这一市场通常有良好的销售潜力

高 BDI 和低 CDI　品类销售不良，但品牌情况良好；可能是一个做广告的好市场，但应该对下降的销售实行监控

低 BDI 和高 CDI　产品品类表现出高的潜力，但品牌表现不好；应该寻找其原因

低 BDI 和低 CDI　产品品类和品牌都表现不好，不像是一处做广告的好场所

11.2.2.2　确定媒体目标

通过媒体分析以确立具体的媒体目标。设计媒体目标是为了获取沟通和营销目标。媒体目标是为媒体方案所制定的目标，它应该局限于那些通过媒体战略能够获取的目标的范围之内。

11.2.2.3　媒体战略的制定和执行

实现目标要制定并执行媒体战略，这一战略直接从实现目标所需要的活动中演化而来，并且涉及以下标准（见表 11-2）。

1. 媒体组合

对于广告主来说，许多的媒体及其载具都是可以采用的。尽管可能只采用一种媒体和一种载具，但更多的可能是采用多种选择。广告主所追求的目标、产品或服务的特征、预算的规模和个人的偏好正是一些决定要采用什么样的媒体组合的因素。

由于每一媒体都有其独特的优势，因此，通过采用一个媒体组合，广告主就能使他们的媒体战略更加多样化。通过媒体组合，营销人员能在提高到达总体沟通和营销目标可能性的同时，增大覆盖面、到达率和接触频率水平。

表 11-2　在媒体计划制订中重要考虑的标准

- 媒体组合
- 目标市场覆盖面
- 地理覆盖面
- 时间安排
- 到达率与接触频率
- 创意和情绪
- 弹性（灵活空间）
- 预算方面的考虑

2. 目标市场覆盖面

媒体计划者要决定应该在哪些目标中对媒体重点使用。制定媒体战略涉及这样一个问题，即"我通过什么媒体和媒体载具能最有效地把信息传递给未来的购买者?"从而将最适当的媒体和该市场结合起来。

媒体计划者的目标是在使覆盖面浪费最小化的同时尽可能扩大目标受众的人数。这一情况通常涉及均衡问题，即有时人们不得不向小于目标的覆盖面妥协，而有时，最有效的媒体也要接触到那些非目标的人群。在这种情况下，由于所采用的媒体可能是现有的传递方式中最有效的，并且覆盖面浪费的成本小于使用它的收益，所以，这时覆盖面浪费是合理的。

3. 地理覆盖面

滑雪运动在中国的有些地区比另一些地区要盛行得多，因此，在消费者对滑雪运动兴趣不大的地区实施滑雪促销战略不会是最明智的，除非你能引起人们对滑雪运动兴趣的高涨。对某些地理区域相对于另一些地理区域加大促销比重的目标是有一定意义的，当然这需要付出更多的促销努力和财力。

4. 时间安排

时间安排首要的是安排促销时间，以使它们与最高峰的潜在购买时间相符合。对于媒体计划者来说，可采用的时间安排的方法有三种：连续式、间歇式和脉动式，如图 11-3 所示。

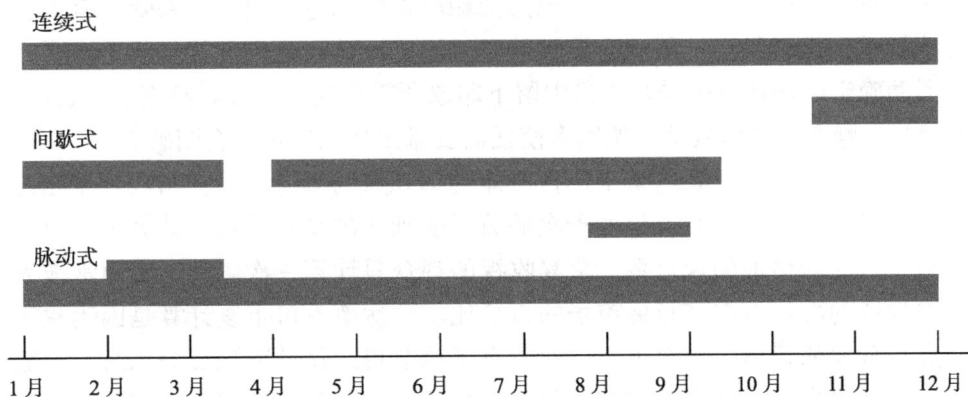

图 11-3　促销时间安排的三种方法

连续式是指一种广告的连续刊播形式，这种连续形式可以是每天、每周或者每月。其关键是有规律的、连续的形式，是没有间隔的或者是没有非广告时期的。这种战略可以用于食品、洗衣粉或其他无季节性的、连续消费的产品。连续式可以经常性地向消费者提示某种产品或服务，覆盖了整个购买周期，可以获得媒体优势（数量折扣、优越的位置等）。但连续式的成本较高，具有潜在的过渡的接触，具有有限的媒体分配的可能性。

间歇式采用一种较不规则的时间安排，带有间断的广告期和非广告期，在某些时段内，促销的支出大一些，而有些时间段内可能没有广告支出。间歇式仅仅在购买周期时采用，能降低成本；在有限的预算内可以允许包括一种或多种媒体或载具。但间歇式会给竞争对手留下更多的机会，可能会增加消费者对广告的厌烦感；在非广告期间内，它缺乏对促销信息的认知、兴趣和技艺；在非广告期间内，它对竞争对手来说表现脆弱。

脉动式实际上是前两种方法的结合。在脉动式策略中，连续式一直都保持着大优势，促销努力会被进一步加强。脉动式适用于季节性产品（或其他周期性的产品）。

5. **到达率与接触频率**

既然广告主有各种各样的目标，但同时又面临着预算的限制，所以他们常常要在到达率和接触频率之间寻求均衡。

要使人们知道某一产品或品牌就必须要求一定的到达率，也就是说，要使潜在购买者能接触到信息。既然目标是使所有的潜在购买者知道新的产品或品牌，所以新的产品或品牌需要高到达率。例如，在试购阶段，促销战略可能使用免费赠券或者免费样品；营销人员的目标是利用这些样品使信息到达更多的人，目的是使他们了解产品、试用产品并养成对该产品的偏好（反过来，这种偏好可能导致购买行为）。

接触频率是指一个人接触的媒体载具（但不一定接触媒体中的广告）的次数。大多数广告主都同意1：1的接触率是不存在的。因此，虽然你的广告可能已放入某一媒体载具中，但消费者已接触到那一载具的事实并不确保你的广告已被看到。结果，媒体计划书中表示的接触频率水平高估了那一则广告的实际接触率水平。为了避免这种高估，一些媒体购买者把媒体载具的到达率称为看到广告的机会，而不是它的实际接触。

因为广告主没有一种确定的方法来了解某载具接触是否能导致对广告的接触，所以媒体和广告主已达成了一种妥协：只要和载具接触就构成到达，因为如果受众有机会看到广告，这种接触就一定会发生。因此，接触数字就用于计算到达率和接触频率水平。但这种妥协不能帮助确定广告在目标受众心目中留下印象所需要达到的接触频率。广告的创作性、接收者的参与、噪音和许多其他干扰因素使任何要做出精确确定的企图破灭了。

媒体到达率是指一定时间内某个广告所能到达观众的累计数量。与收视率相比，媒体到达率衡量的是一定时期内某节目若干次播放所能到达的观众总数。计算观众总数时，只计每次播出节目时新增加的观众数，重复收视的观众只计算一次。到达率通常被表示为公司正在实现沟通的准顾客占其目标市场的百分比。到达率不可重复计算是因为它表达的是究竟有多大百分比的目标受众至少有一次收看了该节目。在计算该百分比时，一般以四个星期为一个时间段来计量某个电视节目的观众数量。每个观众在四周时间内无论其收看到多少次该广告，只计算一次。如果一次广告活动是由五个节目组成，只要受众至少看到了一次五个节目中的任何一个，他就可以被计为四周内所到达的受众。

媒体购买者一般通过数字了解有多少潜在受众能接触到某一系列的商业广告。将某段时间的节目视听率和家庭接触节目的平均次数结合起来（接触频率）的测量常常被用来作为参考依据，称为总视听率（GRP），其公式如下：

$$GRP = 到达率 \times 接触频率$$

GRP以一种媒体可以到达的全部受众为基础，是累计到达率的估计值，而目标视听率（TRP）则指媒体购买到达的目标受众的人数及相应的次数。与GRP不同，TRP不包括覆盖面浪费。

在对某地区研究的基础上，表11-3总结了在不同接触水平下的预期效果。有许多因素都可能在其中发挥潜在的作用，并且这些因素与效果的直接联系是难以确定的。此外，约瑟夫·奥斯托洛夫（Joseph Ostrow）认为，虽然重复次数迅速提高了人们对产品或品牌的认知，但它对态度和行为反映方面的影响效果却小得多。

表11-3 到达率和接触频率的效果

（1）在一个购买周期内，广告与目标群体仅接触一次，在大多数情况下很少或根本不会产生效果

（2）既然一次接触通常是无效的，那么有效的媒体策划的中心目标就应该是加强接触频率而不是到达率。有证据表明，在一个购买周期内，接触频率为两次的接触是有效的水平

（3）在一个品牌购买周期内，四周或八周的时期内接触频率超过三次以上时，接触频率的增长以递减的速度继续增加广告效果，但没有下降的证据

（4）虽然关于接触频率和它与广告效果的关系方面有一般性的规则，但品牌差异的影响同样是相当重要的

（5）我们已经发现，没有证据表明接触频率反映原则或者它的一般性规则是随着媒体的不同而变化的

（6）数据表明，厌烦感不是过高的接触率造成的，而应该是创作或文案的问题

表11-4表明了确定接触频率水平时的重要因素。

表11-4 确定接触频率水平时的重要因素

营销因素

- **品牌历史** 是新品牌还是已建立的品牌？通常，新的品牌需要更高的接触频率水平
- **品牌份额** 品牌的市场份额和接触频率之间存在着反向关系。品牌的市场份额越高，所需要的接触频率水平就越低
- **品牌忠诚度** 品牌忠诚度和接触频率之间存在着反向关系。品牌忠诚度越高，所需要的接触频率水平就越低
- **购买周期** 所需要的购买周期越短，维持对品牌认知的接触频率水平就越高
- **使用周期** 每天或经常要使用的产品一定是很快就要替换的，因此需要更高的接触频率水平
- **竞争对手的份额** 当存在许多竞争对手并且你的目标是迎战或击败竞争对手时，就需要更高的接触率水平
- **目标对象群体** 目标对象群体了解并记住信息的能力对接触频率有直接的影响

讯息或者创作因素

- **讯息复杂性** 信息越简单，需要的接触频率越低
- **讯息的独特性** 信息越独特，需要的接触频率越低
- **新的与持续性的运动** 新的广告运动需要更高的接触频率来传递信息
- **形象与产品销售** 创立一种形象所需要的接触频率水平比具体销售产品要高
- **讯息多样性** 一种形式的信息需要较低的接触频率水平，多样的信息需要的接触频率水平较高
- **厌烦感** 高的接触频率可能导致厌烦感，这种影响必须追踪研究并用来评价接触频率水平
- **广告单元** 在传播信息时，较大的广告单元比较小的广告单元要求较低的接触频率

媒体因素

- **干扰度** 媒体中各种广告越多，就需要越高的接触频率来突破这种干扰
- **编辑环境** 广告与编辑环境一致性越高，所需要的接触频率越低
- **关注程度** 媒体载具所获得的注意程度越高，需要的接触频率越少，而所获注意程度较低的媒体则需要更高的重复次数
- **时间安排** 连续的时间安排与间歇式或脉动式相比需要较低的接触频率
- **所用媒体的数量** 所有媒体越少，所需接触频率水平就越低
- **重复出现** 允许出现重复次数越高的媒体（如月刊杂志），则需要越低的接触频率

6. 创意与情绪

1）创意方面。通过强调创意的广告运动来促成产品的成功是很有可能的，但为了实施这一创意，必须采用能支持这一战略的媒体。例如，Obsession古龙水广告运动都采用印刷媒体来有效地传播它们的信息，而柯达公司和麦当劳以及许多其他公司，都有效地利用电视来创作感性诉求。在有些情况下，媒体战略可能是创作战略背后的驱动力，正如媒体和

创作部门的紧密合作能够对特定媒体的受众产生极大的影响一样。

2）情绪。由于某种媒体能够产生一种有利于传播的情绪，所以它增强了信息的创意性。广告信息可能需要特定的媒体和某种媒体载具来到达它的目标。同样，某些媒体载具具有这样一种形象，即它们能够使传播出的信息具有某种独特的感觉。

7. 灵活性

有效的媒体战略需要一定的弹性。由于营销环境是迅速变化的，所以，战略也要相应变动。如果所制订的计划缺乏灵活变动的余地，就可能错过良好的机会或者公司可能无力迎接新的挑战。

8. 预算方面的考虑

制定媒体战略最重要的决策之一就是成本的估算。任何战略的价值都是通过它怎样以最低成本及最少浪费来把信息顺利地传播给受众而确定的。广告和促销成本可以分为以下两类：媒体或载具的绝对成本是放置信息所需要的实际总成本；相对成本指广告时间或空间的价格与所能达到的受众规模之间的关系，它用来在各种媒体载具之间进行对比。因为经理人必须尽力在预算内使受众传播最优化，所以相对成本是很重要的。既然在传播信息方面存在着许多可相互替代的选择，广告主就必须评价与这些选择相联系的相关成本。

在确定媒体相对成本方面有下列常用的成本基数。

1）千人成本（CPM）。杂志行业多年来一直在所到达的每一千人的成本基础上进行成本分析，计算公式如下：

$$CPM = \frac{广告版面成本（绝对成本）}{发行量} \times 1\,000$$

2）百分点收视成本（CPRP）。电波媒体提供了一种不同的可比成本，即百分点收视成本（CPRP）或百分点成本（CPP），公式如下：

$$CPRP = \frac{商业广告时间成本}{节目视听率}$$

3）每日每寸栏目成本。对于报纸来说，有效成本是基于每日每寸栏目成本的，即报纸每寸栏目的成本。为试图把相对成本计算过程标准化，电波和纸媒体已开始用下列公式提供千人成本：

$$千人成本（电视） = \frac{单位时间成本 \times 1\,000}{节目视听率}$$

$$千人成本（报纸） = \frac{广告版面成本 \times 1\,000}{发行量}$$

虽然在千人成本基础上媒体之间的比较是很重要的，但媒体之间的比较可能仍然具有误导性。电视提供音像的能力、杂志的长度优势以及每种媒体其他的特性都使直接的比较变得困难起来。媒体计划者应该运用千人成本数字，但也必须考虑决策中每种媒体载具的具体特性。

千人成本可能高估或低估了实际成本效果。例如，无法避免的覆盖面的浪费的情况，这时的发行量超过了目标市场。如果这种信息所到达的人们不是产品的潜在购买者，那么为了到达他们而不得不增加开支，这件事本身就可能会导致千人成本的大大低估。我们必须采用目标市场（即所追求的目标）的潜在到达率，而不是采用全部发行量数字。如果能够到达更多的潜在接收者，那么即使其千人成本相对高很多，这种媒体也可能是一种更明智的选择。

CPM 也可能低估成本效率。杂志广告版面的销售者认为，因为某一期杂志的阅读者并不仅限于购买者本人，所以，实际的到达率也被低估了。这就涉及阅读率，即估算未购买但阅读了杂志的人数。由于每本读者数的估计是凭直觉产生的，所以它可能极不准确，但杂志传阅的实际次数也很难确定。虽然研究者正在着手解决这一问题，但传阅率的估计还是带有很大的主观性，采用它来估计到达率只能带有推测性质。尽管这些数字由媒体有规律地提供，但经理在采用它们时仍有选择。同时，由于许多杂志经理都很清楚到达率会比提供给他们的发行量数字高多少，这时媒体购买的艺术性尤为突出。

除了成本高估或低估的隐患外，CPM 还存在着只能提供媒体价值定量估计的局限性。虽然他们在比较相似的载具上很有用，但在各种媒体之间做对比时就不那么有效了。

11.2.2.4　评价与跟踪

所有计划都需要对它们的执行情况进行评价。

在描述策划过程的要点时，我们曾提到要确定目标并制定战略。在实施这些战略以后，营销人员需要知道战略是否成功。效果的测量必须考虑下列两个因素：① 这些战略是如何实现媒体目标的；② 这种媒体计划对实现总体营销和传播目标所起的作用。如果战略是成功的，就应该在未来的计划中采用它们。如果不成功，就应该对它们的缺陷进行分析。

11.3　新媒体环境下广告媒体选择

现代广告中媒体选择的余地越来越大。不同媒体具有不同的特征和优劣势。要想达到预期的广告效果或者广告目标，在进行广告策划的时候，应该在纷乱复杂的诸多媒体中选择更加适合媒体策略、产品定位策略、诉求策略的媒体，并将它们进行认真梳理，进行最优整合配置。毫无疑问，媒体的选择、组合与创新是广告媒体策略决策中的最核心内容。

11.3.1　广告媒体选择的策略重点

进行广告媒体选择的目的是为了通过各类媒体的特征，找出适合广告主或企业广告目标要求的媒体，使得广告信息通过组合的媒体渠道，更加有效地传递有关信息到达广告主想要的目标受众。

媒体的选择的主要任务就是制定媒体在类别与载具上的选择方向。媒体的选择一般包含三个不同层次的主题：① 媒体类别的选择与分配；② 各类别中不同性质的媒体载具的选择；③ 节目、版面的选择。以上三个层次是层层深入和降序包含的关系。

这里尤其需要澄清的是，策略性的广告媒体选择，并不真正要选出媒体类别或者媒体载具。对具体的媒体加以评估并真正选出所要使用的媒体类别与载具，属于媒体执行方案的作业内容。与执行方案中的媒体选择作业偏向量和质的综合计算与评估不同，策略性的媒体选择侧重于质上的考虑。一方面，从广告整体说服效果的角度，思考媒体如何为创意提供最佳的演出舞台与空间，从而使广告对消费者产生最佳说服思考；另一方面，从避免品牌形象及广告效果稀释的角度，思考媒体在选择与使用上应避免投入的环境。

11.3.2　广告媒体选择的影响因素

面对范围越来越大、变化迅速的各类媒体，广告策划人员必须思考的核心问题是：哪些媒体类型能够有效地将产品或品牌的信息传递到目标受众，网络、电视、广播和印刷媒体等都正在分裂成更多可利用的广告信息载体，以适应目标受众越来越个性化的休闲模式和购物需求，这就使得媒体的选择要更具有科学性。通常来讲，媒体的选择大多通过建立在主观和客观的基础上，进行合理分析和比较来完成。

在市场经营活动中，影响媒体选择的因素非常多，通过总结和归纳，得出在对广告媒体进行选择的时候必须要考虑的 15 个基本因素。这 15 个基本参照标准无论对哪种广告类型进行比较、选择，都应该加以考虑（见图 11-4）。

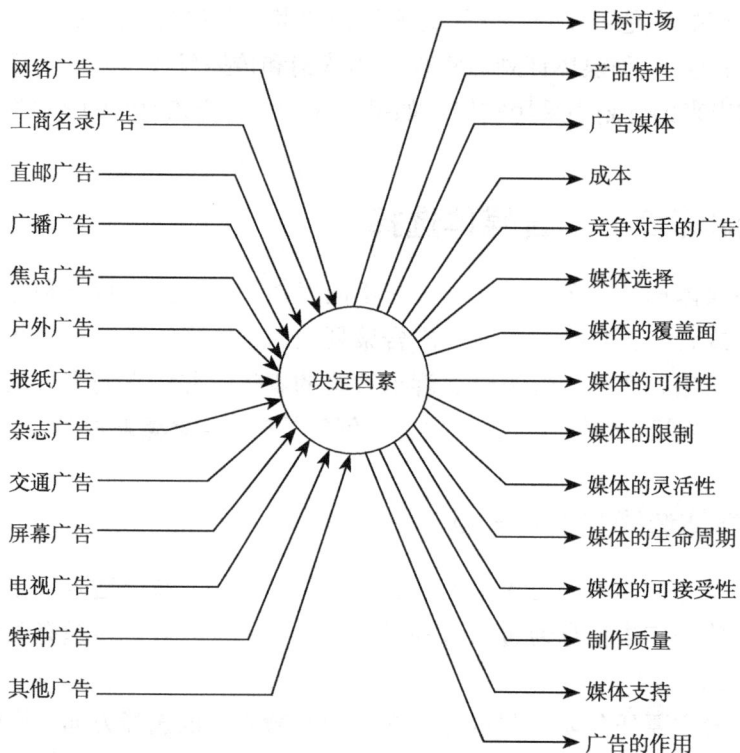

图 11-4　影响媒体选择的 15 个基本因素

本章重点

"媒体"一词源自于英文中的 media。从传播学角度看，媒体通常是指传达、增大、延长人类信息的物质形式。媒体是人们用来传递信息与获取信息的工具、渠道、载体、中介或技术手段，也可以理解为从事信息的采集、加工制作和传播的组织，即传播机构。而被运用向消费者传递广告信息的媒体，就是广告媒体。

广告媒体可以分成很多类。根据受众规模的不同，广告媒体可以分为大众传播媒体和小众传播媒体两大类；按照媒体信息作用的方向，广告媒体可以分为单向媒体和互动媒体；按照传播符合的类型，广告媒体可以分为印刷媒体和电子媒体；按照受众的接受形式，广告媒体可以分为视觉媒体、听觉媒体、视听综合媒体和平面媒体；按照广告在媒体的暴露时间长短，广告媒体可以分为长期媒体和短期媒体。

媒体计划不是一个简单的过程，它的选择项目除了电视、报纸、广播和杂志等大众媒体之外，还包括户外广告位、运输工具广告位和电子广告牌等户外媒体。各种辅助媒体，比如直接销售、交互式媒体、促销性产品广告位和市内售点广告位，也必须考虑在内。

媒体计划的制定除了特别强调确定传播信息的最佳途径之外，它和媒体战略的制定是很相似的，包括以下阶段：① 市场分析；② 媒体目标的建立；③ 媒体战略的制定和执行；④ 评价与实施。

媒体的选择一般包含三个不同层次的主题：① 媒体类别的选择与分配；② 各类别中不同性质的媒体载具的选择；③ 节目、版面的选择。以上三个层次是层层深入和降序包含的关系。

面对范围越来越大、变化急促的各类媒体，广告策划人员必需思考的核心问题是：哪些媒体类型能够有效地将产品或品牌的信息传递到目标受众。网络、电视、广播和印刷媒体等都正在分裂成更多可利用的广告信息载体，以适应目标受众越来越个性化的休闲模式和购物需求，这就使得媒体的选择要更具有科学性。通常来讲，媒体的选择大多通过建立在主观和客观的基础上，进行合理分析和比较来完成。

复习思考题

1. 什么是媒体？举例说明常见的广告媒体的特征。
2. 分析常见的各类广告媒体的优势和劣势。
3. 广告媒体的类别有哪些？
4. 怎样设计广告媒体计划？
5. 怎样进行广告媒体的选择？

实训练习

从市场分析、媒体目标的建立、媒体战略的制定和执行、评价与实施四个方面为某品牌手机进入武汉市场撰写一份媒体计划。

如果你负责投放微信朋友圈广告，你该如何规划整体策略

2015年1月25日晚，三条微信朋友圈广告"出世"。炫耀、自嘲、焦灼……各种情绪蔓延在手机屏上。当这三条广告的"火热劲"逐渐消退后，我们该好好思考：不久的将来，微信朋友圈广告也许不再是大企业的"专享"，它将成为一种常态的广告形式。那么，该如何规划微信朋友圈广告的整体策略呢？

1.明确目的：投放微信朋友圈广告，目的是什么？——切忌陷入"只赚吆喝"的误区！

总体而言，投放微信朋友圈广告的目的可分为两个层面：品牌和产品。

1）品牌层面：是否能带来知名度（品牌认知）、美誉度（品牌认同）？

例如，宝马、可口可乐、vivo这三个品牌，已是大多数人熟知的。"普及""更大范围的告知"，对它们而言，没有意义。但如果你的品牌或品牌的某种主张不被消费者所认识（或半生不熟），这种赚吆喝的形式，则是有益的。

美誉度呢？这三条广告，有两条都是从品牌层面出发的（vivo的"乐享极智，向音乐致敬"，宝马的"越是期待已久，悦是如期而至"）。就这点而言，对那些仅仅知道"vivo是手机""宝马是汽车"的人，是一次品牌理念的集中式、爆发式输出。

2）产品层面：是否促进了产品销售？

微信朋友圈广告属Feed流广告。"Feed流广告更多的是根据性别、年龄、爱好、地理位置等一些用户标签进行精准匹配，以此更为精准地进行广告推送，用算法为每位用户个性化定制广告，从而将广告骚扰度降到最低。"[⊖]

所以，成功的Feed流广告，一定是为消费者提供真正需要而又不必去选择的产品！这个很关键。在这个物质生活极其丰盛的年代，不少消费者都有"选择困难症"。"选择丰富当然比没有选择要好，但选择过多却不见得更好。"事实证明，面对这种苦恼的选择难题，消费者正在不断退缩，他们往往倾向于在购物时少做选择，同时尽量依靠好友圈的推荐进行消费。

如果微信朋友圈广告的目的就是推广产品，那就选中一个或一个系列的产品（不要贪多），用无尽的创意，直指目标消费群的痛点需求。

总之，"明确目的"的最大价值在于：只赚了吆喝，但无论品牌，还是产品层面，没有给消费者留下任何干货。

2.优质的"微信朋友圈广告"要具备哪些要素

优质的"微信朋友圈广告"要给用户三种回报：信息、社交、娱乐。

（1）信息

社会化媒体时代，广告并没有死，只是在其他平台，以另一种形式"复生"。如果广告能带给大家真正所需要的信息呢？例如，你加入了一个美容护肤微信群。你在群里发问："冬天，我的皮肤干燥、过敏、严重脱皮，请推荐靠谱产品！"这时，一个姐妹告诉你一款对症下药的产品，你会很愿意尝试，并感谢之。

同样，如果这条广告能站在用户的立场，告诉他们怎样解决他们面临的问题？这就是有用

⊖ 资料来源："LinkedIn中国"原创。

的信息。所以，朋友圈广告不要总想着证明自己有多么了不起，自说自话，自我表白。

（2）社交

不少人都有此感觉：微信朋友圈的关系连接正逐渐弱化。这是符合社交规律的。当一个平台汇聚了太多的人群，其关系也会愈趋疏离，难以亲密。但是，朋友圈广告还是要能引发某类（相似）人群的参与热情。

以首先"面世"的这三条朋友圈广告为例，其参与点在于：身份与地位的写照。"收到可乐的是屌丝，收到vivo的是中产，收到宝马的是土豪！"（尽管这句话没什么准确性）但是，这就是一个激发用户的参与点。所以，在设计朋友圈广告的内容机制时，要铺设好参与点。它可以是某类人群特别感兴趣的话题，可以是一决胜负的游戏等。

（3）娱乐

微信朋友圈就如一个闭合、彼此间连接的圈子，其中的成员希望能在圈子里玩得尽兴。事实上，这三条广告的推出，让大家那晚玩得很尽兴。其形式是：co-branding。试想：如果当晚只有一条孤立的品牌广告，是不是娱乐性大打折扣呢？

总体而言，人的本性是懒惰的。如果朋友圈广告无法给用户带来信息，没有社交连接，没有娱乐价值，这样的广告定是索然无味。

3. 微信朋友圈广告怎么形成二次传播

我曾看过一个微信小调查：你本来不想点击阅读朋友圈里的某篇文章，但这篇文章被三个（及以上的朋友）转发了。这时，你有了戳那篇文章的欲望。这种场景类似于"信息瀑"效应，即"人们会认同某个群体形成的恐惧感或共同期望（无论正确与否），从而导致预言的自我实现，而这种效应会反过来继续巩固恐惧感或期望的新一轮传播"。

简而言之，信息瀑让人们倾向于根据周围人的做法进行决策。例如，苹果公司在iPhone发布前夕，开始记录iPhone引发的各种狂热参与场面。在发布产品照片的同时，苹果公司还拍摄了很多其他照片在网上发布。在这些照片中，首先看到的是兴高采烈的支持者熬夜排队等待购买产品的景象，然后是成群的记者和摄影师抓拍活动现场的花絮，最后是大家买到产品后的极度兴奋之情。[⊖]

当朋友圈里的小伙伴在这条广告下点赞、评论或转发时，势必会影响我们对这条广告的态度。所以，当微信朋友圈广告形成类似"信息瀑"后，其他传播渠道（主要是社交媒体）怎么接力？怎么充分运用消费者的"注意力余热"？这是需要在最开始就要部署的内容策略，比如设悬念、连载、"由点及面"等。

资料来源：文章来自SoLoMo Club专栏作者小圈梨（xiaoquanlisocial）。

⊖　资料来源：米奇·乔尔. 湿营销[M]. 杨洋，译. 北京：中国人民大学出版社.

Chapter 12
第12章

广告效果评估

学习目标

1. 理解什么是广告效果以及广告效果的内容
2. 掌握广告效果的评估流程
3. 了解广告效果测试的基本方法

12.1 广告效果测评

12.1.1 广告效果的定义

广告效果是指通过广告媒体传播之后，广告对其接收者所产生的影响和由于人际传播所达到的综合效应。它包括广告对受众的知晓，广告对受众的了解，广告对受众偏好的心理影响和广告对企业销售量的影响，也就是广告的传播效果和广告的销售效果。

在广告活动中，人们对广告效果的内涵理解不一，一般来说可以从以下三个角度对广告效果进行分类。

1）从宏观角度而言，广告效果可分为经济效果和社会效果两种。经济效果是指广告对社会经济生活，如生产和消费的影响，特别是指由于广告而造成的产品利润的变化。社会效果是指广告对人们的消费行为、消费观念的变化起作用，也对整个社会的文化、生活伦理造成的影响。

2）从表现形式而言，广告效果有销售效果和广告本身效果之分。销售效果是指广告发布后引起产品销售状况发生变化的经济效果。广告本身效果是指广告的接触效果或广告的心理效果，指广告传播出去以后对大众产生的心理效应，包括对受众在知觉、记忆、理解、情绪等方面的影响。这是广告效果最核心的部分。

3）从时间角度而言，广告效果有即时效果和潜在效果之分。即时效果是指广告活动在广告传播区域所产生的即时性反应，主要指时促性效果。潜在效果是指广告在消费者心中产生的长远影响，对受众观念上的冲击及消费者对产品企业的印象变化。

广告的最终目的在于提高商品、品牌的销售额。但是，决定商品、品牌销售额的重要因素，还有广告以外的促销活动、流通阶段的能动性、商品力等因素。通常，广告传播效果可依据以下四种程度体现（见图 12-1）。

向媒体的广告发稿	媒体到达程度	广告到达程度	心理变化程度	行动程度	销售额
	● 媒体到达率 ● 媒体平均到达次数 ● 媒体总到达率	● 广告到达率 ● 广告平均到达次数 ● 广告总到达率	● 品牌知名度 ● 内容理解率 ● 好感态度率 ● 打算购买度	● 购买准备行动率（耐用品） ● 购买率（非耐用品） ● 应募率（premium campaign）	

图 12-1

作为广告效果中媒体选择的重要指标，有总收视率（GRP）、到达率（reach）、频数（frequency）等概念。

- GRP（gross rating point）（单位：%）

即总收视率（总收听率），系把一段时期的各次收视率加在一起而得。

- 到达率（reach）（单位：%）

即表示收视户（人）的范围比例。到达率不会超过 100%，为至少收视 1 次以上户（人）的比率。

- 频数（frequency）（单位：次）

频数又称平均收视率，表示至少收视 1 次以上户（人），平均收视的次数。

就这三项指标的关系而言，随着 GRP 增大（播放次数增多），到达率的增长会逐渐迟缓。另外，即使到达率保持一定水平时，频数仍会近乎直线地增长。

这三项指标之间有如图 12-2 所示的关系。

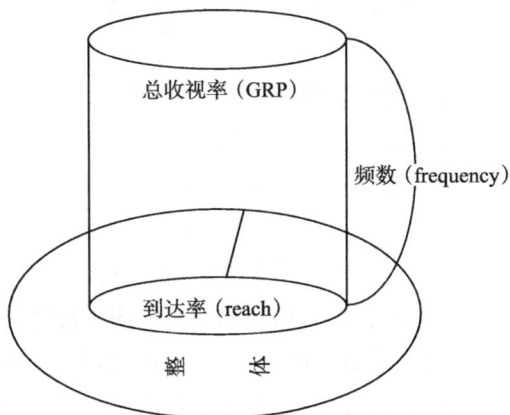

图 12-2

总收视率（GRP）＝到达率（reach）× 频数（frequency）

12.1.2 广告效果测评的内容

广告效果测评的内容贯穿于广告活动的全过程，涉及广告活动的各个环节。总的来说，广告效果的内容包括以下三个方面：广告信息测评、广告媒介测评、广告活动效果测评。

12.1.2.1 广告信息测评的内容

广告信息测评是对广告作品传播的各方面的信息进行全面的检测和评定。要在广告作品发布之前检验广告作品是否定位准确，广告创意是否引人入胜，广告作品是否具有冲击力和感染力，广告能不能满足目标消费者的需要，激发起消费者的购买欲望。

广告信息测评包括两个方面：广告主题测评和广告文案测评。

1. 广告主题测评

广告主题测评是广告效果测评的第一个环节，也是最重要的一个环节。它直接关系到广告作品有没有把广告主想传播的信息告诉它的消费者，有没有真正地满足消费者的需求。它要求针对目标消费者，了解目标消费者对广告主题的看法，看看他们是否认可广告主题，接受广告主题；看看广告有没有充足的论据来凸显这一主题，有没有充分的感情来渲染这一主题。

2. 广告文案测评

广告文案测评又称广告事前测试，是对广告文案及广播广告、电视广告、网络广告所做测评的总称。从广告文案测评的历史来看，首先是报纸广告、杂志广告文案测评比较发达；其后随着电波媒体的发展，文案测评逐步应用于广告测评中；近年来随着网络广告的兴起，广告文案测评也相应地应用于网络广告中。

12.1.2.2　广告媒介测评的内容

在广告活动中，绝大部分费用是用来购买媒介、时间和空间。如果媒介选择不当或组合不当都会造成广告费用的极大浪费。广告媒体测评是对报纸、杂志、广播、电视、户外广告等大众媒体及网络广告等其他媒体的测评。

广告媒介测评主要用来测评各广告媒体的特征以及消费者如何接触各种媒体。其具体内容如下：

1）各广告媒介"质"的特征；

2）媒介投资效益评估；

3）媒介选择与分配研究；

4）媒介组合是否恰当；

5）广告媒介近期视听率、阅读率、点击率是否有变化；

6）广告媒介执行方案的确定与评估。

12.1.2.3　广告活动效果测评的内容

广告活动效果测评，是对某一产品推广的所有广告活动的测定。它全面评估广告活动效果，并为新的广告活动提供资料和依据，指导以后的广告活动。广告活动效果测评包括销售效果测评和心理效果测评两方面内容。

1. 销售效果测评

销售效果测评是企业主和广告商最关心的效果指标，是人们评价广告活动成败最先想到的，也是最直观的评价指标。我们做广告的目的就是为了销售产品，否则我们就不会花钱花精力去做广告。销售效果测评基本上是根据广告宣传的商品在市场上的占有率、销售量、消费者的使用情况等统计资料，结合同期广告量进行分析比较，把握广告的整体效果。

2. 心理效果测评

从广告主的角度来讲，他们最关心的是广告的销售效果。但是广告效果的复杂性，要求我们必须从广告的传播角度入手测定广告的传播效果，即广告的心理效果，这样才能更客观地把握、衡量广告效果的大小。

此外，广告活动的目标包括两个方面：一是提高商品的销售额，增加利润，使企业获得良好的经济效益；二是使商品或企业在消费者心目中树立良好的形象，为企业的长远发展奠定良好的基础。

12.2 广告效果测评流程

广告效果测评，是一个有程序、有步骤的动作过程，必须循序渐进。通常一项广告测评，应该有以下四项程序。

1. 确定测评目标

根据广告计划确立测评的目的和必要的测评内容，依据测评目标的主次，排列优先测评或重点测评的次序。

2. 制订测评方案

根据测评目标，确定各阶段具体的测评内容和测评方案，包括各阶段的时间安排与抽样分布、测评的对象和方法、人员安排和经费预算等。制订测评方案应该包括如下四个方面的内容。

1）根据测评项目、测评对象和测评方法制订测评方案，明确人员分工，安排各项必要措施；

2）设计制作测评问卷；

3）小范围预测，修改测评问卷；

4）对测评人员进行培训，考虑、预估测评中遇到的困难并制定相应的防范措施。

3. 实施测评方案

实施测评方案主要包括以下四项工作：

1）实施测评，回收问卷；

2）按照一定比例进行抽样复核；

3）整理收集的资料，处理分析数据；

4）进行方案设计中的其他测评工作。

4. 总结评价，撰写测评报告

根据不同阶段的效果测定，汇总分析，对整个广告活动过程的效果进行总体评价，写出报告。报告内容通常包括测评题目、测评目的、测评过程与方法、测评结果统计分析、测评结论与可行性建议及附录。

广告效果测评流程，具体见表12-1。

此外，调研机构综合几家大型调研机构的评价体系，也一直试图对传统媒体的广告效果测量进行改进，以适合网络广告。

我们主要从以下三个方面对网络广告

表 12-1 广告效果测评流程

测评准备阶段	（1）明确测评目的与内容 （2）初步情况分析 （3）制订测评计划 （4）明确资料来源与收集方法
正式准备阶段	（1）明确测评目的与内容 （2）初步情况分析 （3）制订测评计划 （4）明确资料来源与收集方法
结果处理阶段	（1）资料整理分析，数据处理 （2）撰写测评报告 （3）随时与广告主沟通
总结评价阶段	（1）汇总分析 （2）撰写报告 （3）将结果反馈给广告主，共同探讨总结

的效果进行评价。

1）"品牌联结"，是指该广告让人记住所做品牌的能力，没有哪个广告主希望花费大笔费用"为别人做嫁衣"，因此这是最重要的。

2）"创意沟通"，是指广告中的创意能否被人理解以及人们看后对其的评价（如喜欢程度、独特程度、可信程度等）。

3）"说服"，是指广告对于激励消费者采取后续行动的能力，包括查找更多资料，与朋友分享，当然还有最重要的"购买"。

但是在某种程度上，由于网络广告的运营特点和传统市场研究的操作特性，网络广告所遭受的非议也颇多。

首先，数据可靠性的保障。对于点击率，网上也有很多人写文章在攻击，主要的攻击点就是可靠性，因为互联网公司很容易进行作弊。而传统的市场研究同样也不那么让人放心，访问员的违规操作和受访者的回答随意性是两个最大的弱点，而前者相对可控，后者就完全不可控制。

其次，速度不匹配。互联网最大的特点就是快，在运营过程中尤其迅速，而传统市场研究需要时间去招募、访问、录入、分析，即使采用在线问卷的方式，招募到合适的样本量也是需要时间的，广告的前测基本没时间做，后测出了分析结果后很可能已经上线第三轮广告。所以，很多广告主选择放弃，一些深入的问题就不能很好地被探测到。

最后，对于矛盾的"恐惧"。加入不同的评价角度，有可能会引起一些矛盾——新的测量结果好的广告，点击率表现却很低或相反的情况。另外一种矛盾则存在于效果测量本身，我们会评价出一支广告的好坏，而提出的建议往往是合理但并不是真正可执行的。

12.3   广告效果评定的基本方法

12.3.1   广告传播效果的测定

12.3.1.1   广告作品效果的测定方法

一个有效的广告作品是能够产生心理效果的作品，即能够影响消费者的心理变化，引导消费者态度朝着既定的广告目标转变。因此，对广告作品应进行广告主题、创意、文案、表现手法等方面内容的测试，根据消费者的意见选择、修改广告作品，也可发现更好地创造广告作品的构想。常见的方法有以下四种。

1. 实验室测定法

在进行实验室测定时，首先要选择与目标相符的测定方法，做好以下四项工作。

1）选择对象。它是指召集广告对象的典型人物，即目标消费群体的代表。人员不少于30人。

2）广告展示方法。它是指设计一个模拟符合测试要求的广告接触场所，如接近居家看电视的环境、模拟报纸等。

3）测定项目。它是指按照广告效果测定要求收集对象对广告的反应和意见。

4）测定方法。

A. 斯威林法。这是以开发此种调查法的公司命名的（Schwerin Research Corporation，有时译为雪林调查公司）。这种方法是请被邀请的代表性观众持票入场，挑选自己喜欢的商品观看广告，在广告播放后重新挑选商品，对比两次挑选的结果和变化，判断哪一则广告效果较好。在此过程中，还可以对观众进行提问，测试观众对广告作品的记忆程度。

B. 仪器测试法。此法主要在实验室场景内，在目标对象观看广告的过程中，使用不同的仪器设备测定不同目的的广告作品。此法主要用到以下几种仪器：① 程序分析仪器：用于收听收看广播电视时，在视听者旁边设置"＋"（有意思）和"－"（没意思）两种按钮，"反应测定仪"按时间推移显示相应的曲线图。这种方法用于广告表现唤起消费者兴趣的效果调查。② 瞬间显示器：这是一种以 1/100 秒为时间单位的短时间展示报纸广告的装置。放完一次后立即重放，用于测定广告作品中各构成要素受关注的程度和容易记忆的要素。③ 反应测定仪：观众在回答问题时用按钮，通过计算机立刻将结果显示出来，使人们可以边看统计结果边测试实验内容。这种方法用于测定一般广告意见。④ 眼睛照相机：这种装置用反射光捕捉眼球的运动，记录下被测试者对广告作品的关注点和注意时间，可以测定对象注意了哪些广告要素。⑤ 皮肤反射测定仪：因广告对象在观看作品时情感上的起伏能使皮肤表面出现发汗变化，所以通过记录发汗变化所产生的电抵抗反应可测定广告唤起兴趣的效果。

2. 意见评定法

意见评定法有两种，一种是对广告作品的各个创作阶段进行测评，在不同的阶段严格选择合适的测评人员，对广告作品创作进行测评。例如，选择能够代表消费者态度的专家或直接选择目标对象。另一种是将同一商品制作多份广告原稿，请目标对象做出选择，测定哪一种广告作品的效果引人注意，印象最深。

3. 评分法

评分法是将意见评定法进行量化处理，最后以统计方法进行测评。具体操作办法是先列出对广告作品的评价项目，制定表格，请目标对象打分，以确定广告作品的实际效果。

4. 实地访问调查法

由调查员访问样本户，获取对象对所观看广告的反应态度，用这种方法的目的是尽量不加上人为操作因素，任其自然反应。

上述方法也有部分可应用于广告消费心理效果的测定。

12.3.1.2　广告媒体效果的测定

广告媒体效果的测定，就是调查消费者对于各种媒体，如报纸、杂志、电台、电视、户外广告等的接触情形。广告媒体的调查通常根据三个测定标准进行：一是媒体分布，比如报纸、杂志的发行量，电视广播的到达范围，户外广告的装置情况；二是媒体的受众群，即读者群和收视群，三是广告的受众群，即对各媒体刊播的广告的接触群体。后两者的测量主要是考察媒体受众群与广告受众群之间的关系，以便做出更精确的媒体计划。

根据媒体的不同特质，广告媒体效果主要的测定方法分为以下两大类：印刷媒体的测定方法和电子媒体的测定方法。

1. 印刷媒体的测定方法

印刷媒体主要是报纸、杂志以及户外招贴广告牌。常见的测定内容包括：① 报刊杂志的发行量；②读者对象；③阅读状况。

目前国际为确保公正，对报刊发行量的调查普遍使用的是报刊发行量核查制度。美国首先于1914年成立了ABC机构（Audit Bureaus of Circulations），目前世界上也有50多个国家和地区成立了ABC组织。1963年，国际ABC联盟（International Federation of Audit Bureaus of Circulations）成立，目的在于交换会员国之间的数据和经验，促进广告业的国际合作。我国目前还未设立ABC机构，大都由报刊自身宣称发行情况，也有的通过公证处证实其发行情况。为适应经济发展要求，与国际接轨，我国在这方面的管理实施亟待规范。

测量读者群和广告阅读状况有利于了解广告的认知效果。美国达尼爱尔·斯塔奇公司成立于1932年，在这方面可称为权威机构。日本的各大报社也对各自的报纸广告进行了关于阅读率的调查，如《朝日新闻》报社通过电话调查法针对前一天报纸的每一个广告进行电话询问。测定阅读情况，主要通过以下三个指标表明：

1）注目率。接触过广告的人数与读者人数的比率。测评公式为：

$$注目率 = \frac{接触过广告的人数}{阅读报刊的读者人数} \times 100\%$$

2）阅读率。通过向接触过广告的人提问广告的主要内容，如主题、商标、插图等元素，测定能记得这些元素的人数所占的比率。阅读程度不同，记住的广告信息也不同。当被调查者能够记住广告中的一半以上的内容时，可称其达到精读率。阅读率的计算方法与注目率大致相同。

3）阅读效率。阅读效率的计算是指不同程度广告阅读者的人数与支出的广告费用之间的比率。这个方法可以测定出广告投入与取得广告效果之间的成本效益。测评公式为：

$$广告阅读效率 = \frac{报刊阅读人数 \times 每一种程度读者的百分比}{支出的广告费用} \times 100\%$$

2. 电子媒体的测定方法

广告电子媒体通常指的是广播和电视，主要是通过视听率调查来测定广告媒体的接触效果。目前通用的视听率调查方法有以下四种。

1）日记调查法。该方法是由被调查者（抽样选出）将每天所看到或听到的节目一一填入调查问卷上。这里主要以家庭为单位，把全部成员收看（听）节目的情况按性别、年龄等类别填好。一般调查期间为一周或更长一些。在此期间，必须有专门的调查员按期上门督促填好问卷，调查结束后，收回问卷。经过统计分析得出的百分比，就是视听率。

2）记忆式调查法。在节目播出后当天，如果是下午或晚上的节目就在次日上午，调查人员立即进行访问调查，请被调查者回忆所看到的节目。从调查视听率角度而言，调查访问的时间离节目播出时间不能太久，以免有遗忘产生。就调查目标对象对节目或电视台的态度而言，这是个可行的办法。问卷设计可在日记调查法的问卷基础上稍作修改即可。

3）电话调查法。顾名思义，电话调查法就是向目标对象打电话询问正在观看的节目。选定一个时间段（如19：00～20：00），请调查员同时向目标对象打电话，询问他们是否在看电视，看什么节目，有几个人在看等，并记录下访问结果。记录表上要有电话号码以及被调查者姓名、性别、年龄段的记录，提问的问题要特别简单，时间不能太长，一般只设四五个问题，以免引起受访者的厌烦情绪，如您是否在看电视？→（是）请问您在看哪一台？→请问您是不是常看这个节目？→请问您身边现在几个人在看电视？→（否）请问您是否看过××节目？→（回答有）您认为这个节目好不好？

4）机械调查法。采用机械装置进行收视率调查的公司较早的有美国尼尔逊公司（Nielsen A.C.Co.）和日本电通广告公司。在目标对象家中安装自动记录装置（audiometer），按照时间自动在装置内的软片上记录下目标对象所观看的电视台、电视节目等。随着机械装置的不断发展，装置也能够自动识别收看电视者的性别、年龄等信息。机械调查法可以以家庭为单位进行统计，也可以以个人为单位进行统计。

以上的收视率调查方法获得的信息既可以测量媒体或节目本身的收视情况，也可以从其中记录的收视群体信息（如年龄、性别等）的统计分析中，找到不同的目标受众，从而作为更为合理的投放广告的判断依据。

12.3.1.3 广告心理效果的测定

1. 广告心理效果指标

广告的作用在于引起消费者的注意，并使其产生心理变化，激起购买欲望，直至采取购买行动。一则广告的目的并不一定是直接获得销售效果，有时是为引起消费者的心理变化，改变消费者对品牌的态度，提高消费者对品牌的认知度、好感度直至对名牌的忠诚度，保持持续购买。

2. DAGMAR 理论

美国学者 R.H. 格利于 1961 年发表了《根据广告目标测定广告效果》（*Defining Adverting Goals for Measured Advertising Results*）一文，提出了测定广告心理效果的目标管理理论，叫作 DAGMAR 理论。

这个理论是结合经营过程中的目标管理和广告心理效果的阶段理论而形成的。它是一种广告管理技术，而不是新的调查技术。DAGMAR 理论中测定广告效果在于广告完成其传播任务的程度，即广告信息使消费者的态度向预期方向转变的程度。例如，广告目标可定为：使某品牌的知名度由 5% 达到 10%，消费者对某品牌的理解度提高 5%。在测定这些传播效果的过程中，要注意排除其他因素如人际介绍、促销活动、公关活动等的影响。

在 DAGMAR 理论的基础上发展出一种 ARF（advertising research foundation）理论，它的模式是：媒体普及→媒体接触→广告接触→广告认知→与广告的信息交流→销售效果。这两种模式成为测定广告效果的基本模式。

3. 测定方法

测验广告是否达到目标或者广告播出后取得了什么样的心理反应，常用的方法是态度量表和影射方法。

1）态度量表。态度量表可用于测量消费者心理反应的尺度（见表 12-2）。列出广告的各种测量元素，请消费者按量度直接做出评价，可用评价语句测量，也可用打分的方法测量（见表 12-3）。

表 12-2　态度量表

评价元素	非常反对	反对	无所谓	赞成	非常赞成
很美的广告	√				
产品优良的广告		√			
有趣的广告				√	
……			√		

表 12-3　评分表

请给某个广告按以下指标打分，在您认可的分数下做个"○"（满分 10 分）

	0分	2	4	6	8	10分
广告语				○		
广告创意					○	
广告表现			○			
广告制作				○		

2）影射法。影射法是通过间接手段了解消费者的心理状态的方法，主要有以下四种。

A. 文字联想法。提出几个词语，请消费者按顺序回答他们所能联想到的情形，多用于商品、企业名称、广告语等的态度调查。例如，"宝洁"＿＿＿＿，＿＿＿＿，＿＿＿＿；"多芬"（名字）＿＿＿＿，＿＿＿＿，＿＿＿＿。

B. 文句完成法。请消费者将不完整的句子填充好。例如，"我认为中央电视台＿＿＿＿"；"＿＿＿＿时，药是必需的。"

C. 绘画联想法。预先画好人物，将其中的一个人的讲话空出来，使受调查者填充空白部分。这一方法可以测量出难以表达的感受。

D. 主题统觉测验。画一幅有购买情况的图片，请受访者将画中购买人的想法说出来，画面上没有任何提示信息，因此，受访者说出的情形就是自己本人的想法。日本舆论科学协会曾用这个方法做过钢笔、钟表、照相机等购买动机的调查，收到很好的效果。

12.3.2　广告销售效果的测定

促进产品销售效果的因素是多方面的，一方面有广告持续的传播效果的累积效应，另一方面也有营销策略中各个因素的综合效应，比如促销、产品试用、公共关系等。同时，有人购买商品不一定看过广告，而是通过人际传播、柜台推荐等方式购买。因此，测量广告销售效果时，要在确定广告是唯一影响销售的因素，且其他因素能够暂属于不变量的条件下进行测定。常用的方法有以下三类。

1）实地考察法。在零售商店或超市的货架上进行直接调查，在售场展示 POP 广告或将广告片在购物环境中播放，请商品推销员或导购员在现场派发产品说明书和附加购买回函广告单，从现场的销售情况可以看出广告的效果。

还有一种方法是将同类商品的包装和商标卸除，在每一种商品中放入一则广告和宣传卡片，观察不同商品的销售情况，以此判断销售效果。不过这种方法用于实验室测验更为合适，在现实生活中，要消费者做出买无商标的生产厂家产品的决定难度较大。

2）实验法。销售地区测定法是较为常用的一种，即把两个条件相似的地区（规模、人口因素、商品分配情况、竞争关系、广告媒体等不能有太大差异）划分为"实验区"和"控制区"，在实验区内进行广告活动，在控制区内不进行广告活动。在实验进行前，将两个地区的其他影响因素（经济波动、重大事件的影响等）控制在相对稳定的状态下，最后，将两个区的销售结果进行比较，可测出广告的促销效果。这种方法也可应用于对选样家庭的比较分析。在计算销售额（量）的增长比例公式中，实验区的广告效果按照控制区的增减比率调整（见表12-4）。

表 12-4　控制地区与实验地区市场比较

	实验广告前销售	实验广告期间销售	增减比率（%）	调整增减比率（%）
控制地区 销售额	300（万元）	270（万元）	−10.0	
销售量	300（万个）	250（万个）	−16.7	
实验地区 销售额	400（万元）	480（万元）	+ 20.0	30.0
销售量	400（万个）	460（万个）	+ 15.0	31.7

销售额增长百分比的计算为：

$$400 - （400 \times 0.10）= 360$$

$$\frac{480 - 360}{400} = 0.30$$

3）统计学方法。运用经济学上的统计学原理和运算方式，广告学上也发展了几种测定广告效果的运算方法，这种统计学方法被认为更为科学和准确，运用也较为普遍。但也有人提出，广告效果的产生，不是靠单纯的数字测算那么简单。以下列出两种方法，以供参考。

A. 广告效果指数（adverting effectiveness index），简称AEI法。这个方法是在抽样调查中，将有没有看过广告和有没有购买广告的商品的人数，按2×2分割成四个矩阵（见表12-5），将矩阵中的变量代入以下公式，得出广告效果指数。

$$AEI = \frac{1}{N}\left[a-（a+c）\times \frac{b}{b+d} \right]$$

表 12-5　唤起购买效果的四分割表

		（1）广告认知		合计人数
		有	无	
（2）购买	有	a 人	b 人	a+b 人
	无	c 人	d 人	c+d 人
合计人数		a+c 人	b+d 人	N 人

注：a＝看过广告而购买的人数
　　b＝未看过广告而购买的人数
　　c＝看过广告而未购买的人数
　　d＝未看过广告也未购买的人数

从表中可以看出，在没有广告的测验中，也有 b/b+d 比例的人买了商品，因此，从看

到广告而购买的 a 人当中，减去受其他因素影响而购买的 $(a+c) \times b/b+d$ 的人数，才是真正受广告影响而购买的人数，由此的计算结果就是广告效果指数。

按照这个分割法，其他的广告效果指数也可以计算出来（见表 12-6）。

表 12-6　广告效果指数计算表

指数名称	指数含义	公式
UP（Usage Pull）	使用上的吸引力	$UP = a/(a+c) - b/(b+d)$
PFA（Plus For Ad）	因广告增加的销售额	$PFA = (ad-bc)/(b+d)$
NAPP（Net Ad Produced Purchase）	纯粹的广告销售效果	$NAPP = \{a-(a+c) \times [b/(b+d)]\}/(a+b)$

除此之外，还可以用这个分割表计算出广告的相关系数，公式为：

$$相关系数 = (ad-bc)/(a+b)(c+d)(a+c)(b+d)$$

通过此公式算出来的相关系数关系如图 12-3 所示：

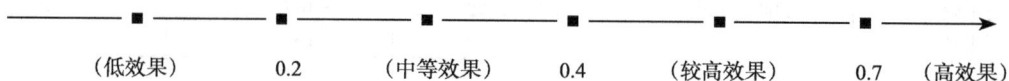

（低效果）　　　0.2　　　（中等效果）　　　0.4　　　（较高效果）　　　0.7　　（高效果）

图　12-3

B. 比率算法。比例算法包括以下三种：① 广告费比率 =（广告费 / 销售量）× 100%，广告费比率越小，表明广告效果越大。② 广告效果比率 = 销售量（额）增加率 / 广告费增加率 ×100%，广告费增加率越小，则广告效果比率越大，广告效果越好。③ 广告效益法：$R = S_2 - S_1/P$，式中 R = 每元广告效益，S_2 = 本期广告后的平均销售量，S_1 = 未做广告前的平均销售量，P = 广告费用。每元广告效益的得数越大，则效果越好。

12.3.3　广告社会效果的测定

广告对社会道德、文化、教育、伦理、环境等社会环境产生的影响也是复合性和累积性的。一则广告有可能立即产生轰动的社会效果，也可能潜移默化地影响社会的各种道德规范或行为规范等。在测定广告的社会效果时，一般要把握以下三个主要方向。

1）是否有利于树立正确的社会道德规范。广告的劝服、诱导性行为容易激发消费者的注意和学习，甚至使其以实际行动相迎合。因此，测定广告的社会效果，要看它是否与社会的道德观念、伦理价值、文化精髓等社会道德体系的规范相悖，如果广告产生了违反社会道德规范的不良效果，就应该立即停止。

2）是否有利于培养正确的消费观念。广告的属性是取得最大利益的经济行为，广告的最终目标就是吸引消费者更多地购买或使用广告产品。但是，在达到这一目的的过程中，如果广告歪曲了正确的消费观念或者宣扬不健康的消费理念，那么对消费者个人、对社会、对国家都会造成很大的伤害，不利于我国社会主义市场经济的建设和发展。因此，不利于培养正确消费观念的广告也应该勒令停止。

3）是否有利于社会市场环境的良性竞争。同类广告之间的商家竞争是非常激烈的，即使是在这种情况下，广告也要维护市场的良性竞争。类似于发布假信息、模糊信息压制对方或完全不顾市场规范的广告行为都将产生恶劣的社会效应，理应禁止。

广告社会效果的测定方法分为两种情况，一是测量广告的短期社会效果时，可采用事前、事后测量法。通过比较接触广告之前之后的消费者在认知、记忆、理解以及态度反应的差异，可测定出广告的短期社会效应。具体的操作手段与测定广告传播效果的方法大体相同。二是测定广告的长期社会效果，这需要运用较为宏观的、综合的、长期跟踪的调查方法来测定。长期社会效果包含对短期效果的研究，但是还远不止这些，同时要考虑广告复杂多变的社会环境中所产生的社会效果。这方面的研究更多属于人文科学范畴。

本章重点

广告效果是指通过广告媒体传播之后，广告对其接收者所产生的影响和由于人际传播所达到的综合效应。它包括广告对受众的知晓、广告对受众的了解、广告对受众偏好的心理影响和广告对企业销售量的影响，也就是广告的传播效果和广告的销售效果。

广告效果测评的内容贯穿于广告活动的全过程，涉及广告活动的各个环节。总的来说，广告效果内容包括三个方面：广告信息测评、广告媒介测评、广告活动效果测评。广告信息测评包括广告主题测评和广告文案测评。在广告活动中，绝大部分费用是用来购买媒介、时间和空间。如果媒介选择不当或组合不当都会造成广告费用的极大浪费。广告媒体测评是对报纸、杂志、广播、电视、户外广告位等大众媒体及网络广告等其他媒体的测评。广告活动效果测评包括销售效果测评和心理效果测评两方面内容。广告效果测评，是一个有程序、有步骤的动作过程，必须循序渐进。通常一项广告测评，包括：① 确定测评目标；② 制订测评方案；③ 实施测评方案；④ 总结评价，撰写测评报告。网络广告的效果主要从以下三个方面进行评价：①"品牌联结"，是指该广告让人记住所做品牌的能力，这是最重要的，没有哪个广告主希望花费大笔费用"为别人做嫁衣"；②"创意沟通"，是指广告中的创意能否被人理解以及人们看后对其的评价（如喜欢程度、独特程度、可信程度等）；③"说服"，是广告对于激励消费者采取后续行动的能力，包括查找更多资料，与朋友分享，当然还有最重要的"购买"。

广告作品效果的测定方法有实验室测定法、意见评定法、评分法、实地访问调查法。

广告媒体效果测定的主要方法根据媒体的不同特质分为两大类：印刷媒体的测定方法和电子媒体的测定方法。

印刷媒体主要是报纸、杂志以及户外招贴，常见的测定内容包括：报刊、杂志的发行量，读者对象，阅读状况。

广告电子媒体通常指的是广播和电视，主要是通过视听率调查来测定广告媒体的接触效果。目前通用的视听率调查方法有：日记调查法、记忆式调查法、电话调查法及机械调查法。

广告的作用在于引起消费者的注意，并使其产生心理变化，激起购买欲望，直至采取购买行动。一则广告的目的并不一定是直接获得销售效果，有时是为引起消费者的心理变化，改变消费者对品牌的态度，增加消费者对品牌的认知度、好感度直至对名牌的忠诚度，保持持续购买。

促进产品销售效果的因素是多方面的，一方面有广告持续的传播效果的累积效应，另一方面也有营销策略中各个因素的综合效应，比如促销、产品试用、公共关系等。测量广告销售效果时，要在确定广告是唯一影响销售的因素，其他因素能够暂属于不变量的条件下进行测定。常用的方法有实地考察法、实验法、统计学方法。

广告对社会道德、文化、教育、伦理、环境等社会环境产生的影响也是复合性和累积性的。一则广告有可能立即产生轰动的社会效果，也可能潜移默化地影响社会的各种道德规范或行为规范等。在测定广告的社会效果时，一般要把握几个主要方向：是否有利于树立正确的社会道德规范，是否有利于培养正确的消费观念，是否有利于社会市场环境的良性竞争。

复习思考题

1. 广告效果的含义和特征是什么？
2. 广告效果的具体内容包含哪些方面？
3. 广告传播效果的测定方法有几类？具体方法有哪些？
4. 广告效果的测评流程是怎样的？

实训练习

学习怎样进行广告效果调查

广告刊播以后，广告策划者对部分媒体受众进行调查。调查的问题是：

- 是否看过某则广告？
- 是否购买了广告宣传中的产品？

假定调查结果如表 12-7 所示。

表　12-7

项目	看过某则广告	未看过某则广告	合计人数
购买广告产品人数	a	b	$a+b$
未购买广告产品人数	c	d	$c+d$
合计	$a+c$	$b+d$	N

注：表中 a 为看过广告而购买广告产品的人数，b 为未看过广告而购买广告产品的人数，c 为看过广告而未购买广告产品的人数，d 为未看过广告而又未购买广告产品的人数，N 为被调查的总人数。

从表 12-7 中可以看出，即使在未看过广告的被调查者中，也有 $b/(b+d)$ 的比例购买了广告产品。因此，要从看过广告而购买产品的 a 人中减去因广告以外影响而购买广告产品的 $(a+b)\times b/(b+d)$ 人，才能得出真正因为广告而唤起的购买欲望的购买效果。用这个人数除以被调查者总人数，所得的值就是广告效果指数（advertising effectiveness index，AEI）。

这个指数常用 AEI 来表示。其计算公式为：

$$AEI = \frac{1}{N}\left[a - (a+c)\times\frac{b}{b+d}\right]\times 100\%$$

例如，某糖果生产企业为自己的同一系列产品进行过两次电视广告宣传，经过调查，获得以下有关资料（见表 12-8、表 12-9）。

从两次计算结果可以看出，第一次广告效果指数为 9.17%，第二次广告效果指数为 18.10%，第二次比第一次提高了 8.93 个百分点。如果两次的广告媒体选择、播放时间、广告预算总额相等同，那么就说明第二次广告策划明显好于第一次。因此，有必要对第一次广告策划进行策略性调整或修改。

表 12-8　该品牌产品的第一次广告宣传　　　　　　　　　　（单位：人）

项目	看过电视广告	未看过电视广告	合计
购买广告产品	50	28	78
未购买广告产品	70	92	162
合计	120	120	240

$$AEI（第一次）=\frac{1}{240}\times\left[50-(50+70)\times\frac{28}{28+92}\right]\times100\%$$

$$=9.17\%$$

表 12-9　该品牌广告的第二次广告宣传　　　　　　　　　　（单位：人）

项目	看过电视广告	未看过电视广告	合计
购买广告产品	60	18	78
未购买广告产品	55	107	162
合计	115	125	240

$$AEI（第二次）=\frac{1}{240}\times\left[60-(60+55)\times\frac{18}{18+107}\right]\times100\%$$

$$=18.10\%$$

课外阅读

雅客 V9 广告效果测评报告（节选）

0 主要结论与建议

0.1 调查概要

调查内容：雅客 V9 插播在中央电视台 1 套《天气预报》与《焦点访谈》节目中间的广告效果测评。

调查期间：2003 年 11 月 17 日～2003 年 11 月 23 日。

调查实施：北京松立技术咨询有限公司 eDataPower 互联网调研平台。

调查对象：eDataPower 会员。

回收情况：共回收问卷 715 封，其中有效问卷 643 封，无效问卷 72 封。

技术支援：大连理工大学力迪市场营销研究所。

0.2 主要结论

接触效果

68.5% 的被访者对雅客 V9 广告有印象。这里的被访者指看过插播在央视 1 套《天气预报》与《焦点访谈》节目中间的广告的受众。

记忆效果

在对雅客 V9 广告有印象的被访者中，广告整体记忆效果一般，52.8% 的被访者记住了广告产品是糖果，53.9% 的被访者知道广告中产品的品牌名称是雅客 V9。

在对雅客 V9 广告有印象的男性被访者中有 44.7% 的人记住了广告词，女性则达到 61.5%；20 ～ 39 岁的被访者对于广告词的记忆率最高。

被访者对广告构成要素的记忆程度由深到浅依次为："人物""情节""场景""广告词""旁白""服装""背景音乐"。"情节"和"人物"对帮助被访者回忆雅客 V9 广告的积极贡献最大。"人物"和"广告词"对帮助被访者回忆客 V9 广告的产品品牌的积极贡献最大。

理解效果

■ 女性被访者对广告诉求点的理解比例要高于男性，44% 的被访者真正理解了广告的诉求点："补充每天所需维生素"。

■ 被访者对产品形象的理解依次为：健康、青春、时尚、运动、快乐、创新和其他，这与广告的初衷存在着一定的偏差。

■ 在对雅客 V9 广告有印象的被访者中，74.8% 的被访者认为周迅适合做雅客 V9 广告的代言人；在持否定态度并给出有效答案的被访者中，45.1% 的被访者不喜欢代言人周迅；48.4% 的被访者认为周迅的形象与产品的形象不符合。

■ 绝大部分的被访者认为雅客 V9 产品适合年轻人食用。

态度效果

■ 被访者对雅客 V9 广告的喜欢程度一般，只有 28% 的被访者表示喜欢雅客 V9 广告。

被访者对广告的"吸引力""客观性""有趣好看"这三方面的态度将会影响其对该广告的喜欢程度。

被访者对雅客 V9 品牌名称的喜欢程度不高。61% 的被访者对该广告中的产品品牌名称没有感觉，喜欢和非常喜欢的被访者只占 28%。

被访者对广告的喜欢将直接导致对广告中所宣传品牌名称的喜欢，反之亦然。

行为效果

在对雅客 V9 广告有印象的被访者中，只有 15% 的被访者对雅客 V9 产品有高拥有欲望。

被访者对雅客 V9 广告的喜欢程度较高地影响了其拥有雅客 V9 产品的欲望。

对产品拥有欲望的强弱能够较大程度地影响购买行为，但前者只是购买行为的必要因素。

被访者向他人推荐雅客 V9 广告的可能性不高，只有 15.2%。

0.3 建议

根据上述调查结论，对于雅客 V9 维生素糖果广告的改进建议如下。

改进广告作品的情节

广告成功的标志是极大地促进产品的销售或树立良好的品牌形象，而这两者都有赖于广告的良好的传播效果，而广告拥有良好的传播效果首先要能够吸引消费者。随着国内广告业的发展和消费者欣赏水平的提高，广告作品的情节变得尤为重要，它已成为能够吸引消费者的最基本和最重要的条件。正如我们在问卷调查与分析中所得到的结论：广告情节已经成为决定广告记忆程度最重要的影响因素。一则成功的广告作品不但要有美丽的画面、好听的音乐、熟悉的影视明星，更要有一个好的情节！目前，雅客 V9 广告在这方面却做得不尽如人意。很多被访者在问卷中间及不喜欢该广告的原因时，普遍认为雅客 V9 广告缺乏好的情节，只是通过形象代言人说出产品的功效，只是带领青年男女在都市中奔跑。很显然，这样简单的广告情节已经很难满足目前广告受众的口味，就更不用说在数以百计的广告中脱颖而出，使消费者产生深刻的印象并最终影响他们的消费行为。

清晰界定广告的诉求

广告诉求是围绕广告主题通过作用于受众的认知和情感，加快、提高受众对产品、广告和品牌的认知与理解，从而促使受众产生购买动机。调查结果表明，被访者对广告中产品形象的理解与广告策划时确定的诉求（运动、创新和健康）产生了偏差。我们认为，维生素的补充可以通过多种方式和渠道，如药品、保健品、水果、蔬菜及其他食品。如果广告的诉求仅仅定位于健康，向受众传达此产品可以补充每天所需的维生素这一信息，那么广告并不具有很好的说服力。因为广告并没有清楚地向受众解释"在众多补充维生素的食品中，为什么要选择维生素果糖这种方式？"这个问题。所以我们认为，从理性诉求的角度，广告应更注重"方便、轻松、快乐地吸收、补充每天所需的维生素，保持生命健康"这样的诉求表达，因为这是维生素糖果与其他补充维生素方式的最大区别所在。方便，源于携带和每时每刻都可以进行补充维生素的便利；轻松，源于携带及享受的方便，和没有了通过吃药或保健品时害怕给外界留下不健康形象所造成的心理压力，从而产生的心情放松；快乐，源于维生素糖果极好的口感和心情的轻松。

广告词做进一步的选择和精炼

广告词是一则广告的重要组成部分。一句风趣幽默、耐人寻味或动情、体贴或真诚、坦率、善解人意或震撼人心、令人过目不忘的广告主题词或口号会引起消费者的注意、兴趣和记忆，并有助于受众对广告的理解和广告在消费群体中的传播。因此，广告词对于广告而言，作用和意义重大。调查结果显示，被访者对雅客 V9 广告词的记忆程度不高，多数人对广告词没有印象，只有 49.2% 的被访者记住了雅客 V9 广告的广告词。我们认为，成功广告的决定因素可以是广告的画面、编排、色彩、语言、文字、音效等之一、之二或更多的组合。

但从传播的深度跟广度来看，广告词的强势更明显，广告词的传播准确度也胜过其他因素。

因此，我们认为雅客 V9 广告词应进一步加以选择和精炼，将广告代言人的台词与广告旁白做明显区隔，让消费者感到广告词更加突出、生动、鲜明、准确、朗朗上口和更具有美感。

形象代言人的选择

雅客 V9 广告选择周迅作为形象代言人并不成功。用影视明星作为形象代言人可以取得广告的"通感"效应。所谓"通感"，是指广告受众者将广告的视觉刺激，通过心理联觉作用，转化为对商品的整体感官感受。在广告中，利用明星在广大消费者心目中的印象和好感，通过明星使用商品的示范效用，向受众或直接推荐或间接劝诱，以提高商品知名度，或者通过"通感"途径使受众对商品产生审美感受。本次调查结果表明，尽管有 74.8% 的被访者认为周迅适合作为雅客 V9 广告的形象代言人，但被访者对广告中产品形象的认识和理解却与广告策划时确定的诉求存在着一定的偏差，其原因主要有下列五点：① 不同年龄段的受众在文化、生活习惯、心理等方面都存在着差异，其对明星的接受度、喜欢度存在不同，这可能影响受众对广告的记忆、理解和喜欢的程度；② 明星同时可能为多家公司做广告或形象代言人，这可能造成消费者记忆混乱；③ 明星的形象与产品的形象、广告的主要诉求可能不搭配或不一致；④ 明星名气较大或编排的广告情节不突出产品可能造成喧宾夺主；⑤ 明星的某些生活习性或传闻（丑闻）可能使产品形象受损。因此，我们建议雅客 V9 广告应慎重选择广告形象代言人，选择时应注意代言人的形象与广告主旨、主要诉求和目标市场的一致程度，以及广告中产品与代言人的搭配是否合理，从而提高广告投放后的效果。

资料来源：摘自大连理工大学力迪市场营销研究所相关报告。

第13章

广 告 管 理

学习目标

1. 了解广告管理的定义及特点
2. 了解政府职能部门对广告的行政管理
3. 了解广告行业自律
4. 了解社会监督管理

13.1　广告管理概述

　　与广告的产生相比，广告管理的出现要晚很多。在 18 世纪末至 19 世纪初，英、美等国家爆发了工业革命，带动了经济的快速发展。繁荣的社会经济与工商业的发展为广告业的出现及发展创造了条件。然而由于没有正确的管理制度的出现，广告业的竞争出现了混乱和无序，对西方经济生活的健康发展有着不利的影响。因此，西方政府于 20 世纪以后着手进行广告的立法和监督工作，这可谓是近代广告管理的开端。广告管理是国家管理经济的行为，是我国工商行政管理的重要组成部分。广告管理使广告活动适应国家宏观经济形势对广告业发展的要求，使广告行业逐渐由无序走向有序，由混乱走向健康。广告管理主要包括三个层次：其一，政府职能部门对广告的行政管理；其二，广告行业自律；其三，社会监督管理。

13.1.1　广告管理的定义及特点

　　广告管理是国家管理经济的行为，是我国工商行政管理的重要组成部分。一般来说，广告管理有广义的广告管理和狭义的广告管理之分。广义的广告管理包括广告公司的经营管理和广告行业及广告活动的社会管理两个方面的内容。前者是广告公司对自身内部及经营活动的管理；后者则是政府职能部门、广告行业自身和社会监督组织对广告行业及广告活动的指导、监督、控制和查处，是对广告本身的管理。狭义的广告管理专指对广告行业及广告活动的社会管理。在这里我们主要介绍狭义的广告管理。

广告管理是对广告行业和广告活动的管理，由于广告管理的对象、方法、内容和范围的独特性，决定了广告管理具有独有的不同于其他管理的特点。这些特点可包含以下三个方面。

1）广告管理具有明确的目的性。在我国，国家通过行政立法，对广告行业和广告活动进行管理，其目的就在于使广告行业适应国家宏观经济形势发展的需要，促进广告业健康、有序的发展，保护合法经营，取缔非法经营，查处违法广告，杜绝虚假广告，保护消费者的合法权益，有效地减少广告业的负面影响。

2）广告管理的规范性。广告管理作为国家管理经济的行为，是严格依法进行的。世界上的许多国家都设置了专门的广告管理机构并制定了一系列有关广告管理的法规来规范和约束广告行业的发展，使广告行业做到有章可循、有法可依和违法必究。因此，广告管理具有规范性和强制性的特点。

3）广告还具有多层次性的特点。广告管理的多层次是指政府行政立法管理、广告行业自律和社会监督管理的多层次相互协作管理。之所以要对广告行业和广告活动实行多层次相互协作管理，是因为任何广告管理法规即使再完备，也不能包罗万象、尽善尽美，在许多领域和地方，常常会发生一些新情况、新问题，这就需要各级广告行业协会和社会监督组织，通过自律、监督的有效途径来加以解决。正是由于广告活动的复杂性和广泛性，世界上绝大多数国家往往采用以政府行政立法管理为主，同时以广告行业自律与广告社会监督作为其必要的辅助与补充，来加强对广告活动的管理。从世界各国采用的这种多层次相互协作的广告管理实践来看，这种广告管理办法是相当成功的。

13.1.2　广告管理体制

广告管理体制是一个国家广告管理的总体框架，因而它往往是因国而异的。一个国家的社会制度、政治体制不同，其广告管理体制也会有所区别。目前世界各国广告管理体制虽有这样或者那样的差异，但从总体来说是一致的，多数国家都是以政府行政管理为主导，再辅之以广告行业自律和社会舆论监督，从而构成一个完整的广告管理体系。

广告管理系统由广告行政管理、广告审查制度、广告行业自律制度和广告社会监督机制共同组成。

13.1.2.1　广告行政管理

所谓广告行政管理，是指国家通过一定的行政干预手段，或者按照一定的广告管理的法律、法规和有关政策规定，对广告行业和广告活动进行监督、检查、控制和指导。它是一种运用有关行政法规、命令、指示、规定和政策对广告进行管理的方法和手段。在我国，广告的行政管理，是由国家工商行政管理部门按照广告管理的法律、法规和有关政策规定来行使管理职权的，而且是我国现阶段进行广告管理的一种主要方法。

国家工商行政管理局和地方各级工商行政管理局，根据《广告管理条例》《广告管理条例施行细则》《广告法》和国务院的有关授权，在对广告活动的监督管理中，主要行使以下职能。

1. 负责广告立法和法规解释

广告管理法规是广告管理机关对广告实施管理的主要依据。国家工商行政管理局作为国务院的直属机构，是全国广告管理的最高机构，其重要职能之一就是代国务院或国家立法机关起草广告管理的法律、法规文件，单独或会同国务院其他部门制定广告管理的单项规章，负责解释《广告管理条例》《广告管理条例施行细则》《广告法》及其他广告管理单项规章。各省、自治区、直辖市及有地方立法权的城市的广告管理机关可以代当地人民政府起草地方性的广告管理法规。其他广告管理机关有义务为上述有立法权的广告管理机关起草广告管理法律、法规进行专题调查研究和提供有关数据与情况。

2. 对广告经营单位的审批

广告管理的审批工作是与管理对象——广告经营单位建立联系的开始。对广告经营单位的审批包括两个方面的内容：一是对广告经营资格的审批，即核准广告经营权；二是对广告经营范围的审批，也就是核定广告经营范围。前者关系到是否允许经营广告业务，它是区别合法经营与非法经营的界限；后者则关系到允许经营什么，它是区分守法经营与超范围经营的界限。因此，对广告经营单位的审批是对广告经营活动进行管理的基础，是监督广告活动，保护合法经营，取缔非法经营的前提条件。通过审批，可以掌握、控制一个地区、一个时期广告经营单位的发展情况。

3. 对广告主和广告经营者的监督与指导

对广告主和广告经营者的广告活动全过程的合法性进行监督，保证广告活动在法律规定的范围内进行，这是各级广告管理机关，尤其是地方广告管理机关的一项日常性工作。

（1）对广告违法案件的查处和复议

查处广告违法案件，依法制裁广告违法行为，追究广告违法行为人的法律责任，是各级广告管理机关的重要工作职能。根据《广告管理条例》《广告管理条例施行细则》和《广告法》的规定，对违反广告管理法规的广告主、广告经营者和广告发布者，由工商行政管理机关追究其法律责任，视其情节轻重给予不同的行政处罚，对构成犯罪的，要移送司法机关。广告违法案件的处罚决定做出后，其上一级广告管理机关还担负着行政复议的任务，依不同情况，维持、变更或撤销原处罚决定。

（2）协调与服务

协调是各级广告管理机关日常工作中经常进行的工作，这项职能充分体现了广告管理所具有的综合性特点。这里的协调，一是指工商行政管理机关内部，广告管理部门与企业登记、经济合同管理等部门的协调；二是指广告管理机关内部由于各地、各级工作的不同而产生的横向的、纵向的协调；三是广告管理机关与政府其他有关职能部门的协调。目前，由于我国尚没有统一的广告行业主管部门，广告管理机关实际上代行着行业管理的某些工作。因此，广告管理机关还有反映广告行业发展状况、代表广告业呼声、为广告业服务的职能。此外，广告管理机关还应做好对同级广告协会的指导工作。

13.1.2.2 广告审查制度

为了保证广告的真实性、合法性，世界上大多数国家都相应地建立起了不同形式和不同层次的广告审查制度，对防止虚假广告的泛滥，维护正常的广告经营秩序和广告市场秩序，发挥了积极的作用。进入新时期以后，我国也建立起了以广告经营者为主体的广告审查制度，并随着广告管理法规制度的不断健全和完善，正尝试着建立以独立的广告审查机构为主体的广告审查制度，颁布了试行的《广告审查标准》。所有这些，都昭示着我国的广告管理正不断走向法制化和规范化。

所谓广告审查制度，是指广告审查机关在广告交付设计、制度、代理和发布前，对广告主主体资格、广告内容及其表现形式和有关证明文件或材料的审查，并出具与审查结果和审查意见相应的证明文件的一种广告管理制度。它是目前世界各国所普遍采用的保证广告真实性和合法性的一种重要的法律制度。

一般来说，除了广告审查机关对广告进行审查以外，还包括广告主、广告经营者和广告发布者对广告的自审自查，即广告主在委托广告经营者设计、制作和代理广告之前，对自身广告真实性与合法性的自我审查；广告经营者在承接广告业务时，对广告主主体资格、广告内容及有关证明文件或材料的真实性、合法性的审查；广告发布者在播放或刊出广告之前，对广告内容及表现形式的真实性和合法性的审查。

广告审查包含两个方面的内容：第一，对广告主主体资格的审查。广告审查机关在审查广告时，首先应该对广告主的主体资格进行审查，即要求广告主提交"营业执照以及生产、经营资格的证明文件"。只有当广告主出示经工商行政管理机关核准登记的拥有生产、经营某种商品或提供某项服务的营业执照，并提供自己要求的广告与营业执照上核定的生产、经营范围相一致的证明后，广告审查机关对广告主主体资格的审查才算完成。第二，对广告内容及其表现形式的审查。广告审查机关对广告内容及其表现形式的审查，即对广告真实性的审查，包括两个方面：其一，对广告内容的真实性的审查。广告审查机关在审查广告内容时，主要是审查广告内容与客观事实是否相符，有无隐瞒事实真相和随意虚构、夸大的成分在内，对一些涉及质量标准的和一时难以证明广告内容真实性的商品广告，还要求广告主出示由"质量检验机构对广告中有关商品质量内容出具的证明文件"和"确认广告内容真实性的其他证明文件"。其二，对广告表现形式的真实性的审查。广告审查机关除了对广告内容的真实性进行审查外，还要对表现广告内容的语言文字、画面、声音等广告表现形式的真实性进行审查，使广告表现形式与广告内容一样真实、可信、与事实相符。只有当广告内容及其表现形式同样真实、可信、与事实相符时，广告真实性的审查才算完成。

13.1.2.3　广告行业自律制度

1.广告行业自律的起源和发展

任何广告管理的法律、法规再完善，总有疏漏之处；政府管理广告再有力，也有其管理职能无法到达的领域。所以在西方国家，除了由政府设立的专门或兼职的广告管理机构和制定有关广告管理的法律、法规对广告进行管理外，还需要广告行业内部进行必要的自我管理，这就是我们通常所说的广告行业自律。

早在19世纪80年代，被称为现代广告之父的约翰·鲍威尔斯曾呼吁美国广告界制止虚假广告，并提倡广告语言要真实可靠、简洁生动，这是最早来自广告业内的对广告自律的要求。1903 年，约翰·亚当斯·塞耶成为公开强烈反对欺骗性广告的第一个广告人。两年后，一些广告经理组成美国广告联合俱乐部，并发起一场广告诚实化运动。同年，在广告联合俱乐部基础上成立了世界广告联合会，接受了"广告诚实化"的口号，在全美各地建立了管理广告的"警视委员会"，并通过《印刷者油墨》杂志，发起一场宣告不诚实广告为犯罪行为的州立法宣传促进运动。可见，广告诚实问题，早已引起广告界的普遍关注。第二次世界大战以后，世界广告联合会正式更名为国际广告协会，并吸引了大约 50 个国家联合发布了《广告自律白皮书》。在此以前的 1956 年 5 月，总部设在巴黎的国际商业会议所下设的广告委员会，通过了《广告活动标准纲领》和《广告业务准则》，其宗旨是防止滥用广告，加强广告主对消费者的责任，规定了对消费者的伦理准则、广告主间的伦理准则和广告代理业及媒体业的伦理准则。在国际广告协会和国际商业会议所下设的广告委员会的共同倡导下，世界上许多国家都相应地建立起了广告行业自律组织及有关的广告自律准则。这样，在全世界范围内，可以说有了一个大的广告行业自律的框架，有利于世界各国的经济和广告业健康的发展。

2. 广告行业自律的性质与特点

广告行业自律，又叫广告行业自我管理，是指广告业者通过章程、准则、规范等形式进行自我约束和管理，使自己的行为更符合国家法律、社会道德和职业道德的要求的一种制度。广告行业自律主要通过建立、实施广告行业规范来实现，行业规范的贯彻落实主要依靠行业自律组织进行。广告行业自律是目前世界上通行的一种行之有效的管理方式，并逐渐发展成为广告行业自我管理的一种制度。

建立广告行业规范，实行广告行业自律，是广告业组织与管理的重要内容。它与政府对广告业的管理和消费者对广告活动的监督共同组成对广告业的组织与管理体系。

这里所说的广告行业规范，不是指国家对广告业的管理规定，而是指广告行业组织、广告经营者和广告主履行制定的约束本行业或企业从事广告活动的广告公约和各种规章，隶属于广告职业道德范畴。例如，中国广告协会电视委员会制定的《电视广告工作人员守则》就是一种自我约束的公约。

广告行业规范和行业自律作为广告业者遵循的规律和制度，主要有以下三个特点。

1）自愿性。遵守行业规范，实行行业自律，是广告活动参加者自愿的行为，不需要也没有任何组织和个人的强制，更不像法律、法规那样，由国家的强制力来保证实施。它们一般是在资源的基础上组成行业组织，制定组织章程和共同遵守的行为准则，目的是通过维护行业整体的利益来维护各自的利益。因此，行业自律主要是依靠参加者的信念及社会和行业同仁的舆论监督作用来实现。违反者，也主要依靠舆论的谴责予以惩戒。

2）广泛性。广告业自律调整的范围比法律、法规调整的更加广泛。广告活动涉及面广，而且在不断发展变化，广告法律、法规不可能把广告活动的方方面面都规定得十分具体。而行业规范则可以做到这一点，它不仅在法律规范的范围内，而且在法律没有规范的地方也能发挥其自我约束的作用。因此，广告行业自律是限制广告法规不能约束的某些行为的思想、道德武器。

3）灵活性大，适应性强。广告法律、法规的制定、修改和废止，需要经过严格的法定程序，而规范等自律规章只要经过大多数参加人的同意，即可进行修改、补充。世界上最早的国际性广告行业自律规则，是 20 世纪 60 年代由国际广告协会发表的《广告自律白皮书》。它的发表，对世界广告业的发展影响巨大而深远，成为世界各国制定本国广告行业自律规则的主要参考文献。此后，世界上许多国家都制定、出台了相应的、适合本国国情的广告行业自律规则。中国广告协会于 1990 年制定《广告行业自律规则》，对广告应当遵循的基本原则及广告主、广告经营者、广告媒介所应体现的道德水准，做出了相应的规定。此外，世界各国广告行业内的广告主、广告经营者和广告发布者还分别制定出了各自十分具体且操作性极强的广告自律规则。这些规则的诞生，无疑为广告行业的正常运行和健康发展，提供了共同遵循的职业道德规范。例如，由美国广告联盟等组织草拟、经国际报业广告首脑会议通过的《美国工商界广告信条》、美国《纽约时报》制定的《广告规约》和美国广播事业协会制定的《电视广告公约》等。

3. 广告行业自律与广告行政管理的关系

广告行业自律和政府对广告行业的管理都是对广告业实施调整，二者之间既有密切联系，又有根本的不同。广告管理的依据是广告法规，它主要从外在方面对广告管理者的职责行为进行了规定；广告自律的原则是广告道德，它主要从内在方面划定出广告行业的职业道德规范。它们之间的关系包括以下四个方面。

首先，行业自律必须在法律、法规允许的范围内进行，违反法律的，将要被取消。政府管理是行政执法行为，行业自律不能与政府管理相抵触。

其次，行业自律与政府管理的基本目的是一致的，都是为了广告行业的健康发展，但是层次又有所不同，行业自律的直接作用的目的是维护广告行业在社会经济生活中的地位，维护同业者的合法权益。而政府对广告业的管理其直接作用是建立与整个社会经济生活相协调的秩序，它更侧重于广告业对社会秩序所产生的影响。

再次，行业自律的形式和途径是建立自律规则和行业规范，调整的范围只限于自愿加入行业组织或规约者，而政府的管理是通过立法和执法来实现，调整的范围是社会的全体公民或组织。

最后，行业自律的组织者是民间行业组织，它可以利用行规和舆论来制裁违约者，使违约者失去良好的信誉，但它没有行政和司法权，而国家行政管理则是以强制力为保证，违法者要承担法律责任。

广告行业自律是广告业发展到一定阶段的必然产物，它对于提高广告行业自身的服务水平，维持广告活动的秩序，都有着不可替代的作用。世界上广告业比较发达的国家都十分重视广告行业自律对于广告业发展的积极意义，行业自律逐步形成系统和规模，不断得到加强和完善。我国的广告业正处在初级发展阶段，随着社会主义市场经济的运转，广告管理法规在进一步完善和健全之中。在这种状况下，广告行业自律的作用显得更加重大。实行行业管理，加强广告法规的管理研究和确定行业自律准则，是我国社会主义市场经济发展的需要。

4. 广告行业自律的积极作用

广告行业自律是在广告行业内建立起来的一种自我约束的道德伦理规范，因为这种自我约束是以遵守各种法律为中心而建立起来的自我限制。这种做法既可以起到补充政府法规的指导作用，又表现了广告行业自觉尊重法规的意愿。因此，自我约束对推动广告事业的发展起着积极的作用。

13.1.2.4 广告社会监督机制

1. 广告社会监督的概念

广告社会监督管理，又叫消费者监督或舆论监督管理，是消费者和社会舆论对各种违法违纪广告的监督与举报。在通常情况下，广告管理以政府的行政管理为主，但这并不是说广告行业自律和消费者监督管理是可有可无或根本用不着存在的，相反，正是由于有了广告行业自律和消费者监督的加入，政府对广告的行政管理才更加有力，广告管理也才更加富有层次。

广告社会监督主要通过广大消费者自发成立的消费者组织，依照国家广告管理的法律、法规对广告进行日常监督，对违法广告和虚假广告向政府广告管理机关进行举报与投诉，并向政府立法机关提出立法请求与建议。其目的在于制止或限制虚假、违法广告对消费者权益的侵害，以维护广告消费者的正当权益，确保广告市场健康有序的发展。

我国的广告社会监督组织，主要指中国消费者协会和各地设立的消费者协会（有的称消费者委员会或消费者联合会）。此外，1983 年 8 月在北京成立的全国用户委员会，是我国首个全国性的消费者组织。中国消费者协会是经国务院批准，于 1984 年 12 月 26 日在北京成立的。截至 1994 年，全国县级以上消费者协会已超过 2 400 多个，还在街道、乡镇、大中型企业中建立了各种形式的保护消费者的社会监督网络 3.3 万多个。消费者协会基本上是由工商行政管理、技术监督、进出口检验、物价、卫生等部门及工会、妇联、共青团中央等组织共同发起，经同级人民政府批准建立和民政部门核准登记，具有社会团体法人资格，挂靠在同级工商行政管理局的"官意民办"的消费者组织。

2. 广告社会监督的特点

与广告行政管理系统、广告审查制度和广告行业自律制度相比，广告社会监督有其自身的特点，这些特点包括以下四个方面。

（1）广告社会监督主体的广泛性

广告主的商品或服务必须通过一定的媒介发布出来成为广告信息，才能为广大社会公众所接受，从而产生消费意愿和消费行为；与此同时，一则广告信息一旦发布出来，即意味着已落入社会公众的"汪洋大海"之中，要受到广告受众全方位的监督。这些广告受众即构成广告社会监督的主体，其每一个成员都可以对广告的真实性、合法性进行监督，并向各级广告社会监督组织反馈其监督结果，从而构成一支庞大的广告社会监督大军。因此，广告社会监督主体具有广泛性的特点。

（2）广告社会监督组织的"官意民办"性

在西方国家，广告社会监督组织，即各种消费者保护组织，都是自发成立的，完全代表消费者利益，几乎不带任何官方色彩，在社会上扮演着"消费者斗士"的角色。而我国各级消费者协会则更多地带有"官意民办"的性质。这种"官意民办"的性质主要表现在：其一，各级消费者协会都是经过同级人民政府批准后成立的，并非消费者完全自发的行为；

其二，它成立后挂靠在同级工商行政管理机关，没有独特的地位；其三，它在经费、编制、人员及办公条件等方面需得到同级政府支持，缺乏自主权。这种"官意民办"的性质决定广告社会监督组织具有双重使命：既要在一定程度上体现官方意志，又要保护广大消费者的合法权益。当然，二者在更多的时候并不互相矛盾，而是一致的。

（3）广告社会监督行为的自发性

广告受众依法对广告进行监督并非广告管理机关和广告社会监督组织的指令所致，而是一种完全自发的和自愿的行为，在此过程中，几乎不存在任何的行政命令和行政干预。广告受众的这种自发行为主要来自：其一，广告受众对自己接受真实广告信息权利的认识的加强；其二，广告受众对保护自身合法权益的意识的提高。而这一切皆取决于人的素质的提高和广告受众自我保护意识的加强。因此，社会越发展，其文明程度越高，人的素质越高，广告受众的自我保护意识越强，那么他对广告的监督行为也就越自发和越自觉。

（4）广告社会监督结果的无形权威性

广告主发布广告，向社会公众传递商品或服务信息，其目的在于使一般社会公众成为广告受众，使潜在的购买趋势发展成为现实的购买行为，即要让社会公众接受其广告，并进而购买其商品或使用其服务。但社会公众是否愿意接受其广告信息，是否愿意产生购买欲望和发生购买行为，主动权不在广告主一边，也不在广告公司一边，而是在广告受众一边。而广告信息是否属实，广告主的承诺是否可信，将直接影响广告受众对它的认可与否。因此，以广告受众为主的广告社会监督主体对广告的监督结果，具有一种无形的权威性。社会监督结果的这种无形权威性，是广告主、广告公司进行广告创意、构思、设计、制作时所不容忽视的，任何对它的忽视或轻蔑，都将招致严重的后果。

3. 广告社会监督的运行机制

简单地说，我国广告社会监督的运行分为三个层次，由上而下，逐层推进，构成一个有序的整体，并自成体系。这三个层次是：广告受众对广告的全方位监督，广告社会监督组织的中枢保障作用，新闻传媒、政府广告管理机关和人民法院对虚假、违法广告及其责任人的曝光、查禁和惩处。

（1）广告受众对广告的全方位监督

每一位能够接触到广告的社会成员，只要其生理和心理没有什么缺陷，都有权对广告进行监督。由于广告社会监督队伍庞大，其成员的性别、年龄、出生、兴趣、爱好各不相同，因而其对广告的要求也不尽一致：有人要求内容真实，有人要求蕴含深厚，有人要求风格朴实……这许许多多的各不相同和不尽一致，便构成了广告社会监督主体——广告受众对广告的全方位监督。广告中任何违法、虚假的成分都逃脱不了广告受众"雪亮"的眼睛。广告受众这种对广告的全方位监督，构成了广告社会监督的第一个层次，它是广告社会监督的基础。可以这么说，如果没有如此庞大的广告社会监督队伍，以及他们对广告的自觉监督，那么，仅凭数量有限的各级消费者协会，无论其怎样努力工作，都无法完成对纷繁复杂、数量众多的广告的监督。正因为有广告受众对广告全方位监督这样坚实的基础，故广告社会监督才得以顺利进行。

（2）广告社会监督组织的中枢保障作用

广告社会监督组织在广告社会监督的运行机制中介于新闻传媒、广告管理机关、人民法院与广告受众之间，处于第二层次。对商品或服务进行社会监督，对消费者的合法权益进行保护，这是由消费者协会的性质所决定的两大任务。与此相应，广告社会监督组织也有两大任务：一是对商品或服务广告进行社会监督，二是保护广告受众接受真实广告信息的权利。为了完成这两大任务，一方面，广告社会监督组织要积极宣传，动员一切可以动员的力量，包括来自个人或来自企业、事业单位、社会团体及其他组织的力量，对广告进行全方位的社会监督。另一方面，广告受众对虚假、违法广告的举报与投诉，广告社会监督组织有责任与义务向大众传播媒介进行通报，并让新闻传媒对其进行曝光；对情节严重并造成了严重后果的，广告社会监督组织还应向广告管理机关和人民法院提起诉讼。因此，在广告社会监督的运行机制中，广告社会监督组织上接新闻传媒、广告管理机关、人民法院，下连广告受众，起着重要的中枢保障作用，并共同构成一个有机的整体。

（3）新闻传媒、政府广告管理机关、人民法院对虚假、违法广告及其责任人的曝光、查禁和惩处

由广告社会监督组织"官意民办"的特点所决定，其无法独立完成对商品或服务广告进行社会监督和保护广告受众接受真实信息的权利这两大任务；在通常情况下，它不得不借助新闻传媒、政府广告管理机关、人民法院对虚假、违法广告及其责任人的曝光、查禁和惩处。因此，新闻传媒、政府广告管理机关、人民法院对虚假、违法广告及其责任人的曝光、查禁和惩处，便构成了广告社会监督运行机制的第三层次，也是最高层次。在该层次，对广告受众投诉与举报的虚假、违法广告，最常见的做法是通过一定的社会监督组织，向新闻传媒进行发布，然后再由新闻传媒对其进行曝光，借助社会舆论的力量防止虚假、违法广告的出现和出现后的进一步蔓延。所以，新闻传媒对虚假、违法广告的曝光在广告社会监督中起着至关重要的作用，这种作用在一定程度上是不可替代的。可以这样说，广告社会监督的任务完成与否，在很大程度上取决于新闻传媒对虚假、违法广告的这种舆论监督作用是否发挥出来了。除此以外，政府广告管理机关、人民法院对情节严重并造成了重大伤害的虚假、违法广告的查禁和惩处，也是广告社会监督得以顺利实现的重要保证。当然，这已不是广告社会监督，而是属于广告行政管理的范畴了。

13.2　广告管理的内容

对广告主的管理、对广告经营者的管理、对广告发布者的管理、对广告信息的管理，以及对广告收费的管理、对户外广告的管理，构成了广告管理的主要内容。

13.2.1　对广告主的管理

对广告主的管理是指广告管理机关依照广告管理的法律、法规和有关政策规定，对广告主参与广告活动的全过程进行的监督管理行为。由于广告主是广告活动的最初提出者，

是广告及服务费用的实际支付者，故他对是否做广告，做多少广告，何时、通过何种方式做广告以及选择哪家广告代理商和广告发布者设计、制作、代理、发布广告等，都有绝对的自主权。唯其如此，广告主的广告意识和广告行为将直接对广告活动产生决定性的影响。因此，对广告主进行切实有效的管理，实质上是实现对广告活动源头的管理，是真正的"正本清源"。这无疑对保证广告的真实性与合法性，防止和杜绝虚假、违法广告的产生，进而净化整个广告行业，具有十分重要的意义。

广告管理机关对广告主的管理主要表现在以下两个方面：其一，保护广告主依法从事广告活动的权利；其二，保证广告主的广告活动必须遵守国家广告的管理法律、法规和有关政策的规定，对违法广告行为，广告主应依法承担相应的法律责任，并接受广告管理机关的制裁。

根据《广告管理条例》《广告管理条例施行细则》《广告法》及其他广告管理法律、法规的有关规定，广告管理机关对广告主管理的内容主要包括：

（一）要求广告主提供主体资格证明。

（二）广告主的广告活动应在其经营范围或国家许可的范围内进行，不得超过其经营范围或者国家许可的范围从事广告宣传。

（三）广告主委托他人设计、制作、代理、发布广告，应委托具有合法经营资格的广告经营者、广告发布者进行。

（四）广告主必须提供保证广告内容真实性、合法性的真实、合法、有效的证明文件或者材料。

（五）广告主应依法申请广告审查。

（六）广告主在广告中使用他人名义、形象的，应当事先取得他人的书面同意。使用无民事行为能力的人，限制民事行为人的名义、形象的，应当事先取得其监护人的书面同意。

（七）广告主发布烟、酒广告，必须经过广告管理机关批准。

（八）广告主设置户外广告应符合当地城市的整体规划，并在工商行政管理机关的监督下实施。

（九）广告主应合理编制广告预算，不得把广告费用挪作他用。

13.2.2 对广告经营者的管理

广告经营者是连接广告主和广告发布者的中间桥梁，是广告活动的主体，因而其广告行为是否规范，对广告活动的影响至关重要。所以，加强对广告经营者的管理，是广告管理中最为重要的内容。

1. 对广告经营者的审批登记管理

对广告经营者的审批登记管理，是广告管理机关依照广告管理法律、法规对广告经营者实施管理的开始，属于政府的行政管理行为。广告经营者只有在获准登记、注册，取得广告经营资格后，才能从事广告经营活动，否则，即为非法经营。严格地说，广告经营者要取得合法的广告经营资格，必须符合《中华人民共和国民法通则》的有关规定和企业登记的基本要求，必须具备广告法规中规定的资质条件，必须按照一定法律程序依法审批登记。

广告经营者的审批登记程序主要包括受理申请、审查条件、核准资格和发放证照四个阶段。

2. 广告合同制度

所谓广告合同制度，是指参与广告活动的各方，包括广告主、广告经营者和广告发布者，在广告活动前为了明确相互的权利和义务，必须依法签订协议的一种制度，以保护参与广告活动的各方的正当权益不受侵害。

广告合同一经依法订立，就具有法律效力，合同各方都应认真履行。订立经济合同，必须遵守法律、行政法规，必须遵循平等互利、协商一致的原则。

广告合同纠纷是参与订立广告合同的各方当事人在依法订立广告合同后，对合同履行情况和违约责任承担等所产生的争议。它包括广告合同履行情况争议和违约责任承担问题争议两个方面的内容。

解决经济合同纠纷的主要办法有协商、调解、仲裁和诉讼四种。

3. 广告业务档案制度

所谓广告业务档案制度，是指广告经营者（包括广告发布者）对广告者所提供的关于主体资格和广告内容的各种证明文件、材料以及在承办广告业务活动中涉及的承接登记、广告审查、广告设计制作、广告发布等情况的原始记录材料，进行整理、保存，并建立业务档案，以备随时查验的制度。

广告业务档案是在广告业务活动的过程中建立起来的，它是广告经营者（包括广告发布者）从承接登记，到收取和查验各种广告证明、材料，再到广告设计、制作、代理、发布等情况和结果的总汇，是广告业务活动的正式记录。因此，建立广告业务档案的作用主要有两个：一是业务参考作用；二是法律凭证作用。

4. 广告经营单位的年检注册制度

所谓广告经营单位的年检注册制度，是广告管理机关依照国家广告管理的法律、法规和政策规定，面对广告经营单位一年来的经营状况进行检查验收的一种管理制度。它是各级工商行政管理机关对广告经营单位实施规范化管理的重要内容之一。任何广告经营单位都必须经过年检注册，取得广告经营单位年检注册证后，才有资格继续经营广告业务，否则即为非法经营。

13.2.3 对广告发布者的管理

对广告发布者的管理，又叫广告媒介物管理或者广告媒介管理，是指广告管理机关依照国家广告管理法律、法规的有关规定，对以广告发布者为主体的广告发布活动的全过程实施的监督管理行为。换言之，广告发布者管理是广告管理机关依法对发布广告的报纸、期刊、电台、电视台、出版社等事业单位和户外广告物的规划、设置、维护等实施的管理。

广告管理机关依法对广告发布者实施管理的主要内容包括以下三个方面。

1. 对广告发布者经营资格的管理

以广播电台、电视台、报纸、期刊和出版社等为主体的广告发布者（或广告媒介），其主要职责是宣传党的路线、方针、政策，发布信息，传播新闻，同时兼营广告发布业务，传播经济信息。而广告发布者以收费的形式，兼营广告发布业务，传播经济信息，属于一种广告经营行为，所以，广告管理机关必须对其实行专门管理。要求广告发布者在发布广告前，必须到当地县级以上工商行政管理局办理兼营广告业务的登记手续，并由其审查是否具备直接发布广告的条件。对符合条件的广告发布者，广告管理机关依法予以登记，并发给广告经营者资格证明。广告发布者只有办理了兼营广告业务的登记手续，并取得广告经营资格证明后，才能经营广告发布业务，否则，即为非法经营。

2. 对广告发布者提供的媒介覆盖率的管理

媒介覆盖率是媒介覆盖范围和覆盖人数的总称，它随媒介的不同而有不同的名称，包括广播电台的覆盖范围与收听率，电视台的覆盖范围与收视率，报纸、期刊等印刷媒介的发布范围与发行量，以及户外场所的位置和人流量等。真实的媒介覆盖率是广告主、广告经营者实施广告战略和广告发布者确定收费标准的重要依据。因此，广告管理机关应该加强对广告发布者提供的媒介覆盖率的真实性进行管理，这对维护广告发布者的声誉，树立媒介自身形象，拓宽广告发布业务来源和保护广告主、广告经营者的合法权益，有着积极、重要的作用。

3. 对广告发布者利用媒介时间、版面和篇幅的管理

广告发布者虽然拥有对媒介的使用权，但是并不能无限制地扩展广告刊播的时间、版面和篇幅。国家行政管理机关往往利用其行政职能，对媒介刊播广告的时间、版面和篇幅做出限制性的规定和控制，以确保媒介履行更为重要的社会职能，实现健康有序的发展。

13.2.4　对广告信息的管理

广告信息包括广告信息内容及其表现，它以广告作品的形式，经媒介的发布完成传播。对广告信息的管理是世界各国广告管理中尤为重要的内容。

1. 广告内容的管理

广告内容的管理，集中到一点，即对广告内容的真实性、合法性进行的管理，以确保广告内容的真实、合法与健康。

新修订的《广告法》于 2015 年 9 月 1 日起正式施行。这是《广告法》实施 20 年来的首次修订。此次《广告法》修改的幅度非常大，其中包括明确虚假广告的定义和典型形态，新增广告代言人的法律义务和责任，强化对大众传播媒介广告发布行为的监管力度等多个方面。

其中，第十六条　医疗、药品、医疗器械广告不得含有下列内容：

（一）表示功效、安全性的断言或者保证；

（二）说明治愈率或者有效率；

（三）与其他药品、医疗器械的功效和安全性或者其他医疗机构比较；

（四）利用广告代言人做推荐、证明；

（五）法律、行政法规规定禁止的其他内容。

药品广告的内容不得与国务院药品监督管理部门批准的说明书不一致，并应当显著标明禁忌、不良反应。处方药广告应当显著标明"本广告仅供医学药学专业人士阅读"，非处方药广告应当显著标明"请按药品说明书或者在药师指导下购买和使用"。

推荐给个人自用的医疗器械的广告，应当显著标明"请仔细阅读产品说明书或者在医务人员的指导下购买和使用"。医疗器械产品注册证明文件中有禁忌内容、注意事项的，广告中应当显著标明"禁忌内容或者注意事项详见说明书"。

第十七条　除医疗、药品、医疗器械广告外，禁止其他任何广告涉及疾病治疗功能，并不得使用医疗用语或者易使推销的商品与药品、医疗器械相混淆的用语。

第十八条　保健食品广告不得含有下列内容：

（一）表示功效、安全性的断言或者保证；

（二）涉及疾病预防、治疗功能；

（三）声称或者暗示广告商品为保障健康所必需；

（四）与药品、其他保健食品进行比较；

（五）利用广告代言人做推荐、证明；

（六）法律、行政法规规定禁止的其他内容。

保健食品广告应当显著标明"本品不能代替药物"。

2. 广告表现的管理

广告作为一种"劝说"的艺术，必须借助一定的表现方法和形式，才能将商品或服务的信息传达给广告受众，并尽可能使其留下深刻的印象，以促进购买行为的实现。广告的表现方法和形式就是广告表现。

由于广告表现是针对社会公众所开展的宣传活动，又是为了追求盈利目标所采取的宣传手段，所以它必须受到广告管理的法律、法规和道德的约束，必须符合一定的社会规范。广告表现管理的内容主要包括：对广告表现真实性的管理，对广告表现合法性的管理，对广告表现道德性的管理，对广告表现公益性的管理，对广告表现独创性的管理，对广告表现可识别性的管理等。

13.2.5　对广告收费的管理

广告收费是指广告经营者、广告发布者在承接和完成广告主委托的广告业务后，所收取的广告设计费、制作费、代理费和发布费。

广告收费管理是指广告管理机关会同物价、城建、公安等职能部门，依照广告管理法律法规的有关规定，对广告经营者、广告发布者在设计、制作、代理、发布等广告业务活动中的收费行为的合法性进行的管理。目前，我国对广告收费的管理主要实行国家定价管理和备案价格管理相结合的原则。

我国对广告经营者收取的广告设计、制作费的管理，主要实行备案价格管理，即广告经营者可以根据广告设计、制作成本和自身信誉、服务质量、制作水平等因素，制定自己的收费标准，然后报当地工商行政管理机关和物价部门备案。

对广告代理费主要实行国家定价管理，其标准是法定的、全国统一的，即广告经营者承办国内广告业务的代理费为广告费的10%，承办外商来华广告的广告代理费为广告费的15%。

对广告发布者收费的管理，基本上实行备案价格管理，即以广播电台、电视台、报社、杂志社四大媒介为主的广告发布者，根据自身的收听率、收视率和发行量，以及在全国或地方的覆盖率和影响，来制定自己的收费标准，然后报当地工商行政管理机关和物价管理部门备案。

户外广告场地费、建筑物占用费的收费标准，必须由当地工商行政管理机关会同物价、城建部门，根据当地经济发展的程度，户外广告的设置区域、场地、建筑物的位置好坏、人流量大小、是否在商业中心和闹市区等因素，共同协商制定，并报当地人民政府批准。它一经制定并获得当地人民政府批准，就必须严格依照执行，任何单位或个人不得随意更改。

13.2.6　对户外广告的管理

户外广告是指张贴、设置、绘制在城镇繁华地段、商业闹市中心、交叉道口、旅行沿线、机场、车站、码头、高大建筑物等露天场地和交通工具上的广告。户外广告的数量多少，质量如何，设置的地点、场所是否合理、恰当，在一定程度上反映了一个城市或地区的经济发达程度、整体精神面貌和文化、城市美化、环境保护的程度。一般来说，户外广告的设置不得妨碍交通，不得有损市容和风景地区的优美环境，不能破坏古物建筑。户外广告要与社会人文环境、自然环境相适应。

与其他户外形式的管理相比，户外广告的管理较为复杂，涉及工商行政管理、城建、环保、公安等部门，其规划管理也主要由这些部门负责。在当地县级以上人民政府的组织下，上述部门共同就城市或者地区户外广告设置的区域、地点、规格、质量和安全等问题做出统一规划，报当地人民政府批准后，由工商行政管理机关负责监督实施。

对户外广告必须实行登记管理，即县级以上广告管理机关会同城建、环保、公安等有关部门，依照当地人民政府批准的户外广告设置规划和管理办法，对申请经营户外广告的单位或个人的经营资格、条件和设置户外广告的区域、地点等进行审查核准。对具备经营资格、条件的单位或个人，在核准户外广告设置区域、地点符合当地户外广告规划和管理办法后，准予登记。未取得核准登记的单位或个人，不得经营户外广告，否则即为非法经营，将被依法取缔。户外广告的内容必须真实、合法。

户外广告发布后，并不意味着发布活动的结束。户外广告在设置、安装过程中和完毕后的安全问题，以及平时的维修、整饰，即维护问题，仍是其发布活动的继续。广告管理机关应会同城建、环保和公安等有关部门，对户外广告设计、安装所用材质和抗风、抗震等级以及与原建筑物的连接等问题、环节，进行切实有效的管理，把户外广告的安全问题落到实处，同时应加强对户外广告的维修装饰管理，对那些残缺不全、影响市容市貌的户外广告，该维修的应及时维修，该更换的应及时更换，该清理的应坚决清理，还城市以和谐、美丽。

本章重点

随着市场经济的发展，我国广告业开始了飞速的发展，然而在广告业发展的同时，我国广告界出现了一些不良的现象，比如虚假广告盛行。为了规范广告业，使广告业的发展服从其内在的运行机制和外部的约束机制，广告管理逐渐受到广告行业和政府的重视。

广告管理体制是国家关于广告管理的总体框架，它包含以下四个方面：

1）广告行政管理。国家通过一定的行政干预手段，或者按照一定的广告管理的法律、法规和有关政策规定，对广告行业和广告活动进行监督管理。

2）广告审查制度。广告审查机关在广告交付设计、制度、代理和发布前，对广告主主体资格、广告内容及其表现形式和有关证明文件或材料的审查，并出具与审查结果和审查意见相应的证明文件的一种广告管理制度。

3）广告行业自律制度。广告主、广告代理业、广告传播媒介进行行业的自律，订立行业规范等。

4）广告社会监督机制。消费者、竞争对手等对广告活动的举报、投诉等。

这四项机制以国家、广告经营者、广告行业内部、消费者四个为主体，从各自的角度出发，制定了一系列广告法规和规范，对广告行业的方方面面实施了规定，约束了广告业的经营和发展，促使广告业朝着健康、有益的方向发展。

广告管理的具体内容，包括对广告主的管理、对广告经营者的管理、对广告发布者的管理、对广告信息的管理，以及对广告收费的管理、对户外广告的管理等。

复习思考题

1. 为何要实施广告管理，它的必要性在哪里，试结合现实加以阐述。
2. 什么是广告管理体制，广告管理系统包括哪几个方面？
3. 为什么要有行业自律，行业自律的特点是什么？
4. 消费者对广告业的监督表现在哪里，试举出实际案例加以说明。
5. 广告管理机关依法对广告发布者实施管理的主要内容包括哪几个方面？

实训练习

熟悉2015年新版《广告法》。（1994年10月27日第八届全国人民代表大会常务委员会第十次会议通过，2015年4月24日第十二届全国人民代表大会常务委员会第十四次会议修订）。

新修订的《广告法》9月1日起正式施行。这是《广告法》实施20年来首次修订。此次《广告法》修改的幅度非常大，其中包括明确虚假广告的定义和典型形态，新增广告代言人的法律义务和责任，强化对大众传播媒介广告发布行为的监管力度等多个方面。

课外阅读

新《广告法》体现广告真正的意义

新《广告法》自从 2015 年 9 月 1 日正式推行以来已有两周时间。这是《广告法》实施 20 年来首次修订，堪称"史上最严"的处罚尺度震动了整个广告圈。两周以来，"新《广告法》后美工猝死 27 人"等耸人听闻的消息不断，虽说只是玩笑，但也足以说明此次新《广告法》威力之强。

新《广告法》在科技圈引发了一股轩然大波，也在广告圈引发了诸多争议。新《广告法》带来的新变化，值得所有人细细品味和思考。

全面解读新《广告法》的六大禁区

1. 10 岁以下儿童不得做代言

近些年来，随着《爸爸去哪儿》等真人秀节目的走红，萌娃代言广告的案例愈演愈烈。然而按照新《广告法》规定，利用不满 10 周岁的未成年人作为广告代言人，将属于违法。然而儿童不能做代言人只是意味着"儿童不能做代言人"，并不意味着"儿童不能做广告"，儿童依旧可以出现在广告画面中进行表演。所以我们依旧可以在芒果台《爸爸去哪儿 3》片头广告中看到刘烨为伊利牛奶代言的广告，刘诺一依旧跟随在爸爸身边，和奶牛一块玩耍。

2. 明星自己不用不得代言

明星自己不用不得代言，这意味着，明星等不得为其未使用过的商品或未接受过的服务做证明。也就是说，阳光帅气的男星苏志燮不能再代言女性内衣品牌。我们推想一下，明星今后为蓝翔代言是不是也应该乖乖接受培训领取毕业证？

3. 互联网广告不能一键关闭可罚 3 万元

这次新《广告法》规定，利用互联网发布广告，应当显著标明关闭标志，确保一键关闭。违者将处 5 000 元以上 3 万元以下的罚款。

4. 没有专业数据的广告不得出现

"一节更比六节强""一晚只需一度电"等广告曾经频频出现在电视之上，然而如今这种广告如若无研究数据支撑将不得存在。

5. 药品、保健食品广告不许代言

曾经明星代言虚假药品、保健食品广告事件频发。赵本山老师曾经代言的蚁力神、范冰冰曾经代言的减肥药……今后此类广告将不得出现。

6. 极限用语处罚 20 万元起步

国家级、世界级、最高级、最佳、最大、第一、唯一、首个、首选、最好、最大、精确、顶级、最高、最低、最、最具、最便宜、最新、最先进、最大程度、最新技术、最先进科学、国家级产品、填补国内空白、绝对、独家、首家、最新、最先进、第一品牌、金牌、名牌、优秀、最先、顶级、独家、全网销量第一、全球首发、全国首家、全网首发、极致、永久、王牌、掌门人、领袖品牌、独一无二、独家、万能等均属于极限用语。今后此类广告不得出现这类用语。

新《广告法》带来的那些痛与乐

新《广告法》实施以来，带来了诸多新变化。商家纷纷更换广告语，职业打假人则如闻到了血腥味一般兴奋，围观群众则是搬上小板凳一边看热闹。新《广告法》的实施，严肃之余，更带来了全民娱乐的效果。

1. 推行两周，小米、魅族最受伤？

此次新《广告法》推行以来，影响最大的可谓是手机圈。"全球最快的智能手机""全球独家首发""东半球最好用的智能手机""全球首款千元指纹手机"等说法不绝如缕。罗永浩老师的"东半球最好用的智能手机"被方舟子举报违反广告法实际上早已是前车之鉴。

经过这一次教训后，手机厂商纷纷在新《广告法》实施前夕更换广告语。以魅族为例，魅族科技官博对自己官网产品介绍调侃了一番。例如 MX4 Pro 的"全球首款按压指纹识别安卓手机"，按照新广告法要把"首款"一词换掉，变成为"没人做过的按压指纹识别安卓手机"。然而，智者千虑必有一失。笔者在查阅魅族官网时发现，Flyme 宣传语依旧包含"极致"一词。

小米虽然吸取教训，将红米 Note2 原本的广告语"千元旗舰，青春首选"改为了"千元旗舰，青春优选"，但在新《广告法》推行第二天就遇上了麻烦。

9 月 2 日，青葱手机董事长谭文胜向北京市工商局实名举报小米手机涉嫌虚假宣传。谭文胜表示，小米 Note 在宣传中使用"屏幕之王""世界一流""最低"等词汇，他认为"以上种种最终导致消费者在选购手机产品时非常容易被夸大、虚假的广告语误导"。目前，北京市工商局已经受理该实名举报。

2. 新《广告法》养肥职业打假人？

据亿邦动力网报道称，新《广告法》养肥了一批职业打假人。"打假人"通知企业违反《广告法》后，表示如果企业不向自己交钱，就进行举报。"所谓'职业打假人'并不是在打假，其不向工商部门举报，亦不是提醒违反广告法的企业修改广告内容，而是抓住所谓的企业的'把柄'，进行纯粹的勒索。不少企业在没弄清具体规则的情况下，出于某种考虑，可能会屈服于打假人。"

实际上，已有不少职业打假 QQ 群中，"打假师"纷纷跃跃欲试。网上甚至盛传一份对付"职业打假人"的方案，流程如下。

首先，商家给电商平台写免责函，平台免责后，工商局就会直接找到商家；然后，商家不给工商局提交材料，拖延 3 个月；收到工商局罚单后，在 30 日或 90 日内要求复议；最后进入无线循环的申诉拖延中，变相和"打假人"对着干，让其放弃。

然而，亿邦动力网采访律师后得知，这种利用规则限制对于广告主、广告经营者、广告发布者提出不合法要求，本身其实已经是违法行为，如果勒索金额够高即构成犯罪。接到勒索后，企业配合勒索的行为其实相当于纵容犯罪。

3. "好到违反《广告法》"依旧违法

"好到违反《广告法》，好到打死不让说"，新《广告法》推行之初曾不少朋友如此出歪招支援文案策划。

新《广告法》推行第一天，笔者朋友圈曾看到一位媒体人这样调侃更换广告语的行为："新《广告法》出台后，《第一财经日报》更名《财经日报》；乐视超级手机、乐视超级电视更名乐视非普通手机、乐视不二电视；自媒体人万能的大叔、万能的大熊，更名大叔、大熊，组成熊叔叔组合；中国中央电视台，更名非国外非边缘电视台……"

一家手机广告商的广告写道："手机好到违反《广告法》，款式帅到没朋友，价格优惠到不让说，再写我就违规了。"对此《新闻晨报》报道称，上海市工商局明确表示，用"好到违反《广告法》"做广告依旧涉嫌违法。

实际上，这种歪招依旧有不少科技企业冒死使用。乐视超级手机曾使用"除了旧《广告法》的违禁词，没有语言能形容这款手机的好"；海信空调曾使用"口碑赞到没法说，品质好到没对手，荣誉拿到手都软，再写我就违规了"；而魅蓝 Note2 在苏宁 818 手机节上了"单品销量比亚军高"这样的广告语；看准网则使用"抱歉，您的输入违反新《广告法》要求，请删除敏感词重新查询"来避嫌。

新《广告法》的得与失，从广告之父奥格威谈起

广告之父、奥美广告公司创始人大卫·奥格威曾经将他对广告以及整个行业的睿智见解形诸文字，著成了所有广告人的秘籍——《一个广告人的自白》。

《一个广告人的自白》是教科书一般的存在，然而书中有这样一句话："其他会产生良好效果的字眼是：最新到货、重大发展、改进、惊人、轰动一时、了不起、划时代、令人叹为观止、奇迹、魔力、奉献、快捷、简易、需求、挑战、奉劝、实情、比较、廉价、从速、最后机会等。"

回看这部广告人的秘籍，其中不少措辞竟然也违反了新《广告法》。以致有广告人如此哀叹称："他提出了广告界诸多基本法则，现在听来依然振聋发聩。53 年过去了，他提出的那些基本法则却被禁止了，真是莫大的讽刺。"

虽然这位广告人的观点不无道理，但在笔者看来，大卫·奥格威诞生之初也一定没有想到，如今的广告圈会成如今一片狼藉的局面。虚假广告充斥、肆意浮夸横行已经严重影响了如今广告行业的发展。

新《广告法》的推出，一定会带来利好局面。一方面，新《广告法》能够全面整顿广告市场，消除浮夸、虚假等乱象，更能够塑造全新的广告市场生态，给消费者、给市场一个干净的环境。新《广告法》的目的不是消灭广告，是为了让消费者在看到"广告"二字时，联想到的不是虚假和欺骗，而是实实在在、真真切切的走心服务。

或许，这才是大卫·奥格威心目中广告的真正要义吧？

资料来源：百度百家，http://mt.sohu.com/20150916/n421282693.shtml。

第四篇

广告发展新趋势

PART 4

Chapter 14
第14章

碎片化与窄告

学习目标

1. 了解传播的碎片化现象及影响
2. 理解窄告的含义
3. 了解窄告出现的基础
4. 了解窄告的具体表现形式
5. 理解窄告产生的理论基础

14.1 传播的碎片化

14.1.1 受众日益"碎片化"

"碎片化"原意为完整的东西破成零片或零块，现被抽象为概念，广泛用于社会学、消费行为学、传播学各领域。该概念由后现代主义研究者在20世纪80年代最早提出，意指后现代文化视野中真实的存在转化为各种影像，时间碎化为一系列永恒的当下片断。

而作为与社会学有密切联系的传播学，"碎片化"再度与受众行为研究结合起来，指社会阶层的多元裂化并导致消费者细分、媒介小众化。广告学者舒咏平教授则进一步指出受众碎片化的来源，认为"由利益群体构成的各社会阶层，在不同的分化坐标上相互交叉，又被裂化为更多的细小群体，"从而让我们更直观地理解传播领域碎片化的内涵。

我国广告受众碎片化的历程除受经济发展的重大影响外，还与广告身兼使命的变迁密切相关。从新中国成立至20世纪90年代，我国生产力水平低，物资相对匮乏，卖方市场占据主导地位。企业大多以自身发展为主导经营理念，广告宣传仅被赋予"告知"的使命，期望达到提高产品知名度，让消费者知晓产品信息的目的。

这段时期，广告受众无疑被视为一个整体而未做区隔，受众的"量"成为广告关注的首要因素。然而，伴随改革开放进程的加快，我国经济实力得到迅猛发展，卖方市场被买方市场所取代。此时，企业间争夺消费者的战争愈演愈烈，为了获得广告宣传的高效回报，企业的注意力开始聚焦到有购买能力和购买可能的受众身上，致使广告宣传方式也一改"粗放型"的传播特色，更加注重目标受众"质"的提高，表现为关注受众的生活方式、消费特征、触媒习惯等。中国传媒大学广告学院 IMI 市场信息研究所从 1995 年开始对中国城市居民的消费行为与生活形态进行调查，其数据跟踪研究表明，中国城市消费正处于一个"裂变"的过程，发达国家所经历的"集中—分化—断裂"的数十年漫长过程，浓缩在中国就是短短十年。消费者"碎片化"是在大众市场基础上，由不同分众市场板块不断撞击而形成。这种"碎片化"的影响体现在消费者的消费行为、品牌选择、媒介接触和生活方式等方面，展现出的是一个个立体、生动、高度同质化的消费者集合体。如果说物质消费形态的"碎片化"主要体现在消费者的产品消费方面，那么精神消费形态的"碎片化"则主要体现在受众的媒介接触方面。

14.1.1.1 受众物质消费形态的碎片化

受众物质消费形态的碎片化是指消费者在具体购买产品时受到性别、年龄、地域、职业等人口统计因素影响而产生的群体分化现象。从性别角度来讲，市场上早就存在一些产品具有明显的性别差异，比如女性的文胸、卫生用品、瘦身产品等，男性的剃须刀、健身用品等。这类产品在生产时因其特定用途决定了其在宣传过程中应首先考虑性别因素，而对一般大众产品而言，则会依据女性较感性、男性较理性的情况，进行各具侧重的广告宣传。从年龄分布来讲，每个年龄段都有独特的喜好与行为特征。儿童天真，喜欢卡通的角色和易懂的语言；青年好奇心强，处于青春期的他们向往时尚、个性的衣着和用品；中年步入安稳的生活，具有稳定的社会地位和交际圈，更多关注国内外的时政要闻；老年人则更关注健康、家庭方面的信息。从地域归属来讲，不同地区的经济发展状况影响居民的生活与消费理念。东部经济发达，人均消费水平旺盛，更多注重商品的品质与所带来的情感享受；西部属欠发达地区，倾向更实用、性价比更高的商品；中部则介于二者中间，呈现包容上述两个地域消费特征的特点。从职业和身份来讲，同一个地区的受众身份不同、职业不同、社会地位不同，甚至同一个受众在不同时间、不同场合处于不同社会角色上，其需求都会有很大的差别，比如领导干部、企业家和普通工人之间，大学生和农民工之间，知识分子与农民之间。甚至一名领导干部在工作岗位作为领导和他回到家中作为普通市民时，相应的需要都会有相当大的差异。

于是，消费者在受到上述人口统计学因素的影响下，并结合自身能力、气质、性格的基础上，大致碎片化有如下七种类型。

1）习惯型——该类型的消费者选择商品的能力不一定强，情感变化缓慢，沉着持重，比较保守，不大受到外界时尚风气的影响，不易接受新产品。选择商品的需求心理比较单一。习惯购买已被认识或信任的品牌，或者长期惠顾某家商店。

2）理智型——该类型的消费者选择商品能力很强，对外界事物反应较为灵敏，善于收集有关信息，了解市场行情，并善于分析，不易受干扰，选择商品的心理倾向比较复杂，在对商品做购买决策时往往会反复比较，权衡利弊。

3）经济型——该类型的消费者选择商品的能力也比较强，对价格的变化反应灵敏，选价心理较重，往往以价格高低为选购标准。其中一种是喜欢同类中便宜实惠的商品，另一种是喜欢选购同类商品中价格偏高者，他们认为价高质也高。

4）冲动型——该类型的消费者消费选择的能力一般不强，情绪反应激烈敏捷，情感变化快而不稳。挑选商品考虑欠周，易受产品外观及广告宣传影响，往往草率购买，但容易产生反复。

5）情感型——该类型的消费者选择商品的能力并不强，但感情丰富，联想力、想象力强，往往因商品造型、色彩、包装或富有良善寓意或象征意义的商标、图案，引起他们联想，同时还容易受到购物环境和营业员态度感染。

6）疑虑型——该类型的消费者选择商品的能力一般不强，决策能力也比较差，性格内向，选购迟缓，观察细致，容易把问题复杂化，小心谨慎，三思而后行。

7）不定型——该类型的消费者多为新购买者或少购买者，缺乏经验，心理倾向不稳，往往随意购买或奉命购买，较为被动，常常匆忙决定。

14.1.1.2 受众精神消费形态的碎片化

与受众物质消费形态碎片化相比，精神形态的碎片化主要集中于媒体接触层面，即受众由于触媒习惯不同而产生的购买行为差异。伴随科技的进步，新媒体层出不穷，媒体环境随之发生巨大变化。一方面传统媒介市场份额收缩，话语权威和传播效能不断降低；另一方面新兴媒介勃兴，传播通路激增，海量信息的堆积，表达意见也向多元化方向发展。为了应对新媒体的挑战，传统媒体使出浑身解数，表现为电视频道日益增多，广播媒体开始复兴，报纸版面无限扩张，专业杂志层出不穷。而新媒体也回以颜色，价格降低，成为人们生活的重要组成部分。如此声势浩大的媒介发展将消费者原有的媒介接触时间、接触习惯完全打破，再度将受众碎片化。

电视作为最普及的媒体，不同年龄、性别在收看时间及节目偏好上差异很大，现以家庭为单位展开分析。从接触时长来看，孩子看电视的时间明显少于父母，他们在课业的压力下，只有周末和节假日才有空闲，而父母下班后主要靠电视打发时间，日均接触时长为3.3个小时，周末略有增加。从节目偏好来看，不同家庭成员间的差异较大。父母较喜欢经济消费信息，如经济新闻、金融股市、电视直销、消费指南等，而孩子则更喜欢MTV音乐节目之类的娱乐信息。家庭中的男性成员是体育节目的常客，电视剧和文娱节目则深受女性朋友的喜爱，动画片、卡通节目则是孩子们的首选。

报纸虽然在网络信息及时性面前逊色很多，但对养成读报习惯的消费者而言仍有广泛的市场。按版面来讲，新闻版面普遍受到关注，热点追踪、生活保健、法制报道备受已婚人士肯定，娱乐信息、新书快讯等得到年轻人的青睐，体育、军事自然成为男士的偏好。此外，移动人群成为报纸的新生力量，学生、上班族将其视为打发时间的最好途径，于是便于购买成为报纸选择的首要因素。

广播从另外一个角度可视为没有画面的电视，这便意味着受众在接受广播和收看电视的偏好上有更多类似之处，这里不再赘述，但结合时代发展，如下几类受众成为广播接收人群中的亮点。首先，随着生活水平的提高，车辆不断增加，天气预报、路况信息、音乐节目成为所有驾车人员的首选。其次，没有时间接触电视的学生也将广播视为重要的学习、娱乐渠道，课程辅导、英语、音乐等节目成为重要的广播调频对象。

杂志作为专业化媒体的代表，不同杂志本身就代表了内容的选择。文摘休闲类杂志是受众分界最不明显的类型，如《读者》《青年文摘》等。时事生活类、商业金融类、军事与政治类、无线电、航海等专业性较强的杂志是男性喜欢的类型；时尚、服饰、美容、保健则受到女性的青睐。科幻故事、娱乐消息等仍受到青年学生的热烈欢迎。

网络集各传统媒体优势于一身，在价格下滑的推动下已摘掉新媒体的头衔，成为主流媒体的重要成员。由于网络的空间资源无限，门户网站纷纷开辟各具特色的频道，如新闻、娱乐、军事、体育、健康、女性、星座、汽车、股票等。此外，专业网站的登录人数一再刷新，如论坛、购物、游戏、电子小说、在线电视等。可以说，二者使出浑身解数吸引不同兴趣爱好者的关注，而受众也在不断细化的网络媒体面前碎片化为不同的群体。

综上，消费者被电视、报纸这些传统观念中的大众媒体垄断的局面逐渐被打破，而随着私家车拥有量的增长和杂志专业化程度的深入，广播、杂志这些针对特定消费者群的媒体脱颖而出。加之网络的推波助澜，大众媒体衰落而多种媒体并存的局面已经形成，这也正是受众精神消费形态"碎片化"的直接表现。

14.1.2 受众碎片化与媒体专业化的广告承接

在受众碎片化的推动下，媒体专业化开展得有声有色，这就给广告的定向投放奠定了基础。早在 20 世纪 90 年代，营销学之父菲利普·科特勒就曾指出："市场细分导致了媒体细分，那些能更好地适应今天的目标化战略的更集中的媒介大量增加。总之，各家公司都在逐步减少广泛宣传，而更多地利用狭窄宣传。它们运用日益繁多的集中宣传工具，努力打入各种不同的目标市场。"

美国广告学者雪莉·贝尔吉也曾经说道："广告商根据受众需求使他们的信息针对某一个受众群，让每一个主顾的产品与一个十分确定的受众群相匹配，这样一来，每一美元的广告费都不白花。"

这就意味着以媒体专业化为基础的分众传播已经到来，能实现受众群匹配的狭窄宣传成为提高广告效果的捷径。对广告主与广告从业人员来说，找到并利用好各种狭窄媒体成为关键所在。具体来说，期望中的狭窄媒体应具有如下属性。

1）不可再分性。它是指相对于既有的关于越来越趋向于精细化的广告媒体，其共通之处是对所有的广告载体进行了划分，而不同之处就在于划分的标准精细到了不可再分的地步。这一特性决定了某一广告媒体所具有的媒体特征具有唯一性，能够明显地与其他广告媒体进行区分和比较，这些都为单一媒体或跨媒体广告投放中的多个广告媒体组合提供了最基本的支持。

2）具体指向性。衡量广告媒体具体指向性的强弱，主要是看它是否具有如下特征：目标明确、直指目标消费群、实施意图明确、广告到达率高。对于具体进行广告媒体投放的业界人士来说，一旦媒介策划人员给出了目标消费群的定义，随之就是广告时段和广告版面的受众要与目标市场消费群相匹配，即要把广告费用放在与目标市场的定义相吻合的媒体上面。吻合得越好，广告支出的浪费就越少。这里强调的"相匹配""相吻合"就是具体指向性的表现。例如，不同频道、不同栏目的不同广告时段，不同报纸、不同版面上不同的广告位置，不同线路公交车上的车载电视，不同网站、不同页面、不同栏目的广告按钮，其各自的受众指向均到了不可再分的"具体"。

3）自由选择性。它是指广告主能依据自己的需要对承载广告信息的媒体进行自由而有效的选择。由于广告媒体的不断细分，广告投放的选择范围更加精确，具体的广告投放媒体不再从媒体的类别出发，而是借助媒体的个别单位，突出精准传播的优势，从而将商品的丰富性和商品信息介绍的全面性更加自由地展现在目标受众面前。

14.2　广告向窄告的过渡

14.2.1　窄告概念的界定

"窄告"二字自分众传播时代到来之后便频频出现，它曾是一种传播意识，也曾是媒体细分与媒体组合时的指导思想，还曾是有匹配特色各广告的统称，本节特指网络中以窄而告之意识为指导又专门取名为"窄告"的新广告形式。

首先，作为一种传播意识，广告的含义就是"广而告之"，广告主一味追求广告信息的到达范围，认为只有覆盖区域的优势才能换来广告效果的提高。极端表现为迷信央视广告的神奇力量，一掷千金赢得标王头衔，但事实上这种做法却不能保证企业的永续发展，秦池古酒、爱多DVD便是最好的证明。待市场细分愈演愈烈，广告的含义也随之发生深刻转变——窄而告之。虽然"窄"与"广"意义相悖，但背后却明显地折射出传播意识的转变，即通过制订精准的营销方案，选择精准的广告媒体，针对目标消费者进行狭窄的广告宣传，将有限的广告费用投放到最有可能产生购买行为的人群身上。

其次，作为一个指导思想，自窄而告之的意识形成后，广告主对广告代理公司制作的媒介投放计划提出了更高的要求：一方面要针对目标群体找到足够窄的广告媒体，保证信息能最快速地到达并影响消费者；另一方面，在媒体组合时要合理安排媒体种类、投放时间、投放频次的关系，形成最高效的组合方式。于是，在广告主窄告意识的要求下，广告代理公司将其实际化为一种指导思想，切实运用到媒体选择、组合、排期的实践活动中。

再次，作为具有匹配特色网络广告的统称，当窄告从意识落实到指导思想之后，找到精确的窄告媒体成为广告主和代理商的共识。虽然电视的专业频道、报纸的专业版面、网络的专业页面都可视为进行窄告宣传的媒体之一，但这仍无法满足广告主对"窄"的不断追求。而在网络充满想象力和创造力的环境里，匹配技术将这个梦想变为可能，最早出现的搜索引擎广告便是最好的证明。如今，具有匹配特色的广告逐渐壮大。仔细观察我们所打开的网络页面，在文章底端有时会看到数条文字广告，而这些广告又由一个头衔统领着，比如"Google提供的广告""百度主题推广""阿里妈妈提供的广告"等。这些广告或多或少与文章的关键词有直接或引申的联系，被视为搜索引擎广告延伸到各文章页面的重要表现形式。再仔细观察，当我们打开自己的网络邮箱，信件旁边也会出现与主题相关的广告信息，比如Gmail、126等邮箱，已经将此广告服务做得十分到位。

最后，专门以"窄告"命名的广告，集合了语义分析、行为分析、自动匹配等多种网络技术，融汇了文字广告、横幅广告、富媒体广告、视频广告、Flash 广告等多种表现形式，是网络上最专业、最具吸引力、最窄的广告新形式。

"窄告"是一种在合适的时间、地点将合适的信息投递给合适的人的定向广告形式，是分众传播时代精准传播的必然产物。具体是指借助网络搜索技术将广告客户定制的信息与各网站刊登的文章内容、浏览者偏好及使用习性、浏览者的地理位置、访问历史等信息进行自动匹配，最终将广告信息发布到最合适的文章周围，最大限度地调动网民主动点击的积极性。从概念可以看出：①窄告就本质而言，属于定向广告的一种；②就特点而言，采用先进的语义分析、受众行为分析及精准的匹配技术，科技含量高；③就与网民的关系而言，肯定受众在广告宣传中的主动地位，赋予前所未有的权利。

14.2.2 搜索技术的进步为窄告的出现奠定了基础

网络与传统媒体相比，除信息量大、信息表现形式多样外，更重要的是具有强大的搜索功能。就时下的搜索技术而言，网络可以轻易完成自然语言处理和语义分析，在给网民带来查询方便的同时，更给窄告的出现带来可能。因为强大的搜索技术可以将具有关键字信息的窄告投放到与关键字匹配的文章周围，实现网络广告与网络内容的无缝结合，显示窄告在广告定位和用户关系管理上的强大优势。

14.2.3 窄告的表现形式

窄告，就其归属而言仍是网络广告，这便决定其表现形式与其他网络广告有相似之处。但窄告又是代表分众传播特质的网络广告，这也就意味着窄告的表现形式必将具有更大的吸引力和冲击力。具体来说，时下流行的窄告形式有"上下文""下划线""图片与Flash""视频"等。

1. 上下文窄告

上下文窄告形式主要是利用网页分析技术，通过辨别网民所在地和上网习惯，按照广告主设置的关键词将广告以文字链的形式准确投放到众多强势媒体和专业网站上。该广告形式主要由标题和正文组成，一般标题为 12 个汉字，正文为 24 个汉字，可通过横栏或竖栏的方式表现出来。这种借助语义匹配的窄告形式将广告信息与网页融为一体，使网民在阅读有兴趣文章的同时还可以看到相关联的产品信息，最大限度地降低了网民对广告的抵触心理，为获得高点击率奠定基础。对于广告主而言，上下文窄告费用低廉，而且还可依据自身需要设置日消费上限，防止恶意点击的发生。

2. 下划线窄告

下划线窄告是精确到词汇的窄告形式，它借助内容分析与精准定位技术将广告主的广告地址与众多网站中的关键词自动链接起来。即对文章中被选定的关键词以醒目的下划线进行标记，一旦网民予以点击，就会弹出已做链接的广告界面。至于关键词的设定，可依广告主的需求自行规划，既可以是宽泛的行业词汇，也可以是具体到某一类别的专有名词。例如，某小轿车厂商既可以买下"汽车"这样的词汇，也可以针对性地加强对"轿车"这样更加细分的词汇进行投放。而 SUV 厂商则完全可以只投放" SUV"，不用为其他词汇买单。

这样，广告主就可以垄断某一词汇的广告展示权，不论对于全年的品牌推广还是销售促进，均有排他的展示效应。该垄断优势一旦形成则可获取先发制人之势，领先于竞争对手。目前，伴随网络技术的发展，下划线广告又有新突破，其进一步省略了点击步骤，只要鼠标滑过关键字，广告就自动弹出来，实现更加贴近目标受众的目的。

3. 图片与 Flash 窄告

图片与 Flash 窄告的表现形式与常规网络广告形式无异，都是借助图片或动画来展示产品信息，只不过前者更多依托地方性大型新闻网站，通过投放超大型图片或 Flash 的形式获得强大的视觉冲击，使浏览者一打开网页就能清晰地看到与内容相关的广告。这种更直接、更主动、冲击力更强的窄告形式对有效激发浏览者的兴趣、提高点击率具有莫大优势，适合于品牌推广、产品宣传、事件营销、信息发布等多种要求。例如，新华网湖北频道某新闻界面，文章中的关键词包括"学生""品牌""教育"等，这和中国移动、全球通的目标人群、品牌之路有贴合之处。加之广告篇幅较大，信息丰富，能实现良好的宣传功效。

4. 视频窄告

视频窄告的定位是网络定向广告联播，它通过辨别网民所在地将广告有针对地、固定地投放到广告主期待的区域目标客户面前。它是某产品电视广告在网络媒体上的延伸，是以低于电视广告费用而获得的更具针对性的广告投放方式，是对电视广告非黄金时段广告宣传低效果的有益补充。具体而言，"视频"窄告的优势包括：①定向性强。广告主可以选择广告投放的区域、网站、时间、频次等，追求的是高精准、高性价比覆盖。②费用低廉。相对"广告"而言，性价比高。③冲击力强。由于视频广告在制作方面需要较多的投入，所以各大网站上更多投放的是图片或 Flash 窄告，这种网络广告环境将赋予视频窄告更多冲击力上的优势。

14.2.4 窄告的理论基础

14.2.4.1 使用与满足理论

使用与满足理论是传播学领域关于受众行为分析的重要理论，常用来研究传播效果与受众之间的关系。其核心思想是：受众为了满足或实现某种需求而使用媒介，他们的行为在很大程度上需要借助个人需求和兴趣来加以解释。该理论把受众成员看作有特定"需求"的个人，把他们的媒介接触活动看作基于特定的需求动机来"使用"媒介，从而使这些需求得到"满足"的过程。

众所周知，在传统媒介环境中，媒体投放什么广告，人们就接受什么信息，而且人们只能按照媒体事先设计好的顺序予以接收，不能按自己的兴趣跳跃收看。

所以，传统媒介理论大多属于说服性研究，认为媒体在传播过程中的主要任务是说服受众，受众只是信息传播过程中的被动接受者。但使用与满足理论却向其提出了挑战，将受众在整个传播过程中的地位提升到前所未有的高度。1968 年两位瑞典研究者波尔斯与考特赖特提出：① 受众被设想为是主动的，也就是说，受众对大众传播媒介的使用有很重要的一部分是有目标导向的行为。② 在大众传播过程中，将需要的满足与媒介的选择联系在一起的主动权在受众手中，不受媒介因素的影响。③ 媒介必须与满足受众需要的其他源泉竞争。除此以外，沃纳·赛佛林和小詹姆斯·坦卡德也在《传播理论：起源、方法与应用》中写道："很明显，媒介使用者在拥有 500 个有线电视的频道，或拥有可以变更时间，可以保留和重复观赏电视内容的录像机之后，较之几年前传统的媒体使用者来说，便成为主动得多的受众了。使用与满足理论最终对这种新媒体的使用者应该是有得说道的。毕竟，这是企图最直接地研究主动受众的唯一一个理论领域。"而网络是比录像机先进得多的新媒体形式，它的出现完全将随时随地随心观看电视剧、新闻、娱乐等设想变成现实，最终借助无时空限制及资源无限的特性将受众的媒体角色由被动向主动转变。也正是由于这种转变，网络广告的发展也出现了新方向与新特色。

就目前网络广告的环境而言，网民所到之处几乎都会受到网络广告的夹击，这种时刻冲击人们视觉与听觉神经的广告形式被大家冠之不雅的称号——网络"牛皮癣"。而这种消极情绪自然影响到网络广告的宣传效果，毕竟网民甚少会主动点击这些广告，除非有特定需求或对该产品有浓厚兴趣。于是，窄告异军突起，其关注网民主动性的核心特性赢得了网民的信赖和广告主的青睐。具体而言，窄告从最开始的投放理念就将网民的主动性视为最基本的现实，认为除了通过广告表现形式来吸引网民的主动点击外，更应该将网民的兴趣与广告内容贴合起来，这才能从本质上解决网民主动点击的问题。同时，窄告不追求某一则广告能吸引所有网民的点击，因为它深刻理解使用与满足理论的含义，即追求那些有真正需求的、有兴趣的网民的点击，才是实现最大广告效果的捷径。正是受到该观念的影响，窄告从一开始就十分关注广告信息与网页内容的贴合，并不断借助表现形式的推陈出新，最大限度地激发目标用户主动点击的可能性。而对目标用户而言，他们则可以在阅读相关兴趣文章的同时看到有关联产品的广告信息，通过主动点击来满足对该类信息的需求。

14.2.4.2　长尾理论

长尾理论是网络时代出现的一个全新理论，是对传统"二八定律"的颠覆和挑战。该理论由《连线》杂志主编克里斯·安德森在 2004 年提出，基本原理是：所有非主流的市场累加起来就会形成一个比主流市场还大的市场，这些少量的需求会在需求曲线上面形成一条长长的"尾巴"，集合出小众的极大数量。也就是说，只要渠道足够大，非主流的、需求量小的商品销量也能够和主流的、需求量大的商品销量相匹敌，并进一步借助网络资源的优势将被大众流行挤压和忽略的"个性化"凸显出来。

在网络媒体上，商品流通渠道广泛、费用低廉，无形中成就了 80% 中小网络媒体的崛起，并分享由众多中小企业客户带来的多达 50% 的广告市场份额，但在其迅猛增长的背后，却隐藏着无法与门户网站竞争大客户的事实。于是，中小网站开始关注如何将网站的流量变成收益等问题，而"窄告"便是这样一个恰逢其时出现的工具。窄告凭借网络嵌入技术，使中小网站只需放置一段代码便可成为广告信息的发布平台，从而实现其将网站流量变为营收的目的。同时，窄告也借助中小网站所形成的媒体优势，将成本降至最低，不仅赢得大客户的青睐，更受到中小企业的热烈欢迎。所以，窄告的成功从长尾理论来讲，主要"捕获"了两个长尾——中小网络媒体和中小企业客户。前者整合的是广告信息发布平台，构筑了由众多中小网站所带来的文章更新快、用户浏览量多的长尾优势；后者整合的是窄告生存与发展所依赖的客户基础，若能赢得众多中小企业客户的长尾优势，必将实现窄告的迅猛发展。

14.2.5　窄告的优势

14.2.5.1　定向精准营销，直指目标客户

窄告投放具有其他网络广告所没有的语义匹配技术，它结合目标客户所在的区域、浏览习惯、阅读偏好等，从多家合作媒体中选择最恰当、最精准的媒体，将广告信息投递到相关文章周围，从而有效避免无效投放，直指目标客户，将广告费利用率做到最大。同时，由于目标客户往往是关心产品、具有真正需求的潜在客户，对其进行精准营销更易激发人们的隐性需求，促成销售，达到广告目的。

14.2.5.2　按效果付费，让广告主收获更多

首先，窄告实行 P4P（Pay for performance）的付费模式，即受众被广告吸引并点击后才计费，这种"不点击不计费"的原则，意味着广告商所投放的广告如果没有被点击还能获得免费曝光的机会。其次，与传统广告相比，窄告使广告商所期待的宣传效果大为增强。对广告商而言，最理想的广告投放地点是与内容密切相关的、与目标受众最接近的媒体。而窄告正是基于该理念设计的，因此与传统广告相比窄告投放的有效率更高，极大满足了广告主对广告投放效果的极度追求。最后，承担窄告发布的网站还为广告主提供全天 24 小时的专线服务，随时为广告主排忧解难，并借助多家合作媒体的资源优势为准备投放或已投放的广告主提供独家的情报增值服务，让广告主享受畅通、周到的广告服务。

14.2.5.3　对消费者而言是一种更民主的网络广告形式

窄告的出现在一定程度上缓解了大众传播模式下强制广告和民主消费的潜在冲突。从内容上看，传统的网络广告由于没有做好分众的工作，广告内容与文章内容、用户特征关联性不大，致使广大网络用户在浏览网上文章时，不得不承受那些分布在文章周围、与自己兴趣无关的众多广告内容的视觉干扰，从而导致强制广告与民主消费的冲突。相反，窄告强调的是广告内容与文章内容的匹配性，强调广告宣传点与用户兴趣点的一致性。对用户来说，它实际上是与用户的个性化需求相匹配的一种定向网络服务。也就是说，窄告能读懂用户的意愿，它将广告只呈现给真正对其感兴趣的网络用户，使用户在阅读文章的同时，也在第一时间了解了相关产品、品牌、企业资讯等，这便在一定程度上缓解了强制广告与民主消费的冲突。从投放形式上看，传统的网络广告为了让更多的人看到该产品的信息，不惜借助令人生厌的强制性形式。例如"浮动广告""自动弹出式广告"等，严重干扰

了用户对网页的正常浏览，凸显出强制广告与民主消费的冲突。然而，窄告出现后，作为一种全新的广告发布方式，凭借其低成本高效率的独特优势，必将对传统的强制性网络广告形成冲击，这在一定程度上也缓解了强制广告与民主消费的冲突。

本章重点

"碎片化"原意为完整的东西破成零片或零块，现被抽象为概念，广泛用于社会学、消费行为学、传播学各领域。该概念由后现代主义研究者在20世纪80年代最早提出，意指后现代文化视野中真实的实在转化为各种影像，时间碎化为一系列永恒的当下片断。

受众物质消费形态的碎片化是指消费者在具体购买产品时受到性别、年龄、地域、职业等人口统计因素影响而产生的群体分化现象。

与受众物质消费形态碎片化相比，精神形态的碎片化主要集中于媒体接触层面，即受众由于触媒习惯不同而产生的购买行为差异。

在受众碎片化的推动下，媒体专业化开展得有声有色，这就给广告的定向投放奠定了基础。以媒体专业化为基础的分众传播已经到来，能实现受众群匹配的狭窄宣传成为提高广告效果的捷径。

"窄告"二字自分众传播时代到来之后便频频出现，它曾是一种传播意识，也曾是媒体细分与媒体组合时的指导思想，还曾是有匹配特色各广告的统称，本节特指网络中以窄而告之意识为指导又专门取名为"窄告"的新广告形式。

"窄告"是一种在合适的时间、地点将合适的信息投递给合适的人的定向广告形式，是分众传播时代精准传播的必然产物。具体是指借助网络搜索技术将广告客户定制的信息与各网站刊登的文章内容、浏览者偏好及使用习性、浏览者地理位置、访问历史等信息进行自动匹配，最终将广告信息发布到最合适的文章周围，最大限度地调动网民主动点击的积极性。

就时下的搜索技术而言，网络可以轻易完成自然语言处理和语义分析，在给网民带来查询方便的同时，更给窄告的出现带来可能。

窄告，就其归属而言仍是网络广告，这便决定其表现形式与其他网络广告有相似之处。但窄告又是代表分众传播特质的网络广告，这也就意味着窄告的表现形式必将具有更大的吸引力和冲击力。具体来说，时下流行的窄告形式有"上下文""下划线""图片与Flash""视频""富媒体"等。

窄告的理论基础包括使用与满足理论、长尾理论。

使用与满足理论是传播学领域关于受众行为分析的重要理论，常用来研究传播效果与受众之间的关系。其核心思想是：受众为了满足或实现某种需求而使用媒介，他们的行为在很大程度上需要借助个人需求和兴趣来加以解释。该理论把受众成员看作有特定"需求"的个人，把他们的媒介接触活动看作基于特定的需求动机来"使用"媒介，从而使这些需求得到"满足"的过程。

长尾理论是网络时代出现的一个全新理论，是对传统"二八定律"的颠覆和挑战。该理论由《连线》杂志主编克里斯·安德森在2004年提出，基本原理是：所有非主流的市场累加起来就会形成一个比主流市场还大的市场，这些少量的需求会在需求曲线上面形成一条长长的"尾巴"，集合出小众的极大数量。也就是说，只要渠道足够大，非主流的、需求量小的商品销量也能够和主流的、需求量大的商品销量相匹敌，并进一步借助网络资源的优势将被大众流行挤压和忽略的"个性化"凸显出来。

窄告的优势有定向精准营销，直指目标客户、按效果付费，让广告主收获更多、更民主的网络广告形式。

复习思考题

1. 什么是传播的碎片化现象？
2. "碎片化"对社会生活的影响是怎样表现的？
3. 阐述窄告的含义。
4. 窄告产生的基础有哪几个方面？
5. 窄告的具体表现形式是怎样的？
6. 窄告产生的理论基础有哪些？

课外阅读

超越广告，营销才有出路!

在这个传播手段日益多元和分众的时代，所有的广告从业者都在思考：在今天，什么才是更有传播力的？

在广告的"黄金时代"，它利用电视和报纸等大众媒体的强势影响力对最广大受众进行传播，广告被证明是品牌建设的最有效方法和新产品渗透的原动力。

如今，广告的饱和至极、社会人群消费需求的多元化以及传播媒介的细分化，使得新产品推介越来越复杂。人们能接触的大众媒体至少包括50多个电视频道和电台，几十份报纸和上百份杂志，企业不得不在多元媒体上投放广告才能使广告信息保持覆盖率，但广告费用变得越来越昂贵。

置身于广告大变革的背景之上，品牌的传播有力地摆脱了传统广告的狭隘概念，长驱直入终端、公关、活动与事件等领域。

一个超越广告的时代真的到来了。

商业模式改变驱动的广告变革

回顾一下广告业的发展，自20世纪中期，广告的功能从发布销售信息、短期促销提升为帮助建立长期品牌形象之后，"创意为王"使广告业成为商业世界中一个散发着浪漫和超然气息的行当。

19世纪工业革命开始之前，广告可以被看作叫卖声或商店屋顶的招牌；20世纪初，人类进入广播主导下的大众传播时代；其后，在电视节目中插播广告成为广告业中的王者，广告业也成为20世纪最有经济影响力的行业之一。

但现在情况发生了一些变化——广告正在被迫变成"窄告"。新环境下,广告的效果也越来越不确定。过去是一个大湖,你撒网就肯定能网到鱼;现在变成了很多小湖,你不可能撒一下网就一劳永逸地等待收获,你必须先找到属于你的湖,再撒网。

更可怕的是,大众传媒无法像过去一样垄断性地吸引消费者的注意力,30秒的电视广告不再具有那么高的蛊惑力,互联网以交互性为利器夺走了电视屏幕前的一大批"眼球"。新一代人的媒体消费习惯是参与媒体,而不是被动地阅读和观看媒体。

于是,广告业几十年发展历程中稳定下来的现有模式也发生了颠覆性变革。从单一平台的传统广告到整合的跨平台广告,从由投资回报率驱动的广告到以消费者为中心的市场营销(见图14-1)。

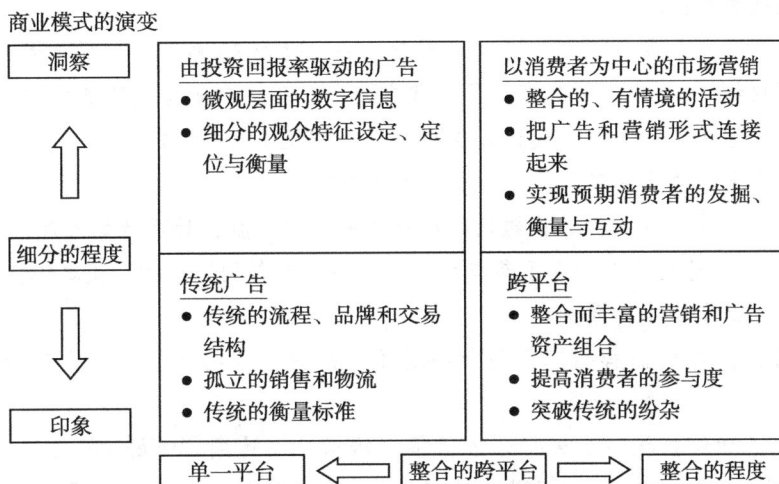

商业模式的演变

洞察 ↑ 细分的程度 ↓ 印象	**由投资回报率驱动的广告** ● 微观层面的数字信息 ● 细分的观众特征设定、定位与衡量	**以消费者为中心的市场营销** ● 整合的、有情境的活动 ● 把广告和营销形式连接起来 ● 实现预期消费者的发掘、衡量与互动
	传统广告 ● 传统的流程、品牌和交易结构 ● 孤立的销售和物流 ● 传统的衡量标准	**跨平台** ● 整合而丰富的营销和广告资产组合 ● 提高消费者的参与度 ● 突破传统的纷杂
	单一平台 ← 整合的跨平台 → 整合的程度	

图 14-1

资料来源:IBM报告《超越广告:选择通向数字消费者的战略路径》。

未来广告的发展可能有四个趋势

1)控制:控制权在未来会有很大的变化。内容播出的权利会从内容播出者(也就是电视台或者其他播出机构)身上转移到消费者身上,消费者有更大的权利来进行广告控制,包括看不看广告,看什么类型的广告,在什么平台上看广告。

2)创造性:未来广告的来源也将会有创造性。这种创造性不仅仅包括广告制作公司或者广告机构,还包括一些内容拥有者,也包括一些个人制作的广告。未来会有很多关于广告的竞赛,要想在竞争中胜出,就必须具有创造性。

3)衡量:未来对广告是否成功的衡量方式也会发生变化。在过去,我们主要是看有多少个观众黏在一个广告上,每一千次访问的成本是多少。而未来,我们会更关注于广告效果和人们所采取的行动,也就是说有多少人去点击了、有多少人真正购买了或者是支付费用了,这才是衡量广告是否成功的要素。

4)开放形式:在未来,广告会变成更加开放的方式,而且更加透明,并且可以用一种电子的形式或者在线的方式来进行,比如人们可能会通过一个电子平台,看到有多少人在对这则广告进行竞标、有多少人最终会购买等。

营销如何超越广告
创意革新：抓住话题引爆点

1941 年，第一则电视广告在美国播出，电视广告开启了以时长为导向的硬广 1.0 时代；当 1990 年植入式广告出现在中国电视节目中，电视广告进入了以内容为导向的软广 2.0 时代；再到 2004 年《超级女声》将电视广告推向高峰，进入以事件为导向的 IP3.0 时代……

电视广告在革新，如果品牌还是沿用传统的广告投放形式，是不可能引起观众的任何共鸣的，大把的广告费只能打水漂了。

传统的电视广告，主要是"曝光"和"品牌露出"，而新的思路则是引发话题和讨论。并且，在整个围绕电视的传播中，电视并不是唯一战场，而是如何找到话题的引爆点，将讨论延伸到微信、微博、贴吧和社区之中。

在今年羊年春晚前的黄金时间，百度地图做了一个时长 30 秒的"世界再大，也要回家"为主题的广告，不仅找了 90 后小鲜肉鹿晗作为代言人，广告主题也是围绕着用户和粉丝展开，在社会化媒体上引发了大量的关注和讨论。传统汽车品牌 JEEP，也请来王石、刘强东、谢霆锋三个极具话题性的男主角共同主演，并衍生出一系列话题。

品牌更加注重广告的开放性和话题性，从单纯的广告洗脑，转而开始关注产品的用户群体，对用户进行"激发"，让用户在拥有了参与感以后，主动参与到广告的讨论之中。

渠道革新：织造全媒体传播网

单纯依靠传统媒体的品牌推广已经行不通了，品牌必须结合其他方式来做多元化的营销传播。

碎片化时代，如何依托一个大平台进行整合传播，以达到"叫好（栏目）又叫座（产品销售）"的目的，而非只是"看上去很美"；数字媒体如何和传统媒体互动，而非"各自为战"。社交媒体投资、口碑投资鲜有成功的案例，多为"自娱自乐、自我证明"，如何破解这个难题？在这里，可以引入"一个核心，两个结合，一个保障"的核心解决思路，即通过挖掘主冠名栏目的内容价值，形成社交话题和参与互动诱因；传统媒体和新媒体紧密结合，线上沟通与线下体验紧密结合；预设 KPI，阶段调整精进。

具体而言，就是将传统媒体与网络搜索引擎、视频及社交媒体打通进行组合投放；在传统广告中加入网络搜索的元素，发挥网络媒体可互动的特性，使各媒体之间形成整体的传播链条；在线上网络广告中加入线下活动信息，告知并引导消费者参与线下活动；线下活动中使用新媒体的新技术，增加消费者体验度；将电视 TVC、网络各媒体类型、移动端统一收口到网络搜索中，打通组合投放，充分体现线上、线下活动信息，实现平台的整合；拦截搜索产品、活动信息的人群，将线上各媒体传播与线下抢票等地面活动充分整合。

模式革新：打通传播与销售链

随着电子商务的发展，一部分消费者购买商品的行为已转移到线上，单线上依靠文字、画面的宣传很难给予消费者直观体验。如何将大批节目的粉丝直接引流到自家卖场，既争取到一次不错的产品展示机会，又通过线上、线下的营销联动，有效提高市场表现，成为品牌主们关心的问题。

目前《爸爸去哪儿 3》特别拿出了三个广告时段的黄金位置 15 秒广告，作为全新的互动广告进行尝试。互动广告是湖南卫视为客户定制的，与之匹配的是芒果扫货 App，用户在收看节目时摇一摇手机即可进行购买，实现 O2O 闭环。

未来，湖南卫视还会通过粉丝经济为该产业链注入生机：当观众刷 App 后还有机会拿到《快乐大本营》《天天向上》《我是歌手》和跨年演唱会的门票。这里面也会引入积分机制，当观众积分到一定额度，就可以直接兑换门票，而不是通过抽奖。通过互动广告以及线下终端的打通，借助湖南卫视节目积累的人气，广告主的品牌人气也可以不断累积，消费体验不断放大。随着 App 人数不断扩大，未来达到千万级别后，就形成了一个巨大资源。这是把观众转化为消费者的一个现实途径，同时这也实现了资源的整合串联，解决了后期广告测量问题。

结语

未来充满变数。中国广告业的前途，从量的角度讲，是个充满诱惑的未来。在这种变化中，唯一不变的是，中国广告人应该跟得上潮流，适应各种变化。

资料来源：微信公众号，媒介 360。

Chapter 15
第15章

创意传播管理

1. 理解创意传播管理产生的背景和内涵
2. 了解传播管理出现的必要性
3. 理解创意传播的内涵和表现特点
4. 了解沟通元的含义、特性

15.1 创意传播管理的提出

对数字营销传播新模式的概括，必须基于对互联网本质的了解。只有把握了互联网的本质，才能够对它的规律进行提炼，并对它的发展进行展望，在这个基础上，对整个模式进行准确的概括和表达，这就是创意传播管理产生的背景和原因。

互联网出现后带来的很多新问题，是过去从来没有出现过的。其实，如果回顾历史，就可以发现，变化是常态，不变反而是不正常的。整个营销传播领域就是不断变化、创新的过程。100年前，人们对广告的认识，可以用一句话来概括，就是"纸上的推销术"。那个时候没有电视广播，报纸不断成熟，企业利用报纸进行传播，开始的时候较为简单，人们把广告和新闻内容混为一谈，叫作商业新闻。随着竞争加剧，企业必须用更有效的方式才能产生效果，于是出现了广告设计和简单的创意。报纸媒体也意识到广告同其他新闻内容的区别。对企业而言，广告就是利用报纸媒体进行推销，"纸上的推销术"这样一个看起来简单的概括，对于那样一种市场环境和传播环境而言，的确是最准确、最有效的传播方式。

1960年之后，品牌和创意才逐渐成为市场广泛接受的理念和模式。当市场高度同质化，传播竞争加剧，电视媒体出现后，企业遇到的问题不再是简单的产品促销问题，也不再是简单的信息发布问题，在这个阶段，品牌和创意成为企业的新工具。那个时代伟大的广告人所做的工作就是根据时代的变化创造了品牌和创意这些新的模式。

在互联网的时代，信息流通的速度是以秒来计算的，而且当所有的人都可以随时随地发布内容的时候，企业的所有行为已经被直播化了。也就是说，互联网推动整个社会进入了一个直播时代。危机随时可能发生，当然机会也随时可能出现。企业的营销传播不再是阶段性地按照某一个规划来执行，而是每时每刻要准备应对危机，随时随地要抓住机会进行营销。

现代广告是大众传播发展的产物，广告主是信息的发布者和传递者，在整个广告运作流程中，广告主通过广告公司向消费者发布并传递品牌信息。广告主既是信息的发送主体（最终是广告主决定向受众传递什么信息），同时也是信息传递的监督者（广告主监督广告公司是否把信息传达给了目标消费者并关注其传播效果）。也就是说在大众传播时代，广告主的作用在于：决定传递信息的内容，监督广告代理公司贯彻执行信息传递任务，并通过第三方调研审查广告传播效果。而在互动网络传播时代，广告主的作用发生了很大变化，他们除了决定广告策略和广告信息的内容，还必须"全程"参与广告传播的执行，必须对数字生活空间的信息反馈做出实时的反应。

企业营销传播的目的，可以归纳为产品促销和品牌构建。即便是在倡导品牌和整合营销传播的时代，产品销售依然是营销传播的最终目的，因此在具体的营销传播实施过程中，一般是由广告主的市场和销售两大龙头部门共同来推进营销传播的展开，也就是说，在营销传播过程中，广告主有两大部门起着重要的作用，一个是市场营销部门，另一个是销售部门。而在整体战略制定时，促销往往被界定为季节性或阶段性的市场目标，以特有的促销传播策略完成促进销售的传播目的。而当建立品牌成为企业发展战略的主要目的时，传播策略和传播执行往往会处于一种矛盾的状态，即促销与品牌构建的矛盾。短期的促销行为往往对品牌形象的长期构建贡献甚微，而单纯的品牌形象广告传播形式难以涵盖促销信息，达到迅速形成销售的效果。

在大众传播时代，促销和建立品牌这两个目的由于难以同时达成而经常使每一次的广告目标流于单一。在营销传播运作中，由此带来的促销和建立品牌的矛盾，继而可能带来广告主的内部销售团队与营销团队的矛盾。虽然广告公司直接面对的是广告主的营销部门，但是销售对于任何产品来讲都会是企业发展的重要指标。服从于短期的销售压力的营销传播给长期品牌构建带来影响，为了更多地传播促销的信息，品牌价值的传播会有可能因此被减弱，这往往导致两个部门之间的矛盾难以调和。即便是到了整合营销传播时代，整合营销传播创始人唐·舒尔茨教授仍然把短期促销和建立品牌作为整合营销传播相互分开的两个不同的目标。

但是，数字生活空间为广告主提供了足以同时承载促进销售与品牌建构需求的营销传播的广阔空间。

在目前的互动网络传播中，促销和建立品牌这两个营销目的的统一使得越来越多的营销传播战役呈现给消费者的是一种将促销和品牌构建无缝化整合的信息传播。促销和建立品牌完美地结合在一起，实现没有障碍的传播，在达到促销目的的同时让消费者接受企业的品牌核心理念。

案例 15-1

美国汉堡王（Burger King）曾利用社会化网络媒体平台 Facebook 成功地执行了以下营销方案。汉堡王的主题广告口号是"要美味，不择手段"（Have it your way），衍生的传播主题是"汉堡王好吃得让你不顾朋友"。当然这一主题有明显的娱乐色彩。消费者参与促销活动的方式很简单，只需在 Facebook 好友名单中删除 10 名好友，就可以拿到汉堡王的免费套餐券。为拿餐券删除好友这一行为，切合汉堡王重味轻友的传播主题和"要美味，不择手段"的品牌价值，而且这一参与方式与其他的邀请好友获得赠券的方式相比新颖又好玩且互动性强，当好友问及删除自己的缘由时，这一好玩有趣的促销自然而然地被传递开去，令人印象深刻。口碑营销成功地助力了产品促销和品牌构建的双重目标。在这样的促销和品牌目标统一的营销传播操作中，广告主的营销传播部门和销售部门的利益便达到了高度的统一。

由此带来的思考是，数字生活空间的营销传播包容了更多的形态和内容，实际上也涉及广告主内部的多个部门。在数字生活空间，企业的各部门不再是单兵作战，更需要彼此之间的沟通、协调和资源整合。那么，目前企业内部的管理架构是否能够适应数字生活空间营销传播的需要呢？应该如何调整呢？

要回答这些问题，必须更深入地研究数字生活空间的出现对企业带来的挑战和机会是什么，只有在此基础上，才能讨论企业应该如何面对。

随着互联网的日益普及，越来越多的人成为了互联网的使用者，成了在互联网上活动的生活者。在 Web 时代，互联网更像传统媒体，在有限的公共平台上发布信息，每个人通过电子邮件相互联系，虽然 BBS 已经出现了一段时间，但是 BBS 毕竟还是在一个固定场所，讨论一些特定问题。虽然这些内容会有一定扩散，但是从整体来看还是受到了非常大的限制。

在 Web 时代，互联网同传统媒体不同的、真正属于自身的独有特质越来越多地呈现出来。互联网实际上是一种生活环境。在数字生活空间中，每个人都随时接收信息，随时通过谈话、聊天，通过各种形式发布信息。

在日常生活中，所谓传播的强制性，其实只是在特定的传播接触中出现。在传统媒体时代，常常把受众看成一类，但是具体到一个人到底对信息接触、接受到什么程度，在传统媒体的评估中是无法衡量的，而这并不是最真实的情况，最真实的情况是在现实生活中每一个人就是一个中心。例如，看电视，电视上虽然有很多内容，但是个人有可能接受有可能不接受，个人是信息的选择者，也是决定者，虽然在每天的生活中有无数条信息会出现，但是就每一个人来讲，他只选择和接受自己所需要的那部分信息，在传统媒体研究中这种现象总是被忽略。

在 Web 时代，当微博出现后，人们发现在日常生活中这种最真实的信息传播交流的规律，在互联网上逐渐显现出来，即个人确实成为了信息交流传播的中心。微博的变化是互联网发展中的一次标志性的转变，传统互联网虽然体现出了互联网的某些特点，比如互动性有所增强，但是由于技术的问题，导致发展的简单化，使得它更接近于人们所熟悉的传统媒体。在微博出现以后，人们更清晰地看到了真正属于互联网传播规律的特点。一句话，互联网不是媒体，而是日常生活交流传播的数字化和虚拟化，在日常生活中，每个人是信息传播交流的中心，而互联网又通过技术把现实生活中的真实状况进一步强化，现实生活中空间的距离消失了，当一条信息出现的时候会迅速地蔓延到整个互联网，这种传播的速度是在以往的传播中所难以想象的。

企业从来没有在这种传播环境中生存过。所带来的最直接的问题，就是企业的行为被放置在无数双眼睛的关注之下，而且每个人都可以随时谈论企业行为，并对企业行为做出评价，发布企业的动向。这种环境，称为直播时代。

从企业的行为来看，作为一个有机体，错误是不可避免的。无论是大企业还是小企业，在无数互联网生活者的关注下，都经常会被各种舆论的压力和批评搞得晕头转向、疲于应付。这样一些声音和内容，必然会给企业带来直接的冲击，所以在这样一个直播时代，企业必须了解传播环境的整体情况，捕捉出现的批评和负面声音并及时应对。在互联网的环境中，关于企业的内容是不断出现的，危机不一定每时每刻发生，但是危机随时可能出现。面对随时可能出现的危机，对互联网上各种有关内容了解、掌握并分析已经变成了一项日常性的工作。企业必须应对这种变化，从组织机构和管理架构上进行调整。

15.2 传播管理

互联网发展的早期以门户网站为主要形态，许多网站和企业都单纯地把互联网视为一种媒体。虽然意识到互联网的价值，但由于这种认识的局限性，大多企业只是把互联网作为一种新的媒体投放选择，按照传统的营销传播思路和既定的传播计划选择最有价值的网站和位置投放广告。在这种环境和思路下，企业一般不会去调整广告部门，因为现有的部门架构和职能已可以处理互联网广告投放。

随着互联网的发展，在搜索、电子商务、微博等新的形态出现后，越来越难用传统的媒体概念来理解互联网，生活者在互联网上搜索资讯，购买商品，发布信息，互相交流，形成了一个庞杂的数字生活空间。

微博是互联网的革命性变化。微博出现后，企业的直观感受是互联网上人人都可以发布信息，而且信息无比丰富。微博上除了有企业和媒体发布的信息，还有生活者自身发布和传播的信息。这些信息中既包含对企业有利的信息，又包含对企业不利的信息；既包括与企业传播内容相关的信息，又包括生活者自身所感受的产品、服务等方面的信息。微博成为生活者的个人数字家园，生活者珍视自己的家园，关注所喜爱的内容和品牌，抵制企业的刻意宣传。每个生活者都与其他人互相联系，乐于分享、传播观点和意见，一旦有共同的话题，通过相互之间的讨论就能迅速扩散到相关社群甚至整个互联网空间。

案例 15-2

戴尔（Dell）是数字营销传播领域的先驱。2006年，戴尔开始尝试进入社会化媒体，初衷是为了了解客户在想些什么。他们进行这项工作的第一步，是建立了一个独立的部门——社会化媒体指挥中心（Social Media Command Center）。

该中心成立的主要目的是为了收集全球用户在网络上关于戴尔品牌、产品以及服务等的对话，其主要职责是负责所有社交平台上的信息监控、问题解答以及消费者沟通。社会化媒体指挥中心团队共使用 11 种语言采用情感分析的方法将大量对话进行过滤，决定每一条评论、Twitter 消息或者 Facebook 更新的性质。随后，中心专设的社交公关服务团队会视情况做出回应，与消费者沟通，保持顾客的满意度。

数字生活空间的创新离不开技术。没有技术的支持，对互联网的利用几乎是不可能的。在此过程中，戴尔选择了 Radian 6 作为社交网络监控的工具，帮助其用多种方式分析实时数据。最后，戴尔运用社会化商业记分卡（Social Business Scorecard）作为其社交管理成果的评估和表现形式，通过该记分卡可以清晰、快速地了解戴尔在社会化媒体中的分类信息数量、来源以及这些信息所传达出的消费者的基本态度。

SNS 和微博上的信息涉及企业传播、产品、服务、销售、人力等多个方面，这些信息的发布需要传播以外部门的配合，对各种信息的反应、采取的行动也需要其他部门的配合。特别是生活者的咨询和投诉多集中出现在企业的产品、服务问题，现在很多企业因为没有有效的组织安排或内部沟通不畅造成对生活者的反应缓慢，不能解决生活者的问题，使生活者对企业产生负面的情绪。也就是说，互联网的变化，实际上涉及企业内部的各个环节，在现有的管理框架内，很难对互联网进行综合管理和运用。

为了解决这个问题，戴尔通过社会化媒体指挥中心，在每一个官方账号的背后，都成立了综合性的运作团队，每一个团队都有一个主要负责人，而其他成员则是来自公司的各个相关的职能部门轮岗。一般来说，账号会由其所涉及的主要业务领域的员工负责，销售部、技术支持和客户服务部门的员工也会参与进来，起辅助作用。如果客户有问题，这些人就会根据问题涉及的不同方面及时地做出专业的解答。

目前许多企业纷纷开设官方微博，但多数企业还只是停留在开通一个微博，发布几条信息的层面，只有少数企业已经开始尝试从建设一个微博到使用和运营微博阶段过渡。戴尔建立的这套有效的管理体系，保证了传播内容的有效性和积极性，形成了从高层到各大部门职工全公司集体亮相社会化媒体的公司文化，由包括公司 CEO 在内的高管层带头上社会化媒体，担负起了处理各种沟通、品牌代言的职责。

每一位在数字生活空间中的生活者，都是信息实体，随时可以接收和发布信息。为了充分调动员工的积极性，并保证传播的质量，戴尔专门成立了社会化媒体大学，聘请专家对员工展开有组织的培训，使每位员工都能成为企业的品牌大使，凭借和客户的一对一的直接关系，提高客户忠诚度以及对品牌的感知。

除了个人性的传播，官方传播必须要通过制度和机制，保证能持续地形成高质量的内容，而不是简单地发布信息，这样才能在海量的信息中脱颖而出，并不断地产生正面的影响力。在这方面，戴尔也进行了成功的尝试。以戴尔直通车为例，其负责人（即站长）是来自戴尔公关部社区与对话团队的员工，由他统筹安排，主要负责策划博客的整体内容，并与其他部门的员工联系，由各部门的员工提供新闻线索并进行文稿写作。之后，站长要把客户的反馈信息转给相关部门。另外，戴尔还成立了一个自愿的员工博客小组，小组成员会根据自己擅长的话题定期为博客供稿。为保证供稿的质量，每一篇在戴尔直通车上发表的文章都要经过其作者所在部门领导的评估。另外，戴尔每个季度都会评选出优秀的博客文章，在公司内部公布并派送小礼物以资鼓励。

除了员工激励，戴尔也在尝试进行量化的效果评估，其主要维度包括：流量，即戴尔社会化媒体网站的访问量；参与度，即评论数量与文章数量的比例和点击的数量等；影响力，即戴尔的博客排名、导入式链接（Inbound Link）、被转载或采访的次数以及在 Twitter 上的粉丝人数；收入的转化，即戴尔的社会化媒体网站贡献了多少流量、多少营收；SEO（搜索引擎优化），即企业博客专注地写某一方面话题的长期积累。在这里，我们必须强调，虽然互联网发展了很多年，但微博的出现更深刻地影响了企业的发展。近年来，戴尔、福特汽车、维珍航空、西尔斯控股、松下、五三银行、全美住宅建造商协会、花旗集团、美国、美国电话电报公司、斐泉以及美国艺电终极格斗大赛都纷纷设立了社会化媒体主管。

营销传播的变化是逐步发生的。在古典的营销框架中，传播是 4P 中推广（Promotion）的一个环节。当竞争越来越激烈，整个市场接近成熟期，而且数字化的进程开始的时候，美国西北大学的唐·舒尔茨教授提出了整合营销传播模式，明确提出了传播即营销，营销即传播，把传播提升到营销的层面，强调面对齐头并进的竞争对手，企业要强化传播的整合性，同时，在所有的营销工作中要考虑到传播的因素，这样才能保持在市场上的优势。

在数字生活空间中，企业与过去营销环境中的消费者的关系发生了重大的变化，企业的身份是生活服务者，面对共处于数字生活空间中的生活者，企业必须随时关注生活者和舆论的各种反应，并且随时进行沟通和服务。

在企业过去的生存环境中，媒体中出现的各种关于企业的内容是有限的，企业如果要进行有影响力的传播，只能利用媒体，且主要通过广告和公关等形式，根据计划阶段性地执行。例如，每年根据广告预算和市场竞争的情况，在几类媒体按照排期表投放特定数量的广告，进行有限次数的公关或促销活动。在这个环境中，营销传播还较为单纯，在市场部的管理和执行下完全可以实现企业的目标。

对企业而言，在数字生活空间中，危机随时可能出现，机会随时可能形成，而传播可能随时要跟进。因此，传播成为了一项日常性的工作，而不是阶段性的零散的活动。

同时，挖掘互联网的海量信息，通过分析找到有利于企业发展的有价值的内容，也必须随时进行，而更重要的是，这些内容不仅是同单纯的营销传播有关的，还有可能涉及企业的各个部门。

面对互联网的挑战，企业必须把传播提升到战略和管理层面，改变现有的管理框架，单独建立传播管理部门。

企业在互联网上不可避免地会遇到危机，一旦监测到危机可能发生，传播管理就能向企业预警，并且挖掘危机产生的原因、可能的传播源和传播链条。根据企业的情况，指导企业做出有针对性的反应。

除了决策支持外，传播管理为企业提供的支持还有资源方面的挖掘。很多企业能够从信息的角度利用互联网，但企业还应该意识到，从互联网中可以获取更多的养分和资源。早期的互联网就是一个突破地理限制的资源交换平台，而现在是一个众包、协同的时代，维基百科是知识的共同创造平台，通过众多生活者的努力，现在的知识专业程度恐怕已经达到了百科全书的水平，而在信息数量上则远远超过了百科全书。

企业在数字生活空间中通过内容监测和挖掘，都有可能获取人才资源、技术资源和合作资源，形成协同研发、协同生产、协同销售的局面，极大地拓展企业的运作体系。

案例 15-3　　　　　　　　美国地质调查局通过 Twitter 监测地震信息

美国地质调查局（USGS）是美国政府内政部的下属机构，主要负责研究美国的地形、自然资源和自然灾害，监测并报告地震是其主要职责之一。目前，USGS 通过对实时 Twitter 内容的挖掘，扩展了获取地震信息的来源，为地震信息的监听、分析和报告提供了帮助。最初，美国地质调查局只是通过 Twitter 寻找和监听网民在地震后第一时间发出的信息，以弥补当地监测设备数据传输的滞后性。同时，在一些监测设备稀疏的地区，Twitter 上的信息也可以成为地震的指示器。随后，美国地质调查局研发了一个软件系统，根据不同语言的"地震"关键词采集用户帖子，包括图片和视频。系统将处于地震发生地的用户发送的帖子通过邮件发送给研究人员。这些帖子能够告知研究员地震中都发生了什么事情，研究人员可以根据这些地震信息进行总结和制图，以形成一个对人们在地震中的体验的即时监测和汇总，并以此为辅助估计地震强度、波及范围以及可能的损失等。可以说，Twitter 为美国地质调查局监测和预报地震信息提供了大量的第一手数据，美国地质调查局利用 Twitter 与大量网民协同进行地震的监测和预报服务。

资料来源：Felix , Twitter, 亮晶晶 . 美国地质调查局通过 Twitter 监测地震信息 [J]. 商业周刊中文版，2010（9）.

传播管理部门是企业在数字生活空间的神经中枢。在数字生活空间中，企业的营销传播要转变成更具灵活性的生态服务系统，必须有一个统筹的中心作为支持。传播管理部门的主要功能就是随时掌握数字生活空间各种内容的变化，做出判断，服务于企业的各项决策。

面对传播管理的趋势，企业可以对首席信息官或首席营销官的职责进行调整。更明确地说，这个岗位应该是企业的首席传播官（chief communication officer）。首席传播官作为企业的高级管理者，可以直接与企业董事会、总裁沟通传播管理工作，特别是在遇到重大的危机时，能够自上而下快速做出决策。由他们领导传播管理部门，可以使传播管理进入企业组织的核心环节，获得企业的重视和支持。

由首席传播官负责传播管理，以及传播管理部门比其他部门高半级的组织结构设计，能够保证传播管理的工作得到其他各个职能部门的支持，在信息发布、沟通和反应方面形成协作和合力。另外，传播管理所监测到的信息和分析的策略也能够及时提供给其他部门，使传播管理充分发挥信息管理和决策支持的作用，配合企业产品、服务、销售各个层面的工作。

15.3　创意传播

　　21 世纪，传播环境的巨大变化，主要是互联网等新传播形态的快速发展，对广告业提出了重大挑战。宝洁（P&G）的首席营销官（CMO）吉姆·斯登格（Jim Stengel）曾说："在 1965 年时，用三个插播在《新闻 60 分》中的广告片就可以接触到美国 80% 以上的成年观众，但是到了 2002 年时，要用 117 个黄金时段的电视广告片才能达到同样的效果。20 世纪 60 年代早期，一天后，一个黄金时段的 60 秒广告能够被记住 40%，而且其中一半内容都不用任何提醒，而现在，一个 30 秒的广告大约能被记住 18%～20%，在没有任何提示的情况下，没有人能记住广告传递的任何信息。"

　　在这样一个瞬息万变的数字生活空间中，信息繁杂而又容易被遗忘，制作一则能够让人注意并且记住的广告难上加难，而传统的媒体投放型广告服务，也已无法满足生活服务者在互联网这个数字生活空间中进行营销传播的要求。因为面对互联网海量的信息和多元化的内容，加之媒体的多样化和碎片化，作为生活服务者要想引起关注仅仅依靠网络广告是不够的，进一步说，在以互动精神为核心的互联网环境下，企业的传播内容不能靠覆盖、强制性到达生活者，对生活者产生影响。在这种情况下，如何与生活者沟通，成为互联网传播环境中遇到的新难题。以前那种只要瞄准产品的目标用户，锁定其关注的主要媒体，配合相应的品牌策略，就可以产生传播效果的时代已经一去不复返了。

　　在数字生活空间中，没有创意，传播就不会在海量的信息环境中产生任何影响，策略固然重要，但是如果没有好的创意，就等于没有传播，创意重新成为营销传播的核心，并且渗透到营销传播的各个环节、各个层面。究竟什么是创意传播？创意传播是根据生活服务者的策略，依托沟通元进行创意构想，并将沟通元的各种表现形式利用相关传播资源展现，激活生活者，在分享、互动和协同创意中创造交流、创造话题、创造内容，进而创造传播效果的营销传播模式。其中"沟通元"是创意传播的核心要素，是实现复制、延伸和不断传播的创意"元点"。

　　在数字生活空间中，创意传播在创意表现上跟过去已经不一样了。

　　首先，创意深入整个传播活动的各个环节、各个层面并起着统领全局的作用。它不仅仅是创意人员一个新奇的想法，不仅仅是设计人员对这个想法的具体呈现和执行。在数字生活空间中，每一个生活者都可以成为传播者，创意传播更要适应互联网的互动精神，充分发动生活者的力量，为其提供分享和再创造的创意空间和素材——"沟通元"，从而建立生活服务者与生活者的联系，实现数字生活空间中，沟通元广泛快速地复制、转发、延伸，达到生活服务者品牌营销传播管理的目的。

　　其次，创意与技术的结合更加紧密，对技术提出了更高的要求。传统的创意策略固然需要技术，但创意部门通常只有美术和文案人员，只要创意出来了，配合创意的执行技术往往不是问题。在当前的数字传播环境中，创意部门无法绕开技术单独操作，必须吸纳掌握互联网应用技术的人员，技术不再是配角，甚至已成为创意传播中的重要因素之一。比如传播管理技术，可以通过专业的创意传播管理服务公司开发的传播管理办公系统解决；比如创意表现技术，即怎样通过技术把信息传播出去，到达生活者，什么样的技术可以让传播取得更好的效果，激发他们参与的热情。很多时候，网络传播的执行和制胜取决于技术的应用，很多成功的网络营销传播案例也是新技术运用的典范。这样的例子比比皆是，特别是在互联网和手机平台上应用得较多，比如二维码（QR Code）、实景增强（AR）技术，在技术应用和品牌营销传播层面找到了很好的结合点，因此很快被应用到互动网络营销传播中。

15.4　创意传播的核心——沟通元

沟通元是一种融合了独特的卖点（unique selling proposition，USP）、定位以及情感销售等多种理论的概念，但是这里的沟通元强调的是企业单方面传播出去的内容，企业将内容传播出去之后，既无法控制传播的范围也无从得知消费者的反馈，因此，营销学中的沟通元概念是单向的，缺少与生活者的互动沟通。

本节所强调的沟通元是指一种基于内容的文化单元，它凝聚了生活者最感兴趣的内容和最容易引起讨论和关注的话题，一旦投入数字生活空间，就会迅速引起关注，激发生活者热烈的分享、讨论和参与。并且，在传播者和生活者的积极互动过程中，沟通元不断地丰富和再造，并不断地延续传播。这些沟通元能够被延展为各种形式的信息与内容，同时具有强大的可复制性，一旦推出，就能够在生活者中进行飞快地复制，并引发协同创意，从而形成连绵不断的传播浪潮。

通俗来说，沟通元可以被看作传播过程中的文化基因，众多吸引眼球的广告、公关、视频、自制剧、病毒等传播活动都是沟通元的外在表现形式。传播活动中吸引生活者注意力的独特卖点、独特诉求等噱头都与其背后所隐藏的文化基因有关，正是文化基因触发了生活者的认同或引领了生活者的观念和情感，才使得众多传播活动得以成功。在创意传播中，沟通元是创意得以快速复制传播的载体和实现品牌营销传播的核心要素。

优秀的沟通元在合适的时间利用合适的传播资源发布，会取得令人意想不到的爆炸性传播效果。沟通元的力量在于为营销传播活动提供核心价值和指导思想，在传播环境极端复杂的互联网环境下，广告、公关、活动等传统环境下的分类概念已经不适用，各种营销传播手段的边界开始模糊化，而本书将从沟通元这一概念出发，帮助大家从一个全新的视角理解基于互联网数字生活空间的复杂环境下生活服务者的营销传播活动——创意传播。

15.4.1　沟通元的易识别、易记忆性

沟通元是易于识别、易于记忆的，一条信息应该包含清晰、明确的沟通元。在商业信息泛滥的数字生活空间中，如果信息承载的意义过多则会导致生活者理解上的混乱，反而不利于记忆。一个成功的传播过程可以在生活者的脑海里将某一个概念与某一品牌形成清晰而深刻的联系。譬如提及沃尔沃汽车，很多人脑海里浮现的第一个词是"安全"，生活者的耐心非常有限，概念的单一化对品牌的塑造更为有利。在一项针对汽车广告的研究中笔者发现，某一知名汽车厂商将迅猛、舒适、动力、奢华等概念一股脑地注入同一则电视广

告中，直接导致生活者不知所云，甚至连致力于分析广告内容的研究者们都不知道广告主究竟想告诉大家什么，也无法给这个汽车品牌在众多同质化产品中做出任何清晰、明确的差异化定位。当然，如果广告主存心想作为一个搅局的跟随者品牌，可以去模糊化与别人的差别，在某些情境下这种策略也是可取的。任何一个品牌都不可能将所有的优点集于一身，譬如企业希望自己代表奢华，则不可能再去宣传自己的廉价；希望体现自己的车动力强劲，最好就不要再去宣传节能省油了，否则生活者会有被愚弄的感觉。

沟通元的单一明确还体现在不需要生活者太动脑筋就可以轻易识别出沟通元的存在并且产生共鸣，这就需要沟通元和生活者在心理、文化层次和社会生活经验等层面有相当大的共同意义空间。每一个事物在不同的社会环境和文化传统下都有不同的寓意，譬如咖啡对欧洲女性来说意味着主妇的才能和家庭的温馨感，而稍微年长一点的日本人则对咖啡完全没有认同感，咖啡在他们看来只是众多舶来品中的一种，完全无法与茶叶相提并论。

案例 15-4 ◢◣ 冰纯嘉士伯世界杯营销"不准不开心"

2010年世界杯是广大球迷期盼已久的足坛盛事，也是啤酒厂商等待已久的旺季。比赛期间，无论露天大排档、喧闹的酒吧，还是高端的会所，到处都在直播赛事盛况，每场的平均收视人数达到了2 550万。中国球迷无疑是世界杯的巨大受众群体，同时球迷也因为中国队不能现身赛场而沮丧，他们的内心无数次地幻想着中国队可以挺进世界杯并有所斩获。冰纯嘉士伯并非世界杯的赞助商，但它希望通过让足球与啤酒所带来的快乐无限释放的方式，将冰纯嘉士伯"不准不开心"的主张发扬光大，引起球迷的关注，提升冰纯嘉士伯的品牌喜好度，同时增加销量。在该案例中，创意者用中国特有的"优势项目"PK世界强队，让中国队击败世界强队，捍卫球迷开心的权利，满足球迷"想赢"的愿望。让足球与啤酒所带来的快乐无限释放，将"不准不开心"的品牌主张发扬光大。

创意实施的策略如下。

1）病毒视频。冰纯嘉士伯共制作了3个病毒视频，结合相应的世界杯赛事时间在网络上进行投放，激起球迷的共鸣，并借助视频网络平台及网民自主传播的力量，获得最佳话题性及传播效果。在中国队与法国队热身赛的前一天，冰纯嘉士伯在土豆和优酷等主要视频网站投放中法"火锅篇"视频，并成功收获意外之喜，即病毒视频中的比分恰好与热身赛的比分一致，嘉士伯也因此被网友膜拜为"预言帝"，传播效果呈几何式放大。随后阿根廷比赛当日推出中阿"麻将篇"，掀起第二轮热潮，继而又推出了中巴"乒乓篇"，把活动推向了高潮。鉴于世界杯比赛期间，大街小巷都有结伴看球的球迷，而酒吧更是年轻人下班后边喝酒边看球的首选佳地，所以冰纯嘉士伯选择在一些人气旺的酒吧利用比赛间歇中场休息插播这三支病毒视频，获得了意想不到的效果。

2）酒吧互动游戏。冰纯嘉士伯还制作了酒吧互动游戏，小机关的设置令中国队的球迷所向披靡，尽享获胜的畅快感受。

3）网络游戏。冰纯嘉士伯推出了开心世界杯的网络游戏，迅速成为了热点。在该游戏中只要选中国队就一定能射中，让球迷痛痛快快赢个够！

最终，整个活动成为了全国上下的热点话题，不断被网络、电视、报纸报道和转载。截至世界杯结束，拥有了近 1 000 万的点击量，上万次的转发、链接。同时，冰纯嘉士伯的销量增长了 20%。

资料来源：2011 年中国艾菲数字营销奖参赛作品。

冰纯嘉士伯借助世界杯的契机，从生活者洞察出发，抓住了中国球迷的心理，用有限的成本，将其"不准不开心"的品牌主张发扬光大。这个案例充分体现了沟通元的明确单一的特点，紧紧抓住了中国球迷"想赢"的心理，让他们开心起来，简单明了，容易产生共鸣，产生了事半功倍的传播效果。

15.4.2　沟通元的可分享性

可分享性是指在沟通元被发送到数字生活空间后，能够立刻引起生活者大规模的关注和讨论，并被他们自发地复制和分享传播。即使沟通元的创造者不给予人为的推动，沟通元也可以在生活者中完成分享的过程，从而通过数量上的分享，实现传播的效果。这种分享性的根本在于沟通元本身凝聚了生活者最感兴趣的内容和容易引起关注的话题，但数字生活空间所具有的分享功能也起了推波助澜的作用。这是因为数字生活空间是一个由信息组织起来的参与式互动交流的群体生活空间。生活者之间通过关注、复制分享、发帖、回帖等方式贡献内容，对共同关注的沟通元不断地发挥创意，丰富完善，实现传播，但并非所有的生活者都是创意贡献者，更多的生活者表现为分享者。分享不需要任何门槛，只要轻轻点击鼠标，将链接复制转发，就可以将沟通元分享给自己尽可能多的好友，充分发挥了生活者作为信息实体的传播特性，可以说，在创意传播的框架下，沟通元的可分享性可以实现最初的传播效果，使得它进一步成为数字生活空间中高效的传播工具。

沟通元的这一特性，从根本上改变了生活服务者的传统营销传播方式。企业作为生活服务者不需要再经常消耗巨大的人力物力利用媒体在传播的每一个环节上进行艰难的推进，只要创造出恰当的沟通元，再将沟通元发送至生活者群体当中，很多时候只要静候沟通元发挥作用。当然，为了帮助沟通元营造最适宜的分享环境，生活服务者还需要在某些时间点上利用多种传播资源以恰当的手段激发沟通元的传播扩散效果。与以往相比，沟通元作为营销传播的一种抓手在很大程度上给予了生活服务者更为迅捷有效的帮助。

案例 15-5　　　　　　诺基亚真人秀：《互联网百万富翁》

在电影《贫民窟的百万富翁》中，贫民窟里长大的 18 岁的印度男孩杰玛因为参加了一档名为《谁想成为百万富翁》的电视问答节目，最终赢得了属于自己的财富童话。借此契机，土豆网携手诺基亚在上海打造了视频互动真人秀——《互联网百万富翁》。电影上的百万富翁之梦被复刻到中国互联网上，上海理工大学大三女生吴嘉琦最终在 52 万名报名选手中脱颖而出，接受了土豆网 CEO 王微和诺基亚全球副总裁邓元鋆亲自颁发的 100 万元大奖，成就了财富童话的真人版。

在这场真人秀活动中,土豆网作为决赛全程直播的第一见证者,结合了手机互联网、互联网、视频、节目制作以及现场直播时的观众互动等各种手段,成功发挥了视频网站强大而独特的影响力。正如土豆网CEO王微所说,《互联网百万富翁》不仅是冠军吴嘉琦的梦想之旅,更是中国网络视频,乃至中国互联网的一次梦想之旅,它宣告了视频行业自制内容时代的到来。

据统计,这个以手机和互联网为载体的互动营销活动最终吸引了52万人报名参与,自2009年9月7日开始终极决赛以来,由国内著名主持人李响担任主持的6场终极决赛引起网友的极大关注。每场比赛都成功吸引到数百万网民同时在线观看。据统计,前5场比赛下来,总计已经有超过3 800万名网友在线观看了该节目。而9月28日的终极决赛再次吸引了近762万名网友的观赏。截至2009年9月29日凌晨,《互联网百万富翁》相关视频累计在线播放次数超过4 900万次,成功创造了互联网历史上选秀节目播放量的新纪录。

不仅如此,《互联网百万富翁》还吸引了小S、姚晨、周立波、尚雯婕等众多明星的参与,而国足队员沈龙元则干脆亲自上阵体验起新鲜刺激的答题过程。张铎、陈紫函等则担任了"明星接线生"的工作。郭敬明、陈志朋、李晨、李寻欢、薛莉、著名播客"一日一"和李嗷嗷更是先后担任了"高端评论员",为公正、开放、互动、网络化的比赛带来更多抢眼的娱乐色彩。

资料来源:新浪娱乐,http://ent.sina.com.cn/c/2009-10-14/17472730031.shtml。

实际上,互联网已不仅仅是一种媒体形式,而是数字生活空间,构成了我们日常生活的一部分,可以说"互联网即生活"。从这个角度看,《互联网百万富翁》是将当时《贫民窟的百万富翁》这部风靡全国的电影成功复制到现实生活中的一次创意传播活动。在活动中,一夜暴富的童话梦想作为一个极有噱头的沟通元被成功运用。一夜之间成为百万富翁的梦想足以吸引广大生活者的关注、分享和参与。

同时,在整个环节的设置上,也一直是围绕手机上网搜索答案进行的,诺基亚与土豆网的合作将其品牌精神和产品特质融入了节目的核心环节中,通过这次活动,向广大生活者普及"移动互联网"的概念。目前,移动通信和移动互联网已成为当今世界发展最快、市场潜力最大、前景最诱人的两大业务。随着互联网络基础设施的完善以及4G、移动寻址等技术的不断成熟,移动互联网将迎来发展高潮。而《互联网百万富翁》生动地向生活者展现了移动互联网下的生活状态。一夜暴富的童话梦想这一沟通元集合了众多能够牵动中国社会神经的话题点,众多生活者以自发的形式不断参与分享这一话题,使其在短时间内获得了大量的关注和传播,为诺基亚和土豆网做了一次免费且效果显著的宣传。沟通元的可分享性在这一案例中得以淋漓尽致地表现。

创意传播管理的创新和发展首先在于,把传播从营销层面提升到企业的管理层面。互联网史无前例的变化,使得企业被抛入一个海量的语义空间。在这个数字生活空间的生存、竞争和发展,无时无刻都离不开传播。传播不仅是营销层面的问题,更是企业的整体发展首先面对的问题。所以,企业必须要进行管理创新,成立专门的传播管理部门,通过专业的流程,完成这一艰巨而重大的任务。

创意传播管理的第二个突破在于,强调在整合的基础上走向协同创意。整合营销传播说的整合,更主要的是在传统的、复杂的媒体环境中,通过整合传播资源和各种营销传播工具形成单向的、强势的声音，虽然强调互动，但互动在这种环境中是无法真正实现的。在数字生活空间主导的新的传播环境中，传播渠道碎片化，在这个环境中，对优质的传播资源当然还是要整合，但整合只是基础性的工作，更重要的是在整合之后做什么。创意传播管理强调，通过沟通元的发布，激活生活者参与到分享、再创造中，参与到协同创意中，不断循环，不断创造、传播、积累有关产品和品牌的积极内容，这是在新的环境下有效解决营销传播问题的核心。而在这种变化中，企业在营销传播中的地位也在发生变化，企业更多地参与到营销传播的整个过程中。

这是一个更充分的以消费者为中心的时代。整合营销传播时代，以消费者为中心更多的是一种观念，只能体现在前期调查和有限的数据库资源上，努力把握消费者的心理和各种信息，形成较准确但单一的诉求。而在创意传播管理时代，数字生活空间的生活者能够随时参与到企业的生产、销售、营销传播、品牌等经营发展的所有层面，企业转型为随时呼应生活者需要的生活服务者。

这是一个技术引领的时代。整合营销传播时代，虽然唐·舒尔茨教授智慧地洞察到技术应用在营销传播中的价值，但当时所能实现的技术，主要是线下的一些成熟的企业积累下来的根据既有消费者的资料所形成的数据库技术。在数字生活空间中，创意传播管理的相关技术可以完成监测、内容分析、效果分析，当然还有生活者数据库这一对企业影响重大的新型营销传播技术。目前一些新技术还在不断地开发和应用之中。

创意传播管理是对整合营销传播的继承和发展，整合营销传播是创意传播管理的基础。正像整合营销传播推动了营销传播产业的转型一样，在创意传播管理时代，营销传播产业将迎来又一次革命。

本章重点

在目前的互动网络传播中，促销和建立品牌这两个营销目的的统一使得越来越多的营销传播战役呈现给消费者的是一种将促销和品牌构建无缝化整合的信息传播。促销和建立品牌完美地结合在一起，实现没有障碍的传播，在达到促销目的的同时让消费者接受企业的品牌核心理念。

企业从来没有在这种传播环境中生存过。所带来的最直接的问题，就是企业的行为被放置在无数双眼睛的关注之下，而且每个人都可以随时谈论企业行为，对企业行为做出评价，发布企业的动向。这种环境，称为直播时代。

随着互联网的发展，在搜索、电子商务、微博等新的形态出现后，越来越难用传统的媒体概念来理解互联网，生活者在互联网上搜索资讯、购买商品、发布信息、互相交流，形成了一个庞杂的数字生活空间。

企业在互联网上不可避免地会遇到危机，一旦监测到危机可能发生，传播管理就能向企业预警，并且挖掘危机产生的原因、可能的传播源和传播链条。根据企业的情况，指导企业做出有针对性的反应。除了决策支持外，传播管理为企业提供的支持还有资源方面的挖掘。

由首席传播官负责传播管理，以及传播管理部门比其他部门高半级的组织结构设计，能够保证传播管理的工作得到其他各个职能部门的支持，在信息发布、沟通和反应方面形成协作和合力。另外，传播管理所监测到的信息和分析的策略也能够及时提供给其他部门，使传播管理充分发挥信息管理和决策支持的作用，配合企业产品、服务、销售各个层面的工作。

创意传播是根据生活服务者的策略，依托沟通元进行创意构想，并将沟通元的各种表现形式利用相关传播资源展现，激活生活者，在分享、互动和协同创意中创造交流，创造话题，创造内容，进而创造传播效果的营销传播模式。其中"沟通元"是创意传播的核心要素，是实现复制、延伸和不断传播的创意"元点"。

在数字生活空间中，创意传播在创意表现上跟过去已经不一样了。

首先，创意深入整个传播活动的各个环节、各个层面并起着统领全局的作用。

其次，创意与技术的结合更加紧密，对技术提出了更高的要求。

沟通元是指一种基于内容的文化单元，它凝聚了生活者最感兴趣的内容和最容易引起讨论和关注的话题，一旦投入数字生活空间，就会迅速引起关注，激发生活者热烈的分享、讨论和参与。并且，在传播者和生活者的积极互动过程中，沟通元不断地丰富和再造，并不断地延续传播。这些沟通元能够被延展为各种形式的信息与内容，同时具有强大的可复制性，一旦推出，就能够在生活者中进行飞快的复制，并引发协同创意，从而形成连绵不断的传播浪潮。

沟通元是易于识别、易于记忆的，一条信息应该包含清晰、明确的沟通元。在商业信息泛滥的数字生活空间中，如果信息承载的意义过多则会导致生活者理解上的混乱，反而不利于记忆。

可分享性，是指在沟通元被发送到数字生活空间后，能够立刻引起生活者大规模的关注和讨论，并被他们自发地复制、分享和传播。即使沟通元的创造者不给予人为的推动，沟通元也可以在生活者中完成分享的过程，从而通过数量上的分享，实现传播的效果。

创意传播管理的创新和发展首先在于，把传播从营销层面提升到企业的管理层面。创意传播管理的第二个突破在于，强调在整合的基础上走向协同创意。

复习思考题

1. 说明创意传播管理产生的背景。
2. 解释创意传播管理的内涵。
3. 阐释传播管理出现的必要性。
4. 解释创意传播的内涵。
5. 创意传播的表现特点是什么？
6. 什么是沟通元？
7. 沟通元有哪些特点？

课外阅读

如何理解互联网

互联网不是媒体，远远地超越了媒体。对企业而言，越来越多的企业不是把互联网看作一种营销和传播的技术手段，而是用它来进行企业的再造。而企业要使用互联网，则必须要有互联网思维。

互联网创造了数字生活空间，而数字生活空间正在改变人类的生活。对传统媒体而言，保罗·莱文森认为媒介变化的规律是补偿性变化。我个人认为互联网的变化有可能是人类几千年以来传播领域内最大的变化之一，它跟电视和广播出现的意义不一样，包括很多海外的学者也把互联网时代叫作后古登堡时代。古登堡发明了印刷机，出现了大众传播，从报纸、杂志到广播电视都是补偿性的变化，这是我们非常习惯的传播领域的变化，而互联网的变化是属于替代性变化大于补偿性的变化。传统媒体的专业性将会严重遭遇无力感，直至被严重边缘化。这种替代性的变化类似数码相机出现以后，在传统的胶卷行业里如柯达，它做得再好都无济于事，因为大家不需要胶卷，我们有了数码相机。因此，我认为互联网与传统媒体的总体关系是替代为主，补偿为辅。

在互联网时代，内容更重要。首先要理解媒体是什么，其实媒体是一套体制，它不是大家所认为的那样，体制会分崩离析，内容都一样，但内容的生产方式和基于内容的商业模式与传统完全不同，因为互联网带来的最大变化就是去中介化，内容不是中介，但内容的发布是中介。

传统的内容生产机构面临的挑战非常复杂，现在大量的用户自己创造的内容，完全可以替代以前我们覆盖全球的记者这套采编体系。技术方面，以今日头条为例，它没有编辑，同源的内容完全通过机器学习、编辑，彻底替代了人。后台的数据库里每个人的情况都非常明确，一秒钟更新信息，并根据你的数据不断调整。相较之下，腾讯、搜狐、网易这几大 App 还是传统的思维，一天上班一次下班一次。技术的变化，我们确实很难适应。像这样一些新的形态，它是把你变成了一个内容的打工者，无论你具有怎样的新闻 App，这种信息聚合类的今日头条可能才是我最需要的。你要有流量就必须依靠它，做一个 App 发布出去很简单，但是被看到、被关注和被需求的价值不大。我们需要今日头条这样一种新型的公共传播平台，它的地位相当于中央电视台，互联网上的自媒体等其他类型都不是公共传播平台，它们是以个人性和圈层性为主，像这种公共传播平台正在形成，这是符合互联网思维特点的。

随着技术的变化，我们对互联网的理解也在不断变化。例如，最早我们把互联网看成广告和公关传播的媒体平台，后来社会化媒体出现，又把它看作一个舆情监测的危机平台，接着开始做电子商务，把它看作一个销售平台，随着大数据的不断形成，又把它看成了一个数据挖掘的资源平台，但是互联网最终会是一个创意传播管理的管理平台，尤其是在企业级的应用层面上。但互联网还没有到此为止，它会改变我们社会的政治、经济、文化、观念各个层面，比如物联网时代对我们整个社会最大的颠覆是什么？现在高唱市场经济的旋律，但物联网时代是计划经济的时代。计划经济不是不好，它实现不了所以要靠市场经济来调整，一旦到了物联网，所有的产品是有数据的，产品的需求、消耗可以非常简单地统计出来，那个时候整个经济的调整就是计划经济。这种变化还没有到来，所以有人说互联网离共产主义更近。

一切面对普通消费者的产业都是服务业

人与猿人最大的差异不仅在于工具，更重要的是思维方式的不同。从传统媒体到互联网的变化，最大的区别就在于思维。最难改变的就是思维观念，而这还又涉及利益。传统媒体进入了一个冰河时代，解决办法就是一句话：除非你不作为。

互联网思维使得所有面对消费者的产业都变成了服务业，制造业也是服务业，服务业也要进行互联网的再造，我们看到许多人的新尝试，如雕爷牛腩、黄太吉，我们也看到其对服务业的冲击，比如新东方，因为它没有互联网的思维和技术，于是被一些新的模式所替代了。我举一个例子让大家来理解企业在干什么。某国内排在前两位的灶具企业，这个企业的技术在全球也是最好的，但它们今年提出转型，要转成创意服务类企业。服务要找到需求，就80后、90后而言，他们为什么要买灶具做饭？因为毕业离开了父母，进入社会独立生活，但遇到的问题是不会做饭。那么该企业的创意服务体现在把灶具变成了入口，入口的争夺是最难的。互联网思维最大的特点就是我可以把产品送给你，我靠服务来创造持续的收益。但是这不意味着产品山寨、质量差，一定得是性价比高的、群体针对性高的，比如小米、乐视。将来一个90后买了灶具后，企业将根据其所在的区域和天气状况分发菜谱，配送相应的配菜，语音智能提示并控制做菜流程等，这就是一个最前沿的企业的转型。现在这家企业招了大量的软件工程师、程序员、菜谱研发人员、厨师等。虽然它不是媒体，但我们可以借鉴。

未来媒体的四种形态

从媒体的角度，我认为将来的媒体会有四种形态，第一种是内容型媒体，如《纽约时报》，内容本身够好，可以收费。第二种是协同型媒体，这个事儿有价值，大家就相互帮忙，没有商业模式但是有足够的收入，比如靠赞助、捐赠等来支持内容的生产和发布，最典型的就是维基百科，它在全球有50万志愿者帮助制造内容和宣传。第三种是公共传播平台，不是CCTV，而是信息聚合类平台，也就是我讲的客户端，如今日头条、腾讯新闻客户端，它们可以靠广告活。现在中央电视台的招标江河日下，但是这类新型公共传播平台正在开始招标。比如打开今日头条首页，一年就有365个首页，我可以拍卖。第四种就是大量的自媒体，总体来说，它是一个生态群落，是未来各类媒体的一个基础性的来源，通过不断播种，做得好的就有可能上升成为内容类或协同类，做不好可能又会跌回去，波动性很大。

资料来源：根据北京大学新闻与传播学院副院长陈刚教授相关讲座内容整理而成。

Chapter 16
第16章

大数据理论的应用

学习目标

1. 了解大数据概念产生的背景
2. 了解大数据概念的主要观点
3. 了解大数据对广告传播理论的创新
4. 了解大数据背景下广告创意的变化趋势
5. 了解大数据环境下传统媒体广告经营的创新
6. 了解大数据时代互联网广告的演变
7. 了解大数据环境下的广告模式的变化

16.1 大数据概述

关于信息社会的起始，美国著名的预测学家约翰·奈斯比特（John Naisbitt）认为，1956 年美国白领工人的人数超过了蓝领工人人数的典型例子，被认为是第一个标志，意味着信息社会在美国的来临；第二个标志是苏联第一颗人造卫星的上天，它开创了全球卫星通信的新时代。信息社会的显著性特征就是工业社会的资本让位于信息和知识。正如约翰·奈斯比特所言，在信息社会中，权力不再是资本，而是知识和信息；价值的增长主要不是集中于体力劳动，而是依靠知识；当信息成为主要战略资源，那么就不存在资源枯竭问题。奈斯比特的这个观点充分肯定了信息资源的价值及其在社会发展过程中的重要地位。随着计算机科学的进步，在信息共享潮流的推动下，"地球村"终于名副其实。近年来，大数据成了继信息之后的又一个很热门的词汇。从学界到业界，从创业者再到投资者，社会各行各业都积极广泛地参与到了大数据的研究与应用当中。

同时，有学者认为，大数据标志着"信息社会"终于名副其实。大数据作为一种资源而存在，同时也是一种工具。对广告传播实践活动而言，大数据的影响尤为重要。从理论到实践再到思维，广告传播行业在大数据的推动下已经发生或者将要发生根本性的变革与创新。因此，广告人掌握了大数据这个工具以后，可以更好地运用数据、事实说话，更好地指导广告传播实践活动。

16.1.1 大数据概念的提出背景

　　大数据概念出现的关键因素之一就是，社会大众的生活、工作和学习过程中产生的海量数据。首先，微观视角的数据，主要包括由搜索引擎和社交网站等记录下来的网民言语行为的数据、网民的地理位置信息甚至网民的身体和生理数据等。其次，中观视角的数据，主要包括来自企业的数据，如生产、组织、销售以及利润等商业数据。最后，宏观视角的数据，主要有国家以及各级政府部门的人口统计、环境监测等公共数据，工程测量、医学治疗、实验产生的科学数据等。

　　大数据概念出现的关键因素之二就是，功能强大的数据处理技术不断得到发展与完善。特别是以统计学和高性能计算为基础的数据存储、数据分享和数据挖掘等技术的普遍应用，使得从海量数据资源中挖掘出有意义的数据资源变得实时、低廉与高效。从商业角度看，无论企业所属行业是什么，也无论企业的规模大小，数据都已经成为企业的重要资产和驱动力。

　　互联网巨头谷歌公司在流感趋势预测的过程中使用特殊的搜索项作为流感活动的指示器，发现了搜索流感相关信息的人数与实际具有流感症状的人数之间的紧密联系。使用聚集的搜索数据，谷歌的流感趋势预测可以比传统的系统早两周对流感活动进行评估。支撑起2009年谷歌公司对冬季流感传播准确预测的基石就是谷歌公司庞大的网民搜索数据资源、数据实时处理能力以及数据统计技术。

　　如果我们将流感趋势预测视为大数据技术在医药行业的牛刀小试，那么，2011年5月，美国著名咨询公司麦肯锡的全球研究报告（*Big Data: The Next Frontier for Innovation, Competition, and Productivity*）则标志着大数据时代大幕的正式拉开。大数据时代大幕拉开之后，美国总统奥巴马在2012年3月公布了《大数据研究和发展计划》，此举意味着大数据成为美国的国家战略和意志。

　　2013年9月30日，百度创始人兼CEO李彦宏作为创新企业代表向中央政治局讲解了信息技术领域的前沿课题——大数据的发展情况。此事件表明大数据技术正式得到了我国政府高层的肯定与重视。因此，如何更好地从理念和技术层面解读大数据，如何利用大数据技术来优化商业模式和促进产业结构的转型，如何将数据资源变换成企业的商业价值，如何以数据驱动信息消费、企业发展、社会发展乃至国家发展，如何将大数据技术服务于社会民生，如何用大数据技术来推动社会管理与创新，这是大数据时代来临时，我们必须要思考和解决的问题。

16.1.2 大数据概念的主要观点

　　随着计算机技术的进步以及人们对大数据认识的发展，大数据概念的内涵与外延也在不断地丰富、发展和更新。因此，围绕大数据的定义也是百家争鸣、各抒己见。关于大数据的定义，经过作者翻阅相关资料，对比较有代表性和影响力的定义列举如下。

麦肯锡在其报告（*Big Data: The Next Frontier for Innovation, Competition, and Productivity*）中给出的定义是：大数据指的是大小超出常规的数据库工具获取、存储、管理和分析能力的数据集。他同时强调，不是必须超过特定 TB 值的数据集才能算是大数据。

维基百科给大数据下的定义是：大数据（big data），或称巨量数据、海量数据、大资料，指的是所涉及的数据量规模巨大到无法通过目前主流软件工具，在合理时间内达到截取、管理、处理并整理成为帮助企业经营决策更积极目的的资讯。

国内研究大数据的先锋学者赵国栋在其著作《大数据时代的历史机遇：产业变革与数据科学》一书中给出的定义是：在多样的或者大量的数据中，迅速获取信息的能力。

作为一个刚兴起的学术研究领域，大数据的概念到底应该是什么，我们可以用多种方法来定义。但是，仔细琢磨这些定义，不难发现以上几个定义包含两层意义：首先，大数据分析是以海量的数据为其存在的前提；其次，大数据技术的落脚点是从海量数据中挖掘可用的知识。

16.2 大数据带来的广告传播理论的创新

理论创新主要有三种形式：外延的创新、内涵的创新以及理论的飞跃（即科学革命）。大数据对广告传播理论而言，不仅是一次内涵的创新，也是一次外延的创新。通过揭示大数据对广告传播理论的研究对象、研究方法以及研究目的等方面的丰富与创新，我们可以得出这样的结论，即在某种意义上，大数据的发展促成了广告传播理论的飞跃，也就是说广告传播理论的内涵和外延在大数据的影响下产生了质的变化。

16.2.1 大数据对广告传播学研究对象的全面揭示

美国学者 H. 拉斯维尔于 1948 年在《传播在社会中的结构与功能》一篇论文中，首次提出了传播学的基础理论 5W 理论，即谁（Who）—说了什么（Says What）—通过什么渠道（In Which Channel）—向谁说（To Whom）—有什么效果（With What Effect）。这五个部分，也就是传播学研究的五大领域：控制研究、内容分析、媒介分析、受众分析和效果分析。具体到广告学上，由于广告学的目的就是传播信息、提供服务、倡导理念，因此，就广告传播学的研究分支而言，虽然每个研究分支均有所侧重，但是研究过程中都不可略过拉斯维尔提出的贯穿整个信息传播过程的五个模块。

同时，透过以上提到的 5W 理论以及广告传播学的其他理论，比如广告定位理论、USP理论、4P 理论、4C 理论、认知理论等，我们发现以上广告传播学理论的研究对象在一定程度上均存在着模糊性或片面性。要么笼而统之地将信息作为研究对象并贯之整个广告传播的过程，比如 5W 理论，要么研究某一个方面或者几个方面，比如侧重研究信息接受者的4C 理论。

大数据这一概念立足于数据发掘，并将具体可感的数据作为研究对象，从而达到其预测的目的。建立于数学、统计学、计算机学以及可视化等应用性极强的学科之上的大数据分析模式，更具有极强的实用性。基于社会数据化和数据挖掘带来的巨大价值，与数据科学关系密切的广告传播学积极借鉴并合理运用大数据的理念和方法就成为一种必然。大数据带给广告传播学的不仅是数据思维，更重要的是内容更具体、操作性更强的研究对象——数据。以数据为依托，重新定义和研究已发生的和正在进行的消费者的言语和行为，从而在此基础上及时预测消费者的下一步购买动态等一系列的对象。

16.2.2 大数据对广告传播学研究方法的完善、创新

经验学派（empirical school）一词，在广义上指的是主要以经验性方法来考察社会现象的社会科学流派。该学派依据经验或者数据来揭示社会现象和客观规律。但是，经验性研究方法一直饱受质疑，受到质疑的原因是其本身存在的严重缺陷。其主要的缺陷有：有限的可观测、可测定、可量化的经验材料有限，有限的程序和技术等实验控制条件，宏观研究方面有效手段的缺失，固有态度和倾向性的影响。

然而，大数据又赋予了经验性方法以新的内涵。数据科学家维克托·迈尔－舍恩伯格认为随着数据挖掘技术的提高与成熟运用，在大数据时代到来的背景下，人们思考问题和研究问题的模式也应该随之发生变化。并且他在其著作《大数据时代》（2013 年）一书中，提出了三个颇有意思的理论观点：全数据模式，即研究对象为全部数据；追求精确性，即接受适量错误存在的精确度从而获得大规模数据带来的更大益处；从依赖于因果关系到注重相关关系，即追求更快的预测是什么，而不是为什么。

分析舍恩伯格的这三个观点，我们不难发现其中蕴含了浓厚的实用主义思想。何为实用主义思想？学者皮尔斯在其论文《如何使我们的观念清楚明白》中指出，在面对一个事物时，要获得对它的最清晰的理解，我们只需考虑它可能会导致什么样的实际效果，也就是我们从中获得什么感觉，以及我们会对此做出什么样的反应。不难发现，所谓的实用主义思想其实就是秉承"有用就是真理"的观念，不去计较采用什么样的方法、原则和假设，而是追求效果、实际和收获。在《大数据时代》一书中，舍恩伯格提出的以上三个新思维模式本质上是对研究方法的变革与创新。事实上，这有其一定的现实基础，并非纸上谈兵。究其基础就是海量数据的存在、越来越先进的数据挖掘技术以及越来越多的事物将以数据的形式存在，而这也正好解决了传播学经验学派研究方法的先天不足之处。

数据科学为我们提供了足够多的可量化、可测定、可利用的经验材料以及科学智能的程序和技术等实验控制条件等。这使得广告传播行业能更好地从宏观和微观方面来驾驭传统的经验学派研究方法。同时，用数据和技术说话可以更好地克服研究者固有态度和倾向性的影响。

以相关分析法为例。相关分析法主要是通过观测两个数据值之间的关系，从而得出相关的结论。简单地讲，也就是当其中一个数据值产生变化的时候，另一个数据值也可能出现的变化趋势。例如，著名的谷歌流感趋势预测：对于某个特定的区域，越多的人通过谷歌搜索关于流感方面特定的词条，那么意味着该区域有更多的人患了流感。

世界上最大的零售商沃尔玛一直走在相关分析的前列。最值得一提的是，沃尔玛拥有

其他企业无可比拟的海量的顾客消费数据，这些数据包括消费者的购物清单、消费额度、购买时间甚至包括购买行为发生时的天气状况。通过对这些数据的分析，沃尔玛发现每当在季节性飓风来临之前，不仅手电筒的销量增加了，而且 POP-Tarts 蛋挞的销量也增加了。因此，每当季节性暴风来临时，沃尔玛都会把库存的蛋挞放在靠近暴风用品的位置摆放，从而增加销量。在某个特定的阶段，飓风产品与蛋挞摆放在一起，其中的原因是什么？沃尔玛没有给出为什么，也就是沃尔玛没有分析其具体的因果关系。其实也没有必要去寻找为什么，因为落脚点不在于为什么，而在于是否能获取利润。所以，沃尔玛给出了我们另外一个答案，那就是当暴风天气来临时，将蛋挞摆放在暴风产品的旁边，会增加蛋挞的销售量。这就是大数据技术和大数据思维提供给我们的新的分析法：相关分析法。沃尔玛的这个经典案例启示我们：作为一门与企业产品销售直接挂钩的学科，广告传播学体现出了极强的实用主义性。因此，任何一个致力于从事广告传播行业的人员，在广告传播实践活动中，都应该重视和借鉴大数据的三大分析法。

16.2.3　大数据对广告传播学研究目的的战略创新

陈培爱在《广告学概论》一书中给出的现代广告的概念如下，广告是一种由广告主付出某种代价，通过传播媒介将经过科学提炼和艺术加工的特定信息传达给目标受众，以达到改变或强化人们观念和行为的目的，公开的、非面对面的信息传播活动。依据这一定义，我们知道广告传播学的本质其实就是一种特殊的信息传播活动，通过展现自我特征来改变或者强化人们的观念或者行为，其目的就是通过传播活动来实现传播者的预期目标。

众所周知，信息技术在给我们提供便利的同时，负面的影响也日渐显现，最显著的结果之一就是信息搜寻成本的上升。关于搜寻，著名学者约瑟夫·斯蒂格利茨在《经济学》（2010 年）一书中给出的定义是：由于价格分散和质量差别的存在，家庭和厂商必须花费大量精力进行搜寻。工人搜寻好的工作，厂商寻找优秀的工人，消费者寻找价廉物美的商品。我们把获取这类信息的过程称为搜寻（search）。而在搜寻信息的过程中，是要付出相应的成本的，比较搜寻成本与收益两个因素，结果是搜寻的预期边际效益会随着搜寻量的增加而递减。

给出了搜寻的定义之后，我们有必要来了解信息搜寻成本。信息搜寻成本是指为找到某物品市场最低价而支付的各种费用、时间、精力及各种风险的总和。搜寻是一项高成本的活动，因此，基于信息搜寻成本的考虑，在获得目标信息之前，行动将被停止。于是在这一个大背景的激励下，很合时宜地出现了一个新的概念，即精准传播。精准传播基于大数据预测，在联系生产者与顾客之间发挥着重要的媒介作用。就大数据而言，大数据的核心就是预测。通过一系列的技术和步骤，在海量数据信息中捕捉目标客户，预测目标客户的购买行为。这个过程，能够实现更好地利用信源、选取渠道以及锁定信宿。对于传受双方来说，精准传播的意义重大，同时也能够最大限度地减少社会资源的浪费。

大数据视角下的精准广告传播实践活动，能够使个体获得便利与益处，能够使企业实现精确管理、营销和服务，能够使社会的信息搜寻活动成本大幅度减少。

　　因此，将大数据的预测功能纳入到广告传播学研究的目的中，势必可以将广告传播的功能从传播技术、传播策略的执行层面扩展到趋势预测、环境监测、咨询服务等战略层面。其意义不仅仅是对广告传播学本质的强化，更重要的是从系统理论的角度完善了广告传播学的战略功能，使得广告传播学扮演的信息传播角色有了手段上的保障。当然，我们研究大数据的目的并不是去推翻现有的广告传播理论或者仅仅是为了质疑它们。时代一直在向前发展，我们在理论的指导下取得了前所未有的技术成就，同样，技术的进步反过来也应该推动理论的创新与发展。可以说，数据技术的进步与发展为广告传播学打开了另外一扇窗户。

16.3　大数据背景下广告创意变化的趋势

　　维克托·迈尔–舍恩伯格阐述了大数据价值链的三大构成，分别是：基于数据本身的公司、基于技能的公司和基于思维的公司。可见，大数据能否发挥价值需要在收集、分析与创意方面投入更多的关注。而对于广告创意来讲，它的变化趋势也是遵循着收集、分析和创新这样的思路，由此，在新的大数据时代，广告创意的变化趋势体现在以下三个方面。

　　1. 更注重数据的收集与运用

　　2013 年 4 月，拥有五家世界顶级营销传播品牌以媒介服务和营销传播为主要经营内容的安吉斯媒体，宣布与北京创世奇迹广告公司签订协议，全资收购该公司 100% 的股权。创世奇迹在过去的 9 年中，打造了一个全方位综合性的网络媒体购买数据库。由此可见，安吉斯对创世奇迹的收购是其在中国高质数字资产投资策略的重要一步，而加入到安吉斯后的创世奇迹也将获得更多的资源与机会。从这个案例中我们不难发现，未来企业的竞争将首先在数据库的争夺中展开，更多的企业将目光瞄准这一资源，以期在大数据时代创造更好的业绩。

　　2. 瞄准小众群体，细节之处见真情

案例 16-1　　　　　　　　　　　　　　　Old Spice 肥皂

　　研究表明，有超过 40% 的男人坚持用肥皂洗澡，但是现实中有很多男人都有一个难言之隐——不得不用女人买回家的沐浴液洗澡，这让他们感觉自己有点女性化，**Old Spice** 洞察到这一点，推出男士沐浴香皂，帮助男人们找回了在浴室的尊严。

冠益乳醒了

　　微博上曾一度盛行"人生五大幻觉"的投票调查，其中"今晚能早睡"名列投票之首，这反映出在微博用户中睡眠不足的人占据很大比例，而微博的主要用户又以都市白领居多，冠益乳就针对这些睡眠不足的都市白领，在 3 月 21 日"世界睡眠日"当天，以轻松诙谐的语言推出了一支"早睡视频"，视频表现了都市白领日夜拼搏的形象，使许多网友都产生了共鸣，许多网友都转发或评论了这条微博，央视财经新闻频道《第一时间》栏目还开设了"今天你睡得好吗"

的互动讨论话题。

3. 反其道而行之，弥补市场空白

案例 16-2

六神，爱上夏天

六神选择在冬天推出最新的动画短片《夏天从未离开，We Never Leave》。看似毫无章法，但文案的第一句就已经为人们解开了谜团"当你端上一盘西红柿炒蛋还没吃就已经凉了的时候，你是否开始怀念夏天"，六神将本产品与夏天的热联系起来，在夏天我们感到的是燥热，但是在冬天，那种燥热就会变成温暖，选择在冬天播出这则广告恰到好处。

微软：我们的 App 不比别人差

微软此次的新广告推广对象既不是 Windows 8 也不是 Surface，而是微软一直被人们诟病的短板 App。除了功能上的展示之外，微软还用醒目的字幕告诉大家：Windows App 商店拥有着超过 10 亿名潜在用户。众所周知，苹果和安卓在 App 市场上的地位，微软作为后起之秀在这方面想要与之前的两位霸主 PK 确实非一朝一夕可以达到的，但是微软已经开始直面这一问题，有了第一步，至少给了消费者一个交代。

从 4P 到 4C，整个广告行业的理念发生了质的变化，从最开始的广告主在广告中喋喋不休地讲述自己产品的各种性能，到后来广告主开始将目光投向消费者需要什么，消费者的需求成为一切广告活动的起点。大数据为我们更好地了解消费者的需求提供了无限的可能性，而在获得这些数据后如何实现自己的计划，创意是不可逾越的一环。评价一个创意的好坏，现在越来越多地体现在能否准确地抓住消费者，广告的目标应直指产品的目标受众。大数据是我们的一个好帮手，我们只有通过它们洞察消费者究竟在想些什么才有可能创作出更好的广告作品，而能否充分有效地利用这些信息将成为创意能否制胜的关键。

16.4　大数据环境下传统媒体广告经营的创新

大数据时代的到来，加剧了传媒产业的变革，以互联网技术为基础的信息服务企业正不断打破行业之间的界限，以独有的数据资源和创新的商业模式，蚕食传统媒体行业市场份额，颠覆原有的市场格局，传统媒体企业的收入支柱——广告经营在大数据时代正遭遇前所未有的危机。根据国家工商总局的数据，2013 年，所有媒体的广告发布费用为 2 144.13 亿元，其中电视为 1 101.10 亿元，同比下滑 2.75%；报纸为 504.70 亿元，同比下滑 9.17%。与此同时，互联网广告发展态势喜人。根据艾瑞咨询数据显示，2013 年互联网广告收入为 1 100 亿元，同比增长 46.1%。鉴于互联网广告增长势头，未来几年，互联网广告超越传统媒体广告已是大势所趋，传统媒体企业的广告经营如何应对大数据时代的挑战，利用大数据技术开拓新的发展机遇，成为当前亟须解决的重要命题。

16.4.1　大数据对传统媒体经营影响的研究

关于大数据对传统媒体经营的影响，目前的研究成果大体可以归结为以下两类。

一是大数据时代传统媒体企业如何获取和利用更加丰富的受众数据，提升企业的创新能力和市场竞争力。王武彬认为，在经营方面，媒体可以借助数据增强决策的科学性，在完善传统用户数据库的同时，通过多种客户端搜集、丰富用户信息，精准理解用户需求，辅助改进产品设计，制定营销策略。除了生产和营销，也有学者认为大数据时代的受众数据分析还可以通过雇用专业的数据分析公司来分析受众的行为习惯，探索新媒体平台的盈利模式。

在受众数据的获取上，要特别注意社会化媒体生成的数据，尤其在泛媒体化加剧的情况下，社会化媒体成为信息流动的主要渠道或平台，要注意抓取社交媒体平台上的信息数据。

以上研究成果都特别强调受众数据的重要性，指出传统媒体企业可以通过对受众的深入了解来改变在市场竞争中的被动局面。受众数据的搜集和使用，目的是用于传媒产品的生产和营销，而不是应用于广告经营，广告经营对受众数据搜集和使用的研究需要进一步加强。

二是广告经营中的大数据技术应用和面临的问题。倪宁认为，大数据时代广告将更加精准，传统的广告运作是"创意驱动"模式，而大数据时代的广告运作是"技术驱动"，用技术而非创意来实现精准投放。因此，广告将确立精准的传播策略。精准的背后是对受众多样化需求数据的掌握，大数据技术在这些方面的应用前景广阔。张文锋认为，大数据技术应用，能发挥长尾效应，定位并到达广为分散的个性化受众，提升广告效力。

个性化需求的满足将使广告业的分众化与小众化趋势更加明显。从不利的方面来看，大数据营销时代，客户任何的广告投放所带来的关注率、广告转化率和销售量，都将以数据呈现。媒体如何满足客户多样化、数据化的需求，如何符合客户数据化营销的需要，在客户的要求下提供针对性的数据支撑，成为广告行业今后发展的重点和面临的挑战。

这些研究成果着眼于大数据对广告行业的影响，指出了大数据技术在广告行业的应用前景，但这些研究的研究对象多是针对整个广告行业或者广告公司，对传统媒体行业的广告经营活动予以分析的成果非常少。事实上，广告公司的广告经营和传统媒体企业的广告经营区别很大。一方面，传统媒体企业的广告经营活动面对着受众和广告主的双重约束，另一方面，传统媒体企业正经历着媒介融合的考验，而大数据环境又不断冲击现有的经营理念和广告传播方式。因此，传统媒体企业的广告经营在大数据环境下发生了怎样的变化，该如何应对将是未来研究需要深入探讨的内容。

16.4.2　经营理念从受众数量转向受众数据

在大数据时代到来之前，传统媒体企业的广告经营是围绕着受众的数量来为广告资源进行定价的，如果是报纸、期刊，就要向广告主说明发行量，电视和广播会标明收视率。这种广告经营理念，是以媒体所拥有的受众数量来定高下的，广告价值的依据则是广告千人成本。

然而，大数据时代的到来，颠覆了以受众数量为核心竞争力的传统经营理念，千人广告成本这种计算方式暴露出粗犷、模糊的弊端，传统媒体拥有受众的数量已经无法清楚地阐释广告价值，广告经营部门需要向广告主说明自己拥有的受众究竟是哪些群体，有什么样的行为特征。唯有呈现出详细的受众数据，才能打消广告主的犹豫和疑虑。尽管传统媒体企业也拥有自己的用户数据库，但传统的数据处理技术，只关注于结构化数据，对于用户的属性特征可能记录的比较详细，对于非结构化数据，如用户的行为特征则知之甚少。而借助于大数据技术，采集、分析用户在不同时空下的行为特征，将消费者的各种数据进行深层次的加工处理，已经在电子商务、通信等企业中得到普遍应用，这些数据对于广告主来说，要比传统媒体企业单纯的受众数量有更大的吸引力。以淘宝数据魔方为例，其对品牌、行业、买家、卖家等各类数据的分析，全部具有明确的指向性，将消费者的消费习惯、消费情境、流失走向全部以数据的形式展示出来。和拥有丰富受众数据的企业相比，传统媒体企业只有受众数量，在广告竞争中不占优势。

因此，在大数据环境下，传统媒体企业的广告经营需要从受众数量转为受众数据。通过对受众数据的分析，传统媒体企业的广告业务范围也将不断拓展。以官方微博为例，作为信息传播的主力军，传统媒体企业大多拥有较多的粉丝，然而，这些粉丝日常的行为特征，却并未受到传统媒体的关心和重视。分析粉丝本身就是分析受众，借助大数据技术，传统媒体企业可以不间断地将粉丝在各个设备终端的行为痕迹记录下来，同时通过对粉丝在微博中发布的文本、图片、视频等内容的分析，全面了解该用户的行为习惯，为粉丝进行分类并贴上动态标签，根据粉丝的不同为其设计不同的广告推送内容和方案。一旦数量有了数据的后盾，广告优势就会凸显出来，广告内容和类别也能得到极大扩展。

16.4.3 广告资源从捆绑销售变为分割销售

"传统广告的核心逻辑，是以媒体为中心，以媒体价值为核心进行广告投放。"例如，出版类媒体出售广告版面，广电类媒体出售时段，这种广告经营背后的理论支撑是议程设置理论。在该理论导向下，传统媒体企业的经营都有既定的秩序，其根本的理念是以生产者为中心，受众不能改变原有排列顺序。例如，报纸排版、电视节目排时间，在这一前提下，广告被安排在不同的空间和时间，形成不同的广告价格，其实质是将传媒产品与广告资源捆绑销售。

然而，这种情况在新媒体环境下发生了彻底的变革，当传统媒体企业在手机、互联网等渠道同时传播信息时，原有的秩序被打乱，受众不再受原来的版面和时间限制，可以将内容分割后根据自己的喜好再排列。手机报中新闻的阅读次数与放置位置没有必然的关联，电视节目在网络媒体中摇身一变成了网络视频节目，节目播放顺序掌握在受众手中。在这种情况下，广告版面和时段不仅失去了原有的稀缺性和价值估量依据，而且会随着内容的分割而被分割，被迫由原有的捆绑式销售变成分割销售。

对媒体来说，广告资源的分割销售最有利的方法就是竞价拍卖，而广告竞价取决于媒体企业经营者对各个广告资源的认识。具体来说，就是指传媒经营者是否能够清楚地说明消费传媒产品的受众特征，这种特征阐述需要建立受众数据库，通过长期数据采集和跟踪记录获取，而不仅仅说明基本属性。只有受众数据详细可靠，广告主在对不同广告资源做出评价时，才能根据受众数据对比自身的目标客户做出判断和出价，最后由评价最高者获得该广告资源。

广告资源分割竞价销售在大数据技术应用之前无法得到普遍应用。一是由于无法清楚地说明各个广告资源的受众特征，导致传统媒体企业和广告主认识上的不统一；二是操作麻烦，耗时费力，尤其是非优质广告资源，操作成本大于收益。但是大数据技术将这些障碍一扫而空，广告交易平台让实时竞价（RTB）广告切实可行，当受众浏览媒体产品时，该媒体就可以将用户的信息以及广告资源发送给广告交易平台，广告交易平台同时有大量的广告主进行对接，通过对受众数据对比，决定广告资源价格，所有步骤在 0.1 秒以内完成，确保媒体和广告主双赢。

大数据环境革新了传统媒体企业的广告计价方式，根本却是缘于受众的信息获取方式与消费习惯发生了重大变化，受众并没有抛弃信息，却进一步掌握了话语权。因此，要实现广告资源的利益最大化，就必须掌握新媒体环境下受众的行为数据，在不同的平台采集分析受众的阅读行为与消费偏好，通过数据挖掘，对受众行为进行个性化分析，从个性化、分众化的内容中，挖掘长尾效应带来的广告机会，同时利用大数据技术争取广告收益的最大化。

16.4.4　广告效果从以事后测评为主转向即时测评

大数据技术对广告影响最大的莫过于广告效果的测定。传统的广告效果测评根据不同的广告效果类型而定，广告效果可以分为广告的传播效果、广告的经济效果和广告的社会效果。对于广告的传播效果和社会效果常常采用的测评方法是问卷调查法。这种调查方法首先要对广告到达人群进行抽样，然后发放并回收设计好的问卷，通过对问卷的统计分析来了解广告效果。尽管效果测评有事前、事中和事后，但问卷调查总是需要一个过程。

也就是说，当广告主了解到广告效果时，广告投放已经完成或者部分完成，无论效果好坏，之前的投入都将沦为沉没成本。

问卷调查的另一个问题是难以实现全体样本数据的测定，问卷填写质量不高。如果抽样人群太少，存在抽样误差的风险就很大；如果抽取样本太大，调查成本就会很高。再者，随着人们生活节奏的加快，问卷调查的准确度和可信性也开始遭到质疑，尤其是当问卷中问题较多或设计不够科学时，很多受访者缺乏耐心去认真填写。大数据技术通过全体样本的调查彻底解决了传统问卷调查样本量的问题。

同时，大数据的调查是持续性的、主动性的，不断记录广告可到达人群主动释放的各类数据，而不是阶段性地让他们被动填写，其数据更加真实、详细，使广告主能够即时、全面地了解受众对广告的理解和喜爱程度。传统媒体企业在实施大数据调查时，可以多管齐下，一方面通过自己的信息采集平台，记录广告受众各类数据；另一方面可以和数据公司、社会化媒体等外部数据拥有方合作，来测评广告传播效果和社会效果。

对于广告经济效果的测定，传统的统计分析方法需要对广告主投放广告前、中、后的财务指标进行对比，通过剔除干扰因素来确定广告的经济效果，但这种测评方式同样具有滞后性，无法精确了解广告的效果究竟如何。大数据时代的广告效果不仅可以精准评估，而且其评估是动态的、实时的。从广告被阅读次数到阅读广告后该用户是否产生购买行为，购买了哪些产品或服务，都有详细记录，一旦发现某种广告效果不佳，无法促成有效购买，能够及时调整广告传播策略，对广告排期和内容进行优化调整。同时，对于广告引致的消费，能够通过广告交易转化率来精准核算，使广告效果测评能够随时指导广告投放，不再是"事后诸葛亮"。

16.5　大数据时代互联网广告的演变

互联网产生后，作为一种颇具潜力的新媒体曾被视作传统媒介的补充型媒体，比如电视、报纸、广播等。而网络也常常被企业作为整合营销广告销售部分的补充型投放媒介。然而随着网络技术的不断发展以及 Web2.0 时代网络受众的个性化变迁，互联网作为主流媒体的强大优势使其从补充型媒体跃居为传播中心媒体。因此，互联网广告也拥有了充分展示、发挥的媒介平台，互联网广告利用自身媒介的交互性、广泛性、便捷多样性、形式独特性等特点占据了广告市场的领导地位。

互联网广告作为数据的头号生产者，能够利用媒介优势进行高级运算和信息处理，能够对冗杂的数据进行分析提炼，这样就可以把看似无用的数据转变成具有极高商业价值的数据资源。在艾瑞咨询数据调查中，研究人员发现 2013 年互联网广告市场规模的快速增长很大程度上得益于互联网广告产业链的完善，大数据引领的技术革新让互联网广告交易平台（Ad exchange）、买方平台（DSP）、卖方平台（DMP）等全新平台成为互联网广告的重要环节，从而带来了投放的智能优化、管理的专业创新，也成功地提高了互联网广告的效益。这些便是互联网广告的变革趋势。

16.5.1　互联网广告的变革趋势

1. 与大数据接轨

对于广告主和广告公司而言，大数据就是他们的客户。因为广告人员能够利用 Cookie 技术，追踪网民的行为轨迹，能够从媒体偏好、产品偏好、人口属性等维度记录每个网民的数据来建立一个"网民身份证"。对数据的收集提炼越清晰，对受众的需求分析就能够越精准。这些精准的数据就是广告主与广告公司赖以生存的重要资源，它能够直接覆盖精准的受众群体，打造精准的广告策略，制作独特的广告内容，投放精准的广告内容，这些都离不开大数据。

2. 传播模式进化

大数据时代的到来，已经作用在互联网广告的诸多方面，新广告模式的产生引发人们对于传播模式变革的探讨。在经典的大众传播模式中，一切传播活动都围绕传者展开，以生产者为中心的传播通过"推技术"将广告直接推送给消费者，传播如同发射"散弹"一般，击中谁就是谁。而大数据时代互联网广告的全新传播模式打破了传统的传播规则，由曾经的"主从模式"直接过渡到受众与受众直接交流的"用户告知用户"模式。在"用户告知用户"模式中技术成为用户与用户交流的重点，传者与受者的界限逐渐变得模糊。新的广告模式不但注重传播的时效性，还注重传播信息、传播内容以及需求的迅速组合与迅速瓦解，从而让传播时效以及传播效果都得到了极大的提升。

3. 营销模式改革

大数据时代的网络广营销模式与营销理念都发生了颠覆性的转变。越来越热门的社会化营销可以带来广告的"自产自销"；利用大数据技术和人群定向技术，广告投放就可以做到完全精准，因此完全的精准营销也成为可能；个性化数据的搜集可以满足消费者的个性化需求，实现企业的个性化营销。但无论是聚众时代、分众时代，还是如今的开放时代，互联网广告变革最为显著的特点就是消费者地位的不断提升，广告主和媒体更加重视用户的数据信息、需求特征，以受众为中心制定营销策略，争取带给受众良好的营销体验。无论是越来越受到推崇的社会化营销、精准营销，还是以消费者为中心的个性化营销，全都体现出数据与技术运用的先进性，也贯彻着大数据时代营销以人为本的理念，让营销成为一种真正的人的营销。

4. 双重核心模式

大数据时代互联网广告变革中最重要的便是拥有了双重核心模式，即人与数据技术的双重核心，它的宗旨则是以人为本。在受众个性化凸显的 Web2.0 时代，隐藏在数据背后的"人"的价值越发凸显，想要达到销售的成功就要对"人"进行有效的整合，不断地研究"人"。互联网广告也一改以往让受众被动接受的"PUSH"模式，变成了邀请受众主动参与的"PULL"模式。越来越注重"人"的价值是互联网变革中的核心体现，也是数据技术驱动互联网广告运作的结果。正因为大数据的数据处理技术能够推测每一个受众的喜好需求，才能让网络广告主按需出发为受众定制专属广告，才能将以人为本的理念融入广告流程中，才能让网络广告更加专业化、智能化。

5. 作业模式革新

早在大媒体时代，如果在电视上投放一则广告就可以覆盖全国一大半的受众，互联网刚刚兴起时，要在几大主要门户网站上投放一则广告也能很好地覆盖全国 2/3 的网络受众。然而在现今的媒体碎片化时代，如何在众多的拥有复杂特性的网民中选择目标受众是广告从业人员一直探索的难题。但是正因为大数据产生在媒体的碎片化时代才让网络广告拥有了发展与转变的契机，实时竞价广告模式才会顺应潮流而产生。如今传统的广告作业模式被纵向切割又被重新整合，多了几个全新的平台，它们既有专门做媒体流量聚合的 Ad exchange，也有专门为广告主提供购买程序和竞价技术的 DSP。作业模式的革新改变了广告主向广告公司"购买媒体"的方式，变成向广告技术公司购买"人群"。交易模式变化则意味着如今互联网广告必须依靠强大的技术支持，这就促进了广告技术公司的兴起。

技术让网络广告科学、有效，让广告从业人员获利颇丰，因此新的广告运作模式必将成为未来互联网广告发展的主流趋势。

16.5.2　互联网广告的新特点

1. 广告内容"私人定制"

大数据时代，互联网广告变革体现在广告作业的整个流程，通过前节的分析，我们知道大数据使得互联网广告主从向广告公司购买媒体资源变成了向广告交易中心购买"人群"，也就是每个客户的数据。这就让广告制作和广告表现拥有完全可信的依据，通过数据分析得出客户的基本信息包括喜好、兴趣等，广告内容就可以具有极强的针对性，甚至成为一种"私人定制"。打个比方，如果客户是一个年龄在16岁左右的高中女生，在她上某网站浏览页面的时候，商家向她展示高级定制男士西装的广告，那么这则广告就完全是内容上的错位，不仅浪费了这次广告展示机会，更浪费了媒体的部分资源。

2. 广告投放精准、有效

互联网广告到目前为止经历了三次投放方式的变化，从自建模式到集中模式再到如今的变换模式，只有这种投放方式能够从受众的爱好、信息、消费状况等内容出发，相较于之前的集中投放方式能够体现以受众为中心的投放特点，也能增加投放的精准度。通过大数据相关技术的驱动，如今的互联网广告可以对客户数据、媒体资源、广告公司资源等进行统一整合，运用精准的运算和人群定位技术使得每一次广告的投放都能够达到极高的精准度，带来了广告有效到达率的明显提升，改变了从前的广告主"打散弹"的投放方式，让广告投放像"绝命狙击"一样一枪一个准。

3. 广告决策智能、理性

从前，广告公司在做决策时是通过市场调查分析和推测成分让决策更加合理可行，如今大数据则完全剔除了推测成分并让普通的"小数据"变成了黄金资产，全新的互联网广告运用这些蕴藏极大价值的数据并结合互联网的优势，即强大的算法能力，让广告决策变得智能高效。整个广告决策过程摆脱了人力化，变成了全自动的智能化模式，减少了冗杂、低效的成分，带来了整个广告业的一个新高度。

4. 广告优化省时省钱

大数据让互联网广告内容更具针对性，投放更精准，决策更理性，这一连串的变革相互影响、促进让互联网广告整个交易流程优化升级。不同于传统广告的投放前优化，互联网广告可以对投放全过程进行调控，时刻反馈实时数据从而调整策略、优化广告运作。广告优化最大的受益者便是广告主，低投入、高回报的广告模式是每个广告主都追求的，而大数据催生的RTB广告模式又使得每一次广告竞价展示流程的时间短之又短。这样省时又省钱的互联网广告必然是业界的宠儿。

5. 广告效果作用人心

精准的广告投放与针对性的广告内容，配上省时快速的展示，正是这些东西让大数据时代互联网广告多了一种以人为本的理念，对消费者数据的分析让我们知道了更多的消费者渴望能够受到VIP的专属服务与关注，而针对个人的广告投放在某种程度上会让消费者感到自己是被关注和呵护的个体，能够享受到只属于自己的服务，对于广告内容和推荐的商品就会提升关注度，能最大限度地达到广告预期的效果。

16.6　大数据环境下的广告模式的变化

毋庸置疑，大数据的到来引起了社会领域的各个体系的生态发生了巨大变化。大数据犹如一条"鲶鱼"，搅动一池春水。随着技术和需求的双重推动，会让越来越多的政府机构、公司企业和个人意识到数据是巨大的经济资产，像货币或黄金一样，它将带来全新的创业方向、商业模式和投资机会。"大数据"作为网络时代的信息矿山，无疑蕴含着巨大的价值。据统计，不同群体对信息的接收，具有各自的特点：① 传统媒体（电视、报纸）的受众群为 70 后人群，这些人有自己长期形成的浏览习惯且较难改变；② 80 后、90 后的人群接收新闻信息的渠道主要是网络。特别是 90 后人群，具有超强的购买力，从一出生就接触网络等新媒体，他们的信息方式体现为网络生存，喜欢浏览，不喜欢阅读，喜欢网络游戏，依赖虚拟的网络情感，乐于在网络空间里发表自己的看法及观点。在他们的生活中，娱乐占据主要的休闲时间，具有较强的商业开发价值。

目前，大数据比较明朗化的商业价值开发，发生在互联网广告精准营销领域。传统的广告，在经历了大众传播的喧嚣、分众传播的繁荣后，开始迎来新的变革窗口——针对特定网民的精准营销（有人称其为"个众传播"）。当下，大数据对广告带来的变化正在发生，那么，大数据时代，对于广告媒介行业会产生怎样的影响呢？

16.6.1　大数据对商业营销模式和广告生态的影响

就目前而言，大数据公司的模式无外乎三种：一是亚马逊类型的，二是 IBM 类型的，三是基于新型创业提供数据个性服务。首先，像亚马逊、谷歌和 Facebook 这类公司，因其拥有大量的用户信息，通过对用户信息的大数据分析解决自己公司的精准营销和个性化广告推介等问题。这类公司将改变营销学的根基，精准营销和个性化营销将有针对性地找到用户，多重渠道的营销手段将逐渐消失。

其次，像 IBM 和惠普这类公司，是通过整合大数据的信息和应用，给其他公司提供"硬件 + 软件 + 数据"的整体解决方案。这类公司将改变公司的管理理念和策略制定方式，没有数据分析支撑的决定将越来越不具有可靠性。

最后，新兴的创业公司则通过出售数据和服务更有针对性地提供单个解决方案。这些公司更接近于把大数据商品化的模式。这类公司将大数据商品化，这将带来继门户网站、搜索引擎、社交媒体之后的新一波创业浪潮和产业革命，并会对传统的咨询公司产生强烈的冲击。当然，随着时代的发展，还会有新的商业模式出现。

从上文可以看出，与传统广告强调"创意""策略"及覆盖广度相比，大数据背景下的广告是以"技术"为驱动、以海量数据挖掘为前提，实现对特定受众的个性化广告传播。较以往建立在传统数据基础上的商业模式而言，建立在大数据基础上的商业模式具有无可比拟的巨大优势。这种优势主要体现在大数据对新商业模式的诸多影响和支持。概言之，大数据的出现，改变了传统的商业模式，以致出现了新的广告模式，改变了传统广告模式中的广告商、媒介及消费者三方的关系。具体来说，这主要表现在对广告模式的变革和创新上，即 RTB 模式的出现。这一模式的出现是广告领域的一场革命，也是大数据应用的典范之作。RTB 是基于大数据的第一个看得见摸得着的独立商业模式，也是大数据应用中最典型的成果。RTB 广告产生的社会背景是"碎片化"。基于移动设备的普及，我们每个个体都拥有很多终端，我们的时间都被无数的网站和媒体分割，进而我们的系统注意力被分散。在这种情况下，传统广告的海量投放，基本上起不到它应有的作用。而基于大数据精准定位进行广告投放便应运而生。也就是说，在大数据时代，RTB 正逐渐"飞入寻常百姓家"，悄然改变中国广告的生态环境。

传统的广告，可能只是一味地选择好的繁华地段、商业中心或 CBD，反复地海量投放广告，而根本不顾及顾客受众的消费体验、心理感受以及消费目标，以致投放的广告没有目的性，因而也就难以实现广告的自身价值，也就满足不了消费者的消费需求。而在大数据时代下的 RTB 模式中，我们可以根据消费者的网页浏览痕迹和搜索记录，再借助数据模型，就可以对消费者的消费情况做出精准判断，从而为消费者量身订做广告，一来不会误伤消费者，二来可以减少广告投放成本。它不再需要海量地投放，刺激消费者。例如，我们了解到一位网络消费者经常购买婴幼儿用品，那么，根据网购行为发生（一般是年轻人）和信息数据呈现（婴幼儿用品），我们就可以实现精确判断，这位网购者极有可能是一位年轻的妈妈或者是有了小孩的家庭。基于此，我们就可以根据这些有效的价值数据信息，在她购物时，投放广告，推荐她购买如早教、儿童成长、益智玩具等用品，还可以根据她的身份，推荐给她护肤品、化妆品、美容健体等用品。从这个具体的事例中，我们不难看出，这便是大数据的独有魅力和社会影响所在。

16.6.2 大数据下的网络广告模式的特点

网络广告模式（RTB）是" Real Time Bidding "的缩写，即"实时竞价"之意。它是一种在每个广告展示曝光的基础上进行实时竞价的新兴广告类型。与传统的 PPC 广告（根据用户数量计费）、CPM 广告（一千次浏览计费）、CPC 广告（每点击一次计费）、Monthly Flat（包月计费）、Daily Flat（包天计费）等相比，RTB 是在每个广告展示曝光的基础上进行竞价。其基本过程可以描述为：各广告主向网络平台提供商和代理商提出针对某群体的广告定向投放要求，网络平台提供商根据消费者在其平台的各种浏览记录数据等，寻找出与之属性相匹配的潜在的可能消费者，并把相关数据反馈给广告主，然后广告代理商根据拍卖竞价交易原则询价，出价高的一方即可在该网络平台展示广告。其实质上是广告投放过程的动态化和手段的多样化。RTB 的这一过程，因跟踪用户属性，及时、动态投放广告，提升了广告转化收益率，增加了广告的展示机会，赢得了众广告主的芳心。

总的来看，RTB 广告模式具有以下四个特点。

第一，精准化。我们知道，大数据不是对数据的简单叠加。它产生的效果是惊人的、爆炸式的。沃纳梅克曾说过："我知道我的广告费有一半是浪费了，可问题是我不知道哪一半被浪费了。"这句话表明了传统广告存在的短板。也就是说，广告的投入和回报不成正比，因而造成了成本的巨大浪费。而这些问题的关键都在于，传统的广告模式只是建立在传统手段而获得的资料分析的基础上的，所以，传统媒体的广告常不加选择、铺天盖地式地投放，完全忽视广告涵盖对象目标的存在，包括那些自称"窄播"的媒体，也都没有建立在对目标的精准投放和定位上。这并不是说广告商和媒介行业无意去改变这样一种现状，而只是因为没有大数据，它无法实现精准，如此一来，浪费成为必然。而在大数据时代，因拥有的数据多、速度快、技术新、注重关系等特点，加之数据分析是建立在对消费者购买情况的大数据基础之上，致使广告投放能量身定做，因而广告投放的精准度得到了提高。这样一来，就能产生一对一的广告投放效果。什么样的消费者有什么样的需要，我们就投放什么样的广告，这是大数据时代背景下广告商的集体表达。多数网络用户会有这样的体验，即在自己登录某个网站或搜索过某些关键词后，这个网页便会在另外一个区域弹出和你刚才搜索过的东西有关系的广告。即使我们离开了搜索界面，登录到其他网站，也会发现这个站点的广告依旧与搜索的关键词相关。这便是大数据下广告模式的特点之一。

第二，社会化。RTB 模式的出现，不仅仅是广告领域的一场革命，从大的层面上看，是社会行业的一次大变革。从表象上看，是广告的营销模式的改变，但从实质上看，则是整个社会层面的商业规则和消费行为的改变。因为在 RTB 模式下，社会的商业逻辑和生产规则会得到重构。原来的社会生产只是机械地、无目的地生产或者说目的性不强的生产，根本不考虑消费者的需求量是多少，更别提引导消费者产生新的需要。这种逻辑是生产绝对消费的逻辑，而在 RTB 模式下，则不同。它不仅能满足消费者的一般需要，而且会根据消费者的购买数据和需要，进行推荐。在消费者完成这一过程时，消费者的数据就已经提供给了给广告主，广告主反馈给生产商，进而由生产商提供产品。也就是说，在传统广告模式下，是生产决定消费的逻辑，而在 RTB 模式下，是消费决定生产的逻辑。这一过程，便是"产销倒置"的过程。换言之，消费者购买的方向决定社会生产行为方向的转变。有什么样的消费数据，就会有什么样的社会生产。在传统的广告时代里，主导方是广告商，负责策划广告，发布广告等。而在 RTB 模式下，主导方是广告主自己。广告主自己有一个明确的定位和对数据的分析，从而会产生有意义的信息。广告的投放只是手段，消费者的购买才是目的。

我们都有过这样一种体验：在进行某次购物时，某些网站总会弹出一些温馨而有创意的广告，或者出现"你可能感兴趣的产品推荐"等字样，而此时，你正需要这类商品。当你完成购买时，它又会根据你的消费记录，推荐一些副中心的产品，也许这些产品并不是你急需的，但当它们一起出现或者被推荐时，消费者就基本丧失了抵制的能力。从这个角度看，RTB 模式具有刺激消费，拉动社会内需的作用。

第三，个性化。个性化与精准化相关。从一定意义上讲，精准化就是个性化，个性化便是精准化，只是描述的方式不同。在传统的广告模式下，广告商提供的服务都是统一的模式，不存在单独为谁开发一种模式的现象。而我们这里讲的个性化有三个方面的指向：一是对广告主而言，它能提供个性化服务。也就是说，广告主想要往哪投放，就可以往哪投放，想向哪个群体投放，就可以实现往哪个群体投放。这是因为，RTB 模式下的广告的描述目标对象更完整、具体、个性、异质，可以起到点对点的投放效果，也可以是顾问式的营销。二是对消费者用户来讲，RTB 模式完全颠覆了用户对广告的感受和体验。它不再是忙中"添乱"，而是生活的必需"助手"，能帮助你迅速、快捷地找到你自己需要的东西。例如，基于地理信息服务的地图应用，当用户搜索某个方位时，呈现的不仅仅是具体位置，而是把附近的旅游、商店等信息都一一呈现出来，从而帮助用户挑选其需要的信息。这样一来，它逐渐成为人们的一种生活方式。三是广告本身的个性策略。以前的广告模式，基本上是满足大众的刚性需求。在 RTB 模式下，广告分为刺激需求的广告和满足需求的广告，而且据统计，全球每年花在刺激类广告上的费用要高于后者。因此，基于数据的追踪和分析，RTB 模式需要对用户进行更多维度、更多层次的分析，挖掘出更多的间接的用户属性，创造更多的相关性标签。例如，某位经常购买衣服的女士，可能还会对衣服以外的物品产生兴趣，如睡眠面膜、美容等。因此，分析、挖掘用户数据存在的相关关系，是 RTB 模式的重要环节。

第四，无界化。传统的广告模式，基本是依靠中心地段和黄金时间等有限的时空位置来进行铺设，因而也就不可能实现人群和空间及时间的全覆盖。而在 RTB 模式下，借助网络，基本可以突破时空的限制。在网络的任何时段、任何位置，只要是有用户的地方，只要有广告主有需要，都可以实现广告的投放。此外，RTB 模式还具有智能化、自动化、无界化（针对所有商业联盟）等特点。

本章重点

大数据概念出现的关键因素之一就是，社会大众的生活、工作和学习过程中产生的海量数据。大数据概念出现的关键因素之二就是，功能强大的数据处理技术不断得到发展与完善。特别是以统计学和高性能计算为基础的数据存储、数据分享和数据挖掘等技术的普遍应用，使得从海量数据资源中挖掘出有意义的数据资源变得实时、低廉与高效。

麦肯锡在其报告（*Big data : The next frontier for innovation, competition, and productivity*）中给出的定义是：大数据指的是大小超出常规的数据库工具获取、存储、管理和分析能力的数据集。同时他强调，不是必须超过特定 TB 值的数据集才能算是大数据。

维基百科给大数据下的定义是：大数据（big data），或称巨量数据、海量数据、大资料，指的是所涉及的数据量规模巨大到无法通过目前主流软件工具，在合理时间内达到截取、管理、处理、并整理成为帮助企业经营决策更积极目的的资讯。

国内研究大数据的先锋学者赵国栋在其著作《大数据时代的历史机遇：产业变革与数据科学》一书中给出的定义是；在多样的或者大量的数据中，迅速获取信息的能力。

从某种意义上讲，大数据的发展促成了广告传播理论的飞跃，也就是说广告传播理论的内涵和外延在大数据的影响下产生了质的变化：大数据对广告传播学研究对象的全面揭示，大数据对广告传播学研究方法的完善创新，大数据对广告传播学研究目的的战略创新。

在新的大数据时代，广告创意的变化趋势体现在：更注重数据的收集与运用；瞄准小众群体，细节之处见真情；反其道而行之，弥补市场空白。

大数据环境下传统媒体广告经营的创新表现在：大数据对传统媒体经营影响的研究，经营理念从受众数量转向受众数据，广告资源从捆绑销售变为分割销售，广告效果从以事后测评为主转向即时测评。

互联网广告的变革趋势表现在与大数据接轨、传播模式进化、营销模式改革、双重核心模式、作业模式革新。

大数据时代下，互联网广告的新特点有广告内容"私人定制"、广告投放精准有效、广告决策智能理性、广告优化省时省钱、广告效果作用人心。

大数据环境下的广告模式的变化体现在：大数据对商业营销模式和广告生态的影响，大数据下的网络广告模式（RTB）呈现出新特点。

复习思考题

1. 大数据概念出现的背景因素是什么？
2. 大数据概念的主要观点是什么？
3. 大数据对广告传播理论的创新是如何体现的？
4. 在大数据背景下广告创意有哪些新的变化？
5. 大数据环境下，传统媒体广告的经营创新表现在哪些方面？
6. 简要说明大数据时代互联网广告的演变。
7. 在大数据环境下，广告的营销模式发生了哪些变化？

课外阅读

被玩坏的概念：微信朋友圈广告真的用上了大数据？

第一个疑问：拥有了很多的数据，就是大数据了吗？

微信拥有11亿以上的用户，4亿多活跃用户，每天产生的数据量是天文数字。这些自由发布、没有导向的社交软件产生的数据，在这次朋友圈广告中到底用来干什么了呢？

以这次广告商在朋友圈里发布的信息，用几种常见的大数据应用方式，我们做如下揣测。

模式一：

这个模式使用的是微信用户的海量数据，筛选出与广告商的定位一致的群体，比如关注奢侈品、名车的人群，用各种标签条件定义用户，进而推送广告。

模式二：

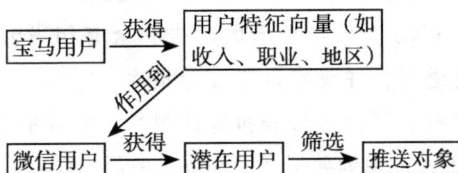

利用微信各种用户数据勾勒出属性，如用户的收入、年龄、区域、教育水平、所处行业这类基本特征，比对广告商的产品定位人群属性，以属性相近的部分，加上事先做推广测试时用户反馈的参数，如预告时右上角的是否感兴趣选项，再筛选出来群体，进而确定推送目标。

模式三：

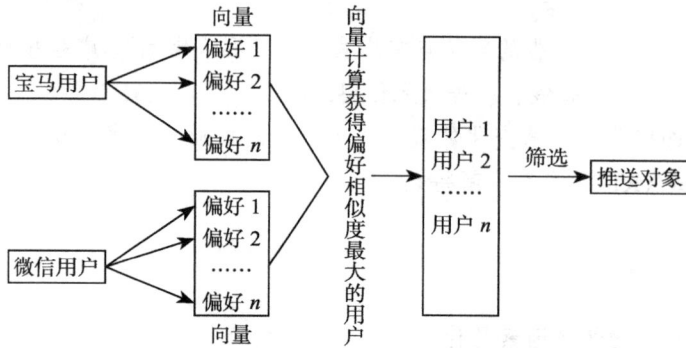

当属性不全的时候，就要应用第三种模式，以用户的偏好为分类条件，如曾发布喜欢旅游，喜欢科技产品，喜欢吃喝玩乐等，就成为了定义条件。以这些偏好进行排序，筛选出前20个最受用户关注的偏好，再以这些偏好跟广告商的客户定位进行比对，相似度最高的部分为推送人群。

上述三种常见的大数据推荐模式并不涉及社交属性。其实，如果精准分析能够达到用户消费行为和倾向这个层级，则社交属性是可以弱化的，因为后者的实质作用是扩大受众群体而已。

以微信的用户体量，精准分析出几百万甚至上千万的宝马潜在用户应该不是难事，但这次推送并不是一对一推到用户的对话框，而是在朋友圈利用社交属性来进行传播。一对一推送还是Feed流广告的路子，并没有将大数据的精准能力应用到位。因此，微信拥有海量数据不假，但微信是不是在做大数据分析要看在海量数据上做什么。这次推送并不是严格意义上的大数据行为。

第二个疑问：这次的广告效应，几乎是以事件炒作，利用用户的转发而形成的，那么这跟大数据有什么关系呢？

产生这个疑问，就是因为这次三家广告商投放的都是品牌广告，并不是具体产品的宣传，提高的是品牌的认知度。而在微信的用户体量下，加上"高中低废"的人群分类话题炒作，应该归入事件营销的路子上，没看出来跟大数据应用有什么关联，因为最终消费转化还是靠广告商的自我努力。

有这么多用户数据为什么不利用呢？我们大胆地再做如下假设。

1）微信对它的11亿多名用户并不全了解，否则它应该把11亿名用户里面哪些是真土豪、真草根找到，相应地推宝马或者可乐，精准跟事件营销又不是冲突的。

2）微信从"高质种子用户"开始做设定，隐含的前提是：活跃度高和参与广告互动的用户以及他们的社交脉络跟宝马、vivo和可口可乐的广告受众有相当大的重合度。这个设定显然从一开始就准备从事件炒作角度进行，并没有以精准为根本。

那么，不难看出微信是以社交属性为广告推荐的根本，并没有应用基于内容、协同过滤、规则、效用、知识上的大数据能力，关注的并不是人和物之间的强相关性（比如偏好、购买、意图等）。

从这两个疑问能推导出来的结果，我们发现，这是一次成功的事件炒作，是一次公关（PR）事件，是一次传播效应的验证，压根没有大数据什么事儿。

那么，真正的大数据推荐到底是什么呢？

从数据库里面找到某个微信用户的所有朋友，这跟大数据没什么关系，大数据的一个重要特征是分析不同来源、不同性质的数据信息。例如，把微信用户信息和宝马用户信息合在一起分析，这才是典型的大数据应用场景。从专业角度讲，这是大数据的多样性属性（variety）。

而大数据推荐的目的是发现表面上可能不相关、实质上相关的两个实体。这样的隐含关系在小数据范围内都不容易，在大数据的情况下难度可想而知。我们把这个问题拆成以下五个步骤来说明。

第一步，要解决"什么样的数据可以被纳入分析"。

因为数据量太大，把无关的东西纳入进来，不但会增加无谓的计算量，也会产生很多干扰。因此，去噪（noise reduction）是第一步。以微信这次的朋友圈广告商宝马汽车的例子进行说明：如果某个微信用户声称自己昨天买了宝马，但宝马的购车用户列表里没有这个用户，那么这个用户该不该被剔除将会影响接下来的步骤。

第二步，定基准数据（benchmarking）。

我们要分析两个实体相关与否，关键是看它们的相似度。有的人说，80%的相似就可以了，有的说超过50%就可以了。那么，该怎么定这个相似度呢？交由专家判断是一种方法，交由统计结果判断是另一种方法，最好的方法是大数据模型能够自我学习去判断这个基准。

第三步，数据降维（dimension reduction）。

所谓降维，就是把不需要考虑或者不重要的因素从推荐系统中去掉，从大数据到小数据。例如，微信用户跟宝马用户之间可能存在很多的相关点（电话号码、城市、年龄、土豪级别、付款记录等），不是所有的相关点都对推荐有用。例如，富二代18岁就开宝马车了，普通人可能要30岁才能开上，因此年龄可能并不是分析的关键。

总之，降维的根本目的是为了计算方便，规避天文数字的数据分析，至于如何降维和降维的算法，以后细说。

第四步，选择合适的推荐算法。

上文提到的推荐算法是应用最广的，也各有优缺点。选择哪种算法，要考虑解决怎样的问题、数据量大小、特征选择等因素，也就是要将人、事物的背后关联，用数据的方式联系起来。

第五步，大数据推荐在很多情况下要考虑实时推荐的问题。

例如，一个新用户进来，你要推给他宝马、vivo还是可口可乐？这个涉及推荐相同的效率以及该用户的信息，大数据框架的设计必须足够完整。

此外，大数据推荐的结果，通常也被称为"大数据预测"，应用场景从足彩到股票，不一而足。能够做好大数据预测的公司，才是真正的大拿。

据以上推论，大数据下的推荐系统并不简单等同于社交关系的推导，必须基于更为严格的需求分析和更复杂的系统设计。微信拥有天然的条件（巨量数据、资金、团队等），但在这次广告推送中，表现出来的大数据应用并不到位，虽说用了大数据能力，但更像"大数据是个筐，什么都可以往里装"的包装手法，实在是可惜。

参 考 文 献

[1] 罗建 . 广告创意 [M]. 北京：中国经济出版社，1995.

[2] 陈培爱 . 广告策划与策划书撰写 [M]. 厦门：厦门大学出版社，2009.

[3] 杨海军 . 广告创意 [M]. 郑州：郑州大学出版社，2007.

[4] 李宝元 . 广告学教程 [M]. 北京：人民邮电出版社，2010.

[5] 胡晓云，张健康 . 现代广告学 [M]. 杭州：浙江大学出版社，2013.

[6] 周茂君，姜云峰 . 跨国广告公司进入中国的心路历程 [J]. 广告大观（理论版），2008（3）.

[7] 陈培爱 . 广告学原理 [M]. 2 版 . 上海：复旦大学出版社，2008.

[8] 余明阳，陈先红 . 广告策划创意学 [M]. 3 版 . 上海：复旦大学出版社，2012.

[9] 李南 . 如何写微信广告文案 [J]. 新闻前哨，2013（7）.

[10] 王献锋 . 谈广告市场调查报告的写作类型及其特点 [J]. 中国科教创新导刊，2008（7）.

[11] 黄升民 . 新媒体激变：广告 "2.0 时代" 的新媒体真相 [J]. 中国广告，2008（7）.

[12] 舒咏平 . 碎片化趋势与 "广告载具" 的微观承接 [J]. 现代传播双月刊，2007（2）.

[13] 黄升民，杨雪睿 . 碎片化背景下的分众传播与新媒体发展 [J]. 广告主，2006（5）.

[14] 陈刚，沈虹，马澈，孙美玲 . 创意传播管理：数字时代的营销革命 [M]. 北京：机械工业出版社，2012.

[15] 史晓冰 . 浅析大数据背景下广告创意变化趋势 [J]. 新闻世界，2013（8）.

[16] 刘志杰 . 大数据环境下传统媒体广告经营创新 [J]. 中国出版，2015（1）.

[17] 维克托·迈尔 – 舍恩伯格 . 大数据时代生活、工作与思维的大变革 [M]. 杭州：浙江人民出版社，2013.

课程名称	书号	书名、作者及出版时间	定价
商务策划管理	978-7-111-34375-2	商务策划原理与实践（强海涛）（2011年）	34
管理学	978-7-111-35694-3	现代管理学（蒋国平）（2011年）	34
管理沟通	978-7-111-35242-6	管理沟通（刘晖）（2011年）	27
管理沟通	978-7-111-47354-1	管理沟通（王凌峰）（2014年）	30
职业规划	978-7-111-42813-8	大学生体验式生涯管理（陆丹）（2013年）	35
职业规划	978-7-111-40191-9	大学生职业生涯规划与学业指导（王哲）（2012年）	35
心理健康教育	978-7-111-39606-2	现代大学生心理健康教育（王哲）（2012年）	29
概率论和数理统计	978-7-111-26974-8	应用概率统计（彭美云）（2009年）	27
概率论和数理统计	978-7-111-28975-3	应用概率统计学习指导与习题选解（彭美云）（2009年）	18
大学生礼仪	即将出版	商务礼仪实务教程（刘砺）（2015年）	30
国际贸易英文函电	978-7-111-35441-3	国际商务函电双语教程（董金铃）（2011年）	28
国际贸易实习	978-7-111-36269-2	国际贸易实习教程（宋新刚）（2011年）	28
国际贸易实务	978-7-111-37322-3	国际贸易实务（陈启虎）（2012年）	32
国际贸易实务	978-7-111-42495-6	国际贸易实务（孟海樱）（2013年）	35
国际贸易理论与实务	978-7-111-49351-8	国际贸易理论与实务（第2版）（孙勤）（2015年）	35
国际贸易理论与实务	978-7-111-33778-2	国际贸易理论与实务（吕靖烨）（2011年）	29
国际金融理论与实务	978-7-111-39168-5	国际金融理论与实务（缪玉林 朱旭强）（2012年）	32
会计学	978-7-111-31728-9	会计学（李立新）（2010年）	36
会计学	978-7-111-42996-8	基础会计学（张献英）（2013年）	35
金融学（货币银行学）	978-7-111-38159-4	金融学（陈伟鸿）（2012年）	35
金融学（货币银行学）	978-7-111-49566-6	金融学（第2版）（董金玲）（2015年）	35
金融学（货币银行学）	978-7-111-30153-0	金融学（精品课）（董金玲）（2010年）	30
个人理财	978-7-111-47911-6	个人理财（李燕）（2014年）	39
西方经济学学习指导	978-7-111-41637-1	西方经济学概论学习指南与习题册（刘平）（2013年）	22
西方经济学（微观）	978-7-111-48165-2	微观经济学（刘平）（2014年）	25
西方经济学（微观）	978-7-111-39441-9	微观经济学（王文寅）（2012年）	32
西方经济学（宏观）	978-7-111-43987-5	宏观经济学（葛敏）（2013年）	29
西方经济学（宏观）	978-7-111-43294-4	宏观经济学（刘平）（2013年）	25
西方经济学（宏观）	978-7-111-42949-4	宏观经济学（王文寅）（2013年）	35
西方经济学	978-7-111-40480-4	西方经济学概论（刘平）（2012年）	35
统计学	978-7-111-48630-5	统计学（第2版）（张兆丰）（2014年）	35
统计学	978-7-111-45966-8	统计学原理（宫春子）（2014年）	35
经济法	978-7-111-47546-0	经济法（第2版）（葛恒云）（2014年）	35
计量经济学	978-7-111-42076-7	计量经济学基础（张兆丰）（2013年）	35
财经应用文写作	978-7-111-42715-5	财经应用文写作（刘常宝）（2013年）	30
市场营销学（营销管理）	978-7-111-46806-6	市场营销学（李海廷）（2014年）	35
市场营销学（营销管理）	978-7-111-48755-5	市场营销学（肖志雄）（2015年）	35
公共关系学	978-7-111-39032-9	公共关系理论与实务（刘晖）（2012年）	25
公共关系学	978-7-111-47017-5	公共关系学（管玉梅）（2014年）	30
管理信息系统	978-7-111-42974-6	管理信息系统（李少颖）（2013年）	30
管理信息系统	978-7-111-38400-7	管理信息系统：理论与实训（袁红清）（2012年）	35

课程名称	书号	书名、作者及出版时间	定价
财务会计	978-7-111-31107-2	财务会计实务（陈澎）（2010年）	32
财务管理（公司理财）	978-7-111-48770-8	财务管理学（雷声）（2015年）	30
建筑工程造价	即将出版	工程造价与控制（高群）（2015年）	40
战略管理	978-7-111-46855-4	企业战略管理（肖智润）（2014年）	35
企业文化	978-7-111-36805-2	现代企业文化理论与实务（李建华）（2012年）	32
门店管理	978-7-111-36910-3	门店管理实务（陈方丽）（2012年）	32
创业管理	978-7-111-40537-5	创业学：创业思维·过程·实践（魏拴成）（2012	35
创业管理	978-7-111-43454-2	大学生创业基础（刘平）（2013年）	35
职业规划	978-7-111-47021-2	职业生涯导入与大学学习生活（刘平）（2014年）	25
项目管理	978-7-111-39419-8	项目管理理论与实务（刘常宝）（2012年）	32
创意思维	978-7-111-43794-9	创新创意基础教程（谭贞）（2013年）	30
国际物流学	978-7-111-48452-3	国际物流管理（许良）（2014年）	35
税务会计与税收筹划	978-7-111-45487-8	纳税会计与税收筹划（王树锋）（2014年）	35
审计学	978-7-111-35528-1	审计学（高强）（2011年）	33
会计综合实验	978-7-111-49158-3	企业会计综合实训（胡世强）（2015年）	35
会计学	978-7-111-46705-2	会计学基础（杨艳秋）（2014年）	35
会计学	978-7-111-47650-4	基础会计（奚正艳）（2014年）	30
会计信息系统	978-7-111-44539-5	会计电算化（陈曙光）（2013年）	35
会计信息系统	978-7-111-38800-5	会计信息系统理论与实验教程（管彦庆）（2012年）	32
管理会计	978-7-111-42521-2	管理会计（王永刚）（2013年）	35
成本会计	978-7-111-31688-6	成本会计（束必琪）（2010年）	32
组织行为学	即将出版	组织行为学（张静）（2015年）	35
人力资源管理	978-7-111-43455-9	人力资源管理（第2版）（张小兵）（2013年）	30
总部运营管理	978-7-111-33247-3	总部运营管理（刘常宝）（2011年）	33
营销渠道	978-7-111-36412-2	营销渠道管理（郑锐洪）（2012年）	32
营销策划	978-7-111-40631-0	营销策划理论与实务（赵静）（2012年）	35
市场营销学（营销管理）	978-7-111-29816-8	市场营销实训教程（郝黎明）（2010年）	32
市场营销学（营销管理）	978-7-111-42825-1	市场营销学（曹垣）（2013年）	39
市场分析与软件应用	978-7-111-35559-5	市场分析与软件应用（蔡继荣）（2011年）	36
商务谈判	即将出版	商务谈判与沟通（张国良）（2015年）	30
品牌管理	978-7-111-48211-6	品牌管理（第2版）（刘常宝）（2014年）	35
客户关系管理	978-7-111-47474-6	客户关系管理：销售的视角（姚飞）（2014年）	35
服务营销学	978-7-111-48247-5	服务营销：理论、方法与案例（郑锐洪）（2014年）	35
物流管理	978-7-111-32831-5	物流学（王斌义）（2011年）	32
供应链（物流）管理	978-7-111-32774-5	供应链管理（王凤山）（2011年）	30
港口物流	978-7-111-32818-6	港口物流（王斌义）（2011年）	32